A Gênese

*Os Milagres e as
Predições Segundo
o Espiritismo*

FICHA CATALOGRÁFICA
(Preparada na Editora)

Kardec, Allan,1804-1869.

K27g   *A Gênese – Os Milagres e as Predições Segundo o Espiritismo* / Allan Kardec; tradução de Salvador Gentile, revisão de Elias Barbosa. Araras, SP, IDE, 56ª edição, 2021.

320 p.

ISBN 978-65-86112-09-2

Tradução de: La Genèse – Les Miracles et les Prédictions selon le Spiritisme, 5ème. édition française, Paris, 1868.

1. Espiritismo I. Gentile, Salvador, 1927-2018. II. Barbosa, Elias, 1934-2011. III. Título.

CDD-133.9
-113
-113.2
-226.7
-291.32

Índices para catálogo sistemático:

1. Espiritismo 133.9
2. Cosmologia 113
3. Origem do Universo 113.2
4. Milagres (dos Evangelhos) 226.7
5. Predições 291.32

A Gênese

Os Milagres e as Predições Segundo o Espiritismo

A Doutrina Espírita é a resultante do ensino coletivo e concordante dos Espíritos.

A ciência está chamada a constituir a Gênese segundo as leis da matéria.

Deus prova sua grandeza e seu poder pela imutabilidade de suas leis, e não pela sua suspensão.

Para Deus, o passado e o futuro são o presente.

POR

Allan Kardec

Título do original:
LA GENÈSE
LES MIRACLES ET LES PRÉDICTIONS
SELON LE SPIRITISME
5 ème édition française

Tradução:
Salvador Gentile

Revisão da tradução:
Elias Barbosa

Índice Analítico:
Hércio Marcos C. Arantes

© 1992, Instituto de Difusão Espírita

56ª edição – janeiro/2021
7ª reimpressão - outubro/2022

Conselho Editorial:
Doralice Scanavini Volk
Wilson Frungilo Júnior

Produção e Coordenação:
Jairo Lorenzeti

Revisão de texto:
Mariana Frungilo Paraluppi

Capa:
Samuel Carminatti Ferrari

Diagramação:
Maria Isabel Estéfano Rissi

INSTITUTO DE DIFUSÃO ESPÍRITA - IDE
Av. Otto Barreto, 967
CEP 13602-060 - Araras/SP - Brasil
Fone (19) 3543-2400
CNPJ 44.220.101/0001-43
Inscrição Estadual 182.010.405.118
www.ideeditora.com.br
editorial@ideeditora.com.br

IDE EDITORA É APENAS UM NOME FANTASIA UTILIZADO PELO INSTITUTO DE DIFUSÃO ESPÍRITA, ENTIDADE SEM FINS LUCRATIVOS, QUE PROMOVE EXTENSO PROGRAMA DE ASSISTÊNCIA SOCIAL, O QUAL DETÉM OS DIREITOS AUTORAIS DESTA OBRA.

Todos os direitos estão reservados.
Nenhuma parte desta
obra pode ser reproduzida
ou transmitida por qualquer forma e/ou
quaisquer meios (eletrônico ou mecânico
incluindo fotocópia c gravação) ou
arquivada em qualquer sistema
ou banco de dados sem permissão,
por escrito, da Editora.

SUMÁRIO

Introdução 9

A GÊNESE

CAPÍTULO **1** – **Caracteres da Revelação Espírita**............................ 13

CAPÍTULO **2** – **Deus**

Existência de Deus 42
Da natureza divina 44
A Providência 47
A visão de Deus 50

CAPÍTULO **3** – **O bem e o mal**

Origem do bem e do mal 53
O instinto e a inteligência 57
Destruição dos seres vivos uns pelos outros 61

CAPÍTULO **4** – **Papel da ciência na Gênese**.................................. 64

CAPÍTULO **5** – **Sistemas do mundo antigo e moderno** 70

CAPÍTULO **6** – **Uranografia geral**

O espaço e o tempo 76
A matéria 79
As leis e as forças 81
A criação primeira 83
A criação universal 85
Os sóis e os planetas 87
Os satélites 88
Os cometas 90
A Via Láctea 91
As estrelas fixas 93
Os desertos do espaço 95
Sucessão eterna dos mundos 97
A vida universal 99
Diversidade de mundos 100

CAPÍTULO **7** – **Esboço geológico da Terra**

Períodos geológicos 103
Estado primitivo do globo 108
Período primário 110
Período de transição 111
Período secundário 113
Período terciário 116
Período diluviano 119
Período pós-diluviano ou atual. – Nascimento do homem 121

CAPÍTULO **8** – **Teoria sobre a Terra**

Teoria da projeção 123
Teoria da condensação 125
Teoria da incrustação 126
Alma da Terra 128

CAPÍTULO 9 – Revoluções do globo

Revoluções gerais ou parciais 130
Idade das montanhas 131
Dilúvio bíblico 132
Revoluções periódicas 133
Cataclismos futuros 136
Aumento ou diminuição do volume da Terra 137

CAPÍTULO 10 – Gênese orgânica

Primeira formação dos seres vivos 140
Princípio vital 145
Geração espontânea 147
Escala dos seres orgânicos 148
O homem corporal 150

CAPÍTULO 11 – Gênese espiritual

Princípio espiritual 152
União do princípio espiritual e da matéria 155
Hipótese sobre a origem dos corpos humanos 156
Encarnação dos Espíritos 157
Reencarnações 163
Emigrações e imigrações dos Espíritos 166
Raça adâmica 167
Doutrina dos anjos decaídos e do paraíso perdido 169

CAPÍTULO 12 – Gênese mosaica

Os seis dias 174
O paraíso perdido 182

OS MILAGRES

CAPÍTULO 13 – Caracteres dos milagres

Os milagres no sentido teológico 191
O Espiritismo não faz milagres 192
Deus faz milagres? 197
O sobrenatural e as religiões 199

CAPÍTULO 14 – Os fluidos

Natureza e propriedades dos fluidos. Elementos fluídicos 201
Formação e propriedades do perispírito 204
Ação dos Espíritos sobre os fluidos. Criações fluídicas. Fotografia
do pensamento 207
Qualidades dos fluidos 209
Explicação de alguns fatos reputados sobrenaturais.
Visão espiritual ou psíquica. Dupla vista. Sonambulismo. Sonhos 212
Catalepsia. Ressurreições 216
Curas 217
Aparições. Transfigurações 218
Manifestações físicas. Mediunidade 221
Obsessões e possessões 223

CAPÍTULO 15 – Os milagres do Evangelho

Superioridade da natureza de Jesus 227
Sonhos 229
Estrela dos magos 229
Dupla vista 230
Entrada de Jesus em Jerusalém 230
Beijo de Judas 230

Pesca miraculosa 230
Vocação de Pedro, André, Tiago, João e Mateus 231
Curas 232
Perda de sangue 232
Cego de Betsaida 233
Paralítico 234
Os dez leprosos 235
Mão seca 235
A mulher encurvada 236
Paralítico da piscina 237
Cego de nascença 238
Numerosas curas de Jesus 241
Possuídos 242
Ressurreições 246
A filha de Jairo 246
Filho da viúva de Naim 246
Jesus anda sobre a água 248
Transfiguração 249
Tempestade acalmada 250
Bodas de Caná 250
Multiplicação dos pães 251
O levedo dos fariseus 252
O pão do céu 253
A tentação de Jesus 254
Prodígios na morte de Jesus 256
Aparição de Jesus depois de sua morte 257
Desaparecimento do corpo de Jesus 262

AS PREDIÇÕES

CAPÍTULO 16 – Teoria da presciência 265
CAPÍTULO 17 – Predições do Evangelho
Ninguém é profeta em sua terra 273
Morte e paixão de Jesus 275
Perseguição aos apóstolos 276
Cidades impenitentes 277
Ruína do Templo e de Jerusalém 277
Maldição aos fariseus 279
Minhas palavras não passarão 280
A pedra angular 281
Parábola dos vinhateiros homicidas 282
Um só rebanho e um só pastor 283
Advento de Elias 285
Anunciação do Consolador 285
Segundo advento do Cristo 288
Sinais precursores 290
Vossos filhos e vossas filhas profetizarão 294
Julgamento final 294

CAPÍTULO 18 – Os tempos são chegados
Sinais dos tempos 297
A geração nova 309

ÍNDICE ANALÍTICO 313

NOTA EXPLICATIVA 317

Introdução

À primeira edição, publicada em janeiro de 1868

Esta nova obra é mais um passo adiante, nas consequências e aplicações do Espiritismo. Conforme indica seu título, tem por objetivo o estudo dos três pontos diversamente interpretados e comentados até agora: *A Gênese, os milagres e as predições,* em suas relações com as novas leis que decorrem da observação dos fenômenos espíritas.

Dois elementos ou, se quiserem, duas forças regem o Universo: o elemento espiritual e o elemento material; da ação simultânea desses dois princípios nascem os fenômenos especiais que são naturalmente inexplicáveis, se se faz abstração de um deles, absolutamente como a formação da água seria inexplicável se se fizesse abstração de um dos dois elementos constitutivos: o oxigênio e o hidrogênio.

O Espiritismo, demonstrando a existência do mundo espiritual e suas relações com o mundo material, dá a chave de uma multidão de fenômenos incompreendidos e considerados, por isso mesmo, como inadmissíveis por uma certa classe de pensadores. Esses fatos são muitos nas Escrituras e, pela falta de conhecerem as leis que os regem, é que os comentadores dos dois campos opostos, girando, sem cessar, no mesmo círculo de ideias, uns fazendo abstração dos dados positivos da ciência, outros do princípio espiritual, não puderam chegar a uma solução racional.

Essa solução está na ação recíproca do Espírito e da matéria. Ela tira, é verdade, à maioria desses fatos, seu caráter sobrenatural; mas o que vale mais: admiti-los como resultantes das leis da Natureza, ou rejeitá-los inteiramente? Sua rejeição absoluta arrasta a da própria base do edifício, ao passo que a sua admissão, a esse título, não suprimindo senão os acessórios, deixa a base intacta. Eis por que o Espiritismo conduz tantas pessoas à crença de verdades que elas, antes, consideravam como utopias.

Esta obra é, como o dissemos, um complemento das aplicações do Espiritismo de um ponto de vista especial. Os materiais estavam preparados, ou, pelo menos, elaborados desde longo tempo, mas o momento de publicá-los não havia ainda chegado. Era preciso, primeiro, que as ideias, que deveriam lhe formar a base, tivessem alcançado a maturidade, e, por outro lado, ter em conta a oportunidade das circunstâncias. O Espiritismo não tem mistérios, nem teorias secretas; tudo nele é revelado claramente, a fim de que cada um possa julgá-lo com conhecimento de causa; mas cada coisa deve vir a seu tempo, para vir com segurança. Uma solução dada levianamente, antes da elucidação completa da questão, seria uma causa de retardamento, antes que de adiantamento. A importância do assunto que aqui tratamos nos impunha o dever de evitar qualquer precipitação.

Antes de entrarmos na matéria, pareceu-nos necessário definir o papel respectivo dos Espíritos e dos homens na obra da nova doutrina; essas considerações preliminares, descartando toda ideia de misticismo, são o objeto do primeiro capítulo, intitulado: *Caracteres da revelação espírita;* pedimos, sobre esse ponto, uma atenção séria, porque aí está, de certo modo, o nó da questão.

Malgrado a parte que incumbe à atividade humana na elaboração dessa doutrina, a iniciativa pertence aos Espíritos, mas não está formanda pela opinião pessoal de nenhum deles; ela é, e não pode deixar de ser, *a resultante do ensinamento coletivo e concorde por eles dado.* Por essa única condição se lhe pode chamar Doutrina *dos Espíritos;* de outro modo, não seria senão a doutrina *de um Espírito* e não teria senão o valor de uma opinião pessoal.

Generalidade e concordância nos ensinamentos, tal é o caráter essencial da doutrina, a própria condição da sua existência; disso resulta que todo princípio que não recebeu a consagração do controle da generalidade não pode ser considerado parte integrante dessa mesma doutrina, mas uma simples opinião isolada, da qual o Espiritismo não pode assumir a responsabilidade.

É essa coletividade concordante da opinião dos Espíritos, passada, por outro lado, pelo critério da lógica, que faz a força da Doutrina Espírita e lhe assegura perpetuidade. Para que ela mudasse, seria preciso que a universalidade dos Espíritos mudasse de opinião e que viesse, um dia, a afirmar o contrário do que dissera; uma vez que ela tem a sua fonte no ensinamento dos Espíritos, seria preciso que os Espíritos deixassem de existir para que sucumbisse. É também o que a fará sempre prevalecer sobre os sistemas pessoais, que não têm, conforme ela, suas raízes por toda a parte.

O *Livro dos Espíritos* não viu seu crédito se consolidar senão porque é a expressão de um pensamento coletivo geral; no mês de abril de 1867, viu cumprir-se o seu primeiro período decenal; nesse intervalo, os princípios fundamentais, nos quais colocou as suas bases, foram sucessivamente completados e desenvolvidos, em consequência do ensinamento progressivo dos Espíritos, nenhum, porém, recebeu desmentido da experiência; todos, sem exceção, permaneceram em pé, mais vivazes do que nunca, ao passo que, de todas as ideias contraditórias que alguns tentavam opor-lhe, nenhuma prevaleceu, precisamente porque, de toda parte, o contrário era ensinado. Aí está um resultado característico que podemos proclamar, sem vaidade, uma vez que jamais dele nos atribuímos o mérito.

Os mesmos escrúpulos tendo presidido à redação das nossas outras obras, pudemos, na verdade, dizê-las *segundo o Espiritismo,* porque estávamos certos da sua conformidade com o ensinamento geral dos Espíritos. Ocorre o mesmo com esta, que podemos, por motivos semelhantes, dar como complemento das precedentes, com exceção, todavia, de algumas teorias ainda hipotéticas, que tivemos o cuidado de indicar como tais, e que devem ser consideradas opiniões pessoais, até que sejam confirmadas ou contraditadas, a fim de não pesar a sua responsabilidade sobre a Doutrina.

De resto, os leitores assíduos da *Revista* puderam observar, no estado do esboço, a maioria das ideias que estão desenvolvidas nesta última obra, conforme o fizemos com as precedentes. A *Revista* é, frequentemente, para nós, um terreno de ensaio destinado a sondar a opinião dos homens e dos Espíritos sobre certos princípios, antes de admiti-los como partes constitutivas da Doutrina.

A GÊNESE SEGUNDO O ESPIRITISMO

CAPÍTULO **1**

Caracteres da
Revelação Espírita

1. – Pode-se considerar o Espiritismo uma revelação? Neste caso, qual é o seu caráter? Sobre o que está fundada a sua autenticidade? A quem e de que modo foi feita? A Doutrina Espírita é uma revelação, no sentido teológico da palavra, quer dizer, é, em todos os pontos, o produto de um ensinamento oculto vindo do Alto? É absoluta ou suscetível de modificações? Trazendo aos homens a verdade pronta, a revelação não teria por efeito impedi-los de fazerem uso de suas faculdades, uma vez que lhes pouparia o trabalho da pesquisa? Qual pode ser a autoridade do ensinamento dos Espíritos, se eles não são infalíveis e superiores à Humanidade? Qual a utilidade da moral que pregam, se essa moral não é outra senão a do Cristo, que se conhece? Quais são as verdades novas que nos trazem? Tem o homem necessidade de uma revelação e não pode encontrar, em si mesmo e em sua consciência, tudo que lhe é necessário para se conduzir? Tais são as questões sobre as quais importa nos fixemos.

2. – Definamos, primeiro, o sentido da palavra *revelação.*

Revelar, do latim *revelare,* cuja raiz é *velum*, véu, significa literalmente *sair de sob o véu,* e no figurado: descobrir, fazer conhecer uma coisa secreta ou desconhecida. Em sua acepção vulgar, a mais geral, diz-se de toda coisa ignorada que vem à luz, de toda ideia nova que se coloca na pista daquilo que não se conhecia.

Deste ponto de vista, todas as ciências que nos dão a conhecer os mistérios da Natureza são revelações, e pode-se dizer que há, para nós, revelação incessante; a Astronomia nos revelou o mundo astral, que não conhecíamos; a Geologia, a formação da Terra; a Química, as leis da afinidade; a Fisiologia, as funções do organismo, etc.; Copérnico, Galileu, Newton, Laplace, Lavoisier são reveladores.

3. – O caráter essencial de toda revelação deve ser a verdade. Revelar um segredo é dar a conhecer um fato; se a coisa é falsa, não é um fato e, por consequência, não há revelação. Toda revelação desmentida pelos fatos não é revelação; se é atribuída a Deus, e Deus não podendo nem mentir, nem enganar, ela não pode emanar dele; é preciso considerá-la como produto de uma concepção humana.

4. – Qual é o papel do professor, diante de seus alunos, se não o é de um revelador? Ensina-lhes o que não sabem, o que não teriam nem tempo nem possibilidade de descobrir por si mesmos, porque a ciência é a obra coletiva dos séculos e de uma multidão de homens que deram, cada um, o seu contingente de observações, e das quais se aproveitam aqueles que vêm após eles. O ensinamento é, pois, em realidade, a revelação de certas verdades científicas ou morais, físicas ou metafísicas, feitas por homens que as conhecem a outros que as ignoram, e que, sem isso, tê-las-iam sempre ignorado.

5. – Mas o professor não ensina senão o que aprendeu: é um revelador de segunda ordem; o homem de gênio ensina o que descobriu por si mesmo: é o revelador primitivo; produz a luz que, gradualmente, vulgariza-se. Onde estaria a Humanidade sem a revelação dos homens de gênio, que aparecem de tempos em tempos?

Mas o que são os homens de gênio? Por que são homens de gênio? De onde vêm? Em que se convertem? Notemos que, a maior parte, traz, em nascendo, faculdades transcendentais e conhecimentos inatos, que um pouco de trabalho basta para desenvolver. Pertencem, realmente, à Humanidade, uma vez que nascem, vivem e morrem como nós. Onde, pois, haurem esses conhecimentos que não puderam adquirir em sua vida? Dir-se-á, como os materialistas, que o acaso lhes deu a matéria cerebral em maior quantidade, e de melhor quantidade? Neste caso, não teriam mais mérito do que um legume maior e mais saboroso do que um outro.

Dir-se-á, como certos espiritualistas, que Deus os dotou de uma alma mais favorecida do que a do homem comum? Suposição inteiramente ilógica, uma vez que acusaria Deus de parcialidade. A única solução racional desse problema está na preexistência da alma e na pluralidade das existências. O homem de gênio é um Espírito que viveu por mais tempo; que, por consequência, adquiriu e progrediu mais do que aqueles que estão menos avançados. Em se encarnando, traz o que sabe e, como sabe muito mais do que os outros e não tem necessidade de aprender, é o que se chama um homem de gênio. Mas o que sabe não deixa de ser o fruto de um trabalho anterior, e não o resultado de um privilégio. Antes de nascer, era, pois, Espírito adiantado; ele se reencarna, seja para fazer os outros aproveitarem o que sabe, seja para adquirir mais.

Caracteres da Revelação Espírita 15

Os homens progridem, incontestavelmente, por si mesmos e pelos esforços de sua inteligência; mas, entregues às suas próprias forças, esse progresso é muito lento, se não são ajudados por homens mais avançados, como o escolar o é por seus professores. Todos os povos tiveram os seus homens de gênio, que viveram, em diversas épocas, para dar-lhes impulso e tirá-los da inércia.

6. – Desde que se admita a solicitude de Deus para com suas criaturas, por que não se admitir que Espíritos capazes, pela sua energia e a superioridade de seus conhecimentos, de fazerem a Humanidade avançar se encarnem pela vontade de Deus, tendo em vista ajudarem o progresso em um sentido determinado; que recebam uma missão igual a um embaixador que recebe uma de seu soberano? Tal é o papel dos grandes gênios. Que vêm fazer, senão ensinar aos homens as verdades que estes ignoram, e que teriam ignorado ainda durante longos períodos, a fim de lhes dar um impulso com a ajuda do qual possam se elevar mais rapidamente? Esses gênios, que aparecem através dos séculos como estrelas brilhantes, que deixam, depois deles, um longo rastro luminoso na Humanidade, são missionários ou, se o quiserem, messias. As coisas novas que ensinam aos homens, seja na ordem física, seja na ordem filosófica, são *revelações*.

Se Deus suscita reveladores para as verdades científicas, pode, com mais forte razão, suscitá-los para as verdades morais, que são um dos elementos essenciais do progresso. Tais são os filósofos cujas ideias atravessaram os séculos.

7. – No sentido especial de fé religiosa, a revelação se diz, mais particularmente, das coisas espirituais que o homem não pode saber por si mesmo, que não pode descobrir por meio de seus sentidos, e cujo conhecimento lhe é dado por Deus ou por seus mensageiros, seja por meio da palavra direta, seja pela inspiração. Neste caso, a revelação é sempre feita por homens privilegiados, designados sob o nome de profetas ou messias, quer dizer, *enviados, missionários,* com a *missão* de transmiti-la aos homens. Considerada sob este ponto de vista, a revelação implica a passividade absoluta; é aceita sem controle, sem discussão.

8. – Todas as religiões tiveram os seus reveladores e, embora estivessem longe de haver conhecido toda a verdade, tiveram a sua razão de ser providencial; porque eram apropriados ao tempo e ao meio onde viviam, ao gênio particular dos povos aos quais falavam e aos quais eram relativamente superiores. Malgrado os erros de suas doutrinas, não deixaram de agitar os espíritos e, por isso mesmo, de semear os germens do progresso que, mais tarde, deveriam desabrochar, ou desabrocharão um dia ao sol do

Cristianismo. É, pois, erradamente que se lhes lança anátema em nome da ortodoxia, porque dia virá em que todas essas crenças, tão diferentes pela forma, mas que repousam, em realidade, sobre um mesmo princípio fundamental – Deus e a imortalidade da alma, se fundirão em uma grande e vasta unidade, quando a razão houver triunfado sobre os preconceitos.

Infelizmente, as religiões, em todos os tempos, foram instrumentos de dominação; o papel de profeta tentou as ambições secundárias, e se viu surgir uma multidão de pretensos reveladores ou messias, que, graças ao prestígio desse nome, exploram a credulidade, em proveito do seu orgulho, de sua cupidez ou de sua preguiça, achando mais cômodo viver às expensas de suas vítimas. A religião cristã não esteve ao abrigo desses parasitas. A esse propósito, rogamos uma atenção séria sobre o capítulo XXI de *O Evangelho Segundo o Espiritismo: Haverá falsos Cristos e falsos profetas.*"

9. – Há revelações diretas de Deus para os homens? É uma pergunta que não ousaríamos resolver, nem afirmativa nem negativamente, de maneira absoluta. Isso não é radicalmente impossível, mas nada nos dá a sua prova certa. O que não poderia ser duvidoso é que os Espíritos, os mais próximos de Deus pela perfeição, penetram-se de seu pensamento e podem transmiti-lo. Quanto aos reveladores encarnados, segundo a ordem hierárquica à qual pertençam e o grau de seu saber pessoal, podem haurir suas instruções em seus próprios conhecimentos, ou recebê-las de Espíritos mais elevados, até mesmo dos mensageiros diretos de Deus. Estes, falando em nome de Deus, puderam ser, por vezes, tomados pelo próprio Deus.

Essas espécies de comunicações nada têm de estranhas para quem conhece os fenômenos espíritas e a maneira pela qual se estabelecem as relações entre os encarnados e os desencarnados. As instruções podem ser transmitidas por diversos meios: pela inspiração pura e simples, pela audição da palavra, pela contemplação dos Espíritos instrutores nas visões e aparições, seja em sonho, seja no estado de vigília, como se veem muitos exemplos delas na Bíblia, no Evangelho e nos livros sagrados de todos os povos. É, pois, rigorosamente exato dizer que a maioria dos reveladores são médiuns inspirados, audientes ou videntes; de onde não se segue que todos os médiuns sejam reveladores, e ainda menos intermediários diretos da Divindade ou de seus mensageiros.

10. – Somente os Espíritos puros recebem a palavra de Deus com a missão de transmiti-la; mas sabe-se agora que os Espíritos estão longe de serem todos perfeitos e que existem os que se apresentam sob falsas aparências; isso foi o que levou São João a dizer: "Não creiais em todo Espírito; vede antes se os Espíritos são de Deus." (Ep. 1ª, cap. IV, v. 4).

Pode, pois, haver revelações sérias e verdadeiras, como as há apócrifas e mentirosas. *O caráter da revelação divina é o da eterna verdade. Toda revelação maculada pelo erro ou sujeita a mudanças não pode emanar de Deus.* Assim é que a lei do Decálogo tem todos os caracteres de sua origem, ao passo que as outras leis mosaicas, essencialmente transitórias, frequentemente em contradição com a lei do Sinai, são a obra pessoal e política do legislador hebreu. Os costumes do povo se abrandando, suas leis, por si mesmas, caíram em desuso, enquanto que o Decálogo permaneceu em pé como o farol da Humanidade. O Cristo fez dele a base do seu edifício, ao passo que aboliu as outras leis. Se elas fossem obra de Deus, guardar-se-ia de tocá-las. O Cristo e Moisés foram os dois grandes reveladores que mudaram a face do mundo, e aí está a prova da sua missão divina. Uma obra puramente humana não teria tal poder.

11. – Uma importante revelação se cumpre na época atual: a que nos mostra a possibilidade de comunicação com os seres do mundo espiritual. Esse conhecimento não é novo, sem dúvida; mas permaneceu, até os nossos dias, de certa forma, no estado de letra morta, quer dizer, sem proveito para a Humanidade. A ignorância das leis que regem essas relações as havia sufocado sob a superstição; o homem era incapaz de delas tirar alguma dedução salutar; estava reservado à nossa época desembaraçá-las de seus acessórios ridículos, compreender-lhes a importância e delas fazer sair a luz que deverá iluminar a rota do futuro.

12. – O Espiritismo, dando-nos a conhecer o mundo invisível que nos envolve e no meio do qual vivemos sem disso desconfiarmos, as leis que o regem, suas relações com o mundo visível, a natureza e o estado dos seres que o habitam, e, em consequência, o destino do homem depois da morte, é uma verdadeira revelação, na acepção científica da palavra.

13. – Por sua natureza, a revelação espírita tem duplo caráter: resulta, ao mesmo tempo, da revelação divina e da revelação científica. Resulta da primeira no sentido de que seu advento foi providencial, e não o resultado da iniciativa e de um desejo premeditado do homem; que os pontos fundamentais da doutrina são o fato do ensinamento dado pelos Espíritos encarregados por Deus para esclarecerem os homens sobre as coisas que ignoravam, que não poderiam aprender por si mesmos, e que lhes convinha conhecer, hoje que estão amadurecidos para compreendê-las. Resulta da segunda no sentido de que esse ensinamento não é privilégio de nenhum indivíduo, mas é dado a todo mundo pelo mesmo meio; que aqueles que os transmitem e os que os recebem não são seres *passivos*, dispensados do trabalho de observação e de pesquisa; que não renunciam ao seu juízo e ao seu livre-arbítrio; que o controle não lhes é proibido, mas, ao contrário, recomendado; enfim, que a doutrina *não foi ditada completa, nem imposta à crença cega;* que é deduzida, pelo trabalho do homem, da observação dos fatos que os Espíritos colocam sob seus olhos e das instruções que lhe dão, instruções que ele estuda, comenta, compara, e das quais ele mesmo tira as consequências e aplicações. Em uma palavra, *o que caracteriza a revelação espírita é que sua fonte é divina, que a iniciativa pertence aos Espíritos e que a elaboração resulta do trabalho do homem.*

14. – Como meio de elaboração, o Espiritismo procede exatamente do mesmo modo que as ciências positivas, quer dizer, aplica o método experimental. Fatos de uma ordem nova se apresentam e não podem se explicar pelas leis conhecidas; observa-os, compara-os, analisa-os e, dos efeitos remontando às causas, chega à lei que os rege; depois, deduz suas consequências e procura as suas aplicações úteis. *Não estabelece nenhuma teoria preconcebida;* assim, não colocou como hipótese nem a existência e intervenção dos Espíritos, nem o perispírito, nem a reencarnação, nem nenhum dos princípios da Doutrina; concluiu da existência dos Espíritos quando essa existência se deduziu, com evidência, da observação dos fatos; e assim os outros princípios. Não foram os fatos que vieram confirmar a teoria, mas a teoria que veio, subsequentemente, explicar e resumir os fatos. É, pois, rigorosamente exato dizer que o Espiritismo é uma ciência de observação, e não o produto da imaginação. As ciências não tiveram progresso sério senão depois que o seu estudo se baseou no método experimental; mas, até esse dia, acreditou-se que este método não era aplicável senão à matéria, ao passo que o é, igualmente, às coisas metafísicas.

15. – Citemos um exemplo. Passa-se, no mundo dos Espíritos, um fato muito singular, e que, seguramente, ninguém teria suspeitado, que é o dos Espíritos que não se creem mortos. Pois bem! Os Espíritos superiores, que o conhecem perfeitamente, não vieram dizer por antecipação: "Há Espíritos que creem ainda viver a vida terrestre; que conservaram os seus gostos, seus hábitos e seus instintos;" mas provocaram a manifestação de Espíritos dessa categoria para nos fazer observá-los. Tendo, pois, visto Espíritos incertos do seu estado, ou afirmando que estavam ainda neste mundo, e crendo aplicarem-se às suas ocupações ordinárias, do exemplo concluiu-se a regra. A multiplicidade dos fatos análogos provou que não era uma exceção, mas uma das fases da vida espírita; ela permitiu estudar todas as variedades e as causas dessa singular ilusão; reconhecer que essa situação é, sobretudo, própria dos Espíritos pouco avançados moralmente e particular a certos gêneros de morte; que é temporária, mas pode durar dias, meses e anos. Foi assim que a teoria nasceu da observação. Ocorre mesmo com todos os outros princípios da Doutrina.

Caracteres da Revelação Espírita   19

16. – Do mesmo modo que a ciência, propriamente dita, tem por objeto o estudo das leis do princípio material, o objeto especial do Espiritismo é o conhecimento das leis do princípio espiritual; ora, como este último princípio é uma das forças da Natureza, que reage, incessantemente, sobre o princípio material, e reciprocamente, disso resulta que o conhecimento de um não pode estar completo sem o conhecimento do outro. *O Espiritismo e a ciência se completam um pelo outro;* a ciência, sem o Espiritismo, encontra-se na impossibilidade de explicar certos fenômenos unicamente pelas leis da matéria; ao Espiritismo, sem a ciência, lhe faltaria apoio e controle. O estudo das leis da matéria deveria preceder ao da espiritualidade, porque é a matéria que fere, primeiramente, os sentidos. SE o Espiritismo tivesse vindo antes das descobertas científicas, teria sido obra abortada, como tudo o que vem antes de seu tempo.

17. – Todas as ciências se encadeiam e se sucedem numa ordem racional; nascem uma das outras, à medida que encontram um ponto de apoio nas ideias e nos conhecimentos anteriores. A astronomia, uma das primeiras que foram cultivadas, permaneceu nos erros da infância até o momento em que a física veio revelar a lei das forças dos agentes naturais; a química, nada podendo sem a física, deveria sucedê-la de perto, para, em seguida, marcharem as duas de acordo, apoiando-se uma sobre a outra. A anatomia, a fisiologia, a zoologia, a botânica, a mineralogia não se tornaram ciências sérias senão com a ajuda das luzes trazidas pela física e pela química. A geologia, nascida ontem, sem a astronomia, a física, a química e todas as outras, teria se ressentido dos seus verdadeiros elementos de vitalidade; não poderia vir senão depois.

18. – A ciência moderna mostrou a verdade sobre os elementos primitivos dos antigos e, de observação em observação, chegou à concepção de *um único elemento* gerador de todas as transformações da matéria; mas a matéria, por si mesma, é inerte; não tem vida, nem pensamento, nem sentimento; é-lhe necessária a sua união com o princípio espiritual. O Espiritismo não descobriu nem inventou este princípio, mas foi o primeiro a demonstrá-lo por provas irrecusáveis; estudou-o, analisou-o e demonstrou a sua ação evidente. Ao elemento material veio juntar *o elemento espiritual. Elemento material e elemento espiritual,* eis os dois princípios, as duas forças vivas da Natureza. Pela união indissolúvel desses dois elementos, explica-se, sem dificuldade, uma multidão de fatos até agora inexplicáveis (1).

---

(1) A palavra *elemento* não é tomada aqui no sentido de *corpo simples, elementar,* de moléculas *primitivas,* mas no de *parte constituinte de um todo.* Neste sentido, pode-se dizer que o *elemento espiritual* tem parte ativa na economia do Universo, como se diz que *o elemento civil* e *o elemento militar* figuram no total de uma população; que *o elemento religioso* entra na educação; que, na Argélia, há *o elemento árabe e o elemento europeu.*

O Espiritismo, tendo por objeto de estudo um dos dois elementos constitutivos do Universo, toca, forçosamente, na maioria das ciências; não poderia vir senão depois da sua elaboração, e nasce pela força das coisas, da impossibilidade de tudo se explicar somente com a ajuda das leis da matéria.

19. – Acusa-se o Espiritismo de parentesco com a magia e a feitiçaria; mas esquece-se de que a astronomia tem por primogênita a astrologia judiciária, que não está longe de nós; que a química é filha da alquimia, da qual nenhum homem sensato ousaria se ocupar hoje. Ninguém nega, entretanto, que estivesse na astrologia e na alquimia o germe das verdades de onde saíram as ciências atuais. Malgrado as suas fórmulas ridículas, a alquimia encaminhou a descoberta dos corpos simples e da lei das afinidades; a astrologia se apoiava sobre a posição e o movimento dos astros, que havia estudado; mas, na ignorância das verdadeiras leis que regem o mecanismo do Universo, os astros eram, para o vulgo, seres misteriosos aos quais a superstição emprestou uma influência moral e um sentido revelador. Quando Galileu, Newton e Kepler fizeram conhecer essas leis, que o telescópio rasgou o véu e mergulhou nas profundezas do espaço um olhar que certas pessoas acharam indiscreto, os planetas nos apareceram como simples mundos semelhantes ao nosso, e todo o alicerce do maravilhoso desabou.

Ocorre o mesmo com o Espiritismo, em relação à magia e à feitiçaria; estas se apoiavam também sobre a manifestação dos Espíritos, como a astrologia sobre o movimento dos astros; mas, na ignorância das leis que regem o mundo espiritual, misturavam a essas relações práticas e crenças ridículas, às quais o Espiritismo moderno, fruto da experiência e da observação, mostrou a verdade. Seguramente, a distância que separa o Espiritismo da magia e da feitiçaria é maior do que a que existe entre a astronomia e a astrologia, a química e a alquimia; querer confundi-las é provar não saber delas nem a primeira palavra.

20. – Só o fato da possibilidade de comunicar-se com os seres do mundo espiritual tem consequências incalculáveis da mais alta gravidade; é todo um mundo novo que se nos revela e que tem tanto mais importância quanto atinge a todos os homens, sem exceção. Esse conhecimento não pode deixar de trazer, em se generalizando, uma modificação profunda nos costumes, no caráter, nos hábitos e nas crenças que têm tão grande influência sobre as relações sociais. É toda uma revolução que se opera nas ideias, revolução tanto maior, quanto mais poderosa, quando não está circunscrita a um povo, a uma casta, mas que atinge, simultaneamente, pelo coração, todas as classes, todas as nacionalidades, todos os cultos.

Caracteres da Revelação Espírita 21

É, pois, com razão que o Espiritismo é considerado a terceira das grandes revelações. Vejamos no que essas revelações diferem e por qual laço se ligam uma à outra.

21. – MOISÉS, na qualidade de profeta, revelou aos homens o conhecimento de um Deus único, soberano, senhor e Criador de todas as coisas; promulgou a lei do Sinai e lançou os fundamentos da verdadeira fé; na qualidade de homem, foi o legislador do povo pelo qual essa lei primitiva, depurando-se, deveria um dia se difundir por sobre toda a Terra.

22. – O CRISTO, tomando da lei antiga o que era eterno e divino, e rejeitando o que não era senão transitório, puramente disciplinar e de concepção humana, acrescentou a *revelação da vida futura,* da qual Moisés não havia falado, a das penas e recompensas que esperam o homem depois da morte. (ver *Revista Espírita,* 1861, páginas 90 e 280).

23. – A parte mais importante da revelação do Cristo, no sentido de que ela é a fonte primeira, a pedra angular de toda a sua doutrina, é o ponto de vista, todo novo, sob o qual fez considerar a Divindade. Não é mais o Deus terrível, ciumento, vingativo, de Moisés, o Deus impiedoso que rega a terra com sangue humano, que ordena o massacre e o extermínio de povos, sem excetuar as mulheres, as crianças e os velhos, que castiga aqueles que poupam as vítimas; não é mais o Deus injusto que pune todo um povo pela falta de seu chefe, que se vinga do culpado sobre a pessoa do inocente, que castiga as crianças pela falta de seu pai; mas um Deus clemente, soberanamente justo e bom, cheio de mansuetude e de misericórdia, que perdoa ao pecador arrependido e *dá a cada um segundo as suas obras;* não é mais o Deus de um único povo privilegiado, *o Deus dos exércitos* presidindo aos combates para sustentar a sua própria causa contra o Deus dos outros povos, mas o Pai comum do gênero humano, que estende a sua proteção sobre todos os filhos e os chama a todos para si; não é mais o Deus que recompensa e pune apenas pelos bens da Terra, que faz consistir a glória e a felicidade na servidão dos povos rivais e na multiplicidade da descendência, mas que diz aos homens: "A vossa verdadeira pátria não é este mundo, ela está no reino celeste: será aí que os humildes de coração serão elevados e que os orgulhosos serão rebaixados". Não é mais o Deus que faz da vingança uma virtude e ordena pagar olho por olho, dente por dente, mas o Deus de misericórdia, que diz: "Perdoai as ofensas, se quereis que vos seja perdoado; fazei o bem em troca do mal; não façais a outrem o que não quereis que vos façam." Não é mais o Deus mesquinho e meticuloso que impõe, sob as mais rigorosas penas, a maneira pela qual quer ser adorado, que se ofende com a inobservância de uma fórmula; mas o Deus grande, que considera o pensamento e não se honra com a forma. Este não é mais, enfim, o Deus que quer ser temido, mas o Deus que quer ser amado.

24. – Sendo Deus o eixo de todas as crenças religiosas, o objetivo de todos os cultos, *o caráter de todas as religiões está conforme a ideia que elas dão de Deus*. As religiões que dele fazem um Deus vingativo e cruel creem honrá-lo por atos de crueldade, pelas fogueiras e pelas torturas; as que dele fazem um Deus parcial e ciumento são intolerantes; são mais ou menos meticulosas na forma, segundo o creem mais ou menos corrompido pelas fraquezas e mesquinharias humanas.

25. – Toda a doutrina do Cristo está fundada sobre o caráter que ele atribui à Divindade. Com um Deus imparcial, soberanamente justo, bom e misericordioso, pôde fazer do amor de Deus e da caridade para com o próximo a condição expressa de salvação, e dizer: *Amai a Deus sobre todas as coisas e o vosso próximo como a vós mesmos; aí está toda a lei e todos os profetas, e não há outra*. Sobre esta crença somente, pôde estabelecer o princípio da igualdade dos homens diante de Deus e da fraternidade universal. Mas era possível amar esse Deus de Moisés? Não; não se poderia senão temê-lo.

Esta revelação dos verdadeiros atributos da Divindade, junto à imortalidade da alma e da vida futura, modificou profundamente as relações mútuas dos homens, impôs-lhes novas obrigações, fê-los encarar a vida presente sob outra luz; devera, por isso mesmo, reagir sobre os costumes e as relações sociais. Incontestavelmente, pelas suas consequências, é esse o ponto capital da revelação do Cristo, e do qual não se tem compreendido bastante a importância; é lamentável dizê-lo, é também o ponto do qual se está mais afastado, o que mais se tem ignorado na interpretação de seus ensinos.

26. – Entretanto, o Cristo acrescentou: "Muitas das coisas que vos digo não podeis ainda compreendê-las, e tenho, para vos dizer, muitas outras que não compreenderíeis; por isso vos falo por parábolas; mais tarde, porém, *enviar-vos-ei o Consolador, o Espírito de Verdade, que restabelecerá todas as coisas e vo-las explicará todas*". (João, cap. XIV; XVI Mat. cap. XVII).

Se o Cristo não disse tudo o que ele teria podido dizer, foi porque julgou conveniente deixar certas verdades na sombra, até que os homens estivessem no estado de compreendê-las. Intencionalmente, o seu ensinamento era, pois, incompleto, uma vez que anunciava a vinda daquele que deveria completá-lo; previa, pois, que se equivocariam com as suas palavras, que seriam desviados dos seus ensinamentos; em uma palavra

Caracteres da Revelação Espírita 23

que se desfaria o que ele fez, uma vez que todas as coisas deveriam ser restabelecidas; não se *restabelece* senão aquilo que foi desfeito.

27. – Por que chama ele ao novo Messias de *Consolador?* Esse nome, significativo e sem ambiguidade, é toda uma revelação. Previa, pois, que os homens teriam necessidade de consolações, o que implicaria a insuficiência daquelas que encontrassem nas crenças que se formassem. Nunca o Cristo foi mais claro e mais explícito do que nestas últimas palavras, às quais poucas pessoas prestaram atenção, talvez porque se tem evitado pô--las em evidência e aprofundar-lhes o sentido profético.

28. – Se o Cristo não pôde desenvolver o seu ensinamento de maneira completa, foi porque faltavam aos homens conhecimentos que estes só poderiam adquirir com o tempo e sem os quais não poderiam compreendê-lo; há coisas que teriam parecido um contrassenso no estado dos conhecimentos de então. Por completar os seus ensinamentos, deve-se, pois, entender no sentido de *explicar* e *desenvolver,* bem mais do que no sentido de acrescentar verdades novas, porque tudo neles se encontra em germe; falta somente a chave para apreender o sentido de suas palavras.

29. – Mas quem ousa permitir-se interpretar as Escrituras Sagradas? Quem tem esse direito? Quem possui as luzes necessárias, senão os teólogos?

Quem ousa? A ciência, primeiro, que não pede permissão a ninguém para dar a conhecer as leis da Natureza e salta, de pés juntos, sobre os erros e os preconceitos. Quem tem esse direito? Neste século de emancipação intelectual e de liberdade de consciência, o direito de exame pertence a todo mundo, e as Escrituras não são mais a arca santa na qual ninguém ousava tocar os dedos sem o risco de ser fulminado. Quanto às luzes especiais necessárias, sem contestar as dos teólogos, e por esclarecidos que fossem os da Idade Média, e em particular os Pais da Igreja, não estavam o bastante, entretanto, para não condenarem, como heresia, o movimento da Terra e a crença nos antípodas; e, sem remontar tão alto, os de hoje não lançaram anátema aos períodos de formação da Terra?

Os homens não puderam explicar as Escrituras senão com a ajuda daquilo que sabiam, das noções, falsas ou incompletas, que tinham das leis da Natureza, mais tarde reveladas pela ciência; eis por que os próprios teólogos puderam, de boa-fé, enganar-se sobre o sentido de certas palavras e de certos fatos do Evangelho. Querendo, a todo preço, nele encontrar a confirmação de um pensamento preconcebido, volteavam sempre no mesmo círculo, sem deixarem o seu ponto de vista, de tal sorte que não viam senão aquilo que queriam ver. Por sábios teólogos que fossem, não podiam compreender as causas dependentes de leis que não conheciam.

Mas quem será o juiz das interpretações diversas e, frequentemente, contraditórias, dadas fora da teologia? – O futuro, a lógica e o bom senso. Os homens, cada vez mais esclarecidos, à medida que fatos novos e novas leis venham a se revelar, saberão separar os sistemas utópicos da realidade; ora, a ciência faz conhecer certas leis; o Espiritismo faz conhecer outras; umas e outras são indispensáveis à compreensão dos textos sagrados de todas as religiões, desde Confúcio e Buda até o Cristianismo. Quanto à teologia, ela não poderá, judiciosamente, alegar as contradições da ciência, quando não está de acordo consigo mesma.

30. – O ESPIRITISMO, tomando seu ponto de partida das próprias palavras do Cristo, como este hauria as suas de Moisés, é uma consequência direta da sua doutrina.

À ideia vaga da vida futura acrescenta a revelação do mundo invisível que nos cerca e povoa o espaço, e, com isso, fixa a crença; dá-lhe um corpo, uma consistência, uma realidade no pensamento.

Definiu os laços que unem a alma ao corpo e levantou o véu que escondia aos homens os mistérios do nascimento e da morte.

Pelo Espiritismo, o homem sabe de onde vem, para onde vai, por que está na Terra, por que sofre temporariamente, e vê, por toda a parte, a justiça de Deus.

Sabe que a alma progride, sem cessar, através de uma série de existências, até que haja alcançado o grau de perfeição que pode aproximá-la de Deus.

Sabe que todas as almas, tendo um mesmo ponto de partida, são criadas iguais, com uma mesma aptidão para progredir, em virtude do seu livre-arbítrio; que todas são da mesma essência e que não há entre elas senão a diferença do progresso realizado; que todas têm a mesma destinação e atingirão o mesmo objetivo, mais ou menos prontamente, segundo o seu trabalho e a sua boa vontade.

Sabe que não há criaturas deserdadas, nem mais favorecidas umas do que as outras; que Deus não as tem criado privilegiadas e dispensadas do trabalho imposto às outras para progredirem; que não há seres perpetuamente devotados ao mal e ao sofrimento; que os designados sob o nome de *demônios* são Espíritos ainda atrasados e imperfeitos, que fazem o mal no estado de Espírito, como faziam no estado de homens, mas que avançarão e se melhorarão; que os anjos ou puros Espíritos não são seres criados à parte na criação, mas Espíritos que alcançaram o objetivo, depois de terem seguido a fieira do progresso; que, assim, não há criações múltiplas, nem

Caracteres da Revelação Espírita 25

diferentes categorias entre os seres inteligentes, mas que toda a criação resulta da grande lei de unidade que rege o Universo, e que todos os seres gravitam para um objetivo comum, que é a perfeição, sem que uns sejam favorecidos às custas dos outros, todos sendo os filhos das suas obras.

31. – Pelas relações que o homem pode agora estabelecer com aqueles que deixaram a Terra, tem não somente a prova material da existência e da individualidade da alma, mas compreende a solidariedade que liga os vivos e os mortos deste mundo, e dos deste mundo com os de outros mundos. Conhece a situação deles no mundo dos Espíritos; segue-os em suas migrações; testemunha as suas alegrias e os seus infortúnios; sabe por que são felizes ou infelizes, e a sorte que o espera, a ele mesmo, segundo o bem ou o mal que faça. Essas relações iniciam o homem na vida futura, que ele pode observar em todas as suas fases, em todas as suas peripécias; o futuro não é mais uma vaga esperança: é um fato positivo, uma certeza matemática. Desde então, a morte não tem mais nada de aterrorizante, porque é para ele a libertação, a porta da verdadeira vida.

32. – Pelo estudo da situação dos Espíritos, o homem sabe que a felicidade e a infelicidade na vida espiritual são inerentes ao grau de perfeição e de imperfeição; que cada um sofre as consequências diretas e naturais de suas faltas; dito de outro modo, que é punido por onde tem pecado; que essas consequências duram tão longo tempo quanto as causas que as produziram; que, assim, o culpado sofreria eternamente se persistisse eternamente no mal, mas que o sofrimento cessa com o arrependimento e a reparação; ora, como depende de cada um melhorar-se, cada um pode, em virtude do seu livre-arbítrio, prolongar ou abreviar seus sofrimentos, como o doente sofre dos seus excessos tão longo tempo enquanto não lhes põe termo.

33. – Se a razão repele, por incompatível com a bondade de Deus, a ideia das penas irremissíveis, perpétuas e absolutas, frequentemente infligidas por uma única falta; ou, os suplícios do inferno, que não podem ser abrandados pelo mais ardente e sincero arrependimento, ela se inclina diante dessa justiça distributiva e imparcial, que leva tudo em conta, não fecha nunca a porta do retorno e estende, sem cessar, a mão ao náufrago, em lugar de empurrá-lo para o abismo.

34. – A pluralidade das existências, cujo princípio o Cristo colocou no Evangelho, mas sem defini-lo mais do que muitos outros, é uma das leis mais importantes reveladas pelo Espiritismo, no sentido de que lhe demonstra a realidade e a necessidade para o progresso. Por essa lei, o homem explica todas as aparentes anomalias que a vida humana apresenta: as diferenças de posição social; as mortes prematuras que, sem a reencarnação, tornariam inúteis para a alma a vida abreviada; a desigualdade das aptidões intelectuais e morais, pela antiguidade do Espírito que tem, mais ou menos, aprendido e progredido, e que traz, em renascendo, o que adquiriu em suas existências anteriores. (nº 5).

35. – Com a doutrina da criação da alma em cada nascimento, vem-se cair no sistema das criações privilegiadas; os homens são estranhos uns aos outros, nada os liga, os laços de família são puramente carnais: não são solidários com um passado em que não existiam; com a doutrina do nada depois da morte, toda relação cessa com a vida; eles não são solidários quanto ao futuro. Pela reencarnação, são solidários quanto ao passado e quanto ao futuro; as suas relações se perpetuam no mundo espiritual e no mundo corporal, a fraternidade tem por base as próprias leis da Natureza. O bem tem um objetivo, o mal, as suas consequências inevitáveis.

36. – Com a reencarnação, caem os preconceitos de raças e de castas, uma vez que o mesmo Espírito pode renascer rico ou pobre, grande senhor ou proletário, chefe ou subordinado, livre ou escravo, homem ou mulher. De todos os argumentos contra a injustiça da servidão e da escravidão, contra a sujeição da mulher à lei do mais forte, não há nenhum deles que ultrapasse, em lógica, o fato material da reencarnação. Se, pois, a reencarnação repousa sobre uma lei da Natureza, o princípio da fraternidade universal, ela repousa sobre a mesma lei da igualdade de direitos sociais e, por conseguinte, a da liberdade. (*)

37. – Tirai ao homem o espírito livre, independente, sobrevivente à matéria, e fareis dele uma máquina organizada, sem objetivo, sem responsabilidade, sem outro freio que o da lei civil, e *próprio para ser explorado* como um animal inteligente. Não esperando nada depois da morte, nada o detém para aumentar os gozos do presente; se sofre, não tem em perspectiva senão o desespero e o nada por refúgio. Com a certeza do futuro, a de encontrar aqueles a quem amou, *o medo de rever aqueles a quem ofendeu,* todas as suas ideias mudam. O Espiritismo, não fizesse senão tirar o homem da dúvida com respeito à vida futura, teria feito mais pelo seu adiantamento moral do que todas as leis disciplinares, que o freiam algumas vezes, mas que não o transformam.

38. – Sem a preexistência da alma, a doutrina do pecado original não seria apenas irreconciliável com a justiça de Deus, que tornaria todos os homens responsáveis pela falta de um só deles: seria um contrassenso, e tanto menos justificável que, segundo essa doutrina, a alma não existia na época à qual se pretende fazer remontar a sua responsabilidade. Com

---

(*) Vide Nota Explicativa da Editora no final do livro.

Caracteres da Revelação Espírita 27

a preexistência, o homem traz, em *renascendo,* o germe de suas imperfeições, dos defeitos de que não se corrigiu, e que se traduzem por seus instintos naturais e pelas propensões a tal ou tal vício. Está aí o seu verdadeiro pecado original, do qual sofre, naturalmente, as consequências, mas com a diferença capital de que suporta o castigo das próprias faltas, e não as de outrem; e esta outra diferença, ao mesmo tempo consoladora, encorajante e soberanamente equitativa, de que cada existência lhe oferece os meios de se remir pela reparação, e de progredir, seja em se despojando de algumas imperfeições, seja adquirindo novos conhecimentos, e isso até que, estando suficientemente purificado, não tenha mais necessidade da vida corporal e possa viver, exclusivamente, a vida espiritual, eterna e feliz.

Pela mesma razão, aquele que progrediu moralmente traz, em renascendo, qualidades inatas, do mesmo modo que aquele que progrediu intelectualmente traz ideias inatas; está identificado com o bem; pratica-o sem esforço, sem cálculo e, por assim dizer, sem nele pensar. Quem está obrigado a combater as suas más tendências, está ainda na luta: o primeiro já venceu, o segundo está em vias de vencer. Há, pois, *virtude original,* como há *saber original,* e *pecado,* ou melhor, *vício original.*

39. – O Espiritismo experimental estudou as propriedades dos fluidos espirituais e a ação deles sobre a matéria. Demonstrou a existência do *perispírito*, suspeitado desde a antiguidade e designado por São Paulo sob o nome de *Corpo espiritual,* quer dizer, de corpo fluídico da alma depois da destruição do corpo tangível. Sabe-se hoje que esse envoltório é inseparável da alma; que é um dos elementos constitutivos do ser humano; que é o veículo de transmissão do pensamento e que, durante a vida do corpo, serve de laço entre o Espírito e a matéria. O perispírito desempenha um papel tão importante no organismo, e numa multidão de afecções, que se liga à fisiologia tão bem quanto à psicologia.

40. – O estudo das propriedades do perispírito, dos fluidos espirituais e dos atributos fisiológicos da alma abre novos horizontes à ciência e dá a chave de uma multidão de fenômenos incompreendidos, até então, por falta de conhecimento da lei que os rege; fenômenos negados pelo materialismo, por se ligarem à espiritualidade, qualificados por outros de milagres ou de sortilégios, segundo as crenças. Tais são, entre outros, os fenômenos da dupla vista, da visão à distância, do sonambulismo natural e artificial, dos efeitos físicos da catalepsia e da letargia, da presciência, dos pressentimentos, das aparições, das transfigurações, da transmissão do pensamento, da fascinação, das curas instantâneas, das obsessões e possessões, etc. Em demonstrando que esses fenômenos repousam sobre leis tão naturais quanto as dos fenômenos elétricos, e as condições normais nas quais podem se reproduzir, o Espiritismo destruiu o império do maravilhoso e do sobrenatural e, por consequência, a fonte da maioria das superstições. Se fez crer na possibilidade de certas coisas consideradas por alguns como quiméricas, impediu de crer em muitas outras das quais demonstra a impossibilidade e a irracionalidade.

41. – O Espiritismo, bem longe de negar ou de destruir o Evangelho, vem, ao contrário, confirmar, explicar e desenvolver, pelas novas leis da Natureza que revela, tudo o que o Cristo disse e fez; traz a luz sobre os pontos obscuros dos seus ensinamentos, de tal sorte que aqueles para quem certas partes do Evangelho eram ininteligíveis, ou pareciam *inadmissíveis,* compreendem-nas, sem esforço, com a ajuda do Espiritismo, e as admitem; veem melhor a sua importância e podem separar a realidade da alegoria; o Cristo lhes parece maior: não é mais simplesmente um filósofo, é um Messias divino.

42. – Se se considera, por outro lado, a força moralizadora do Espiritismo pelo objetivo que assinala para todas as ações da vida, por tornar quase tangíveis as consequências do bem e do mal; a força moral, a coragem, as consolações que dá nas aflições por uma inalterável confiança no futuro, pelo pensamento de ter perto de si os seres a quem amou, a segurança de revê-los, a possibilidade de conversar com eles, enfim, pela certeza de que tudo o que se faz, de que tudo o que se adquire em inteligência, em ciência, em moralidade, *até a última hora da vida,* nada está perdido, que tudo aproveita ao adiantamento, reconhece-se que o Espiritismo realiza todas as promessas do Cristo com respeito ao *Consolador* anunciado. Ora, como é o *Espírito de Verdade* quem preside ao grande movimento de regeneração, a promessa do seu advento se encontra realizada, porque, pelo fato, é ele o verdadeiro *Consolador* (1).

---

(1) Muitos pais de família deploram a morte prematura de crianças, para cuja educação fizeram grandes sacrifícios, e dizem a si mesmos que tudo isso é pura perda. Com o Espiritismo, não lamentam mais esses sacrifícios e estariam prontos a fazê-los, mesmo com a certeza de verem morrer seus filhos, porque sabem que, se estes últimos não aproveitam essa educação no presente, ela servirá, em primeiro lugar, para seu adiantamento como Espíritos; depois, que isso será igualmente adquirido para uma nova existência, e que, quando retomarem, terão uma bagagem intelectual que os tornará mais aptos para adquirirem novos conhecimentos. Tais são essas crianças que trazem, em nascendo, ideias inatas, que sabem, por assim dizer, sem que tenham necessidade de aprender. Se os pais não têm a satisfação imediata de verem seus filhos aproveitarem essa educação, dela gozarão, certamente, mais tarde, seja como Espíritos, seja como homens. Talvez eles sejam de novo os pais dessas mesmas crianças, de quem se dirá felizmente dotadas pela Natureza, e que devem as suas aptidões a uma precedente educação; do mesmo modo, se os filhos acabam mal pela negligência dos seus pais, estes podem ter que sofrer, mais tarde, pelos dissabores e desgostos que lhes suscitarão, em uma nova existência.

(*O Evangelho Segundo o Espiritismo,* cap. V, nº 21: *Mortes prematuras*).

Caracteres da Revelação Espírita 29

43. – Se a esses resultados se acrescenta a rapidez extraordinária da propagação do Espiritismo, apesar de tudo o que se fez para abatê-lo, não se pode discordar de que a sua vinda tenha sido providencial, porque triunfa de todas as forças e de toda a má vontade dos homens. A facilidade com a qual ele é aceito por um tão grande número, e isso sem constrangimento, sem outros meios senão o poder da ideia, prova que responde a uma necessidade, a de crer em alguma coisa, depois do vazio cavado pela incredulidade, e que, consequentemente, veio ao seu tempo.

44. – Os aflitos são em grande número; não é, pois, surpreendente que tantas pessoas acolham uma doutrina que consola, de preferência às doutrinas que desesperam, porque é aos deserdados, mais do que aos felizes do mundo, que se dirige o Espiritismo. O enfermo vê chegar o médico com mais alegria do que aquele que está bem; ora, os aflitos são os enfermos, e o Consolador é o médico.

Vós que combateis o Espiritismo, se quereis que renunciemos a ele para seguir-vos, dai, pois, mais e melhor do que ele; curai, com maior segurança, as feridas da alma. Dai mais consolações, mais satisfações ao coração, esperanças mais legítimas, certezas maiores; fazei do futuro um quadro mais racional, mais sedutor; mas não penseis em destruí-lo, vós, com a perspectiva do nada, com a alternativa das chamas do inferno, ou com a beata e inútil contemplação perpétua.

45. – A primeira revelação estava personificada em Moisés, a segunda no Cristo; a terceira não está em nenhum indivíduo. As duas primeiras são individuais, a terceira é coletiva; está aí um caráter essencial de uma grande importância. Ela é coletiva no sentido de que não foi feita como privilégio a pessoa alguma; que ninguém, por conseguinte, pode dela se dizer o profeta exclusivo. Foi feita, simultaneamente, sobre toda a Terra, a milhões de pessoas, de todas as idades, e de todas as condições, desde o mais alto da escala, segundo esta predição referida pelo autor dos Atos dos Apóstolos: "Nos últimos tempos, disse o Senhor, derramarei de meu espírito sobre toda a carne; vossos filhos e vossas filhas profetizarão; vossos jovens terão visões e vossos velhos terão sonhos." (Atos, cap. II, vers. 17 e 18). Não saiu de nenhum culto especial, a fim de servir a todos, um dia, de ponto de reunião (1).

---

(1) Nosso papel pessoal, no grande movimento de ideias que se prepara pelo Espiritismo e que começa a se operar, é o de um observador atento que estuda os fatos para procurar-lhes a causa e deles tirar as consequências. Confrontamos tudo aquilo que nos foi possível colecionar; comparamos e comentamos as instruções dadas pelos Espíritos sobre todos os pontos do globo, depois, coordenamos tudo metodicamente; em uma palavra, estudamos e demos ao público o fruto das nossas pesquisas, sem atribuir ao nosso trabalho outro valor do que o de uma

30 Capítulo 1

46. – As duas primeiras revelações, sendo o produto de um ensinamento pessoal, foram, forçosamente, localizadas, quer dizer, ocorreram sobre um único ponto, em torno do qual a ideia se espalhou pouco a pouco; mas necessitou muitos séculos para que atingissem as extremidades do mundo, sem mesmo invadi-lo inteiramente. A terceira tem de particular que, não estando personificada num indivíduo, produziu-se simultaneamente em milhares de pontos diferentes, todos tornando-se centros ou focos de irradiação. Multiplicando-se esses centros, seus raios se encontram pouco a pouco, como os círculos formados por uma multidão de pedras lançadas na água; de tal sorte que, em dado tempo, acabarão por cobrir a superfície inteira do globo.

Tal é uma das causas da rápida propagação da Doutrina. Se ela tivesse num único ponto, se fosse obra exclusiva de um homem, teria formado seita ao seu redor; mas talvez decorresse meio século antes que tivesse alcançado os limites do país onde nascera, ao passo que, dez anos depois, tem marcos plantados de um polo ao outro.

47. – Esta circunstância, inaudita na história das doutrinas, deu a esta uma força excepcional e um poder de ação irresistível; com efeito, se a reprimem num ponto, em um país, é materialmente impossível reprimi-la em todos os pontos, em todos os países. Por um lugar onde seja entravada, haverá mil ao lado, onde ela florescerá. Ainda mais, se a atingem num indivíduo, não se podem atingi-la nos Espíritos que lhe são a fonte. Ora, como os Espíritos estão por toda parte, e haverá deles sempre, se, por impossível, se chegasse a abafá-la em todo o globo, ela reapareceria algum tempo depois, porque repousa sobre *um fato, e esse fato está na Natureza,* e não se podem suprimir as leis da Natureza. Eis do que devem se persuadir os que sonham com o aniquilamento do Espiritismo. (*Revista Espírita,* fev. 1865, pág. 38: *Perpetuidade do Espiritismo*).

48. – Entretanto, disseminados esses centros, teriam podido permanecer muito tempo isolados uns dos outros, confinados que estão alguns em países longínquos. Entre eles seria preciso um traço de união que os pusesse em comunhão de pensamentos com os seus irmãos em crença,

---

obra filosófica, deduzida da observação e da experiência, sem jamais nos colocarmos como fundador de doutrina, nem ter querido impor nossas ideias a ninguém. Publicando-as, usamos de um direito comum, e aqueles que as aceitaram fizeram-no livremente. Se essas encontraram numerosas simpatias, foi porque tiveram a vantagem de responder às aspirações de um grande número, do que não poderíamos nos envaidecer, uma vez que a origem não nos pertence. O nosso maior mérito é o da perseverança e do devotamento à causa que abraçamos. Em tudo isso, fizemos o que outros poderiam fazer igual a nós; por isso, nunca tivemos a pretensão de nos crer profeta ou messias, e ainda menos de nos dar como tal.

Caracteres da Revelação Espírita 31

dando-lhes a conhecer o que se fazia em outra parte. Esse traço de união, que teria faltado ao Espiritismo na antiguidade, encontra-se nas publicações que vão por toda parte, que condensam, sob uma forma única, concisa e metódica, o ensinamento, dado por toda parte, sob formas múltiplas e em línguas diversas.

49. – As duas primeiras revelações não poderiam ser senão o resultado de um ensinamento direto; deviam impor-se à fé pela autoridade da palavra do Mestre, não estando os homens bastante avançados para concorrer na sua elaboração.

Notemos, todavia, entre elas uma nuança bem sensível que se prende ao progresso dos costumes e das ideias, se bem que tenham sido produzidas no mesmo meio, mas após dezoito séculos de intervalo. A doutrina de Moisés é absoluta, despótica; não admite discussão e se impõe ao povo pela força. A de Jesus, essencialmente *conselheira,* é livremente aceita e não se impõe senão pela persuasão; foi controvertida mesmo durante a vida do seu fundador, que não desdenhava de discutir com os seus adversários.

50. – A terceira revelação veio numa época de emancipação e de maturidade intelectual, em que a inteligência desenvolvida não pode reduzir-se a um papel passivo, em que o homem não aceita nada cegamente, mas quer ver onde é conduzido, saber o porquê e o como de cada coisa, devia ser, ao mesmo tempo, o produto de um ensinamento e o fruto do trabalho de pesquisa e do livre exame. *Os Espíritos não ensinam senão o exatamente necessário para colocar sobre o caminho da verdade, mas abstêm-se de revelar o que o homem pode encontrar por si mesmo,* deixando-lhe o cuidado de discutir, de controlar e de tudo submeter ao cadinho da razão, deixando-o mesmo, frequentemente, adquirir experiência às suas custas. Dão-lhe o princípio, os materiais; cabe-lhe tirar deles proveito e pô-los em prática (n° 15).

51. – Tendo os elementos da revelação espírita sido dados simultaneamente, em muitos pontos, a homens de todas as condições sociais e dos diversos graus de instrução, é evidente que as observações não poderiam ser feitas, por toda parte, com o mesmo proveito; que as consequências a tirar delas, as deduções das leis que regem essa ordem de fenômenos, em uma palavra, a conclusão que devia estabelecer as ideias, não poderia sair senão do conjunto e da correlação dos fatos. Ora, cada centro isolado, circunscrito em círculo restrito, não vendo, o mais frequentemente, senão uma ordem particular de fatos, algumas vezes contraditórios na aparência, não tendo se ocupado, geralmente, senão com uma categoria de Espíritos e, além do mais, achando-se na impossibilidade material de abraçar o conjunto, é, por isso mesmo, impotente para unir as observações isoladas a um princípio comum. Cada um apreciando os fatos sob o ponto de vista dos seus conhecimentos e de suas crenças anteriores, ou da opinião particular dos Espíritos que se manifestam, teriam surgido, em breve, tantas teorias e sistemas quantos fossem os centros, todos incompletos por falta de elementos de comparação e de controle. Em uma palavra, cada um estaria imobilizado em sua revelação parcial, crendo ter toda a verdade, por falta de saber que, em cem outros lugares, obtinha-se mais ou melhor.

52. – Por outro lado, convém notar que nenhuma parte do ensinamento espírita foi dada de maneira completa; ele diz respeito a tão grande número de observações, a assuntos tão diversos, que exigem ou conhecimentos ou aptidões medianímicas especiais, que teria sido impossível reunir, em um mesmo ponto, todas as condições necessárias. Devendo o ensinamento ser coletivo, e não individual, os Espíritos dividiram o trabalho, disseminando os assuntos de estudo e de observação, como em certas fábricas a confecção de cada parte de um mesmo objeto é dividida entre diferentes operários.

A revelação foi, assim, feita parcialmente, em diversos lugares e por uma multidão de intermediários, e é dessa maneira que continua ainda neste momento, porque tudo não está revelado. Cada centro encontra, nos outros centros, o complemento daquilo que obtém, e foi o conjunto, a coordenação de todos os ensinamentos parciais que constituíram a *Doutrina Espírita*.

Era, pois, necessário agrupar os fatos esparsos para se lhes apreender a correlação, colecionar os documentos diversos, as instruções dadas pelos Espíritos, sobre todos os pontos e sobre todos os assuntos, para compará-los, analisá-los, estudar-lhes as analogias e as diferenças. Sendo as comunicações dadas por Espíritos de todas as ordens, mais ou menos esclarecidos, seria preciso analisar o grau de confiança que a razão permita conceder-lhes, distinguir as ideias sistemáticas individuais e isoladas das que tinham a sanção do ensinamento geral dos Espíritos, as utopias das ideias práticas; suprimir as que eram notoriamente desmentidas pelos dados da ciência positiva e da lógica sã, utilizar igualmente os erros, as informações fornecidas pelos Espíritos, mesmo de mais baixo estágio, para o conhecimento do estado do mundo invisível e dele formar um todo homogêneo. Seria preciso, em uma palavra, um centro de elaboração, independente de toda ideia preconcebida, de todo preconceito de seita,

Caracteres da Revelação Espírita 33

decidido a aceitar a verdade tornada evidente, mesmo sendo ela contrária às suas opiniões pessoais. Esse centro foi formado por si mesmo, pela força das coisas, e *sem propósito premeditado.* (1)

53. – Desse estado de coisas, resultou uma dupla corrente de ideias: uma, indo das extremidades para o centro, as outras, retornando do centro para a periferia. Foi assim que a Doutrina prontamente marchou para a unidade, malgrado a diversidade das fontes de onde ela emanou; que os sistemas divergentes tombaram, pouco a pouco, pelo fato do seu isolamento, diante da ascendência da opinião da maioria, por falta de nela encontrar ecos simpáticos. Uma comunhão de pensamentos foi, então, estabelecida entre os diferentes centros parciais; falando a mesma língua espiritual, eles se compreendem e simpatizam de uma extremidade à outra do mundo.

Os Espíritas se acharam mais fortes e lutaram com mais coragem, marcharam com passo mais seguro, quando não se viram mais isolados, quando sentiram um ponto de apoio, um laço que os unia à grande família; os fenômenos dos quais eram testemunhas não lhes pareciam mais estranhos, anormais, contraditórios, quando puderam ligá-los às leis gerais de harmonia, abarcar de um golpe de vista o edifício e verem, em todo esse conjunto, um objetivo grande e humanitário (2).

---

(1) *O Livro dos Espíritos*, a primeira obra que fez o Espiritismo entrar no caminho filosófico, pela dedução das consequências morais dos fatos, que abordou todas as partes da Doutrina, tocando as mais importantes questões que ela levanta, foi, desde a sua aparição, o ponto de reunião para o qual, espontaneamente, convergiam os trabalhos individuais. É notório que da publicação desse livro data a era do Espiritismo filosófico, estacionado, até aí, no domínio das experiências de curiosidade. Se esse livro conquistou a simpatia da maioria, foi porque era a expressão do sentimento dessa mesma maioria, e respondida às suas aspirações; foi também porque cada um nele encontrou a confirmação e uma explicação racional daquilo que obtinha em particular. Se estivesse em desacordo com o ensinamento geral dos Espíritos, não haveria tido nenhum crédito e cairia prontamente no esquecimento. Ora, a quem se reuniu? Não foi ao homem, que nada é por si mesmo, agente que morre e desaparece, mas à ideia, que não perece quando emana de uma força superior à do homem.

Essa concentração espontânea de forças esparsas deu lugar a uma correspondência imensa, monumento único do mundo, quadro vivo da verdadeira história do Espiritismo moderno, em que se refletem, ao mesmo tempo, os trabalhos parciais, os sentimentos múltiplos que fizeram nascer a Doutrina, os resultados morais, os devotamentos e os desfalecimentos; arquivos preciosos para a posteridade, que poderá julgar os homens e as coisas sobre peças autênticas. Em presença desses testemunhos irrecusáveis, em que se tornarão, na continuidade, todas as falsas alegações, as difamações da inveja e do ciúme?

(2) Um testemunho significativo, tão notável quanto tocante, dessa comunhão de pensamentos que se estabeleceu entre os Espíritas pela conformidade das crenças, são os pedidos de preces que nos vêm dos mais distantes países, desde o Peru às extremidades da Ásia, da parte de pessoas de religiões e de nacionalidades diversas, e que jamais vimos. Não está aí o prelúdio da grande unificação que se prepara? A prova das bases sérias que, por toda parte, toma o Espiritismo?

34 *Capítulo 1*

Mas como saber se um princípio é ensinado por toda parte ou se não é senão o resultado de uma opinião pessoal? Os grupos isolados, não estando no caso de saberem o que se diz em outra parte, era necessário que um centro reunisse todas as instruções para fazer uma espécie de escrutínio e levar ao conhecimento de todos a opinião da maioria (1).

54. – Não há nenhuma ciência que, em todas as suas partes, tenha saído do cérebro de um homem; todas, sem exceção, são produtos de observações sucessivas apoiando-se sobre as observações precedentes, como sobre um ponto conhecido para chegar ao desconhecido. Foi assim que os Espíritos procederam com o Espiritismo; por isso, seu ensinamento está graduado; não abordam as questões senão à medida que os princípios sobre os quais devem se apoiar estejam suficientemente elaborados e que a opinião esteja madura para assimilá-los. Há mesmo que se notar que, todas as vezes que os centros particulares quiseram abordar questões prematuras, não obtiveram senão respostas contraditórias, não concludentes. Quando, ao contrário, está chegado o momento favorável, o ensinamento se generaliza e se unifica na quase universalidade dos centros.

Há, todavia, entre a marcha do Espiritismo e a das ciências, uma diferença capital: estas não atingiram o ponto onde chegaram senão depois de longos intervalos, ao passo que bastaram alguns anos ao Espiritismo, se não para atingir o ponto, pelo menos para recolher uma soma de observações bastante grande para constituir uma doutrina. Isso se deve à

É notável que, de todos os grupos que se formaram com a intenção premeditada de fazer cisão, proclamando princípios divergentes, assim como aqueles que, por razões de amor-próprio ou outras quaisquer, não querendo parecer sujeitarem-se à lei comum, consideraram-se bastante fortes para caminharem sozinhos, com bastante luzes para se absterem de conselhos, nenhum chegou a constituir uma ideia preponderante e viável; todos se extinguiram ou vegetaram na sombra. Como poderia ser de outro modo, desde que, para se distinguirem, em lugar de se esforçarem em dar maior soma de satisfações, rejeitaram os princípios da Doutrina, precisamente aquilo que nela se faz o mais poderoso atrativo, o que há de mais consolador, de mais encorajante e de mais racional? Se tivessem compreendido a força dos elementos morais que constituíram a unidade, não estariam embalados por uma ilusão quimérica; mas, tomando o seu pequeno círculo pelo universo, não viram nos adeptos senão uma sociedade que poderia ser derrubada, facilmente, por uma contrassociedade. Era enganar-se estranhamente sobre os caracteres essenciais da Doutrina, e esse erro não podia conduzir senão a decepções; em lugar de romper a unidade, eles quebraram o único laço que poderia dar-lhes a força e a vida. (Ver a *Revista Espírita*, abril 1866, págs. 106 e 111: *O Espiritismo sem os Espíritos; o Espiritismo independente*).

(1) Tal é o objetivo das nossas publicações, que podem ser consideradas como o resultado desse escrutínio. Todas as opiniões nelas são discutidas, mas as questões não são enunciadas em princípios, senão depois de terem recebido a consagração de todos os controles, os únicos que podem dar-lhes força de lei, e permite afirmá-los. Eis por que não preconizamos levianamente, nenhuma teoria, e é nisso que a Doutrina, procedendo do ensinamento geral, não é o produto de um sistema preconcebido; é também o que faz a sua força e assegura o seu futuro.

Caracteres da Revelação Espírita   35

multidão incalculável de Espíritos que, pela vontade de Deus, manifestaram-se simultaneamente, trazendo, cada um, o contingente dos seus conhecimentos. Disso resultou que todas as partes da doutrina, em lugar de serem elaboradas sucessivamente, durante vários séculos, o foram quase simultaneamente em alguns anos, que bastaram para agrupá-las e para delas formar um todo.

Deus quis que assim fosse, primeiro para que o edifício chegasse mais depressa ao topo; em segundo porque se pôde, pela comparação, ter um controle, por assim dizer, imediatamente e permanente na universalidade do ensinamento, cada parte não tendo valor e *autoridade* senão pela sua conexão com o conjunto, todas devendo harmonizar-se, encontrar o seu lugar na ordem geral e chegar cada uma a seu tempo.

Não confiando a um único Espírito o cuidado da promulgação da Doutrina, Deus quis, por outro lado, que o menor como o maior entre os Espíritos, e entre os homens, levasse sua pedra ao edifício, a fim de estabelecer, entre eles, um laço de solidariedade cooperativa, que faltou a todas as doutrinas saídas de uma única fonte.

De outra parte, cada Espírito, assim como cada homem, não tendo senão uma soma limitada de conhecimentos, individualmente não estavam habilitados a tratar *ex-professo* as inumeráveis questões nas quais toca o Espiritismo; eis, igualmente, por que a Doutrina, para cumprir os objetivos do Criador, não poderia ser obra de um único Espírito, nem de um único médium; não poderia sair senão da coletividade dos trabalhos, controlados uns pelos outros (1).

55. – O último caráter da revelação espírita, e que ressalta das próprias condições nas quais está feita, é que, apoiando-se sobre fatos, não pode ser senão essencialmente progressiva, como todas as ciências de observação. Por sua essência, contrai aliança com a ciência que, sendo a exposição das leis da Natureza em certa ordem de fatos, não pode ser contrária à vontade de Deus, autor dessas leis. *As descobertas da ciência glorificam Deus em lugar de diminuí-lo; elas não destroem senão o que os homens estabeleceram sobre as ideias falsas que fizeram de Deus.*

O Espiritismo não coloca, pois, como princípio absoluto, senão o que está demonstrado como evidência, ou que ressalta logicamente da observação. Tocando em todos os ramos da economia social, às quais presta o apoio de suas próprias descobertas, assimilará sempre todas as doutrinas

---

(1) Ver em *O Evangelho Segundo o Espiritismo,* introdução, pág. VI, e *Revista Espírita* bril 1864, pág. 90: *Autoridade da Doutrina Espírita; controle universal do ensinamento dos spíritos.*

progressivas, de qualquer ordem que sejam, chegadas ao estado de *verdades práticas*, e saídas do domínio da utopia; sem isso se suicidaria; cessando de ser o que é, mentiria à sua origem e ao seu fim providencial. *O Espiritismo, caminhando com o progresso, não será jamais ultrapassado, porque, se novas descobertas lhe demonstrarem que está em erro sobre um ponto, modificar-se-á nesse ponto; se uma nova verdade se revela, ele a aceita* (1).

56. – Qual a utilidade da doutrina moral dos Espíritos, uma vez que não é outra senão a do Cristo? O homem tem necessidade de uma revelação e não pode encontrar em si mesmo tudo o que lhe é necessário para se conduzir?

Sob o ponto de vista moral, Deus, sem dúvida, deu ao homem um guia na sua consciência, que lhe diz: "Não faça a outrem o que não queres que se te faça". A força natural está certamente inscrita no coração dos homens, mas todos sabem lê-la? Nunca desprezaram os seus sábios preceitos? Que fizeram da moral do Cristo? Como a praticam aqueles mesmos que a ensinam? Não se tornou uma letra morta, uma bela teoria, boa para os outros, e não para si? Censurais a um pai por repetir dez vezes, cem vezes, as mesmas instruções aos seus filhos, se não as aproveitam? Por que Deus faria menos do que um pai de família? Por que não enviaria, de tempos em tempos, entre os homens, mensageiros especiais encarregados de chamá-los aos seus deveres, de reconduzi-los ao bom caminho quando dele se afastam, de abrirem os olhos da inteligência àqueles que os têm fechados, como os homens mais avançados enviam missionários entre os selvagens e os bárbaros?

Os Espíritos não ensinam outra moral senão a do Cristo, pela razão de que não há outra melhor. Mas, então, para que servem os seus ensinamentos, uma vez que não dizem senão o que nós sabemos? Poder-se-ia dizer tanto da moral do Cristo, que foi ensinada quinhentos anos antes dele por Sócrates e Platão, e em termos quase idênticos; de todos os moralistas, que repetem a mesma coisa em todos os tons e sob todas as formas. Pois bem! *Os Espíritos vêm simplesmente aumentar o número dos moralistas,* com a diferença de que, manifestando-se em toda parte, fazem-se ouvir tanto na choupana quanto no palácio, pelos ignorantes como pelas pessoas instruídas.

---

(1) Diante de declarações tão claras e tão categóricas, como as que estão contidas neste capítulo, caem todas as alegações de tendência ao absolutismo e à autocracia dos princípios todas as falsas assimilações que pessoas prevenidas ou mal-informadas prestam à Doutrina Estas declarações, aliás, não são novas; nós as temos repetido bastante em nossos escritos para não deixar nenhuma dúvida a esse respeito. Elas nos assinalam, por outro lado, o nosso verdadeiro papel, o único que ambicionamos: o de trabalhador.

Caracteres da Revelação Espírita 37

O que o ensinamento dos Espíritos acrescenta à moral do Cristo é o conhecimento dos princípios que ligam os mortos e os vivos, que completam as noções vagas que havia dado da alma, de seu passado e de seu futuro, e que dão por sanção à doutrina as próprias leis da Natureza. Com a ajuda das novas luzes trazidas pelo Espiritismo e pelos Espíritos, o homem compreende a solidariedade que liga todos os seres; a caridade e a fraternidade tornam-se necessidade social; faz por convicção o que não fazia senão por dever, e o faz melhor.

Quando os homens praticarem a moral do Cristo, só então poderão dizer que não têm mais necessidade de moralistas, encarnados ou desencarnados; mas, então, também Deus não mais lhos enviará.

57. – Uma das mais importantes questões, entre as que estão colocadas no alto deste capítulo, é esta: Qual é a autoridade da revelação espírita, uma vez que emana de seres cujas luzes são limitadas, e que não são infalíveis?

A objeção seria séria, se essa revelação não consistisse senão do ensinamento dos Espíritos, se devêssemos tê-la deles exclusivamente e aceitá-la de olhos fechados; ela é sem valor desde o instante em que o homem lhe traz o concurso de sua inteligência e de seu julgamento; que os Espíritos se limitem a colocá-lo no caminho das deduções que pode tirar da observação dos fatos. Ora, as manifestações e suas inumeráveis variedades são fatos; o homem as estuda, nelas procura a lei; e é ajudado, nesse trabalho, pelos Espíritos de todas as ordens, que são antes *colaboradores* do que *reveladores*, no sentido usual da palavra; submete as suas declarações ao controle da lógica e do bom senso; desta maneira, ganha conhecimentos especiais que eles oferecem na sua posição, sem abdicarem do uso da sua própria razão.

Os Espíritos, não sendo outros senão as almas dos homens, em nos comunicando com eles, *não saímos da Humanidade,* circunstância capital a se considerar. Os homens de gênio, que foram a luz da Humanidade, saíram, pois, do mundo dos Espíritos, como nele reentraram deixando a Terra. Desde que os Espíritos podem se comunicar com os homens, esses mesmos gênios podem lhes dar instruções sob a forma espiritual, como o fizeram sob a forma corpórea; podem nos instruir depois da sua morte como o fizeram em sua vida; são invisíveis em lugar de serem visíveis, eis toda a diferença. A sua experiência e o seu saber não devem ser menores, e se a sua palavra, como homens, tinha autoridade, não a deve ter menos porque estão no mundo dos Espíritos.

58. – Mas não são apenas os Espíritos superiores que se manifes-

38 *Capítulo 1*

tam, são também os Espíritos de todas as ordens, e isso era necessário para nos iniciar no verdadeiro caráter do mundo espiritual, no-lo mostrando sob todas as suas faces; com isso, as relações entre o mundo visível e o mundo invisível são mais íntimas, a conexão é mais evidente; vemos mais claramente, de onde viemos e para onde vamos; tal é o objetivo essencial das comunicações. Todos os Espíritos, a qualquer grau que tenham chegado, ensinam-nos, pois, alguma coisa, mas, como são mais ou menos esclarecidos, cabe a nós discernir o que há neles de bom e de mau e tirar o proveito que os seus ensinamentos comportam; ora, todos, quaisquer que sejam, podem nos ensinar ou revelar coisas que ignoramos, e que, sem eles, não saberíamos.

59. – Os grandes Espíritos encarnados são individualidades poderosas, incontestavelmente, mas cuja ação é restrita e necessariamente lenta em se propagar. Que um só dentre eles, fosse mesmo Elias ou Moisés, Sócrates ou Platão, viesse, nestes últimos tempos, revelar aos homens o estado do mundo espiritual, quem teria aprovado a verdade de suas assertivas neste tempo de ceticismo? Não o teriam considerado como um sonhador ou um utopista? E, em se admitindo que estivesse com a Verdade absoluta, os séculos teriam se escoado antes que suas ideias fossem aceitas pelas massas. Deus, em sua sabedoria, não quis que fosse assim; quis que o ensinamento fosse dado pelos *próprios Espíritos,* e não pelos encarnados, a fim de convencer de sua existência, e quis que isso ocorresse simultaneamente em toda a Terra, seja para propagá-lo mais rapidamente, seja para que encontrasse, na coincidência do ensinamento, uma prova da verdade, tendo, cada um, os meios de se convencer por si mesmo.

60. – Os Espíritos não vêm para livrar o homem do trabalho do estudo e das pesquisas; não lhe trazem nenhuma ciência pronta; o que pode encontrar, ele mesmo, deixam-no às suas próprias forças; é o que os Espíritas sabem perfeitamente hoje. Desde muito tempo, a experiência demonstrou o erro da opinião que atribuía aos Espíritos todo o saber e toda a sabedoria, e que bastava dirigir-se ao primeiro Espírito que chegasse para conhecer todas as coisas. Saídos da Humanidade, os Espíritos lhe são uma das faces; como sobre a Terra, os há superiores e vulgares; muitos deles sabem, pois, científica e filosoficamente, menos do que certos homens; dizem o que sabem, nem mais nem menos; como entre os homens, os mais avançados podem nos informar sobre mais coisas, dar-nos conselhos mais judiciosos do que os atrasados. *Pedir conselhos aos Espíritos não é se dirigir às forças sobrenaturais, mas aos semelhantes, àqueles mesmos a quem no teríamos dirigido em seu viver: aos parentes, aos amigos, ou aos indivíduo*

Caracteres da Revelação Espírita

mais esclarecidos do que nós. Eis do que importa se persuadir e o ignoram aqueles que, não tendo estudado o Espiritismo, fazem uma ideia completamente falsa sobre a natureza do mundo dos Espíritos e das relações de além-túmulo.

61. – Qual é, pois, a utilidade dessas manifestações ou, querendo, dessas revelações, se os Espíritos não sabem mais do que nós, ou se não dizem tudo o que sabem?

Primeiro, como o dissemos, eles se abstêm de nos dar o que podemos adquirir pelo trabalho; em segundo lugar, há coisas que não lhes é permitido revelar; porque o nosso grau de adiantamento não comporta. Mas, isso à parte, as condições da nova existência alargam o círculo das suas percepções; veem o que não viam na Terra, livres dos entraves da matéria, liberados dos cuidados da vida corporal, julgam as coisas de um ponto de vista mais elevado; e, por isso mesmo, mais sadiamente; a sua perspicácia abarca um horizonte mais vasto; compreendem os seus erros, retificam as suas ideias e se desembaraçam dos preconceitos humanos.

É nisto que consiste a superioridade dos Espíritos sobre a humanidade corporal, e que seus conselhos podem ser, com relação ao seu grau de adiantamento, mais judiciosos e mais desinteressados do que os dos encarnados. O meio em que se encontram lhes permite, por outro lado, iniciar-nos nas coisas da vida futura, que ignoramos, e que não podemos aprender naquela em que estamos. Até hoje, o homem não havia criado senão hipóteses sobre o seu futuro; eis por que suas crenças, sobre esse ponto, ficaram divididas em sistemas tão numerosos e tão divergentes, desde o nihilismo até às fantásticas concepções do inferno e do paraíso. Hoje, são as testemunhas oculares, os próprios atores da vida de além-túmulo, que vêm dizer o que ela é, *e os únicos que poderiam fazê-lo.* Essas manifestações, portanto, serviram para nos dar a conhecer o mundo invisível que nos rodeia, e que não supúnhamos; e só esse conhecimento seria de uma importância capital, supondo-se que os Espíritos fossem incapazes de algo nos ensinar a mais.

Se fordes a um país novo para vós, rejeitaríeis as informações de um humilde aldeão que encontrásseis? Recusaríeis interrogá-lo sobre o estado do caminho, porque não é senão um camponês? Não esperarias dele, certamente, esclarecimentos de uma alta importância, mais tal como é e em sua esfera, poderia, sobre certos pontos, informar-vos melhor do que um sábio que não conhecesse o país. Tiraríeis das suas indicações consequências que ele mesmo não poderia tirar, mas não teria sido menos um instrumento útil para as vossas observações, não tivesse servido senão para

40 · *Capítulo 1*

vos fazer conhecer os costumes dos camponeses. Ocorre o mesmo com as relações com os Espíritos, nas quais o menor pode servir para nos ensinar alguma coisa.

62. – Uma comparação vulgar fará compreender, ainda melhor, a situação.

Um navio, carregado de emigrantes, parte para um destino longínquo; carrega homens de todas as condições, parentes e amigos daqueles que ficam. Ouve-se que esse navio naufragou; nenhum traço dele restou, nenhuma notícia chegou sobre a sua sorte; pensa-se que todos os viajantes pereceram e o luto está em todas as famílias. Entretanto, a tripulação toda, sem exceção de um único homem, aportou a uma terra desconhecida, abundante e fértil, onde todos vivem felizes, sob um céu clemente, mas isso é ignorado. Ora, eis que um dia um outro navio aporta a essa terra e aí encontra todos os náufragos sãos e salvos. A feliz notícia se espalha com a rapidez de um raio; cada um diz: "Nossos amigos não estão perdidos!" E rendem graças a Deus por isso. Não podem se ver, mas se correspondem; trocam testemunhos de afeições, e eis que a felicidade sucede à tristeza.

Tal é a imagem da vida terrestre e da vida de além-túmulo, antes e depois da revelação moderna; esta, semelhante ao segundo navio, nos traz a boa notícia da sobrevivência daqueles que nos são caros e a certeza de reencontrá-los um dia; a dúvida sobre a sua sorte e sobre a nossa não existe mais; o desencorajamento se apaga diante da esperança.

Mas outros resultados vêm fecundar essa revelação. Deus, julgando a Humanidade madura para penetrar o mistério do seu destino e contemplar, a sangue-frio, notícias maravilhosas, permitiu que o véu, que separa o mundo visível do mundo invisível, fosse levantado. O fato das manifestações nada tem de extra-humano; *é a Humanidade espiritual que vem conversar com a Humanidade corporal* e dizer-lhe:

"Nós existimos, pois o nada não existe; eis o que somos, e eis o que sereis; o futuro está para vós como está para nós. Caminhais nas trevas, viemos iluminar a vossa rota e franquear o caminho, íeis ao acaso, mostramo-vos o objetivo; a vida terrena era tudo para vós, porque não víeis nada além dela; viemos vos dizer, mostrando-vos a vida espiritual: A vida terrestre nada é. A vossa visão detinha-se no túmulo, nós vos mostramos, além dele, um horizonte esplêndido. Não sabíeis porque sofríeis na Terra, agora, no sofrimento, vedes a justiça de Deus; o bem não tinha frutos aparentes para o futuro, doravante terá um objetivo e será uma necessidade; a fraternidade não era senão uma bela teoria, agora ela se assenta sobre uma lei da Natureza. Sob o império da crença de que tudo termina com a vida, a imensidão está vazia, o egoísmo reina soberano entre vós, e a vossa palavra de ordem é: "Cada um por si"; com a certeza do futuro, os espaços infinitos se povoam ao infinito, o vazio e a solidão não estão em nenhuma parte, a solidariedade liga todos os seres, para além e para aquém da tumba; é o reino de caridade com a divisa: "Cada um por todos e todos para cada um". Enfim, ao término da vida, dizíeis um eterno adeus àqueles que vos são caros, agora direis: "Até logo".

Tais são, em resumo, os resultados da revelação nova; ela veio encher o vazio cavado pela incredulidade, elevar as coragens abatidas pela dúvida ou pela perspectiva do nada e dar a todas as coisas a sua razão de ser. Este resultado não tem importância, porque os Espíritos não vêm resolver os problemas da ciência, dar saber aos ignorantes e aos preguiçosos os meios de enriquecer sem trabalho? Entretanto, os frutos que o homem deve dela retirar não o são apenas para a vida futura; desfrutá-los-á na Terra pela transformação que essas novas crenças, necessariamente, devem operar em seu caráter, em seus gostos, em suas tendências e, em consequência, em seus hábitos e em suas relações sociais. Pondo fim ao reino do egoísmo, do orgulho e da incredulidade, elas preparam o do bem, que é o reino de Deus anunciado pelo *Cristo* (1).

---

(1) O emprego do artigo diante da palavra *Cristo* (do grego *Christos*, ungido), empregado em um sentido absoluto, é mais correto, visto que esse termo não é o nome do Messias de Nazaré, mas uma qualidade tomada substantivamente. Dir-se-á, pois, Jesus era *Cristo* anunciado; a morte *do Cristo,* e não *de Cristo,* ao passo que se diz: a morte *de Jesus,* e não a morte *Jesus*. Em *Jesus-Cristo,* as duas palavras reunidas formam um único nome próprio. É pela mesma razão que se diz: *o Buda* Gautama adquiriu a dignidade *de Buda* por suas virtudes e suas austeridades; a vida *do Buda,* como se diz: o exército *do Faraó* e não *de Faraó;* Henri IV era *rei*; título *de rei;* a morte *do rei* e não *de rei*.

CAPÍTULO **2**

Deus

Existência de Deus. – Da natureza divina. –
A Providência. – A visão de Deus.

Existência de Deus

1. – Sendo Deus a causa primeira de todas as coisas, o ponto de partida de tudo, o eixo sobre o qual repousa o edifício da criação, é o ponto que importa considerar antes de tudo.

2. – É princípio elementar que se julgue uma causa por seus efeitos, mesmo quando não se vê a causa.

Se um pássaro, cortando o ar, é atingido por um chumbo mortal, julga-se que um hábil atirador o feriu, embora não se veja o atirador. Não é, pois, sempre necessário ter visto uma coisa para saber que ela existe. Em tudo, é observando-se os efeitos que se chega ao conhecimento das causas.

3. – Um outro princípio também elementar, passado ao estado de axioma, por força de verdade, é que todo efeito inteligente deve ter uma causa inteligente.

Se se perguntasse qual é o construtor de tal engenhoso mecanismo, o que se pensaria daquele que respondesse que se fez por si mesmo? Quando se vê uma obra-prima, obra de arte ou de indústria, diz-se que isso deve ser o produto de um homem de gênio, porque uma alta inteligência deve ter presidido a sua concepção; não obstante, julga-se que um homem deveu fazê-la, porque se sabe que a coisa não está acima da capacidade humana, mas não ocorrerá a ninguém dizer que saiu do cérebro de um idiota ou de um ignorante, e ainda menos que seja o trabalho de um animal ou produto do acaso.

4. – Por toda parte reconhece-se a presença do homem por sua

Deus 43

obras. A existência dos homens antidiluvianos não se provaria somente pelos fósseis humanos, mas também, e com igual certeza, pela presença nos terrenos dessa época, de objetos trabalhados pelos homens; um fragmento de vaso, uma pedra talhada, uma arma, um tijolo bastarão para atestar a sua presença. Pela grosseria ou pela perfeição do trabalho se reconhecerá o grau de inteligência e adiantamento daqueles que o realizaram. Se, pois, encontrando-vos em um país habitado exclusivamente por selvagens, descobrirdes uma estátua digna de Fídias, não hesitareis em dizer que os selvagens, sendo incapazes de tê-la feito, deve ser a obra de uma inteligência superior à deles.

5. – Pois bem! Lançando os olhos ao redor de si, sobre as obras da Natureza, observando a previdência, a sabedoria e a harmonia que presidem a tudo, reconhece-se que não há nenhuma delas que não sobrepasse o mais alto alcance da inteligência humana. Desde que o homem não pode produzi-las, é porque são o produto de uma inteligência superior à Humanidade, a menos que se diga que há efeitos sem causa.

6. – A isto alguns opõem o seguinte raciocínio:

As obras ditas da Natureza são o produto de forças naturais que agem mecanicamente, em consequência das leis de atração e de repulsão; as moléculas dos corpos inertes se agregam e se desagregam sob o império dessas leis. As plantas nascem, brotam, crescem e se multiplicam sempre do mesmo modo, cada uma em sua espécie, em virtude dessas mesmas leis; cada indivíduo é semelhante àquele do qual saiu; o crescimento, a floração, a frutificação, a coloração estão subordinados a causas materiais, tais como o calor, a eletricidade, a luz, a umidade, etc. Ocorre o mesmo com os animais. Os astros se formam pela atração molecular e se movem perpetuamente em suas órbitas, pelo efeito da gravitação. Essa regularidade mecânica, no emprego das forças naturais, não acusa uma inteligência livre. O homem movimenta seu braço quando quer e como quer, mas aquele que o movimentasse no mesmo sentido, desde o seu nascimento até a morte, seria um autômato; ora, as forças orgânicas da Natureza são puramente automáticas.

Tudo isso é verdade; mas essas forças são efeitos que devem ter uma causa, e ninguém pretende que elas constituam a Divindade. São materiais e mecânicas, não são inteligentes por si mesmas, o que também é verdade; mas são postas em ação, distribuídas, apropriadas para as necessidades de cada coisa, por uma inteligência que não é a dos homens. A apropriação útil dessas forças é um efeito inteligente que denota uma causa inteligente. Um pêndulo se move com regularidade automática, e é essa regularidade que lhe dá o seu mérito. A força que o faz assim agir é toda material e nada inteligente; mas o que seria desse relógio se uma inteligência não houvesse combinado, calculado, distribuído o emprego dessa força para fazê-la caminhar com precisão? Do fato de que a inteligência não está no mecanismo do relógio, e de que ela não é vista, seria racional concluir que não existe? Ela é julgada pelos seus efeitos.

A existência do relógio atesta a existência do relojoeiro; a engenhosidade do mecanismo atesta a inteligência e o saber do relojoeiro. Quando o relógio vos dá, no momento próprio, a informação de que tendes necessidade, jamais veio ao pensamento de alguém dizer: Eis um relógio bem inteligente.

Ocorre o mesmo com o mecanismo do Universo; *Deus não se mostra, mas se afirma pelas suas obras.*

7. – A existência de Deus é, pois, um fato adquirido, não somente pela revelação, mas pela evidência material dos fatos. Os povos selvagens não tiveram revelação e, não obstante, creem, instintivamente, na existência de um poder sobre-humano; veem coisas que estão acima do poder humano e delas concluem que provêm de um ser superior à Humanidade. Não são mais lógicos do que aqueles que pretendem que elas se fizeram sozinhas?

Da natureza divina

8. – Não é dado ao homem sondar a natureza íntima de Deus. *Para compreender Deus, ainda nos falta o sentido que não se adquire senão pela completa depuração do Espírito.* Mas, se o homem não pode penetrar a sua essência, sendo a sua existência dada como premissa, pode, pelo raciocínio chegar ao conhecimento dos seus atributos necessários; porque, em vendo o que não pode deixar, sem cessar, de ser Deus, disso conclui o que deve ser.

Sem o conhecimento dos atributos de Deus, seria impossível compreender a obra da criação; é o ponto de partida de todas as crenças religiosas, e foi pela falta de a ela se referirem, como farol que poderia dirigi-las que a maioria das religiões errou em seus dogmas. As que não atribuíram a Deus a onipotência, imaginaram vários deuses; as que não lhe atribuíram a soberana bondade, dele fizeram um deus ciumento, colérico, parcial vingativo.

9. – *Deus é a suprema e soberana inteligência.* A inteligência do homem é limitada, uma vez que não pode nem fazer nem compreender tudo o que existe; a de Deus, abarcando o Infinito, deve ser infinita. Se supusesse limitada em um ponto qualquer, poder-se-ia conceber um ser ainda mais inteligente, capaz de compreender e de fazer o que o outro não faria, e assim sucessivamente, até o infinito.

10. – *Deus é eterno,* quer dizer que não teve começo e não terá fim. Se houvesse tido um começo, teria saído do nada; o nada, não sendo nada, nada pode produzir; ou bem ele haveria sido criado por um ser anterior, e, então, esse ser é que seria Deus. Se se lhe supusesse um começo ou um fim, poder-se-ia, pois, conceber um ser tendo existido antes dele, ou podendo existir depois dele, e assim sucessivamente até o infinito.

11. – *Deus é imutável.* Se estivesse sujeito a mudanças, as leis que regem o Universo não teriam nenhuma estabilidade.

12. – *Deus é imaterial,* quer dizer, que a sua natureza difere de tudo o que *chamamos matéria;* de outro modo, não seria imutável, porque estaria sujeito às transformações da matéria.

Deus não tem forma apreciável pelos nossos sentidos; sem isto, seria matéria. Dizemos: a mão de Deus, o olho de Deus, a boca de Deus, porque o homem, não conhecendo senão a si mesmo, toma-se por termo de comparação de tudo o que não compreende. Essas imagens em que se representa Deus sob a figura de um velho de longas barbas, coberto com um manto, são ridículas; têm o inconveniente de rebaixarem o Ser supremo às mesquinhas proporções da Humanidade; daí a emprestar-lhe as paixões da Humanidade, e dele fazer um Deus colérico e ciumento, não há senão um passo.

13. – *Deus é todo-poderoso.* Se não tivesse o supremo poder, poder-se-ia conceber um ser mais poderoso, e assim sucessivamente, até que se encontrasse o ser que nenhum outro poderia superar em poder, e este é que seria Deus.

14. – *Deus é soberanamente justo e bom.* A sabedoria providencial das leis divinas se revela nas pequenas coisas como nas maiores, e essa sabedoria não permite duvidar nem da sua justiça, nem da sua bondade.

O infinito de uma qualidade exclui a possibilidade da existência de uma qualidade contrária, que a diminuiria ou a anularia. Um ser *infinitamente bom* não poderia ter a menor parcela de maldade, nem o ser *infinitamente mau* ter a menor parcela de bondade; do mesmo modo que um objeto não poderia ser de um negro absoluto com a mais leve nuança de branco, nem de um branco absoluto com a menor mancha de negro.

Deus não poderia, pois, ser, ao mesmo tempo, bom e mau, porque, então, não possuindo nem uma nem outra dessas qualidades, no grau supremo, não seria Deus; todas as coisas estariam submetidas ao capricho, não haveria estabilidade para nada. Não poderia, pois, ser senão infinitamente bom ou infinitamente mau; ora, tendo em vista que suas obras testemunham a sua sabedoria, sua bondade e sua solicitude, é preciso disso concluir que, não podendo ser, ao mesmo tempo, bom e mau sem deixar de ser Deus, ele deve ser infinitamente bom.

A soberana bondade implica na soberana justiça; porque, se agisse injustamente, ou com parcialidade, *em uma só circunstância*, ou com relação a *uma só das suas criaturas*, não seria soberanamente justo e, por consequência, não seria soberanamente *bom*.

15. – *Deus é infinitamente perfeito*. É impossível conceber Deus sem o infinito das perfeições, sem o que não seria Deus, porque se poderia sempre conceber um ser possuindo o que lhe faltasse. Para que nenhum ser possa superá-lo, é preciso que seja infinito em tudo.

Sendo os atributos de Deus infinitos, não são suscetíveis nem de aumento, nem de diminuição; sem isso, não seriam infinitos e Deus não seria perfeito. Se se tirasse a menor parcela de um único dos seus atributos, não se teria mais Deus, uma vez que poderia existir um ser mais perfeito.

16. – *Deus é único*. A unidade de Deus é a consequência do infinito das perfeições. Um outro Deus não poderia existir senão com a condição de ser igualmente infinito em todas as coisas; porque se houvesse, entre eles, a mais leve diferença, um seria inferior ao outro, subordinado ao seu poder, e não seria Deus. Se houvesse, entre eles, igualdade absoluta, seria, de toda a eternidade, um mesmo pensamento, uma mesma vontade, um mesmo poder; assim, confundidos em sua identidade, não seriam, em realidade, senão um único Deus. Se cada um tivesse atribuições especiais, um faria o que o outro não faria, e, então, não teriam, entre eles, igualdade perfeita, uma vez que nem um nem o outro teria a soberana autoridade.

17. – Foi a ignorância do infinito das perfeições de Deus que engendrou o politeísmo, culto de todos os povos primitivos; eles atribuíram divindade a todo poder que lhes pareceu acima da Humanidade; mais tarde, a razão levou-os a confundir essas diversas potências em uma única. Depois, à medida que os homens compreenderam a essência dos atributos divinos, suprimiram, dos seus símbolos, as crenças que dele eram a negação.

18. – Em resumo, Deus não pode ser Deus senão com a condição de não ser superado, em nada, por outro ser; porque, então, o ser que superasse, no que quer que fosse, não fora senão na espessura de um cabelo, seria o verdadeiro Deus; por isso, é preciso que seja infinito em todas as coisas.

É assim que, estando a existência de Deus constatada pelo fato das suas obras, chega-se, pela simples dedução lógica, a determinar os atributos que o caracterizam.

Deus

19. – Deus é, pois, *a suprema e soberana inteligência; é único, eterno, imutável, imaterial, todo-poderoso, soberanamente justo e bom, infinito em todas as suas perfeições,* e não pode ser outra coisa.

Tal é o eixo sobre o qual repousa o edifício universal; é o farol cujos raios se estendem sobre o Universo inteiro e que, unicamente, pode guiar o homem na procura da verdade; seguindo-o, ele não se perderá nunca, e se está tão frequentemente extraviado é por falta de ter seguido a rota que lhe estava indicada.

Tal é também o critério *infalível* de todas as doutrinas filosóficas e religiosas; o homem tem, para julgá-las, uma medida, rigorosamente exata, nos atributos de Deus, e pode se dizer, com certeza, que *toda teoria, todo princípio, todo dogma, toda crença, toda prática que estivesse em contradição com um único dos seus atributos, que tendesse não somente a anulá-los, mas simplesmente enfraquecê-los, não poderia estar com a verdade.*

Em filosofia, em psicologia, em moral, em religião, não há de verdadeiro senão aquilo que não se desvie um iota das qualidades essenciais da Divindade. A verdadeira religião será aquela na qual *nenhum artigo de fé* esteja em oposição com essas qualidades, na qual todos os dogmas poderão sofrer a prova desse controle, sem dele receber nenhum prejuízo.

A Providência

20. – A providência é a solicitude de Deus para com as suas criaturas. Deus está por toda a parte e tudo vê, tudo preside, mesmo às menores coisas; é nisso que consiste a ação providencial.

"Como é que Deus, tão grande, tão poderoso, tão superior a tudo, pode se imiscuir em detalhes ínfimos, preocupar-se com os menores atos e os menores pensamentos de cada indivíduo? Tal é a questão que o incrédulo se coloca, donde conclui que, em admitindo a existência de Deus, sua ação não deve se estender senão sobre as leis gerais do Universo; que o Universo funciona de toda a eternidade em virtude dessas leis, às quais cada criatura está submetida em sua esfera de atividade, sem que seja necessário o concurso incessante da Providência."

21. – Em seu estado atual de inferioridade, os homens não podem, senão dificilmente, compreender Deus infinito, porque o figuram restrito e limitado, igual a eles; representando como um ser circunscrito, e dele fazem uma imagem à sua imagem. Nossos quadros que o pintam sob traços humanos não contribuem pouco para manter esse erro no espírito das massas, que adoram, nele, mais a forma do que o pensamento. Para a maioria, é um soberano poderoso, num *trono* inacessível, perdido na imensidão dos céus; e, porque suas faculdades e suas percepções são limitadas, não compreendem que Deus possa ou se digne intervir, diretamente, nas pequenas coisas.

22. – Na impossibilidade que está o homem de compreender a própria essência da Divindade, não pode dela fazer senão uma ideia aproximada, com a ajuda de comparações, necessariamente, muito imperfeitas, mas que podem, pelo menos, mostrar-lhe a possibilidade daquilo que, à primeira vista, parece-lhe impossível.

Suponhamos um fluido bastante sutil para penetrar todos os corpos; esse fluido, sendo ininteligente, age mecanicamente, tão só pelas forças materiais; mas, se supusermos esse fluido dotado de inteligência, de faculdades perceptivas e sensitivas, ele agirá não mais cegamente, mas com discernimento, com vontade e liberdade; verá, entenderá e sentirá.

23. – As propriedades do fluido perispiritual podem nos dar uma ideia disso. Ele não é inteligente por si mesmo, uma vez que é matéria, mas é o veículo do pensamento, das sensações e das percepções do Espírito.

O fluido perispiritual não é o pensamento do Espírito, mas o agente e o intermediário desse pensamento; como é ele que o transmite, dele está, de certa forma, *impregnado*, e, na impossibilidade, que estamos, de isolá-lo, parece não formar senão um com o fluido, do mesmo modo que o som parece não formar senão um com o ar, de sorte que podemos, por assim dizer, materializá-lo. Do mesmo modo que dizemos que o ar se torna sonoro, poderíamos, tomando o efeito pela causa, dizer que o fluido se torna inteligente.

24. – Que ocorra assim, ou não, com o pensamento de Deus, quer dizer, que ele atue diretamente ou por intermédio de um fluido, para facilidade de nossa inteligência, representemo-lo sob a forma concreta de um fluido inteligente, preenchendo o Universo infinito, penetrando todas as partes da criação: *a Natureza inteira está mergulhada no fluido divino*, ora, em virtude do princípio de que as partes de um todo são da mesma natureza e têm as mesmas propriedades do todo, cada átomo desse fluido se pode exprimir-se assim, possuindo o pensamento, quer dizer, os atributos essenciais da Divindade, e esse fluido estando por toda parte, tudo está submetido à sua ação inteligente, à sua previdência, à sua solicitude; não há um ser, por ínfimo que se o suponha, que dele não esteja de algum modo saturado. Estamos, assim, constantemente em presença da Divindade; não há uma única das nossas ações que possamos subtrair ao seu olhar; o nosso pensamento está em contato com o seu pensamento, e é com razão que se

Deus   49

diz que Deus lê nas mais profundas dobras do nosso coração. *Estamos nele, como ele está em nós*, segundo a palavra do Cristo.

Para estender sua solicitude sobre todas as criaturas, Deus não tem, pois, necessidade de mergulhar seu olhar do alto da imensidade; as nossas preces, para serem ouvidas por ele, não têm necessidade de cortarem o espaço, nem de serem ditas com voz retumbante, porque, incessantemente ao nosso lado, os nossos pensamentos repercutem nele. Os nossos pensamentos são iguais aos sons de um sino, que fazem vibrar todas as moléculas do ar ambiente.

25. – Longe de nós o pensamento de materializar a Divindade; a imagem de um fluido inteligente universal não é, evidentemente, senão uma comparação, mais própria para dar uma ideia a mais justa de Deus, do que os quadros que o representam sob uma figura humana; ela tem por objeto fazer compreender a possibilidade, para Deus, de estar por toda parte e de se ocupar de tudo.

26. – Temos, incessantemente, sob os olhos, um exemplo que pode nos dar uma ideia do modo pelo qual a ação de Deus pode se exercer sobre as partes mais íntimas de todos os seres, e, por conseguinte, como as impressões, as mais sutis, da nossa alma, chegam a ele. Foi tirada de uma instrução dada por um Espírito a esse respeito.

27. – "O homem é um pequeno mundo cujo diretor é o Espírito, e no qual o princípio dirigido é o corpo. Nesse universo, o corpo representará uma criação da qual o Espírito seria Deus. (Compreendeis que não se pode ver aqui senão uma questão de analogia, e não de identidade.) Os membros desse corpo, os diferentes órgãos que o compõem, seus músculos, seus nervos, suas articulações, são igualmente individualidades materiais, se se pode dizer assim, localizadas em um lugar especial do corpo; se bem que o número dessas partes constitutivas, de natureza tão variada e tão diferente, seja considerável, entretanto, ninguém duvida que não possa se produzir um movimento, que uma impressão qualquer possa ocorrer em um lugar particular, sem que o Espírito disso tenha consciência. Há sensações diversas em vários lugares simultâneos? O Espírito as sente todas, discerne-as, analisa-as, assinala, para cada uma, a sua causa e o seu lugar de ação, por intermédio do fluido perispiritual.

"Um fenômeno análogo ocorre entre a criação e Deus. Deus está por toda a parte na Natureza, do mesmo modo que o Espírito está por toda a parte no corpo; todos os elementos da criação estão em relação constante com ele, do mesmo modo que todas as células do corpo humano estão em contato imediato com o ser espiritual; não há, pois, nenhuma razão para que fenômenos da mesma ordem não se produzam da mesma forma, num e noutro caso.

"Um membro se agita: o Espírito o sente; uma criatura pensa: Deus o sabe. Todos os membros estão em movimento, os diferentes órgãos estão postos em vibração: o Espírito sente cada manifestação, distingue-as e as localiza. As diferentes criações, as diferentes criaturas se agitam, pensam, agem diversamente, e Deus sabe tudo o que se passa, assinala a cada um o que lhe é particular.

"Pode-se disso deduzir, igualmente, a solidariedade da matéria e da inteligência, a solidariedade entre si de todos os seres de um mundo, a de todos os mundos e, enfim, a das criações e do Criador." (Quinemant, *Sociedade de Paris,* 1867).

28. – Compreendemos o efeito, já é muito; do efeito remontamos à causa e julgamos da sua grandeza pela grandeza do efeito; mas a sua essência íntima nos escapa, igual a da causa de uma multidão de fenômenos. Conhecemos os efeitos da eletricidade, do calor, da luz, da gravidade; calculamo-los e, no entanto, ignoramos a natureza íntima do princípio que os produziu. É, pois, mais racional negar o princípio divino, porque não o compreendemos?

29. – Nada impede admitir, para o princípio de soberana inteligência, um centro de ação, um foco principal irradiando sem cessar, inundando o Universo com seus fluidos, do mesmo modo que o Sol com a sua luz. Mas onde está esse foco? É o que ninguém pode dizer. Provavelmente, não se acha fixado em determinado ponto, como não o está a sua ação, sendo também provável que percorra constantemente as regiões do espaço sem-fim. Se simples Espíritos têm o dom de ubiquidade, essa faculdade, em Deus, deve ser sem limites. Deus, preenchendo o Universo, poder-se-ia ainda admitir, a título de hipótese, que esse foco não tem necessidade de se transportar, e que se forma sobre todos os pontos, onde a soberana vontade julgue a propósito produzir-se, de onde se poderia dizer que ele está por toda parte e em parte alguma.

30. – Diante desses problemas insondáveis, a nossa razão deve se humilhar. Deus existe; disso não poderemos duvidar; é infinitamente justo e bom; é a sua essência; a sua solicitude se estende a todos: compreendemo-lo; não pode, pois, querer senão o nosso bem, e é por isso que devemos ter confiança nele: eis o essencial; quanto ao mais, esperemos que sejamos dignos de compreendê-lo.

A visão de Deus

31. – Uma vez que Deus está por toda parte, por que não o vemos? Vê-lo-emos em deixando a Terra? Tais são as perguntas que se colocam diariamente.

Deus   51

A primeira é fácil de se resolver; nossos órgãos materiais têm percepções limitadas que os tornam impróprios à visão de certas coisas, mesmo materiais. Assim é que certos fluidos escapam totalmente à nossa visão e aos nossos instrumentos de análise, e, todavia, não duvidamos de sua existência. Vemos os efeitos da peste, e não vemos o fluido que a transporta; vemos os corpos se moverem sob a influência da força da gravidade, e não vemos essa força.

32. – As coisas de essência espiritual não podem ser percebidas por órgãos materiais; não é senão pela visão espiritual que podemos ver os Espíritos e as coisas do mundo imaterial; só a nossa alma, pois, pode ter a percepção de Deus. Vê-lo-emos imediatamente depois da morte? É o que somente as comunicações de além-túmulo podem nos ensinar. Por elas, sabemos que a visão de Deus é o privilégio das almas depuradas, e que, assim, bem poucos possuem, em deixando o seu envoltório terrestre, o grau de desmaterialização necessário. Uma comparação vulgar o fará compreender facilmente.

33. – Aquele que está no fundo de um vale, mergulhado em brumas espessas, não vê o Sol; entretanto, pela luz difusa, julga a presença do Sol. Se sobe a montanha, à medida que se eleva, o nevoeiro se clareia, a luz torna-se mais viva, mas não vê ainda o Sol. Não é senão depois de estar elevado acima da camada brumosa, encontrando-se num ar perfeitamente puro, que o vê em todo o seu esplendor.

Assim ocorre com a alma. O envoltório perispiritual, se bem que invisível e impalpável para nós, é, para ela, uma verdadeira matéria, muito grosseira ainda para certas percepções. Esse envoltório se espiritualiza à medida que a alma se eleva em moralidade. As imperfeições da alma são como camadas brumosas que obscurecem a sua visão; cada imperfeição, de que ela se desfaz, é uma tarefa a menos, mas não é senão depois de estar completamente depurada, que goza da plenitude das suas faculdades.

34. – Deus, sendo a essência divina por excelência, não pode ser percebido, em todo o seu fulgor, senão por Espíritos chegados ao último grau de desmaterialização. Se os Espíritos imperfeitos não o veem, não é porque dele estejam mais distantes do que os outros; igual a eles, igual a todos os seres da Natureza, estão mergulhados no fluido divino, como nós o estamos na luz; unicamente, as suas imperfeições são vapores que o ocultam à sua visão; quando o nevoeiro estiver dissipado, vê-lo-ão resplandecer; para isso, não terão necessidade nem de subir, nem de ir procurá-lo nas profundezas do Infinito; estando a visão espiritual desembaraçada dos véus que a obscureciam, vê-lo-ão em qualquer lugar em que se encontrem, fosse mesmo sobre a Terra, porque está por toda parte.

35. – O Espírito não se depura senão com o tempo, e as diferentes encarnações são os alambiques no fundo dos quais deixa, a cada vez, algumas impurezas. Deixando o seu envoltório corporal, ele não se despoja, instantaneamente, das suas imperfeições; é por isso que, depois da morte, não vê Deus mais do que quando estava vivo; mas, à medida que se depura, dele tem uma intuição mais distinta; se não o vê, compreende-o melhor: a luz é menos difusa. Então, pois, quando os Espíritos dizem que Deus lhes proíbe responder a tal pergunta, não é Deus que lhes aparece, ou lhes dirige a palavra para prescrever-lhes ou interditar-lhes tal ou tal coisa; não; mas o sentem, recebem os eflúvios do seu pensamento, tal como nos ocorre com relação aos Espíritos que nos envolvem em seu fluido, embora não os vejamos.

36. – Nenhum homem pode, pois, ver Deus com os olhos da carne. Se esse favor fosse concedido a alguns, isso não seria senão no estado de êxtase, quando a alma está tanto mais liberta dos laços da matéria, quanto isso seja possível durante a encarnação. Um tal privilégio, aliás, não seria senão o das almas de escol, encarnadas em missão, e não em *expiação*. Mas, tendo em vista que os Espíritos de ordem mais elevada resplandecem num brilho ofuscante, pode ser que Espíritos menos elevados, tocados pelo esplendor que os envolve, tenham acreditado ver o próprio Deus. Tal se vê, às vezes, um ministro ser tomado pelo seu soberano.

37. – Sob qual aparência Deus se apresenta àqueles que se fizeram dignos desse favor? Será sob uma forma qualquer? Igual a uma figura humana, ou igual a um foco resplandecente de luz? Eis o que a linguagem humana é impotente para descrever, porque não existe, para nós, nenhum ponto de comparação que, dele, possa dar uma ideia; somos iguais a cegos a quem se procuraria, em vão, fazer compreender a luz do Sol. Nosso vocabulário está limitado às nossas necessidades e ao círculo das nossas ideias; o dos selvagens não poderia pintar as maravilhas da civilização; o dos povos mais civilizados é muito pobre para descrever os esplendores dos céus; a nossa inteligência, muito limitada para compreendê-los, e a nossa visão, muito fraca, por eles seria ofuscada.

CAPÍTULO 3

O bem e o mal

Origem do bem e do mal. – O instinto e a inteligência.
– Destruição dos seres vivos uns pelos outros.

Origem do bem e do mal

1. – Sendo Deus o princípio de todas as coisas, e sendo este princípio todo sabedoria, todo bondade, todo justiça, tudo o que dele procede deve participar de seus atributos, porque é infinitamente sábio, justo e bom, nada pode produzir de insensato, de mau e de injusto. O mal que observamos não deve, pois, ter a sua fonte nele.

2. – Se o mal, estando nos atributos de um ser especial que se chama Arimane ou Satã, de duas coisas uma: ou esse ser seria igual a Deus e, consequentemente, tão poderoso quanto ele, e de toda a eternidade igual a ele, ou lhe seria inferior.

No primeiro caso, haveria duas potências rivais, lutando sem cessar, cada uma procurando desfazer o que a outra faz e se opondo mutuamente. Esta hipótese é inconciliável com a unidade de vistas que se revela na disposição do Universo.

No segundo caso, esse ser, sendo inferior a Deus, ser-lhe-ia subordinado; não podendo ter sido igual a ele, de toda a eternidade, sem ser seu igual, teria um começo; se foi criado, não poderia tê-lo sido senão por Deus; Deus teria, assim, criado o Espírito do mal, o que seria negação da infinita bondade. (Ver *O Céu e o Inferno Segundo o Espiritismo*, cap. X, *Os Demônios*).

3. – Entretanto, o mal existe e tem uma causa.

Os males de todas as espécies, físicos ou morais, que afligem a Humanidade, apresentam duas categorias que importa distinguir: são os males que o homem pode evitar, e aqueles que independem da sua vontade. Entre estes últimos, é preciso colocar os flagelos naturais.

O homem, cujas faculdades são limitadas, não pode penetrar, nem abarcar, o conjunto dos objetivos do Criador; julga as coisas sob o ponto de vista da sua personalidade, dos interesses factícios e da convenção que se criou, e que não estão na ordem da Natureza; por isso é que ele acha, frequentemente, mau e injusto o que acharia justo e admirável se lhe visse a causa, o fim e o resultado definitivo. Procurando a razão de ser e a utilidade de cada coisa, reconhecerá que tudo leva a marca da sabedoria infinita e se inclinará diante dessa sabedoria, mesmo para as coisas que não compreende.

4. – O homem recebeu, em herança, uma inteligência com a ajuda da qual pode conjurar ou, pelo menos grandemente, atenuar os efeitos de todos os flagelos naturais; quanto mais ele adquire saber e avance em civilização, menos esses flagelos são desastrosos; com uma organização social sabiamente previdente, poderá mesmo neutralizar-lhes as consequências, quando não puderem ser inteiramente evitadas. Assim, para esses mesmos flagelos, que têm a sua utilidade na ordem da Natureza e para o futuro, que ferem no presente, Deus deu ao homem, pelas faculdades com as quais dotou o seu Espírito, os meios de paralisar-lhes os efeitos.

Assim é que ele saneia os continentes insalubres, neutraliza os miasmas pestilentos, fertiliza as terras incultas e se esforça por preservá-las das inundações; que construiu habitações mais sadias, mais sólidas para resistirem aos ventos, tão necessários para a depuração da atmosfera, que se coloca ao abrigo das intempéries; foi assim, enfim, que, pouco a pouco, a necessidade fê-lo criar as ciências, com a ajuda das quais melhora a habitabilidade do globo e aumenta a soma do seu bem-estar.

5. – Devendo o homem progredir, os males, aos quais está exposto, são um estimulante para o exercício da sua inteligência, de todas as suas faculdades, físicas e morais, iniciando-o na pesquisa dos meios para deles subtrair-se. Se não tivesse nada a temer, nenhuma necessidade o levaria à procura dos meios, seu espírito se entorpeceria na inatividade; não inventaria nada e não descobriria nada. *A dor é o aguilhão que impele o homem para a frente, no caminho do progresso.*

6. – Mas os mais numerosos males são aqueles que o homem cria para si mesmo, pelos seus próprios vícios, aqueles que provêm de seu orgulho, de seu egoísmo, de sua ambição, de sua cupidez, de seus excessos em todas as coisas; aí está a causa das guerras e das calamidades que elas arrastam, dissenções, injustiças, opressão do fraco pelo forte, enfim, a maioria das doenças.

O bem e o mal

Deus estabeleceu leis, plenas de sabedoria, que não têm por objetivo senão o bem; o homem encontra, em si mesmo, tudo o que é necessário para segui-las; sua rota está traçada pela sua consciência; a lei divina está gravada no seu coração; e, além disso, Deus o chama, sem cessar, através dos seus messias e profetas, por todos os Espíritos encarnados que receberam a missão de esclarecê-lo, moralizá-lo, melhorá-lo, e, nestes últimos tempos, pela multidão de Espíritos desencarnados que se manifestam por toda parte. *Se o homem se conformasse, rigorosamente, com as leis divinas, não há dúvida de que evitaria os mais pungentes males e de que viveria feliz sobre a Terra.* Se não o faz, é em virtude do seu livre-arbítrio, e disso sofre as consequências. (*O Evangelho Segundo o Espiritismo*, cap. V, nºs 4, 5, 6 e seguintes).

7. – Mas Deus, cheio de bondade, colocou o remédio ao lado do mal, quer dizer, do próprio mal faz sair o bem. Chega um momento em que o excesso do mal moral se torna intolerável e faz o homem sentir o desejo de mudar de caminho; instruído pela experiência, é compelido a procurar um remédio no bem, sempre por efeito do seu livre-arbítrio; quando entra num caminho melhor, é pelo fato da sua vontade e porque reconheceu os inconvenientes do outro caminho. A necessidade o constrange, pois, a se melhorar moralmente, para ser mais feliz, como esta mesma necessidade o constrange a melhorar as condições materiais da sua existência (nº 5).

8. – Pode-se dizer que *o mal é a ausência do bem, como o frio é a ausência do calor. O mal não é um atributo distinto, tanto quanto o frio não é um fluido especial; um é o negativo do outro.* Aí, onde o bem não existe, existe forçosamente o mal; não fazer o mal, já é o começo do bem. *Deus não quer senão o bem; só do homem vem o mal. Se houvesse, na criação, um ser predisposto ao mal, nada poderia evitá-lo; mas o homem, tendo a causa do mal em SI MESMO e tendo, ao mesmo tempo, seu livre-arbítrio e, por guia, as leis divinas, evitá-lo-ia quando quisesse.*

Tomemos um fato vulgar por comparação. Um proprietário sabe que, na extremidade do seu campo, há um lugar perigoso, onde poderia perecer ou se ferir aquele que ali se aventurasse. O que faz, para prevenir os acidentes? Coloca, perto do local, um aviso tornando proibido ir mais longe, por causa do perigo. Eis a lei; ela é sábia e previdente. Se, malgrado isso, um imprudente não a tem em conta, e passa além, se lhe ocorre algo mal, a quem pode imputar senão a si mesmo?

Assim ocorre com todo o mal; o homem o evitaria se observasse as leis divinas. Deus, por exemplo, colocou um limite à satisfação das necessidades; o homem é advertido pela saciedade; se ultrapassa esse limite, o faz voluntariamente. As doenças, as enfermidades, a morte, que lhe podem ser consequentes, são, pois, o fato da sua imprevidência, e não de Deus.

9. – O mal, sendo o resultado das imperfeições do homem, e o homem, sendo criado por Deus, Deus, dir-se-á, se não criou o mal, pelo menos a causa do mal; se houvesse feito o homem perfeito, o mal não existiria.

Se o homem tivesse sido criado perfeito, seria levado, fatalmente, ao bem: ora, em virtude de seu livre-arbítrio, ele não é levado, fatalmente, nem ao bem nem ao mal. Deus quis que fosse submetido à lei do progresso, e que esse progresso fosse o fruto do seu próprio trabalho, a fim de que dele tivesse o mérito, do mesmo modo que carrega a responsabilidade do mal que é o fato da sua vontade. A questão, pois, é saber qual é, no homem, a fonte da propensão para o mal (1).

10. – Se se estudam todas as paixões, e mesmo todos os vícios, vê-se que têm seu princípio no instinto de conservação. Este instinto está, com toda a sua força, nos animais e nos seres primitivos que mais se aproximam da animalidade; aí só ele domina, porque neles não há ainda, por contrapeso, o senso moral; o ser ainda não nasceu para a vida intelectual. O instinto se enfraquece, ao contrário, à medida que a inteligência se desenvolve, porque esta domina a matéria.

O destino do homem é a vida espiritual; mas, nas primeiras fases da sua existência corpórea, não há senão necessidades materiais a satisfazer, e, para esse fim, o exercício das paixões é uma necessidade para a conservação da espécie e dos indivíduos, *materialmente falando*. Mas, saído desse período, há outras necessidades, necessidades primeiro semimorais e semimateriais, depois, exclusivamente morais. É, então, quando o Espírito domina a matéria; se lhe sacode o jugo, avança no caminho providencial e se aproxima da sua destinação final. Se, ao contrário, ele se deixa dominar por ela, atrasa-se, assimilando-se ao animal. Nessa situação, *o que, outrora, era um bem, porque era uma necessidade da sua natureza, torna-se um mal, não somente por não ser mais uma necessidade, mas porque isso se torna nocivo à espiritualização do ser*. Tal o que é qualidade na criança e se torna defeito no adulto. O mal, assim, é relativo, e a responsabilidade proporcionada ao grau de adiantamento.

Todas as paixões têm, pois, a sua utilidade providencial; sem isso, Deus teria feito algo inútil e nocivo. É o abuso que constitui o mal, e o homem abusa em virtude do seu livre-arbítrio. Mais tarde, esclarecido pelo seu próprio interesse, escolherá, livremente, entre o bem o mal.

---

(1) O erro consiste em pretender que a alma tenha saído perfeita das mãos do Criador, ao passo que este, ao contrário, quis que a perfeição fosse o resultado da depuração gradual do Espírito e sua própria obra. Deus quis que a alma, em virtude do seu livre-arbítrio, pudesse optar entre o bem e o mal e que ela chegasse aos seus fins últimos por uma vida militante e resistindo ao mal. Se tivesse feito a alma perfeita, como ele, e que, saindo das suas mãos, a tivesse associado à sua beatitude eterna, não a teria feito à sua imagem, mas semelhante a ele mesmo. (Bonnamy, juiz de instrução: *A Razão do Espiritismo* cap. VI).

O instinto e a inteligência

11. – Que diferença há entre o instinto e a inteligência? Onde termina um e onde começa a outra? O instinto é uma inteligência rudimentar, ou é uma faculdade distinta, um atributo exclusivo da matéria?

O instinto é a força oculta que solicita os seres orgânicos a atos espontâneos e involuntários, tendo em vista a sua conservação. Nos atos instintivos, não há nem reflexão, nem combinação, nem premeditação. É assim que a planta procura o ar, volta-se para a luz, dirige suas raízes para a água e a terra nutritiva; que a flor se abre e se fecha, alternativamente, segundo a necessidade; que as plantas trepadeiras se enrolam em torno do seu apoio, ou se engancham com as suas gavinhas. É pelo instinto que os animais são advertidos do que lhes é útil ou nocivo; que se dirigem, segundo as estações, para os climas propícios; que constroem, sem lições preliminares, com mais ou menos arte, segundo as espécies, camas macias e abrigos para a sua prole, engenhos para prender, na armadilha, a presa da qual se nutrem; que manejam, com destreza, armas ofensivas e defensivas de que estão providos; que os sexos se aproximam; que a mãe alimenta os seus pequenos, e que estes procuram o seio da mãe. Entre os homens, o instinto domina exclusivamente no início da vida; é pelo instinto que a criança faz os seus primeiros movimentos, que agarra o seu alimento, que grita para exprimir as suas necessidades, que imita o som da voz, que ensaia falar e andar. No próprio adulto, certos atos são instintivos: tais são os movimentos espontâneos para evitar um perigo, para se afastar de um risco, para manter o equilíbrio; tais são ainda o pestanejo das pálpebras para atenuar o clarão da luz, a abertura maquinal da boca para respirar, etc.

12. – *A inteligência se revela por atos voluntários, refletidos, premeditados, combinados, segundo a oportunidade das circunstâncias.* Incontestavelmente, é um atributo exclusivo da alma.

Todo ato maquinal é instintivo; aquele que denota a reflexão, a combinação, uma deliberação, é inteligente; um é livre, o outro não o é.

O instinto é um guia seguro, que jamais se engana; a inteligência, só pelo fato de ser livre, por vezes, está sujeita a erro.

Se o ato instintivo não tem o caráter do ato inteligente, apesar disso, revela *uma causa inteligente*, essencialmente previdente. Se se admite que o instinto tem a sua fonte na matéria, é preciso admitir que a matéria é inteligente, seguramente, mesmo mais inteligente e previdente do que a

58 *Capítulo 3*

alma, uma vez que o instinto não se engana, ao passo que a inteligência se engana.

Se se considera o instinto uma inteligência rudimentar, como se explica que seja, em certos casos, superior à inteligência racional? Que possa dar a possibilidade de executar coisas que esta não pode produzir? Se é o atributo de um princípio espiritual, que vem a ser esse princípio? Uma vez que o instinto desapareça, esse princípio estaria aniquilado? Se os animais não estão dotados senão do instinto, seu futuro é sem resultado; seus sofrimentos não têm nenhuma compensação. Isso não estaria conforme nem com a justiça, nem com a bondade de Deus (cap. II, n° 19).

13. – Segundo outro sistema, o instinto e a inteligência teriam um único e mesmo princípio; chegado a um certo grau de desenvolvimento, que no início não teria senão as qualidades do instinto, sofreria uma transformação que lhe daria as da inteligência livre.

Se fosse assim, no homem inteligente que perde a razão e não é mais guiado senão pelo instinto, a inteligência retornaria ao seu estado primitivo; e, quando recobrasse a razão, o instinto tornar-se-ia inteligente, e assim alternativamente, a cada acesso, o que não é admissível.

Aliás, a inteligência e o instinto, com frequência, mostram-se simultaneamente no mesmo ato. No andar, por exemplo, o movimento das pernas é instintivo; o homem coloca um pé diante do outro, maquinalmente, sem nisso pensar; mas, quando quer acelerar ou moderar a sua marcha, levantar o pé ou desviar para evitar um obstáculo, há cálculo, combinação; ele age de propósito deliberado. *O impulso involuntário do movimento é ato instintivo; a direção calculada do movimento é ato inteligente.* O animal carnívoro é levado, pelo instinto, a se alimentar de carne; mas as precauções que toma e que variam segundo as circunstâncias, para apanhar a sua presa e a sua previdência das eventualidades, são atos da inteligência.

14. – Outra hipótese que, de resto, alia-se perfeitamente à ideia da unidade de princípio resulta do caráter essencialmente previdente do instinto e concorda com o que o Espiritismo nos ensina, quanto às relações do mundo espiritual com o mundo corpóreo.

Sabe-se, agora, que os Espíritos desencarnados têm por missão velar pelos encarnados, dos quais são os protetores e os guias; que os envolvem com seus eflúvios fluídicos; que o homem, frequentemente, age de modo *inconsciente* sob a ação desses eflúvios.

De outra parte, sabe-se que o instinto, que produz atos inconscientes, predomina nas crianças e, em geral, nos seres cuja razão é fraca. Ora segundo essa hipótese, o instinto não seria um atributo nem da alma, nem da matéria; não pertenceria ao próprio ser vivo, mas seria um *efeito* da ação direta dos protetores invisíveis, que supririam a imperfeição da inteligência, provocando, eles mesmos, os atos inconscientes necessários à conservação do ser. Seria como a andadeira, com a ajuda da qual se sustém a criança que ainda não sabe andar. Mas, do mesmo modo que se suprime, gradualmente, o uso de andadeira, à medida que a criança se sustém sozinha, os Espíritos protetores deixam entregues a si mesmos os seus protegidos, à medida que estes podem se guiar por sua própria inteligência.

Assim, o instinto, longe de ser o produto de uma inteligência rudimentar e incompleta, seria o resultado de uma inteligência estranha *na plenitude da sua força*; inteligência protetora, suprindo a insuficiência, seja de uma inteligência mais jovem, que levaria a fazer, inconscientemente, para o seu bem, o que esta fosse incapaz de fazer por si mesma, seja de uma inteligência madura, mas, momentaneamente, entravada no uso das suas faculdades, assim como ocorre com o homem na infância e nos casos de idiotia e de afecções mentais.

Diz-se, proverbialmente, que há um deus para as crianças, os loucos e os alcoólatras; esse ditado é mais verdadeiro do que se crê; esse deus não é outro que o Espírito protetor, que vela pelo ser incapaz de se proteger por sua própria razão.

15. – Nesta ordem de ideias, pode-se ir mais longe. Essa teoria, por racional que seja, não resolve todas as dificuldades da questão.

Se são observados os efeitos do instinto, nota-se, antes de tudo, uma unidade de vista e de conjunto, uma garantia de resultado, que não existem mais desde que o instinto é substituído pela inteligência livre; além do mais, na apropriação, tão perfeita e tão constante, de faculdade instintivas às necessidades de cada espécie, reconhece-se uma profunda sabedoria. Essa unidade de vistas não poderia existir sem a unidade de pensamentos, a unidade de pensamentos é incompatível com a diversidade das aptidões individuais; só ela poderia produzir esse conjunto tão perfeitamente harmonioso, que prossegue, desde a origem dos tempos e em todos os climas, com uma regularidade e uma precisão matemáticas, sem jamais falhar. A uniformidade no resultado das faculdades instintivas é um fato característico que implica, forçosamente, *na unidade da causa;* se essa causa fosse inerente a cada individualidade, haveria tantas variedades de instintos quantas há de indivíduos, desde a planta até o homem. Um efeito geral, uniforme e constante, deve ter uma causa geral, uniforme e constante; um efeito, que acusa sabedoria e previdência, deve ter uma causa sábia e previdente. Ora, uma causa sábia e previdente, sendo necessariamente inteligente, não poderia ser exclusivamente material.

Não se encontrando nas criaturas, encarnadas e desencarnadas, as qualidades necessárias para produzir um tal resultado, será preciso remontar mais alto, quer dizer, ao próprio Criador. Se se reporta à explicação que foi dada, sobre a maneira pela qual se pode conceber a ação providencial (cap. II, n° 24); se se imaginar todos os seres penetrados de um fluido divino, soberanamente inteligente, compreender-se-á a sabedoria previdente e a unidade de vistas que presidem a todos os movimentos instintivos que se efetuam para o bem de cada indivíduo. Essa solicitude é tanto mais ativa quanto o indivíduo tenha menos recursos, em si mesmo e na própria inteligência; por isso, ela se mostra maior e mais absoluta nos animais e nos seres inferiores do que no homem.

Segundo essa teoria, compreende-se que o instinto seja um guia seguro. O instinto maternal, o mais nobre de todos, que o Materialismo rebaixa ao nível das forças atrativas da matéria, acha-se realçado e enobrecido. Em razão das suas consequências, não seria preciso entregá-lo às eventualidades caprichosas da inteligência e do livre-arbítrio. *Pelo órgão da mãe, Deus vela, ele mesmo, pelas suas criaturas nascentes.*

16. – Esta teoria não destrói, em nada, o papel dos Espíritos protetores, cujo concurso é um fato adquirido e provado pela experiência; mas deve-se notar que a ação destes é essencialmente individual; que ela se modifica segundo as qualidades próprias do protetor e do protegido, e que em nenhuma parte, tem a uniformidade e a generalidade do instinto. Deus em sua sabedoria, conduz, ele mesmo, os cegos, mas, confia às inteligências livres o cuidado de conduzirem os clarividentes, para deixar, a cada um a responsabilidade dos seus atos. A missão dos Espíritos protetores é um dever que aceitam voluntariamente e que é, para eles, um meio de adiantamento, segundo a maneira pela qual o cumprem.

17. – Todas essas maneiras de encarar o instinto são necessariamente hipotéticas, e nenhuma tem um caráter suficiente de autenticidade para ser dada como solução definitiva. A questão, um dia, será certamente resolvida, quando se tiver reunido os elementos de observação que faltam agora; até lá, é preciso limitar-se a submeter as diversas opiniões ao cadinho da razão e da lógica e esperar que a luz se faça; a solução que mais se aproximará da verdade será, necessariamente, aquela que melhor corresponda aos atributos de Deus, quer dizer, à soberana bondade e à soberana justiça (cap. II, n° 19).

18. – Sendo o instinto o guia, e as paixões, os impulsos das almas

O bem e o mal

no primeiro período do seu desenvolvimento, confundem-se em seus efeitos. Há, entretanto, entre esses dois princípios, diferenças que é essencial considerar.

O instinto é um guia seguro, sempre bom; em um tempo dado, pode se tornar inútil, porém jamais nocivo; enfraquece-se pela predominância da inteligência.

As paixões, nas primeiras idades da alma, têm, de comum com o instinto, o fato de que os seres delas são solicitados por uma força igualmente inconsciente. Elas nascem, mais particularmente, das necessidades do corpo e se prendem, mais do que o instinto, ao organismo. O que as distingue, sobretudo, do instinto é que são individuais e não produzem, como este último, efeitos gerais e uniformes; vê-se, ao contrário, que variam de intensidade e de natureza, segundo os indivíduos. Elas são úteis, como estimulantes, até a eclosão do senso moral, que faz, de um ser passivo, um ser racional; nesse momento, elas não só se tornam inúteis, mas nocivas ao adiantamento do Espírito, no qual retardam a desmaterialização; enfraquecem-se com o desenvolvimento da razão.

19. – O homem que não agisse, constantemente, senão pelo instinto, poderia ser muito bom, mas deixaria dormir a sua inteligência; seria igual à criança que não deixasse as andadeiras e não soubesse se servir dos seus membros. Aquele que não domina as suas paixões pode ser muito inteligente, mas, ao mesmo tempo, muito mau. *O instinto se aniquila por si mesmo; as paixões não se domam senão pelo esforço da vontade.*

Destruição dos seres vivos uns pelos outros

20. – A destruição recíproca dos seres vivos é uma das leis da Natureza que, à primeira vista, parece se conciliar menos com a bondade de Deus. Pergunta-se por que criou a necessidade de mutuamente se destruírem, para se nutrirem às expensas uns dos outros.

Para aquele que não vê senão a matéria, que limita a sua visão à vida presente, isso parece, com efeito, uma imperfeição na obra divina. É que, em geral, os homens julgam a perfeição de Deus sob o seu ponto de vista; seu próprio julgamento é a medida da sua sabedoria, e pensam que Deus não saberia fazer melhor do que eles mesmos fazem. Não lhes permitindo a visão curta, de que dispõem, apreciar o conjunto, não compreendem que um bem real possa decorrer de um mal aparente. O conhecimento do princípio espiritual, considerado em sua essência verdadeira, e da grande lei da unidade que constitui a harmonia da criação, pode dar ao homem a chave desse mistério e mostrar-lhe a sabedoria providencial e a harmonia, precisamente onde não via senão uma anomalia e uma contradição.

21. – *A verdadeira vida, do animal quanto a do homem, não está mais no envoltório corporal do que no vestuário; ela está no princípio inteligente, que preexiste e sobrevive ao corpo.* Esse princípio tem necessidade do corpo para se desenvolver pelo trabalho, que deve cumprir na matéria bruta; usa-se o corpo nesse trabalho, mas ao Espírito não se usa; ao contrário, dele sai, a cada vez, mais forte, mais lúcido e mais capaz. Que importa, pois, que o Espírito mude, mais ou menos frequentemente, de envoltório! Por isto, não é menos Espírito; é absolutamente como se um homem renovasse cem vezes o seu vestuário num ano, e, por isso, não deixaria de ser o mesmo homem.

Pelo espetáculo incessante da destruição, Deus ensina aos homens o pouco caso que devem fazer do envoltório material e suscita neles a ideia da vida espiritual, em lhes fazendo desejá-la como uma compensação.

Deus, dir-se-á, não poderia chegar ao mesmo resultado por outros meios, e sem obrigar os seres vivos a se destruírem mutuamente? Desde que na sua obra tudo é sabedoria, devemos supor que esta sabedoria não existirá mais num ponto do que noutros; se não o compreendemos, é preciso atribuir ao nosso adiantamento. Contudo, podemos procurar a pesquisa da razão do que nos pareça defeituoso, tomando por bússola este princípio: *Deus deve ser infinitamente justo e sábio;* procuremos, pois, em tudo, sua justiça e sua sabedoria e inclinemo-nos diante do que ultrapassa o nosso entendimento.

22. – Uma primeira utilidade, que se apresenta nessa destruição, utilidade puramente física, é verdade, é esta: os corpos orgânicos não se mantêm senão com a ajuda de matérias orgânicas, matérias que contêm os elementos nutritivos necessários à sua transformação. Os corpos, instrumentos da ação do princípio inteligente, tendo necessidade de serem incessantemente, renovados, a Providência os faz servir à sua manutenção mútua; é por isso que os seres se nutrem uns dos outros; é, então, o corpo que se nutre do corpo, mas o Espírito não é nem aniquilado, nem alterado não é senão despojado do seu envoltório (1).

23. – Há, por outro lado, considerações morais de ordem mais elevada.

A luta é necessária ao desenvolvimento do Espírito; é na luta que ele exerce as suas faculdades. Aquele que ataca, para obter a sua nutrição e aquele que se defende, para conservar a sua vida, rivalizam em astúcia e inteligência e aumentam, por isso mesmo, suas forças intelectuais. Um

---

(1) Ver *Revista Espírita* de agosto de 1864, pág. 241, *Extinção das raças.*

dos dois sucumbe; mas, em realidade, que foi o que o mais forte ou o mais hábil retirou do mais fraco? Seu vestuário de carne, nenhuma outra coisa; o Espírito, que não está morto, retomará um outro mais tarde.

24. – Nos seres inferiores da criação, naqueles em que o senso moral não existe, ou a inteligência ainda não substituiu o instinto, a luta não poderia ter por móvel senão a satisfação de uma necessidade material; ora, uma das mais imperiosas necessidades é a da nutrição; lutam, pois, unicamente para viver, quer dizer, para agarrar ou garantir uma presa, porque não poderiam ser estimulados por um motivo mais elevado. É nesse primeiro período que a alma se elabora e ensaia para a vida.

No homem, há um período de transição no qual ele se distingue com dificuldade do animal; nas primeiras idades, o instinto animal domina, e a luta ainda tem por motivo a satisfação das necessidades materiais; mais tarde, o instinto animal e o sentimento moral se contrabalançam; o homem, então, luta, não mais para se nutrir, mas para satisfazer sua ambição, seu orgulho, sua necessidade de dominar; para isso, ainda lhe é preciso destruir. Mas, à medida que o senso moral predomina, a sensibilidade se desenvolve, a necessidade da destruição diminui; acaba mesmo por se apagar e se tornar odiosa; então, o homem tem horror ao sangue.

Entretanto, a luta é sempre necessária ao desenvolvimento do Espírito, porque, mesmo chegado a esse ponto que nos parece culminante, está longe de ser perfeito; não é senão ao preço da sua atividade que adquire conhecimentos, experiência e que se despoja dos últimos vestígios da animalidade; mas, desde esse momento, a luta, que era sangrenta e brutal, torna-se puramente intelectual; o homem luta contra as dificuldades, e não mais contra os seus semelhantes (1).

---

(1) Sem nada prejulgar sobre as consequências que se poderiam tirar desse princípio, quisemos somente demonstrar, por esta explicação, que a destruição dos seres vivos, uns pelos outros, não infirma, em nada, a sabedoria divina, e que tudo se encadeia nas leis da Natureza. Esse encadeamento é necessariamente rompido, se se faz abstração do princípio espiritual; é por isso que tantas questões são insolúveis, se não se considera senão a matéria.

As doutrinas materialistas levam, nelas, o princípio da sua destruição; têm, contra elas, não somente o antagonismo com as aspirações da universalidade dos homens, suas consequências morais que as farão sobressair-se como dissolventes da sociedade, mas ainda a necessidade que se experimenta de tomar conhecimento do que nasce do progresso. O desenvolvimento intelectual leva o homem à procura das causas; ora, por pouco que refletisse, não tardaria em reconhecer a impotência do Materialismo para tudo explicar. Como doutrinas que não satisfazem nem o coração, nem a razão, nem a inteligência, que deixam problemáticas as questões mais vitais, poderiam prevalecer? O progresso das ideias matará o Materialismo, como matou o fanatismo.

CAPÍTULO **4**

Papel da Ciência na Gênese

1. – A história da origem de quase todos os povos antigos se confunde com a da sua religião; por isso, os seus primeiros livros foram livros religiosos; e, como todas as religiões se prendem ao princípio das coisas, que são também o da Humanidade, deram, sobre a formação e disposição do Universo, explicações em relação com o estado dos conhecimentos da época e dos seus fundadores. Disso resultou que os primeiros livros sagrados foram, ao mesmo tempo, os primeiros livros de ciência, como foram, durante muito tempo, o único código das leis civis.

2. – Nos tempos primitivos, os meios de obervação eram, necessariamente, muito imperfeitos, as primeiras teorias sobre o sistema do mundo deviam estar maculadas por erros grosseiros; mas tivessem sido esses meios tão completos como o são hoje, os homens não teriam sabido deles se servir; aliás, não podiam ser senão o fruto do desenvolvimento da inteligência e do conhecimento sucessivo das leis da Natureza. À medida que o homem avançou no conhecimento dessas leis, penetrou os mistérios da criação e retificou as ideias que fez sobre a origem das coisas.

3. – O homem foi incapaz de resolver os problemas da criação até o momento em que a chave deles lhe foi dada pela ciência. Foi necessário que a astronomia lhe abrisse as portas do espaço infinito e lhe permitisse nele mergulhar seus olhares; que, pelo poder do cálculo, pudesse determinar, com precisão rigorosa, o movimento, a posição, o volume, a natureza e o papel dos corpos celestes; que a física lhe revelasse as leis da gravidade do calor, da luz e da eletricidade; que a química lhe ensinasse as transformações da matéria, e a mineralogia, os materiais que formam a crosta do globo; que a geologia lhe ensinasse a ler, nas camadas terrestres, a formação gradual desse mesmo globo. A botânica, a zoologia, a paleontologia e antropologia deveriam iniciá-lo na filiação e na sucessão dos seres organizados; com a arqueologia, pôde seguir as marcas da Humanidade através das idades; todas as ciências, em uma palavra, completando-se umas com as outras, deveriam trazer o seu contingente indispensável para o conhe

Papel da Ciência na Gênese 65

cimento da história do mundo; na sua falta, o homem não tinha, por guia, senão as suas primeiras hipóteses.

Por isso, antes que o homem possuísse esses elementos de apreciação, todos os comentaristas da Gênese, cuja razão se furtava às impossibilidades materiais, volteavam num mesmo círculo, sem poderem dele sair; e não o puderam senão quando a ciência abriu o caminho, abrindo brecha no velho edifício das crenças, e, então, tudo mudou de aspecto; uma vez encontrado o fio condutor, as dificuldades foram prontamente aplainadas; em lugar de uma Gênese imaginária, teve-se uma Gênese positiva e, de alguma sorte, experimental; o campo do Universo se estendeu ao infinito; viu-se a Terra e os astros se formarem gradualmente, segundo leis eternas e imutáveis, que testemunham, bem melhor, a grandeza e a sabedoria de Deus do que uma criação miraculosa, saída, de repente, do nada, como uma mudança de objetivo, por uma ideia súbita da Divindade, depois de uma eternidade de inação.

Uma vez que é impossível conceber a Gênese sem os dados fornecidos pela ciência, pode-se dizer, com toda a verdade, que: *a ciência está chamada a constituir a verdadeira Gênese, segundo as leis da Natureza.*

4. – No ponto a que chegou no século dezenove, a ciência resolveu todas as dificuldades do problema da Gênese?

Seguramente, não, mas é incontestável que lhe destruiu, sem retorno, todos os erros capitais e que lhe colocou os mais essenciais fundamentos sobre dados irrecusáveis; os pontos ainda incertos não são, propriamente falando, senão questões de detalhes, cuja solução, qualquer que ela seja no futuro, não poderá prejudicar o conjunto. Aliás, malgrado todos os recursos dos quais pôde dispor, faltou-lhe, até este dia, um elemento importante sem o qual a obra não poderia estar jamais completa.

5. -- De todas as Gêneses antigas, a que mais se aproxima dos dados científicos modernos, malgrado os erros que ela encerra, e que hoje são demonstrados até à evidência, é, incontestavelmente, a de Moisés. Alguns dos seus erros são mais aparentes do que reais e provêm seja da falsa interpretação de certas palavras, cujo significado primitivo se perdeu, passando de idioma em idioma pela tradução, ou cuja acepção mudou com os costumes dos povos, seja pela forma alegórica particular ao estilo oriental, e das quais tomou-se a letra, em lugar de procurar-lhe o espírito.

6. – A Bíblia contém, evidentemente, fatos que a razão, desenvolvida pela ciência, não poderia hoje aceitar, e outros que parecem estranhos e repugnam, porque se prendem a costumes que não são mais os nossos. Mas, ao lado disso, haveria parcialidade em se não reconhecer que ela encerra grandes e belas coisas. A alegoria, nela, tem um lugar considerável e, sob esse véu, esconde verdades sublimes, que aparecem se se procura o fundo do pensamento, porque, então, o absurdo desaparece.

Por que não foi levantado esse véu mais cedo? De uma parte, foi a falta de luzes que apenas a ciência e a filosofia podiam dar e, por outro lado, o princípio de imutabilidade absoluta da fé, resultado de um respeito muito cego pela letra, sob o qual a razão deveria se inclinar, e, por consequência, o medo de comprometer os fundamentos de crenças estabelecidas sob o sentido literal. Partindo essas crenças de um ponto primitivo, houve o receio de que, se o primeiro anel da cadeia viesse a se romper, todas as malhas da rede acabariam por se separar; por isso, fecharam-se os olhos mesmo assim; mas fechar os olhos sobre o perigo não é evitá-lo. Quando um edifício cede, não é mais prudente substituir, imediatamente, as pedras más por boas, antes de esperar, por respeito à antiguidade do edifício, que o mal se torne sem remédio, e que seja preciso reconstruí-lo de alto a baixo?

7. – A ciência, levando as suas investigações até as entranhas da Terra e à profundeza dos céus, tem demonstrado, pois, de maneira irrecusável, os erros da Gênese mosaica, presa à letra, e a impossibilidade material de que as coisas tenham se passado assim como estão textualmente reportadas; ela tem, por isso mesmo, ferido profundamente as crenças populares. A fé ortodoxa, com isso, impressionou-se, porque pensou ver a sua pedra de toque retirada; mas quem deveria ter razão: a ciência, caminhando, prudente e progressivamente, sobre o terreno sólido dos números e da observação, sem nada afirmar antes de ter a prova na mão, ou uma relação escrita numa época em que os meios de observação faltavam absolutamente? Quem deve prevalecer, afinal de contas, aquele que diz que 2 mais 2 são 5, e se recusa verificar, ou aquele que diz que 2 mais 2 são quatro, e o prova?

8. – Mas, então, diz-se, se a Bíblia é uma revelação divina, Deus está, pois, enganado? Se não é uma revelação divina, não tem mais autoridade e a religião desmorona por falta de base.

De duas coisas uma: ou a ciência está errada ou tem razão; se tem razão, não pode resultar que uma opinião contrária seja verdadeira; não há revelação que possa se impor sobre a autoridade dos fatos.

Incontestavelmente, Deus, que é todo verdade, não pode induzir os homens em erro, nem consciente nem inconscientemente, sem o que não seria Deus. Se, pois, os fatos contradizem as palavras que lhe são atribuídas, disso é preciso concluir, logicamente, que não as pronunciou, ou que foram tomadas em sentido contrário.

Se a religião sofre, em algumas partes, de suas contradições, o erro

Papel da Ciência na Gênese 67

não se deve à ciência, que não pode fazer que aquilo que é não seja, mas aos homens, por terem fundado, prematuramente, dogmas absolutos dos quais fizeram uma questão de vida ou de morte, sobre hipóteses suscetíveis de serem desmentidas pela experiência.

Há coisas com cujo sacrifício temos de resignar-nos, queira ou não queira, quando se pode dispor de outro modo. Quando o mundo caminha, não podendo detê-lo a vontade de alguns, o mais sábio está em segui-lo e se acomodar com o novo estado de coisas, antes de se agarrar ao passado que desmorona, com o risco de cair com ele.

9. – Seria preciso, por respeito aos textos considerados sagrados, impor silêncio à ciência? Isso teria sido coisa tão impossível quanto impedir que a Terra gire. As religiões, quaisquer que sejam, nunca ganharam nada por sustentarem erros manifestos. A missão da ciência é descobrir as leis da Natureza; ora, como essas leis são obras de Deus, não podem ser contrárias às religiões fundadas sobre a verdade. Lançar anátema ao progresso, por atentatório à religião, é lançá-lo à própria obra de Deus; além disso, seria esforço inútil, porque todos os anátemas do mundo não impedirão que a ciência caminhe e que a verdade faça luz. *Se a religião recusa caminhar com a ciência, a ciência avança sozinha.*

10. – Apenas as religiões estacionárias podem temer as descobertas da ciência; essas descobertas não são funestas senão àquelas que se deixam ultrapassar pelas ideias progressivas, imobilizando-se no absolutismo das suas crenças; em geral, fazem uma ideia tão mesquinha da Divindade, que não compreendem que assimilar as leis da Natureza reveladas pela ciência é glorificar a Deus por suas obras; mas, em sua cegueira, nisso preferem fazer homenagem ao Espírito do mal. *Uma religião que não estivesse, em nenhum ponto, em contradição com as leis da Natureza, nada teria a temer do progresso e seria uma religião invulnerável.*

11. – A Gênese compreende duas partes: a história da formação do mundo material, e a da Humanidade, considerada em seu duplo princípio, corpóreo e espiritual. A ciência está limitada na pesquisa das leis que regem a matéria; no próprio homem, ela não estuda senão o envoltório carnal. Sob esse aspecto, chegou a constatar, com uma precisão incontestável, as partes principais do mecanismo do Universo e do organismo humano. Sobre esse ponto capital, pode, portanto, completar a Gênese de Moisés e retificar-lhe as partes defeituosas.

Mas a história do homem, considerado como ser espiritual, liga-se a uma ordem especial de ideias que não é do domínio da ciência propriamente dita, e da qual esta, por este motivo, não fez objeto de suas investigações. A filosofia, que tem, mais particularmente, esse gênero de estudo em suas atribuições, não formulou, sobre esse ponto, senão sistemas contraditórios,

68 *Capítulo 4*

desde a espiritualidade pura até a negação do princípio espiritual, e mesmo de Deus, sem outras bases do que as ideias pessoais dos seus autores; deixou, pois, a questão indecisa, por falta de um controle suficiente.

12. – Esta questão, todavia, é para o homem a mais importante, por dizer respeito ao problema de seu passado e de seu futuro; a do mundo material não o toca senão indiretamente. O que lhe importa, antes de tudo, é saber de onde vem, para onde vai; se já viveu, se viverá ainda e qual sorte lhe está reservada.

Sobre todas essas questões, a ciência está muda. A filosofia não dá senão opiniões que concluem em sentido diametralmente oposto, mas ao menos permite discutir, o que faz com que muita gente se anime de seu lado, de preferência ao da religião que não discute.

13. – Todas as religiões estão de acordo sobre o princípio da existência da alma, sem, todavia, demonstrá-lo; mas não se põem de acordo nem sobre a sua origem, nem sobre o seu passado, nem sobre o seu futuro, sobretudo, nem naquilo que é essencial, sobre as condições das quais depende a sua sorte futura. Elas fazem, na maioria, de seu futuro um quadro imposto à crença de seus adeptos, que não pode ser aceito senão pela fé cega, mas não pode suportar um exame sério. O destino que dão à alma, estando ligado, em seus dogmas, às ideias que se fizeram do mundo material e do mecanismo do Universo nos tempos primitivos, é inconciliável com o estado dos conhecimentos atuais. Não podendo, pois, senão perder ao exame e à discussão, acham mais simples proscrever um e outra.

14. – Dessas divergências, relativas ao futuro do homem, nasceram a dúvida e a incredulidade. Todavia, a incredulidade deixa um vazio penoso; o homem encara com ansiedade o desconhecido em que, cedo ou tarde, deverá entrar fatalmente; a ideia do nada gela-o; a sua consciência lhe diz que, além do presente, há para ele alguma coisa; mas o quê? Sua razão desenvolvida não lhe permite mais aceitar as histórias que embalaram a sua infância, tomar a alegoria pela realidade. Qual é o sentido dessa alegoria? A ciência rasgou um canto do véu, mas não lhe revelou o que mais importa saber. Ele interroga em vão, ninguém lhe responde de maneira peremptória e própria para acalmar as suas apreensões; por toda parte encontra a afirmação se chocando contra a negação, sem provas mais positivas, de uma parte e da outra; daí a incerteza, e *a incerteza, sobre as coisas da vida futura faz com que o homem se arroje, com um certo frenesi, sobre as coisas da vida material.*

Tal é o inevitável efeito das épocas de transição: o edifício do passado desmorona, e o do futuro não está ainda construído. O homem está como o adolescente, que não tem mais a crença ingênua dos primeiros anos, e não tem, ainda, os conhecimentos da idade madura; não tem senão vagas aspirações que não sabe definir.

15. – Se a questão do homem espiritual permaneceu, até os nossos dias, no estado de teoria, foi porque faltaram os meios de observação direta que se teve para constatar o estado do mundo material, e o campo permaneceu aberto às concepções do espírito humano. Enquanto o homem não conheceu as leis que regem a matéria e não pôde aplicar o método experimental, errou de sistema em sistema com relação ao mecanismo do Universo e à formação da Terra. E isso ocorreu tanto na ordem moral quanto na ordem física; para fixar as ideias, tem faltado o elemento essencial: o conhecimento das leis do princípio espiritual. Esse conhecimento estava reservado para a nossa época, como o das leis da matéria foi obra dos dois últimos séculos.

16. – Até o presente, o estudo do princípio espiritual, compreendido na Metafísica, foi puramente especulativo e teórico; no Espiritismo, é todo experimental. Com a ajuda da faculdade medianímica, mais desenvolvida, de nossos dias, e, sobretudo, generalizada e melhor estudada, o homem se acha na posse de um novo instrumento de observação. A mediunidade foi, para o mundo espiritual, o que o telescópio foi para o mundo astral, e o microscópio para o mundo dos infinitamente pequenos; permitiu explorar, estudar, por assim dizer *de visu*, suas relações com o mundo corpóreo; isolar, no homem vivente, o ser inteligente do ser material, e de vê-los agirem separadamente. Uma vez em relação com os habitantes desse mundo, pôde-se seguir a alma em sua caminhada ascendente, em suas migrações, em suas transformações; pôde-se, enfim, estudar o elemento espiritual. Eis o que faltava aos precedentes comentaristas da Gênese, para compreendê-la e retificar-lhe os erros.

17. – O mundo espiritual e o mundo material, estando em contato incessante, são solidários um com o outro; ambos têm sua parte de ação na Gênese. Sem o conhecimento das leis que regem o primeiro, seria tão impossível constituir uma Gênese completa, quanto o é a um estatuário dar vida a uma estátua. Somente hoje, se bem que nem a ciência material nem a ciência espiritual tenham dito a sua última palavra, o homem possui os dois elementos próprios para lançar luz sobre esse imenso problema. Eram indispensáveis, necessariamente, essas duas chaves para se chegar a uma solução, mesmo aproximada.

CAPÍTULO **5**

Sistemas do mundo antigo e moderno

1. – A ideia primeira que os homens fizeram da Terra, do movimento dos astros e da constituição do Universo, deve ter sido, em sua origem, baseada unicamente no testemunho dos sentidos. Na ignorância das mais elementares leis da física e das forças da Natureza, não tendo senão a sua visão limitada como meio de observação, não podiam julgar senão pelas aparências.

Vendo o Sol aparecer pela manhã, em um lado do horizonte, e desaparecer, à tarde, do lado oposto, disso concluíram, naturalmente, que ele girava em torno da Terra, ao passo que esta ficava imóvel. Se se tivesse dito, então, aos homens que ocorre ao contrário, eles teriam respondido que isso não poderia ser, porque teriam dito: vemos o Sol mudar de lugar, e não sentimos a Terra mover-se.

2. – A pouca extensão das viagens, que naquela época raramente ultrapassavam os limites da tribo ou do vale, não podia permitir a constatação da esfericidade da Terra. Aliás, como supor que a Terra pudesse ser uma bola? Os homens não teriam podido se manter senão sobre o ponto mais alto e, supondo-a habitada em toda a sua superfície, como teriam podido viver no hemisfério oposto, com a cabeça para baixo e os pés para cima? A coisa teria parecido ainda menos possível com um movimento de rotação. Quando se vê ainda, em nossos dias, em que se conhece a lei da gravitação, pessoas relativamente esclarecidas que não compreendem esse fenômeno, não deve espantar que os homens dos primeiros tempos não a tenham mesmo suposto.

Para eles, pois, a Terra era uma superfície chata, circular como uma mó de moinho, estendendo-se a perder de vista na direção do horizonte; daí a expressão ainda usada: Ir ao fim do mundo. Seus limites, sua espessura, seu interior, sua face inferior, o que havia abaixo, eram o desconhecido (1).

---

(1) "A mitologia indu ensinava que o astro do dia se despojava, à tarde, da sua luz e atravessava o céu, durante a noite, com uma face escura. A mitologia grega representava o carro de Apolo puxado por quatro cavalos. Anaximandro, de Mileto, sustentava, de acordo

Sistemas do mundo antigo e moderno 71

3. – O céu, aparecendo sob uma forma côncava, era, segundo a crença vulgar, uma abóbada real, cujas bordas inferiores repousavam sobre a Terra e lhe marcavam os limites; vasta cúpula da qual o ar enchia toda a capacidade. Sem nenhuma noção do infinito e do espaço, incapazes mesmo de concebê-los, os homens figuravam essa abóbada formada de matéria sólida; daí o nome de *firmamento*, que sobreviveu à crença e que significa *firme, resistente* (do latim *firmamentum,* derivado de *firmus* e do grego *herma, hermatos,* firme, sustentáculo, suporte, ponto de apoio).

4. – As estrelas, das quais não se podia supor a natureza, eram simples pontos luminosos, mais ou menos gordos, pregados na abóbada, iguais a lâmpadas suspensas, dispostos sobre uma única superfície e, por conseguinte, todos à mesma distância da Terra, do mesmo modo que são representados no interior de certas cúpulas, pintadas de azulado para figurar o azul dos céus.

Se bem que, hoje, as ideias sejam outras, o uso de antigas expressões se conservou; diz-se ainda, por comparação: a abóbada estrelada; sob a calota do céu.

5. – A formação das nuvens pela evaporação das águas da Terra era, então, igualmente desconhecida; não podia vir ao pensamento que a chuva que cai do céu tivesse a sua origem na Terra, de onde não se via a água subir. Daí a crença na existência *das águas superiores e das águas inferiores*, das fontes celestes e das fontes terrestres, dos reservatórios situados nas altas regiões, suposição que concordava, perfeitamente, com a ideia de uma abóbada sólida, capaz de mantê-los. As águas superiores, escapando-se pelas fissuras da abóbada, caíam em chuva e, segundo essas aberturas fossem mais ou menos extensas, a chuva era suave ou torrencial e diluviana.

6. – A ignorância completa do conjunto do Universo e das leis da Natureza, que o regem, da constituição e da destinação dos astros, que, aliás, parecem tão pequenos em comparação com a Terra, deveu, necessariamente, fazer considerar esta a coisa principal, o objetivo único da criação, e os astros como acessórios criados unicamente em intenção dos seus

---

com Plutarco, que o Sol era uma carroça, cheia de um fogo muito vivo, que escaparia por uma abertura circular. Epicuro, segundo uns, teria emitido a opinião de que o Sol se acendia de manhã e se apagava, à tarde, nas águas do Oceano; outros pensavam que ele fazia, desse astro, uma pedra pome, aquecida ao estado de incandescência. Anaxágoras o considerava um ferro quente do tamanho do Peloponeso. Singular observação! Os antigos eram tão invencivelmente levados a considerar o tamanho aparente desse astro como real, que perseguiram esse filósofo temerário por ter atribuído um tal volume ao astro do dia, e foi necessária toda a autoridade de Péricles para salvá-lo de uma condenação à morte, e comutar esta para uma sentença de exílio." (Flammarion, *Estudos e leituras sobre a astronomia* pág. 6.)

Quando se veem tais ideias manifestadas no quinto século antes da era cristã, ao tempo de maior florescimento da Grécia, não se pode admirar das que fizeram os homens das primeiras idades sobre o sistema do mundo.

habitantes. Esse preconceito se perpetuou até os nossos dias, malgrado as descobertas da ciência, que mudaram, para o homem, o aspecto do mundo. Quantas pessoas creem ainda que as estrelas são ornamentos do céu para recrear a vista dos habitantes da Terra!

7. – Não tardou em se perceber o movimento aparente das estrelas, que se movem em massa do oriente para o ocidente, erguendo-se à tarde e deitando-se pela manhã, conservando as suas posições respectivas. Essa observação não teve, durante longo tempo, outra consequência senão a de confirmar a ideia de uma abóbada sólida, arrastando as estrelas em seu movimento de rotação.

Essas ideias primeiras, ideias ingênuas, foram, durante longos períodos seculares, o fundo das crenças religiosas e serviram de base para todas as cosmogonias antigas.

8. – Mais tarde, compreendeu-se, pela direção do movimento das estrelas e o seu retorno periódico na mesma ordem, que a abóbada celeste não podia ser, simplesmente, uma semiesfera pousada sobre a Terra, mas uma esfera inteira, oca, no centro da qual se encontrava a Terra, sempre chata, ou mais ou menos convexa, e habitada somente em sua superfície superior. Já era um progresso.

Mas sobre o que estava pousada a Terra? Seria inútil relacionar todas as suposições ridículas, concebidas pela imaginação, desde a dos Indianos, que a diziam levada por quatro elefantes brancos, e estes sobre as asas de um imenso abutre. Os mais sábios confessavam que nada sabiam a respeito.

9. – Entretanto, uma opinião geralmente difundida nas teogonias pagãs colocava nos *lugares baixos*, ou seja, nas profundezas da Terra, ou abaixo, não se sabia mais, a morada dos condenados, chamada *inferno*, quer dizer, *lugares inferiores*, e, nos *lugares altos,* além da região das estrelas, a morada dos felizes. A palavra *inferno* se conserva até os nossos dias, embora tenha perdido o seu significado etimológico, desde que a geologia desalojou o lugar dos suplícios eternos das entranhas da Terra, e que a astronomia demonstrou que não há nem alto nem baixo no espaço infinito.

10. – Sob o céu limpo da Caldeia, da Índia e do Egito, berço das mais antigas civilizações, pôde-se observar o movimento dos astros com tanta precisão quanto o permitia a ausência de instrumentos especiais. Viu-se, primeiro, que certas estrelas tinham um movimento próprio, independente da massa, o que não permitia mais supor que estivessem pregadas na abóbada; foram chamadas de *estrelas errantes* ou *planetas* para distingui-las das estrelas fixas. Calcula-se o seu movimento e os seus retornos periódicos.

No movimento diurno da abóbada estrelada, nota-se a imobilidade

Sistemas do mundo antigo e moderno   73

da estrela polar, ao redor da qual as outras descreviam, em vinte e quatro horas, círculos oblíquos paralelos, mais ou menos grandes, segundo a sua distância da estrela central; esse foi o primeiro passo para o conhecimento da obliquidade do eixo do mundo. As viagens mais longas permitiram observar a diferença dos aspectos do céu, segundo as latitudes, as estações; a elevação da estrela polar, acima do horizonte, variando com a latitude, abriu caminho para a percepção da redondeza da Terra; foi assim que, pouco a pouco, fez-se uma ideia mais justa do sistema do mundo.

Cerca de 600 anos a.c., *Thales*, de Mileto (Ásia Menor), descobre a esfericidade da Terra, a obliquidade da eclíptica e a causa dos eclipses.

Um século mais tarde, *Pitágoras*, de Samos, descobre o movimento diurno da Terra sobre o seu eixo, seu movimento anual ao redor do Sol, e liga os planetas e os cometas ao sistema solar.

160 anos antes de Jesus Cristo, *Hiparco*, de Alexandria (Egito), inventa o astrolábio, calcula e prediz os eclipses, observa as manchas solares, determina o ano trópico, a duração das revoluções da Lua.

Por preciosas que fossem essas descobertas para o progresso da ciência, necessitaram quase 2000 anos para se popularizarem. As ideias novas, não tendo, então, para se propagarem, senão raros manuscritos, permaneceram o quinhão de alguns filósofos, que as ensinavam aos discípulos privilegiados; as massas, que ninguém cuidava de esclarecer, delas nada aproveitaram e continuaram a nutrir-se das velhas crenças.

11. – Perto do ano 140, da era cristã, *Ptolomeu*, um dos homens mais ilustres da escola de Alexandria, combinando as suas próprias ideias com as crenças vulgares e algumas das mais recentes descobertas astronômicas, compõe um sistema que se pode chamar misto, que leva o seu nome e que, durante quase quinze séculos, foi o único adotado no mundo civilizado.

Segundo o sistema de Ptolomeu, a Terra é uma esfera no centro do Universo; ela se compõe de quatro elementos: a terra, a água, o ar e o fogo. Era a primeira região, dita *elementar*. A segunda região, dita *etérea*, compreendia onze céus ou esferas concêntricas, girando ao redor da Terra, a saber: o céu da Lua, o de Mercúrio, de Vênus, do Sol, de Marte, de Júpiter, de Saturno, das estrelas fixas, do primeiro cristalino, esfera sólida transparente; do segundo cristalino e, enfim, do primeiro móvel, que dá o movimento a todos os céus inferiores e os leva a fazer uma revolução em vinte e quatro horas. Além dos onze céus, estava o *Empíreo*, morada dos felizes, assim chamada do grego *pyr*, que significa *fogo*, porque se acreditava essa região resplandecente de luz como o fogo.

A crença em vários céus superpostos prevaleceu por longo tempo, mas variava-se sobre o número; o sétimo era, geralmente, considerado o

74   *Capítulo 5*

mais elevado; daí a expressão: ser arrebatado ao sétimo céu. São Paulo disse que tinha sido elevado ao terceiro céu.

Independentemente do movimento comum, os astros tinham, segundo Ptolomeu, movimentos próprios, mais ou menos consideráveis, segundo a sua distância do centro. As estrelas fixas faziam uma revolução em 25.816 anos. Esta última avaliação denota o conhecimento da precisão dos equinócios, que se realiza, com efeito, em 25.860 anos.

12. – No começo do décimo sexto século, *Copérnico,* célebre astrônomo, nascido em Thorn (Prússia), em 1472, morto em 1543, repete as ideias de Pitágoras; publica um sistema que, confirmado, cada dia, pelas novas observações, foi favoravelmente acolhido e não tardou em derrubar o de Ptolomeu. Segundo esse sistema, o Sol está no centro e os planetas descrevem órbitas circulares ao redor deste astro; a Lua é um satélite da Terra.

Um século mais tarde, em 1609, Galileu, nascido em Florença, inventa o telescópio; em 1610, descobre os quatro satélites de Júpiter e calcula as suas revoluções; reconhece que os planetas não têm luz própria, como as estrelas, mas que são iluminadas pelo Sol; que eles são esferas semelhantes à Terra; observa as suas fases, determina a duração da sua rotação sobre o seu eixo; dá, assim, com provas materiais, uma sanção definitiva ao sistema de Copérnico.

Desde então, desmorona o alicerce dos céus superpostos; os planetas foram reconhecidos por mundos semelhantes à Terra e, como ela, sem dúvida, habitados; as estrelas, por inumeráveis sóis, centros prováveis de outros tantos sistemas planetários; e o Sol, ele mesmo, foi reconhecido por estrela, centro de um turbilhão de planetas que lhe estão sujeitos.

As estrelas não estão mais confinadas numa zona da esfera celeste, mas irregularmente disseminadas no espaço sem limites; as que parecem se tocar estão a distâncias incomensuráveis umas das outras; as menores em aparência, são as mais distantes de nós; as mais gordas, as que estão mais perto, estão, ainda assim, a centenas de bilhões de léguas.

Os grupos a que se deu o nome de *constelações* não são senão conjuntos aparentes causados pela distância; suas figuras são efeitos de perspectiva, como se formam para a visão daquele que está colocado em um ponto fixo de luzes dispersas em uma vasta planície, ou as árvores de uma floresta; mas esses conjuntos não existem em realidade; se se pudesse se transportar para a região de uma dessas constelações, à medida que se aproximasse, a forma desapareceria e novos grupos se desenhariam à visão.

Desde que esses grupos não existem senão em aparência, o significado que uma crença vulgar supersticiosa lhe atribui é ilusório, e a sua influência não poderia existir senão na imaginação.

Para se distinguirem as constelações, deram-se-lhes nomes, tais como os de: *Leão, Touro, Gêmeos, Virgem, Balança, Capricórnio, Câncer, Orion, Hércules, Ursa Grande ou Carro de David, Ursa Pequena, Lira*, etc., e foram representadas por figuras que lembram esses nomes, a maioria de fantasia, mas que, em todos os casos, não têm nenhuma relação com a forma aparente do grupo de estrelas. Seria, pois, em vão, que se procuraria essas figuras no céu.

A crença na influência das constelações, das que, sobretudo, constituem os doze signos do Zodíaco, vem da ideia que ligam ao nome que levam; se a que é chamada *leão* tivesse sido chamada *asno* ou *ovelha*, certamente lhe teria sido atribuída uma outra influência.

13. – A partir de Copérnico e de Galileu, as velhas cosmogonias foram destruídas para sempre; a astronomia não podia senão avançar, e não recuar. A história diz das lutas que esses homens de gênio tiveram que sustentar contra os preconceitos e, sobretudo, contra o espírito de seita, interessado na manutenção dos erros sobre os quais havia fundado a crença, que se pensava assentada sobre base inquebrantável. Bastou um instrumento ótico para derrubar um alicerce de vários milhares de anos. Mas nada poderia prevalecer contra uma verdade, reconhecida como tal. Graças à imprensa, o público, iniciado nas ideias novas, começou a não mais se embalar de ilusões e tomar parte na luta; não era mais contra alguns indivíduos que era preciso combater, mas contra a opinião geral, que tomava a defesa da verdade.

Quanto o Universo é grande em comparação com as mesquinhas proporções que lhe assinalavam nossos pais! Quanto a obra de Deus é sublime, quando se vê cumprida segundo as leis eternas da Natureza! Mas também quanto tempo, quantos esforços de gênio, quanto devotamento foram necessários para abrir os olhos e arrancar, enfim, a cegueira da ignorância!

14. – O caminho estava, doravante, aberto, por onde ilustres e numerosos sábios iriam entrar para completar a obra esboçada. Kepler, na Alemanha, descobre as célebres leis que levam o seu nome, com a ajuda das quais reconhece que os planetas não descrevem órbitas circulares, mas elipses, das quais o Sol ocupa um dos focos; Newton, na Inglaterra, descobre a lei da gravitação universal; Laplace, na França, cria a mecânica celeste; a astronomia, enfim, não é mais um sistema fundado sobre conjeturas ou probabilidades, mas uma ciência estabelecida sobre bases, as mais rigorosas, do cálculo e da geometria. Assim, acha-se posta uma das pedras fundamentais da Gênese, cerca de três mil e trezentos anos depois de Moisés.

CAPÍTULO **6**

Uranografia geral (1)

O espaço e o tempo. – A matéria. – As leis e as forças. –
A criação primeira. – A criação universal. –
Os sóis e os planetas. – Os satélites. – Os cometas. –
A Via Láctea. – As estrelas fixas. – Os desertos
do espaço. – Sucessão eterna dos mundos. –
A vida universal. – Diversidade de mundos.

O espaço e o tempo

1. – Várias definições do espaço foram dadas; a principal é esta: o espaço é a extensão que separa dois corpos. De onde certos sofistas deduziram que aí, onde não há corpos, não haveria espaço; foi sobre o que os doutores em teologia se basearam para estabelecer que o espaço era, necessariamente, finito, alegando que corpos, limitados em certo número, não poderiam formar uma sequência infinita; e que lá, onde os corpos se detêm, o espaço se detém também. Tem-se, ainda, definido o espaço o lugar onde se movem os mundos, o vazio no qual atua a matéria, etc. Deixemos nos tratados, onde repousam, todas essas definições, que não definem nada.

O espaço é um desses termos que representam uma ideia primitiva e axiomática, evidente por si mesma, e que as diversas definições, que dela se pode dar, não servem senão para obscurecer. Todos sabemos o que é o espaço e não quero senão estabelecer a sua infinidade, a fim de que os nossos estudos ulteriores não tenham nenhuma barreira a opor-se às investigações de nosso objetivo.

Ora, digo que o espaço é infinito, pela razão de que é impossível supor-lhe algum limite e que, malgrado a dificuldade que temos em con-

---

(1) Este capítulo foi extraído, textualmente, de uma série de comunicações ditadas Sociedade Espírita de Paris, em 1862 e 1863, sob o título de *Estudos uranográficos,* e assinado por *Galileu,* médium Sr.C.F...

Uranografia geral 77

ceber o infinito, todavia, nos é mais fácil ir eternamente no espaço, em pensamento, do que nos deter num lugar qualquer, depois do qual não encontraremos nenhuma extensão a percorrer.

Para figurarmos o infinito do espaço, enquanto o façamos com as nossas faculdades limitadas, suponhamos que, partindo da Terra, perdida no meio do Infinito, junto de um ponto qualquer do Universo, e isso com a velocidade prodigiosa da centelha elétrica, que transpõe *milhares de léguas a cada segundo,* apenas deixamos este globo, tendo percorrido milhões de léguas, encontramo-nos em um lugar de onde a Terra não nos aparece mais senão sob o aspecto de uma pálida estrela. Um instante depois, em seguindo sempre a mesma direção, chegamos perto das estrelas longínquas que distinguis, com dificuldade, da vossa estação terrestre; e, dali, não somente a Terra está perdida para os vossos olhares, nas profundezas do céu, mas ainda mesmo o vosso Sol, em seu esplendor, está eclipsado pela extensão que nos separa dele. Animados sempre com a mesma velocidade da luz, transporemos sistemas de mundos a cada passo que avancemos na extensão, ilhas de luz etérea, caminhos estelares, paragens suntuosas, onde Deus semeou os mundos com a mesma profusão que semeou as plantas nas pradarias terrestres.

Ora, faz apenas alguns minutos que caminhamos e já centenas de milhões e de milhões de léguas nos separam da Terra, bilhões de mundos passaram sob os nossos olhares e, todavia, escutai! Não avançamos, em realidade, um único passo no Universo.

Se continuarmos, durante anos, séculos, milhares de séculos, milhões de períodos cem vezes seculares e, *incessantemente, com a mesma velocidade da luz,* não teremos avançado mais, e isso de qualquer lado que formos e para qualquer ponto que nos dirijamos, desde esse grão invisível que deixamos e que se chama Terra.

Eis o que é o espaço!

2. – O tempo, como o espaço, é uma palavra definida por si mesma; dele se faz uma ideia, mais justa, estabelecida na sua relação com o todo infinito.

O tempo é a sucessão das coisas; está ligado à eternidade, do mesmo modo que essas coisas estão ligadas ao infinito. Suponhamos a origem do nosso mundo, nessa época primitiva em que a Terra não oscilava ainda sob o divino impulso; em uma palavra, no começo da Gênese. Aí, o tempo não havia, ainda, saído do misterioso berço da Natureza; e ninguém pode dizer que época de séculos estávamos, uma vez que o pêndulo dos séculos não estava ainda em movimento.

78 *Capítulo 6*

Mas silêncio! A primeira hora de uma Terra isolada soa ao timbre eterno, o planeta se move no espaço, e, desde então, há *entardecer* e *manhã*. Além da Terra, a eternidade permanece impassível e imóvel, embora o tempo caminhe para muitos outros mundos. Sobre a Terra, o tempo a supre, e, durante uma sequência determinada de gerações, contar-se-ão os anos e os séculos.

Transportemo-nos, agora, ao último dia desse mundo, na hora em que, curvada sob o peso da sua velhice, a Terra se apagará do livro da vida para não mais reaparecer. Aqui, a sucessão dos acontecimentos se detém; os movimentos terrestres que mediam o tempo se interrompem, e o tempo acaba com eles.

Esta simples exposição das coisas naturais que dão nascimento ao tempo o sustentam e o deixam estender, basta para mostrar que, visto sob o ponto de vista em que devemos nos colocar, para os nossos estudos, o tempo é uma gota d'água que cai da nuvem no mar, e cuja queda é medida.

Tantos mundos na vasta extensão, quanto os tempos diversos e incompatíveis. Fora dos mundos, só a eternidade supre essas sucessões efêmeras e enche, mansamente, com a sua luz imóvel a imensidade dos céus. Imensidade sem fronteiras e eternidade sem limites, tais são as duas propriedades da natureza universal.

O olhar do observador, que atravessa, sem jamais encontrar parada, as distâncias incomensuráveis do espaço, e o do geólogo, que remonta mais além dos limites das idades, ou que desce às profundezas da eternidade largamente aberta, em que se perderão um dia, agem de acordo, cada um em sua senda, para adquirir esta dupla noção do infinito: extensão e duração.

Ora, conservando essa ordem de ideias, ser-nos-á fácil conceber que o tempo, não sendo senão o produto das coisas transitórias, e dependendo, unicamente, das coisas que o medem, se nós, tomando os séculos terrestres por unidades, os amontoássemos milhares sobre milhares, para deles formar um número colossal, esse número não representaria senão um ponto da eternidade: do mesmo modo que as milhares de léguas juntando com as milhares de léguas não são senão um ponto na extensão.

Assim, por exemplo, estando os séculos fora da vida etérea da alma poderíamos escrever um número tão grande quanto o equador terrestre e supormo-nos envelhecidos desse número de séculos, sem que, na realidade, nossa alma conte um dia a mais; e, acrescentando a esse número indefinível de séculos, uma série longa, como daqui ao Sol, de número semelhantes, ou mais consideráveis ainda, imaginando viver durante a su

Uranografia geral

cessão prodigiosa de períodos seculares, representados pela adição de tais números, quando chegássemos ao tempo, o amontoado incompreensível de séculos que pesasse sobre as nossas cabeças seria como se nada fosse: permaneceria sempre, diante de nós, a eternidade inteira.

O tempo não é senão uma medida relativa da sucessão das coisas transitórias; a eternidade não é suscetível de nenhuma medida do ponto de vista da duração; para ela, não há nem começo nem fim: é presente para ela.

Se os séculos dos séculos são menos do que um segundo em relação à eternidade, o que é a duração da vida humana?

A matéria

3. – À primeira vista, nada parece tão profundamente variado, tão essencialmente distinto, do que essas diversas substâncias que compõem o mundo. Entre os objetos que a arte ou a Natureza fazem, diariamente, passar sob o nosso olhar, existem dois que acusem uma identidade perfeita, ou somente uma igualdade de composição? Quanta dessemelhança, sob o ponto de vista da solidez, da compressibilidade, do peso e das múltiplas propriedades dos corpos, entre o gás atmosférico e o fio de ouro; entre a molécula aquosa da nuvem e a do mineral que forma o arcabouço ósseo do globo! Quanta diversidade entre o tecido químico das plantas variadas, que adornam o reino vegetal, e dos representantes, não menos numerosos, da animalidade sobre a Terra!

Entretanto, podemos colocar, como princípio absoluto, que todas as substâncias, conhecidas e desconhecidas, por mais dessemelhantes que pareçam, seja sob o ponto de vista da sua constituição íntima, seja sob o aspecto da sua ação recíproca, não são, de fato, mais do que modos diversos sob os quais a matéria se apresenta; senão, variedades, nas quais se transforma sob a direção das forças inumeráveis que a governam.

4. – A química, cujos progressos foram tão rápidos depois da minha época, em que os próprios adeptos a relegam ainda no domínio secreto da magia, essa nova ciência que se pode, a justo título, considerar como filha do século observador e baseada unicamente, de maneira bem mais sólida do que suas irmãs velhas, sobre o método experimental; a química, digo eu, fez reparos nos quatro elementos primitivos, que os antigos tinham concordado em reconhecer na Natureza; mostrou que o elemento terrestre não é senão a combinação de substâncias diversas, variadas ao infinito; que o ar e a água são igualmente decomponíveis e o produto de um certo número de equivalentes de gases; que o fogo, longe de ser, ele também, um elemento principal, não é senão um estado da matéria, resultante de movimento universal ao qual está submetida e de uma combustão sensível ou latente.

Em compensação, encontrou um número considerável de princípios, até então desconhecidos, que lhe pareceu formar, por suas combinações determinadas, as diversas substâncias, os diversos corpos que ela estudou e que atuam simultaneamente, segundo certas leis e em certas proporções, nos trabalhos operados no grande laboratório da Natureza. Esses princípios foram denominados *corpos simples,* indicando de tal modo que os considera como primitivos e indecomponíveis, e que nenhuma operação, até esse dia, poderia reduzi-los em partes relativamente mais simples do que eles mesmos (1).

5. – Mas aí onde se detêm as apreciações dos homens, com a ajuda mesmo dos seus mais impressionáveis sentidos artificiais, a obra da Natureza continua; onde o vulgo toma a aparência pela realidade, onde o prático ergue o véu e distingue o começo das coisas, o olhar daquele que pode apreender o modo de ação da Natureza não vê, nos materiais constitutivos do mundo, senão a *matéria cósmica* primitiva, simples e una, diversificada em certas regiões na época do seu nascimento, partilhada em corpos solidários durante a sua vida, materiais desmembrados, um dia, no receptáculo da imensidade, pela sua decomposição.

6. – Há dessas questões que nós mesmos, Espíritos amantes da ciência, não saberíamos aprofundar e sobre as quais não poderíamos emitir senão opiniões pessoais, mais ou menos conjeturáveis; sobre essas questões, calar-me-ei ou justificarei a minha maneira de ver; a com que nos ocupamos, porém, não pertence a esse número. Àqueles, pois, que estariam tentados em não ver, em minhas palavras, senão uma teoria arrojada, direi: Abarcai, num olhar investigador, a multiplicidade de operações da Natureza e reconhecereis que, se não se admite a unidade da matéria, será impossível explicar, não direi somente os sóis e as esferas, mas, sem ir tão longe, a germinação de um grão sob a terra, ou a produção de um inseto.

7. – Se se observa uma tal diversidade na matéria, é porque as forças que presidiram às suas transformações, as condições nas quais se produziram, sendo em número ilimitado, as combinações variadas da matéria, elas mesmas, não poderiam senão ser ilimitadas.

---

(1) Os principais corpos simples são: entre os corpos não metálicos, o oxigênio, o hidrogênio, o azoto, o carbono, o fósforo, o enxofre, o iodo; entre os corpos metálicos: o ouro, a prata, a platina, o mercúrio, o chumbo, o estanho, o zinco, o ferro, o cobre, o arsênico, o sódio, o potássio, o cálcio, o alumínio, etc.

Uranografia geral   *81*

Logo, que a substância que se considera pertença aos fluidos propriamente ditos, quer dizer, aos corpos imponderáveis, ou que esteja revestida dos caracteres e das propriedades comuns da matéria, não há, em todo o Universo, senão uma única substância primitiva: o *cosmos* ou *matéria cósmica* dos uranógrafos.

As leis e as forças

8. – Se um desses seres desconhecidos, que consomem a sua existência efêmera no fundo das regiões tenebrosas do Oceano; se um desses poligástricos, uma dessas nereidas – miseráveis animálculos que não conhecem da Natureza senão os peixes ictiófagos e as florestas submarinas – recebesse, de repente, o dom da inteligência, a faculdade de estudar o seu mundo e de estabelecer, sobre as suas apreciações, um raciocínio conjectural extensivo à universalidade das coisas, que ideia se formaria da natureza vivente, que se desenvolve em seu meio, e do mundo terrestre que não pertence ao campo das suas observações?

Se, agora, por um efeito maravilhoso do seu novo poder, esse mesmo ser chegasse a se elevar acima das suas trevas eternas, à superfície do mar, não longe de costas opulentas, de uma ilha de vegetação esplêndida, ao Sol fecundo, dispensador de um benfazejo calor, que julgamento faria, então, sobre as suas teorias antecipadas da criação universal, teoria que se apagaria logo diante de uma apreciação mais ampla, mas ainda relativamente tão incompleta como a primeira? Tal é, ó homens, a imagem da vossa ciência toda especulativa (1).

9. – Então, pois, quando venho tratar, aqui, a questão das leis e das forças que regem o Universo, eu que não sou, como vós, senão um ser relativamente ignorante, em comparação com a ciência real, malgrado a aparente superioridade que me dá, sobre os meus irmãos da Terra, a possibilidade de estudar as questões naturais, que estão interditadas em sua posição, meu objetivo é, unicamente, o de vos expor a noção geral das leis universais, sem explicar, com detalhes, o modo de ação e a natureza das forças especiais que delas dependem.

_____

(1) Tal é também a situação dos negadores do mundo dos Espíritos, quando, depois de se despojarem do seu envoltório carnal, os horizontes desse mundo se expõem aos seus olhos. Compreendem, então, o vazio das teorias pelas quais pretendiam tudo explicar unicamente com a matéria. Entretanto, esses horizontes têm, para eles, mistérios que não se revelam senão sucessivamente, à medida que se elevam pela depuração. Mas, desde os seus primeiros passos, nesse mundo novo, são forçados a reconhecer a sua cegueira e o quanto estavam longe da verdade.

82 *Capítulo 6*

10. – Há um fluido etéreo que preenche o espaço e penetra os corpos; esse fluido é o *éter* ou *matéria cósmica* primitiva, geradora do mundo e dos seres. São inerentes ao éter as forças que presidiram às metamorfoses da matéria, as leis imutáveis e necessárias que regem o mundo. Essas formas múltiplas, indefinidamente variáveis segundo as combinações da matéria, localizadas segundo as massas, diversificadas em seus modos de ação segundo as circunstâncias e os meios, são conhecidas na Terra sob os nomes de *gravidade, afinidade, atração, magnetismo, eletricidade ativa;* os movimentos vibratórios do agente são conhecidos sob o de *som, calor, luz,* etc. Em outros mundos, elas se apresentam sob outros aspectos, oferecem outros caracteres, desconhecidos neste, e, na imensa amplidão dos céus, forças em número indefinido se desenvolvem sobre uma escala inimaginável, da qual somos também pouco capazes de avaliar a grandeza, igual ao crustáceo, no fundo no Oceano, não o é de abarcar a universalidade dos fenômenos terrestres (1).

Ora, do mesmo modo que não há senão uma única substância simples, primitiva, geradora de todos os corpos, mas diversificada em suas combinações, todas essas forças dependem de uma lei universal diversificada em seus efeitos e que, nos decretos eternos, foi soberanamente imposta à criação, para constituir-lhe a harmonia e a estabilidade.

11. – A Natureza não está, jamais, oposta a si mesma. O brasão do Universo não tem senão uma divisa: UNIDADE / VARIEDADE. Remontando à escala dos mundos, encontra-se a *unidade* de harmonia e de criação, ao mesmo tempo que uma variedade infinita nesse imenso canteiro de estrelas; percorrendo os degraus da vida, desde o último dos seres até Deus, a grande lei de continuidade se faz reconhecer; considerando as forças em si mesmas, pode-se delas formar uma série cuja resultante, confundindo-se com a geratriz, é a lei universal.

Não saberíeis apreciar essa lei em toda a sua extensão, uma vez que

---

(1) Tudo reportamos ao que conhecemos, e não compreendemos o que escapa à percepção dos nossos sentidos, mais do que o cego de nascença não compreende os efeitos da luz e a utilidade dos olhos. Pode ocorrer, pois, que, em outros meios, o fluido cósmico tenha propriedades, combinações das quais não temos nenhuma ideia, efeitos apropriados a necessidades que nos são desconhecidas, dando lugar a percepções novas ou a outros modos de percepção. Não compreendemos, por exemplo, que se possa ver sem os olhos do corpo e ser a luz; mas quem nos diz que não existem outros agentes, além da luz, aos quais estão destinados organismos especiais? A visão sonambúlica, que não se detém nem pela distância, nem pelos obstáculos materiais, nem pela obscuridade, disso nos oferece um exemplo. Suponhamo que, em um mundo qualquer, os seres sejam *normalmente* o que os nossos sonâmbulos não são senão excepcionalmente, não terão necessidade nem da nossa luz, nem dos nossos olhos entretanto, verão o que não podemos ver. Ocorre o mesmo com todas as outras sensações. A condições de vitalidade e de perceptibilidade, as sensações e as necessidades variam segundo os meios.

Uranografia geral 83

as forças que a representam, no campo das vossas observações, são restritas e limitadas; todavia, a gravidade e a eletricidade podem ser consideradas como uma larga aplicação da lei primordial, que reina mais além dos céus.

Todas essas forças são eternas – explicaremos esta palavra – e universais como a criação; sendo inerentes ao fluido cósmico, atuam, necessariamente, em tudo e por toda a parte, modificando a sua ação pela sua simultaneidade ou sua sucessão; predominante aqui, apagando-se mais adiante; poderosas e ativas em certos pontos, latentes ou ocultas em outros; mas, finalmente, preparando, dirigindo, conservando e destruindo os mundos, em seus diversos períodos de vida, governando os trabalhos maravilhosos da Natureza, em qualquer ponto que se executem, assegurando, para sempre, o eterno esplendor da criação.

A criação primeira

12. – Depois de termos considerado o Universo sob os pontos de vista gerais de sua composição, de suas leis e de suas propriedades, podemos levar os nossos estudos sobre o modo de formação que dá a luz aos mundos e aos seres; desceremos, em seguida, à criação da Terra, em particular, e ao seu estado atual na universalidade das coisas, e, daí, tomando este globo por ponto de partida e por unidade relativa, procederemos aos nossos estudos planetários e siderais.

13. – Se compreendemos bem a relação, ou, antes, a oposição da eternidade com o tempo, se estivermos familiarizados com essa ideia, de que o tempo não é senão uma medida relativa da sucessão das coisas transitórias, ao passo que a eternidade é essencialmente una, imóvel e permanente, e que não é suscetível de nenhuma medida sob o ponto de vista da duração, compreendamos que para ela não há começo nem fim.

De outro lado, se fizermos uma ideia justa – embora necessariamente bem fraca – da infinidade do poder divino, compreenderemos como é possível que o Universo tenha sempre existido e exista sempre. Desde que Deus existiu, suas perfeições eternas falaram. Antes que os tempos tivessem nascido, a eternidade incomensurável recebeu a palavra divina e fecundou o espaço, eterno quanto ela.

14. – Deus, sendo, por sua natureza, de toda a eternidade, criou de toda a eternidade, e isso não poderia ser de outro modo; porque, a qualquer época longínqua que recuemos, na imaginação, os limites supostos da criação, restará sempre, além desse limite, uma eternidade – pesai bem este pensamento – uma eternidade durante a qual as divinas hipóteses, as volições infinitas tivessem sido amortalhadas em uma muda letargia, inativa e infecunda, uma eternidade de morte aparente para o Pai eterno que dá a vida aos seres, de mutismo indiferente para o Verbo que os governa, de esterilidade fria e egoística para o Espírito de amor e de vivificação.

Compreendamos melhor a grandeza da ação divina e a sua perpetuidade sob a mão do Ser absoluto! Deus é o Sol dos seres; é a Luz do mundo. Ora, a aparição do Sol dá, instantaneamente, nascimento às ondas de luz, que vão se difundir por toda a parte na extensão; do mesmo modo o Universo, nascido do Eterno, remonta aos períodos inimagináveis do infinito de duração, ao *Fiat lux!* do início.

15. – O começo absoluto das coisas remonta, pois, a Deus; suas aparições sucessivas, no domínio da existência, constituem a ordem da criação perpétua.

Que mortal poderia dizer das magnificências desconhecidas e suntuosamente veladas sob a noite das idades, que se desenvolveram nesses tempos antigos, quando nenhuma das maravilhas do Universo atual não existiam; nessa época primitiva em que a voz do Senhor, tendo-se feito ouvir, os materiais que deveriam, no futuro, juntar-se simetricamente e por si mesmos, para formarem o templo da Natureza, encontraram-se subitamente no seio de vazios infinitos; quando a essa voz misteriosa, que cada criatura venera e adora, como a de uma mãe, notas harmoniosas variadas se produziram, para irem vibrar o conjunto e modular o concerto dos vastos céus!

O mundo, no seu berço, não foi estabelecido na sua virilidade e na sua plenitude de vida; não; o poder criador não se contradiz nunca, e, como todas as coisas, o Universo nasceu criança. Revestido das leis, mencionadas mais acima, e do impulso inicial inerente à sua própria formação, a matéria cósmica primitiva dá, sucessivamente, nascimento a turbilhões, a aglomerações desse fluido difuso, a acumulações de matéria nebulosa que se dividiram, elas mesmas, e se modificaram ao infinito, para darem à luz, nas regiões incomensuráveis da extensão, diversos centros de criações simultâneas ou sucessivas.

Em razão das forças que predominaram sobre um ou sobre outro, e das circunstâncias ulteriores que presidiram aos seus desenvolvimentos, esses centros primitivos tornaram-se focos de uma vida especial: uns, menos disseminados no espaço e mais ricos em princípios e em forças atuantes, começaram, desde então, a sua vida astral particular; os outros, ocupando uma extensão, não aumentaram senão com uma certa lentidão, ou se dividiram de novo em outros centros secundários.

Uranografia geral   85

16. – Em nos reportando somente a alguns milhões de séculos anteriores à época atual, nossa Terra não existia ainda, nosso próprio sistema solar não tinha ainda começado as evoluções da vida planetária; e, no entanto, já esplêndidos sóis iluminam o éter; já planetas habitados dão a vida e a existência a uma multidão de seres que nos precederam na carreira humana; as produções opulentas de uma natureza desconhecida e os fenômenos maravilhosos do céu desenvolvem, sob outros aspectos, os quadros da imensa criação. Que digo! Já os esplendores não são mais os que outrora fizeram palpitar o coração de outros mortais sob o pensamento do infinito poder! E nós, pobres pequenos seres, que viemos depois de uma eternidade de vida, nos cremos contemporâneos da criação!

Ainda uma vez, compreendamos melhor a Natureza. Saibamos que a eternidade está antes como depois de nós, que o espaço é o teatro de uma sucessão e de uma simultaneidade inimaginável de criações. Tais nebulosas, que distinguimos com dificuldade nos confins do céu, são aglomerações de sóis em via de formação; tais outras, são vias lácteas de mundos habitados; outras, enfim, o centro de catástrofes ou de ruína. Saibamos que, do mesmo modo que estamos colocados no meio de uma infinidade de mundos, também estamos no meio de uma dupla infinidade de durações anteriores e ulteriores; que a criação universal não está limitada em nós, e que não podemos aplicar esta palavra à formação isolada de nosso pequenino globo.

A criação universal

17. – Depois de termos remontado, tanto quanto está na nossa fraqueza, até a fonte oculta de onde emanam os mundos, como as gotas de um rio, consideremos a marcha das criações sucessivas e de seus desenvolvimentos seriados.

A matéria cósmica primitiva encerrava os elementos materiais, fluídicos e vitais de todos os universos que expõem a sua magnificência diante da eternidade; ela é a mãe fecunda de todas as coisas, a primeira avó e, o que é mais, a geratriz eterna. Ela não desapareceu, essa substância da qual provêm as esferas siderais; não está morta essa força, porque dá ainda, incessantemente, a luz a novas criações e recebe, incessantemente, os princípios reconstituídos dos mundos que se apagam do livro eterno.

A matéria etérea, mais ou menos rarefeita, que desce nos espaços interplanetários; esse fluido cósmico que preenche o mundo, mais ou menos rarefeito nas regiões imensas, ricas em aglomerações de estrelas, mais ou

86 *Capítulo 6*

menos condensado ali onde o céu astral não brilha ainda, mais ou menos modificado por diversas combinações segundo as localidades da extensão, não é outra senão a substância primitiva em que residem as forças universais, de onde a Natureza tirou todas as coisas (1).

18. – Esse fluido penetra os corpos como um imenso oceano. É nele que reside o princípio vital que dá nascimento à vida dos seres e a perpetua sobre cada globo, segundo sua condição, princípio em estado latente que dorme lá onde a voz de um ser não o chama. Cada criatura, mineral, vegetal, animal ou outra – porque há muitos outros reinos naturais, dos quais não supomos a própria existência – sabe, em virtude desse princípio vital universal, apropriar-se das condições de sua existência e de sua duração.

As moléculas dos minerais têm a sua quantidade dessa vida, do mesmo modo que a semente e o embrião, e se agrupam, como no organismo, em figuras simétricas que constituem os indivíduos.

Importa muito se compenetrar desta noção: de que a matéria cósmica primitiva estava revestida não somente de leis que asseguram a estabilidade dos mundos, como também do princípio vital universal que forma as gerações espontâneas sobre cada mundo, à medida que se manifestam as condições da existência sucessiva dos seres, e quando soa a hora de aparição do produto da vida, durante o período criador.

Assim se efetua a criação universal. É, pois, verdadeiro dizer que, sendo as operações da Natureza a expressão da vontade divina, Deus criou sempre, cria sem cessar e criará sempre.

19. – Mas, até aqui, temos guardado silêncio quanto ao *mundo espiritual*, que também faz parte da criação e cumpre os seus destinos segundo as augustas prescrições do Senhor.

Não posso dar senão um ensino muito restrito sobre o modo de criação dos Espíritos, tendo em vista a minha própria ignorância, e devo me calar ainda sobre certas questões, embora me seja permitido aprofundá-las.

Àqueles que estão religiosamente desejosos de conhecer, e que são humildes diante de Deus, direi, suplicando-lhes não basear nenhum sistema prematuro sobre as minhas palavras: o Espírito não chega a receber a iluminação divina que lhe dá, ao mesmo tempo que o livre-arbítrio e a consciência, a noção de seus altos destinos, sem ter passado pela série, di-

---

(1) Se se perguntasse qual é o princípio dessas forças, e como pode estar na própria substância que o produz, responderíamos que a mecânica disso nos oferece numerosos exemplos. A elasticidade que faz distender uma mola não está na própria mola, e não depende do modo de agregação das moléculas? Os corpos que obedecem à força centrífuga recebem a sua impulsão do movimento primitivo que lhes foi dado.

Uranografia geral

vinamente fatal, dos seres inferiores, entre os quais se elabora, lentamente, a obra da sua individualidade; é somente a partir do dia em que o Senhor imprime sobre a sua fronte o seu augusto tipo, que o Espírito toma lugar entre as humanidades.

Ainda uma vez, não construais sobre as minhas palavras os vossos raciocínios, tão tristemente célebres na história da metafísica; preferiria mil vezes calar-me sobre questões tão elevadas, acima das nossas meditações comuns, antes que vos expor a desnaturarem o sentido do meu ensino e a vos mergulhar, por falta minha, nos dédalos inextricáveis do deísmo ou do fatalismo.

Os sóis e os planetas

20. – Ora, ocorre que, num ponto do Universo, perdida entre as miríades de mundos, a matéria cósmica se condensa sob a forma de uma imensa nebulosa. Essa nebulosa está animada por leis universais que regem a matéria; em virtude dessas leis, e notadamente da força molecular de atração, ela toma a figura de um esferoide, a única que pode revestir, primitivamente, uma massa de matéria isolada no espaço.

O movimento circular produzido pela gravitação, rigorosamente igual, de todas as zonas moleculares para o centro, logo modifica a esfera primitiva para conduzi-la, de movimento em movimento, à forma lenticular. Falamos do conjunto da nebulosa.

21. – Novas forças surgiram em consequência desse movimento de rotação: a força centrípeta e a força centrífuga; a primeira, tendendo a reunir todas as partes ao centro, a segunda, tendendo a distanciá-las dele. Ora, o movimento, acelerando-se à medida que a nebulosa se condensa, e seu raio aumentando à medida que ela se aproxima da forma lenticular, a força centrífuga, incessantemente desenvolvida pelas suas duas causas, logo predomina sobre a atração central.

Do mesmo modo que um movimento muito rápido da funda parte a corda e deixa escapar, para longe, o projétil, assim a predominância da força centrífuga destaca o centro equatorial da nebulosa, e, desse anel, forma uma nova massa, isolada da primeira, mas, não obstante, submissa ao seu império. Essa massa conservou o seu movimento equatorial que, modificalo, torna-se seu movimento de translação ao redor do astro solar. Além do mais, o seu novo estado lhe dá um movimento de rotação ao redor do seu próprio centro.

22. – A nebulosa geratriz, que deu nascimento a esse novo mundo, condensou-se e retomou a forma esférica; mas, como o calor primitivo, desenvolvido pelos seus movimentos diversos, não se enfraqueceu senão com uma extrema lentidão, o fenômeno que acabamos de descrever se reproduzirá com frequência e durante um longo período, enquanto essa nebulosa não se tornar muito densa, bastante sólida para opor uma resistência eficaz às modificações de forma, que lhe imprime sucessivamente o seu movimento de rotação.

Ela não terá, pois, dado nascimento a um único astro, mas a centenas de mundos destacados do foco central, resultantes dela pelo modo de formação mencionados mais acima. Ora, cada um desses mundos, revestidos, como o mundo primitivo, de forças naturais que presidem à criação de universos, engendrará, em seguida, novos globos gravitando, doravante, ao redor dele, como ele gravita, concorrentemente com os seus irmãos, ao redor do foco de sua existência e de sua vida. Cada um desses mundos será um sol, centro de um turbilhão de planetas, sucessivamente saídos do seu equador. Esses planetas receberão uma vida especial, particular, embora dependente de seu astro gerador.

23. – Os planetas são, assim, formados de massas de matéria condensada, mas não ainda solidificada, destacadas da massa central pela ação da força centrífuga e que tomam, em virtude das leis do movimento, a forma esferoidal mais ou menos elíptica, segundo o grau de fluidez que conservaram. Um desses planetas será a Terra que, antes de estar resfriada e revestida de uma crosta sólida, dará nascimento à Lua, pelo mesmo modo de formação astral ao qual deve a sua própria existência; a Terra, doravante inscrita no livro da vida, berço de criaturas cuja fraqueza está protegida sob a asa da divina Providência, corda nova na harpa infinita, que deve vibrar, em seu lugar, no concerto universal dos mundos.

Os satélites

24. – Antes que as massas planetárias houvessem atingido um grau de resfriamento suficiente para nelas operar a solidificação, massas menores, verdadeiros glóbulos líquidos, destacaram-se de algumas no plano equatorial, plano no qual a força centrífuga é maior, e, em virtude das mesmas leis, adquiriram um movimento de translação ao redor do seu planeta gerador, como ocorreu com estes ao redor de seu astro central gerador.

Foi assim que a Terra deu nascimento à Lua, cuja massa, menos considerável, deve ter sofrido um resfriamento mais rápido. Ora, as leis e

Uranografia geral

as forças que presidiram ao seu desligamento do equador terrestre, e seu movimento de translação nesse mesmo plano, agiram de tal forma que esse mundo, em lugar de revestir a forma esferoide, tomou a de um globo ovoide, quer dizer, tendo a forma alongada de um ovo, cujo centro de gravidade estaria fixado na parte inferior.

25. – As condições em que se efetua a desagregação da Lua lhe permitiriam, com dificuldade, distanciar-se da Terra e a constrangeram a permanecer perpetuamente suspensa em seu céu, como uma figura ovoide cujas partes, as mais pesadas, formaram a face inferior, voltada para a Terra, e cujas partes menos densas ocuparam o topo, se com essa palavra se designar a face que, do lado oposto à Terra, eleva-se para o céu. É o que faz com que esse astro se nos apresente, continuamente, a mesma face. Pode ser comparado, para melhor fazer compreender o seu estado geológico, a um globo de cortiça cuja base, voltada para Terra, seria formada de chumbo.

Daí, duas naturezas essencialmente distintas na superfície do mundo lunar; uma sem nenhuma analogia possível com o nosso, porque os corpos fluidos e etéreos lhe são desconhecidos; a outra, leve relativamente à Terra, uma vez que todas as substâncias, as menos densas, se assentaram sobre esse hemisfério. A primeira, perpetuamente voltada para a Terra, sem água e sem atmosfera se, algumas vezes, não está nos limites desse hemisfério terrestre; a outra, rica em fluidos, perpetuamente oposta ao nosso mundo (1).

26. – O número e o estado dos satélites de cada planeta variaram segundo as condições especiais nas quais se formaram. Uns não deram nascimento a nenhum astro secundário, tais como Mercúrio, Vênus e Marte, ao passo que outros formaram um ou vários deles, como a Terra, Júpiter, Saturno, etc.

---

(1) Esta teoria da Lua, inteiramente nova, explica, pela lei da gravitação, a razão pela qual esse astro apresenta sempre a mesma face à Terra. Seu centro de gravidade, no lugar de r no centro da esfera, encontrando-se num dos ponto da sua superfície, e, por conseguinte, raída para a Terra por uma força maior do que as partes mais leves, a Lua produziria o efeito as figuras chamadas *João-teimoso,* que retornam constantemente sobre a sua base, ao passo que os planetas, cujo centro de gravidade está a igual distância da superfície, giram regularmente sobre o seu eixo. Os fluidos vivificantes, gasosos ou líquidos, em consequência de sua veza específica, encontrar-se-iam acumulados no hemisfério superior, constantemente oposto Terra; o hemisfério inferior, o único que vemos, deles estaria desprovido, e, por conseguinte, ria impróprio à vida, ao passo que ela reinaria sobre o outro. Se, pois, o hemisfério superior é habitado, seus habitantes jamais viram a Terra, a menos que excursionem pelo outro hemisfério, o que lhes seria impossível, se não há condições necessárias de vitalidade.

Por racional e científica que seja essa teoria, como não pôde ainda ser confirmada por nenhuma observação direta, não pode ser aceita senão a título de hipótese e como uma ideia paz de servir de referência à ciência; não se pode deixar de convir que essa seja a única, até presente, que dá uma explicação satisfatória de particularidade que apresenta esse globo.

90 Capítulo 6

27. – Além dos seus satélites ou luas, o planeta Saturno apresenta o fenômeno especial do anel que, visto de longe, parece rodeá-lo como uma branca auréola. Essa formação é, para nós, uma nova prova da universalidade das leis da Natureza. Esse anel é, com efeito, o resultado de uma separação que se operou nos tempos primitivos no equador de Saturno, do mesmo modo que uma zona equatorial escapou da Terra para formar o seu satélite. A diferença consiste em que o anel de Saturno se encontra formado, em todas as suas partes, de moléculas homogêneas, provavelmente já num certo grau de condensação, e pode, desse modo, continuar o seu movimento de rotação no mesmo sentido e num tempo quase igual ao que anima o planeta. Se um dos pontos desse anel tivesse sido mais denso do que outro, uma ou várias aglomerações de substâncias ter-se-iam subitamente operado, e Saturno teria contado vários satélites a mais. Desde o tempo da sua formação, esse anel é solidificado, assim como os outros corpos planetários.

Os cometas

28. – Astros errantes, mais ainda do que os planetas que conservaram a denominação etimológica, os cometas serão os guias que nos ajudarão a transpor os limites do sistema ao qual pertence a Terra, para nos transportar às regiões longínquas da extensão sideral.

Mas antes de explorar, com a ajuda desses viajores do Universo, os domínios celestes, seria bom fazer conhecer, tanto quanto seja possível, a sua natureza intrínseca e o seu papel na economia planetária.

29. – Foram vistos, frequentemente, nesses astros, cabelames de mundos nascentes, elaborando em seu caos primitivo as condições de vida e de existência que são dadas como herança às terras habitadas; outros imaginaram que esses corpos extraordinários eram mundos em estado de destruição, e a sua aparência singular foi, para muitos, o assunto de apreciações errôneas sobre a sua natureza: de tal sorte que não houve, até na astrologia judiciária, quem neles não haja feito presságios de infelicidade enviadas, pelos decretos providenciais, à Terra espantada e tremente.

30. – A lei de variedade é aplicada com tão grande profusão nos trabalhos da Natureza, que se pergunta como os naturalistas, astrônomos ou filósofos ergueram tantos sistemas para assimilar os cometas aos astros planetários e para não verem neles senão astros em grau mais ou menos grande de desenvolvimento ou de caducidade. Os quadros da Natureza deveriam amplamente bastar, no entanto, para distanciar do observador

Uranografia geral   91

cuidado de procurar relações que não existem e deixarem aos cometas o papel modesto, mas útil, de astros errantes servindo de exploradores para os impérios solares. Porque os corpos celestes de que tratamos são diferentes dos corpos planetários; não têm, como eles, a destinação de servirem de morada às humanidades. Vão, sucessivamente, de sóis a sóis, enriquecendo-se, às vezes, pelo caminho, de fragmentos planetários reduzidos ao estado de vapor, tomar aos seus focos os princípios vivificantes e renovadores que despejam sobre os mundos terrestres (cap. IX, nº 12.)

31. – Se, quando um desses astros se aproxima de nosso pequeno globo, para atravessar-lhe a órbita e retornar ao seu apogeu, situado a uma distância incomensurável do Sol, nós o seguíssemos, pelo pensamento, para visitar com ele os continentes siderais, transporíamos essa extensão prodigiosa de matéria etérea que separa o Sol das estrelas, as mais vizinhas, e, observando os movimentos combinados desse astro, que se crê perdido no deserto do infinito, encontraríamos, ainda aí, uma prova eloquente da universalidade das leis da Natureza, que se exercem a distâncias que a mais ativa imaginação dificilmente pode conceber.

Ali, a forma elíptica toma a forma parabólica e a marcha se modera, a ponto de não percorrer senão alguns metros no mesmo tempo que, no seu perigeu, percorria vários milhares de léguas. Talvez um sol mais poderoso, mais importante do que aquele que acaba de deixar, use, para com esse cometa, uma atração preponderante e o receba na fileira dos seus próprios sujeitos, e, então, as crianças espantadas de vossa pequena Terra lhe esperarão, em vão, o retorno que tinham prognosticado por observações incompletas. Nesse caso, nós, cujo pensamento seguiu o cometa errante a essas regiões desconhecidas, reencontraremos, então, uma nova nação, impossível de encontrar para os olhares terrestres, inimaginável para os Espíritos que habitam a Terra, inconcebível mesmo para o seu pensamento, porque será o teatro de maravilhas inexploradas.

Chegamos ao mundo astral, nesse mundo ofuscante de vastos sóis que irradiam no espaço infinito, e que são as flores brilhantes do canteiro magnífico da criação. Somente ali chegados é que saberemos o que é a Terra.

A Via Láctea

32. – Durante as belas noites estreladas e sem lua, cada um pode notar esse clarão esbranquiçado que atravessa o céu, de uma extremidade outra, e que os antigos haviam denominado *via láctea*, por causa de sua

92   *Capítulo 6*

aparência leitosa. Esse clarão difuso foi longamente explorado pelo olhar do telescópio nos tempos modernos, e esse caminho de pó de ouro, ou esse regato de leite da antiga mitologia, transformou-se num vasto campo de maravilhas desconhecidas. As pesquisas dos observadores conduziram ao conhecimento da sua natureza e mostraram, lá onde o olhar perdido não encontraria senão uma fraca claridade, milhões de sóis, mais luminosos e mais importantes do que aquele que nos ilumina.

33. – A Via Láctea, com efeito, é um campo semeado de flores solares ou planetárias, que brilham em sua vasta extensão. O nosso Sol e todos os corpos que o acompanham fazem parte desses globos resplandecentes dos quais se compõe a Via Láctea; mas, apesar das suas dimensões gigantescas, relativamente à Terra e à grandeza do seu império, não ocupam, no entanto, senão um lugar inapreciável nessa vasta criação. Pode-se contar uma trintena de milhões de sóis, semelhantes a ele, que gravitam nessa imensa região, distanciados uns dos outros em mais de cem mil vezes o raio da órbita terrestre (1).

34. – Pode-se julgar, por essa aproximação, da extensão dessa região sideral e da relação que une o nosso sistema à universalidade dos sistemas que a ocupam. Pode-se julgar, igualmente, da exiguidade do domínio solar e, *a fortiori*, do nada da nossa pequena Terra. Que seria isso, pois, se se considerassem os seres que a povoam!

Digo do nada porque as nossas determinações se aplicam não somente à extensão material, física, dos corpos que estudamos – isso seria pouco – mas ainda, e sobretudo, ao seu estado moral de habitação, ao grau que ocupam na eterna hierarquia dos seres. A criação aí se mostra em toda a sua majestade, criando e propagando tudo ao redor do mundo solar, e em cada um dos sistemas que o rodeiam por todas as partes, as manifestações da vida e da inteligência.

35. – Conhece-se, dessa maneira, a posição ocupada pelo nosso Sol ou pela Terra no mundo das estrelas; essas considerações adquirirão ainda um maior peso, se se refletir no próprio estado da Via Láctea que, na imensidão das criações siderais, não representa, ela mesma, senão um ponto insensível e inapreciável, visto de longe; porque ela não é outra coisa de que uma nebulosa estelar, como existem milhares delas no espaço. Se nos parece mais vasta e mais rica do que outras, é pela única razão de que nos rodeia e se desenvolve, em toda a sua extensão, sob os nossos olhos; ao passo que as outras, perdidas nas profundezas insondáveis, deixam-se entrever com dificuldade.

---

(1) Mais de 3 trilhões e 400 bilhões de léguas.

Uranografia geral

36. – Ora, se se sabe que a Terra não é nada, ou quase nada, no sistema solar; este nada, ou quase nada, na Via Láctea; este nada, ou quase nada, na universalidade das nebulosas, e esta universalidade, ela mesma, muito pouca coisa no meio do imenso Infinito, começar-se-á a compreender o que é o globo terrestre.

As estrelas fixas

37. – As estrelas que se chamam fixas e que constelam os dois hemisférios do firmamento não estão isoladas de toda atração exterior, como se supõe geralmente; longe disso, elas pertencem, todas, a uma mesma aglomeração de astros estelares. Essa aglomeração não é outra senão a grande nebulosa da qual fazemos parte, e cujo plano equatorial, que se projeta no céu, recebeu o nome de *Via Láctea*. Todos os sóis que a compõem são solidários; suas múltiplas influências reagem, perpetuamente, uma sobre a outra, e a gravidade universal as reúne todas numa mesma família.

38. – Entre esses diversos sóis, a maioria é, como o nosso, cercada de mundos secundários, que iluminam e fecundam pelas mesmas leis que presidem à vida do nosso sistema planetário. Uns, como Sírius, são milhares de vezes mais magníficos, em dimensão e riquezas, do que o nosso, e o seu papel mais importante no Universo, do mesmo modo os planetas, em maior número e muito superiores aos nossos, que os rodeiam. Outros são muito dessemelhantes pelas suas funções astrais. É assim que um certo número desses sóis, verdadeiros gêmeos da ordem sideral, são acompanhados de seus irmãos da mesma idade e formam, no espaço, sistemas binários aos quais a Natureza deu funções diferentes às que dizem respeito ao nosso Sol (1). Ali, os anos não se medem mais pelos mesmos períodos, nem os dias pelos mesmos sóis, e esses mundos, iluminados por uma dupla luz, receberam por herança condições de existência inimagináveis para aqueles que não saíram nunca desse pequeno mundo terrestre.

Outros astros, sem cortejo, privados de planetas, receberam os

---

(1) É a que se chama, em astronomia, estrelas duplas. São dois sóis, dos quais um gira o redor do outro, como um planeta ao redor do seu sol. De que estranho e magnifico espetáculo devem gozar os habitantes desses mundos que compõem os seus sistemas, iluminados por um duplo sol! Mas também quanto devem ser ali diferentes as condições de vitalidade.

Numa comunicação dada ulteriormente, o Espírito de Galileu acrescenta: "Existem mesmo sistemas mais complicados, nos quais diferentes sóis desempenham, face a face um do outro, o papel de satélites. Produzem-se, então, efeitos de luz maravilhosos para os habitantes os globos que iluminam; tanto mais que, apesar da sua proximidade aparente, os mundos habitados podem circular entre eles e receber, alternadamente, ondas de luz diversamente loridas, cuja reunião recompõe a luz branca."

94 *Capítulo 6*

melhores elementos de habitabilidade que não foram concedidos a alguns. As leis da Natureza são diversificadas em sua imensidão e, se a unidade é a grande palavra do Universo, a variedade infinita não lhe é menos o eterno atributo.

39. – Apesar do número prodigioso dessas estrelas e de seus sistemas, malgrado as distâncias incomensuráveis que as separam, todas elas não pertencem menos à mesma nebulosa estelar, que os olhares dos mais possantes telescópios podem, com dificuldade, atravessar, e que as concepções, as mais ousadas, da imaginação podem, com dificuldade, transpor; nebulosa que, não obstante, não é senão uma unidade na ordem das nebulosas que compõem o mundo astral.

40. – As estrelas que se chamam fixas não estão imóveis na extensão. As constelações que se figuram na abóbada do firmamento não são criações simbólicas reais. A *distância* da Terra e a perspectiva sob a qual se mede o Universo, desde essa posição, são as duas causas dessa dupla ilusão de óptica (cap. V, n° 12).

41. – Vimos que a totalidade dos astros que cintilam na cúpula azulada está encerrada na mesma aglomeração cósmica, em uma mesma nebulosa que nomeais por *Via Láctea*; mas, por pertencerem todos a um mesmo grupo, esses astros nele não são, cada um, menos animados por um movimento próprio de translação no espaço; o repouso absoluto não existe em nenhuma parte. São regidos pelas leis universais da gravitação e rolam, na extensão, sob o impulso incessante dessa força imensa; rolam não segundo rotas traçadas pelo acaso, mas segundo órbitas fechadas, cujo centro é ocupado por um astro superior. Para tornar as minhas palavras mais compreensíveis, por exemplo, falarei especialmente de vosso Sol.

42. – Sabe-se, pelas observações modernas, que ele não tem ponto fixo nem central, como se acreditava nos primeiros dias da astronomia nova, mas que avança no espaço, arrastando consigo o seu vasto sistema de planetas, de satélites e de cometas.

Ora, essa caminhada não é fortuita e não vai errante nos vácuos infinitos, perder-se longe das regiões que lhe assinalaram seus produtos e seus sujeitos. Não, a sua órbita é medida, e, concorrentemente com outros astros, da mesma ordem dele, e cercados como ele de um certo número de terras habitadas, gravita em torno de um sol central. Seu movimento de gravitação, do mesmo modo daqueles sóis seus irmãos, inapreciável a observações anuais, porque períodos seculares, em grande número, bastariam com dificuldade para marcar o tempo de um desses anos astrais.

Uranografia geral

43. – O sol central, de que acabamos de falar, ele mesmo é um globo secundário, relativamente a um outro mais importante ainda, ao redor do qual perpetua uma marcha lenta e medida, em companhia de outros sóis da mesma ordem.

Poderíamos constatar essa subordinação sucessiva de sóis a sóis, até que a nossa imaginação esteja fatigada de subir numa tal hierarquia; porque, não esqueçamos, pode-se contar, em números redondos, uma trintena de milhões de sóis na Via Láctea, subordinados uns aos outros, como maquinismos gigantescos de um imenso sistema.

44. – E esses astros, em números incontáveis, vivem, cada qual, uma vida solidária; do mesmo modo que nada está isolado na economia do vosso pequeno mundo terrestre, assim também nada está isolado no incomensurável Universo.

Esses sistemas de sistemas pareceriam de longe, ao olhar investigador do filósofo que soubesse abarcar o quadro desenvolvido pelo espaço e pelo tempo, uma poeira de pérolas de ouro, levantada em turbilhões sob o sopro divino, que faz voar os mundos siderais nos céus, como os grãos de areia sobre as dunas do deserto.

Não mais de imobilidade, não mais de silêncio, não mais de noite! O grande espetáculo que se desenrolasse deste modo, sob os nossos olhares, seria a criação real, imensa e cheia de vida etérea que abarca, no conjunto imenso, o olhar infinito do Criador.

Mas, até aqui, não falamos senão de uma nebulosa; os seus milhões de sóis, os seus milhões de terras habitadas, não formando, como dissemos, senão uma ilha no arquipélago infinito.

Os desertos do espaço

45. – Um deserto imenso, sem limites, estende-se além da aglomeração de estrelas que acabamos de falar, e a envolve. As solidões sucedem-se às solidões, e as planícies incomensuráveis do vazio se estendem ao longe. As acumulações de matéria cósmica se encontram isoladas no espaço como as ilhas flutuantes de um imenso arquipélago; se se quer apreciar, de algum modo, a ideia da enorme distância que separa a acumulação de estrelas, da qual fazemos parte, das mais próximas aglomerações, é preciso saber que essas ilhas estelares são disseminadas e raras no vasto oceano dos céus, e que a extensão que as separa, uma das outras, é incomparavelmente maior do que a que medem as suas dimensões respectivas.

96   *Capítulo 6*

Ora, se se lembra que a nebulosa estelar mede, em número redondo, mil vezes a distância da mais próxima estrela tomada por unidade, quer dizer, alguns cem mil trilhões de léguas, a distância que se estende entre elas, sendo sempre mais vastas, não poderia ser expressa por números acessíveis à compreensão de nosso espírito; só a imaginação, em suas mais altas concepções, é capaz de transpor essa imensidão prodigiosa, essas solidões mudas e privadas de toda aparência de vida, e de encarar, de alguma forma, a ideia dessa infinidade relativa.

46. – Esse deserto celeste, entretanto, que envolve o nosso universo sideral, e que parece se estender como os confins ressecados de nosso mundo astral, é abarcado pela visão e pelo poder infinito do Mais Alto, que, para além desses céus de nossos céus, desenvolveu a trama da sua criação ilimitada.

47. – Além dessas vastas solidões, com efeito, mundos irradiam em sua magnificência tão bem quanto nas regiões acessíveis às investigações humanas; além desses desertos, esplêndidos oásis vagam no límpido éter e renovam, incessantemente, as cenas admiráveis da existência e da vida. Ali se desenvolvem os agregados longínquos de substância cósmica, que o olhar profundo do telescópio entrevê através das regiões transparentes de nosso céu, essas nebulosas que chamais irresolúveis, e que vos aparecem como leves nuvens de poeira branca perdida em ponto desconhecido do espaço etéreo. Ali se revelam e se desenvolvem os mundos novos, cujas condições variadas e estranhas àquelas que são inerentes ao vosso globo lhes dão uma vida que as vossas concepções não podem imaginar, nem os vossos estudos constatar. É ali que resplende, em toda a sua plenitude, o poder criador; para aquele que vem de regiões ocupadas por vosso sistema, outras leis estão em ação, cujas forças regem as manifestações da vida, e as rotas novas que observamos nessas regiões estranhas nos abrem perspectivas desconhecidas (1).

---

(1) Dá-se, em astronomia, o nome de nebulosas *irresolúveis* àquelas das quais não se pôde ainda distinguir as estrelas que as compõem. Haviam sido consideradas primeiro como acumulações de matéria cósmica, em vias de condensação, para formar os mundos, mas pensa--se geralmente, hoje, que essa aparência se deve à distância, e que, com instrumentos bastante potentes, todas seriam resolúveis.

Uma comparação familiar pode dar uma ideia, embora muito imperfeita, das nebulosas resolúveis: são os grupos de centelhas projetadas pelas bombas de artifício no momento da sua explosão. Cada uma dessas centelhas nos representará uma estrela, e o conjunto será a nebulosa, ou grupo de estrelas reunidas num ponto do espaço, e submetidas a uma lei comum de atração e de movimento. Vistas a uma certa distância, essas centelhas se distinguem com dificuldade, e o seu grupo tem a aparência de uma pequena nuvem de fumaça. Essa comparação não seria exata se se tratasse de massas de matéria cósmica condensada.

A nossa Via Láctea é uma dessas nebulosas; ela conta perto de trinta milhões de estrelas ou sóis, que não ocupam menos de algumas centenas de trilhões de léguas de extensão e, n

Uranografia geral 97

Sucessão eterna dos mundos

48. – Vimos que uma única lei, primordial e geral, foi dada ao Universo para assegurar-lhe a estabilidade eterna, e que essa lei geral é perceptível pelos nossos sentidos por várias ações particulares, que chamamos forças diretrizes da Natureza. Vamos mostrar, hoje, que a harmonia do mundo inteiro, considerada sob o duplo aspecto de eternidade e de espaço, está assegurada por essa lei suprema.

49. – Com efeito, se remontarmos à origem primeira das primitivas aglomerações de substância cósmica, já notaremos que, sob o império dessa lei, a matéria sofre as transformações necessárias que a levam do germe ao fruto maduro, e que, sob o impulso de forças diversas, nascidas dessa lei, ela percorre a escala das suas revoluções periódicas; primeiro, centro fluídico de movimentos, em seguida, geradora de mundos, mais tarde, núcleo central e atraente de esferas que nasceram em seu seio.

Já sabemos que essas leis presidem à história do Cosmo; o que importa saber, agora, é que elas presidem, igualmente, à destruição dos astros,

---

entanto, não é a maior. Suponhamos somente uma média de 20 planetas circulando ao redor de cada sol, isso faria ao redor de 600 milhões de mundos para o nosso único grupo.

Se pudéssemos nos transportar de nossa nebulosa para uma outra, ali estaríamos como no meio da nossa Via Láctea, mas com um céu de estrelas dum aspecto diferente; e este, apesar das suas dimensões colossais, em relação a nós, nos apareceria, ao longe, como um pequeno floco lenticular perdido no Infinito. Mas, antes de alcançar a nova nebulosa, seríamos como o viajor que deixa uma cidade e percorre um vasto país desabitado antes de chegar a outra cidade; teríamos transposto espaços incomensuráveis, desprovidos de estrelas e de mundos, o que Galileu chama os desertos do espaço. À medida que avançássemos, veríamos a nossa nebulosa fugir atrás de nós, diminuindo de extensão aos nossos olhos, ao mesmo tempo que, diante de nós, apresentar-se-ia aquela para a qual nos dirigíssemos, mais e mais distinta, semelhantemente à massa de centelhas da bomba de artifício.

Em nos transportando, pelo pensamento, para as regiões do espaço, para além do *arquipélago* de nossa nebulosa, veríamos todos, ao redor de nós, milhões de arquipélagos semelhantes e de formas diversas, encerrando, cada um, milhões de sóis e centenas de milhões de mundos habitados.

Tudo o que possa nos identificar com a imensidade da extensão e a estrutura do Universo é útil para ampliação de ideias, tão retraídas pelas crenças vulgares. Deus cresce aos nossos olhos à medida que melhor compreendemos a grandeza das suas obras e a nossa inferioridade. Estamos longe, como se vê, dessa crença implantada pela Gênese mosaica, que faz da nossa pequenina Terra imperceptível a criação principal de Deus e de seus habitantes os únicos objetos da sua solicitude. Compreendamos a vaidade de homens que creem que tudo foi feito para eles no Universo, e daqueles que ousam discutir a existência do Ser supremo. Em alguns séculos, espantar-se-á que uma religião feita para glorificar a Deus o haja rebaixado a tão mesquinhas proporções e que haja repelido, como sendo a concepção do Espírito do mal, as descobertas que não poderiam senão aumentar a nossa admiração pela sua onipotência, em nos iniciando nos mistérios grandiosos da criação; espantar-se-á, mais ainda, quando se souber que foram repelidas porque deveriam emancipar o espírito dos homens e tirar a preponderância àqueles que se diziam os representantes de Deus sobre a Terra.

porque a morte não é uma metamorfose unicamente do ser vivo, mas, ainda, uma transformação da matéria inanimada; se é verdadeiro dizer, em seu sentido literal, que a vida só é acessível à falsidade da morte, é também justo acrescentar que a substância, necessariamente, deve sofrer as transformações inerentes à sua constituição.

50. – Eis um mundo que, desde o seu berço primitivo, percorreu toda a extensão dos anos que a sua organização especial lhe permitia percorrer; o foco interior da sua existência está extinto, os seus elementos próprios perderam as suas virtudes primeiras; os fenômenos da Natureza, que reclamavam, para a sua produção, a presença e a ação de forças reservadas a esse mundo, não podem se apresentar doravante, porque a alavanca de sua atividade não tem mais o ponto de apoio que lhe dava toda a sua força.

Ora, pensar-se-á que essa terra extinta e sem vida vai continuar a gravitar nos espaços celestes, sem finalidade, e passar como despojos inúteis no turbilhão dos céus? Pensar-se-á que ela permanece inscrita no livro da vida universal, quando não é mais do que uma letra morta desprovida de sentido? Não; as mesmas leis que a elevaram acima do caos tenebroso e que a gratificaram com os esplendores da vida, as mesmas forças que a governaram durante os séculos da sua adolescência, que consolidaram os seus primeiros passos na existência e que a conduziram à idade madura e à velhice, vão presidir à desagregação dos seus elementos constitutivos, para entregá-los ao laboratório onde o poder criador extrai, sem cessar, as condições de estabilidade geral. Esses elementos vão retornar a essa massa comum do éter, para se assimilarem a outros corpos, ou para regenerar outros sóis; e essa morte não será um acontecimento inútil a essa terra, nem às suas irmãs: ela renovará, em outras regiões, outras criações de uma natureza diferente, e lá, onde os sistemas de mundos se desvanecem, logo renascerá um novo canteiro de flores mais brilhantes e mais perfumadas.

51. – Assim, a eternidade real e efetiva do Universo está assegurada pelas mesmas leis que dirigem as operações do tempo; assim, os mundos sucedem aos mundos, os sóis aos sóis, sem que o imenso mecanismo dos vastos céus seja jamais atingido em suas gigantescas atividades.

Lá onde os vossos olhos admiram esplêndidas estrelas sob a abóbada da noite lá onde o vosso espírito contempla as irradiações magníficas que resplandecem sob longínquos espaços, desde há muito tempo o dedo da morte tem extinguido esses esplendores, há longo tempo o vazio sucedeu a esses deslumbramentos e recebeu mesmo novas criações ainda desco-

Uranografia geral 99

nhecidas. A imensa distância desses astros, pela qual a luz que nos enviam gasta milhares de anos para nos alcançar, faz com que recebamos somente hoje os raios que nos enviaram muito tempo antes da criação da Terra, e que admiraremos ainda, durante milhares de anos depois da sua desaparição real (1).

Que são os seis mil anos da Humanidade histórica diante dos períodos seculares? Segundos em vossos séculos? Que são as vossas observações astronômicas diante do estado absoluto do mundo? A sombra eclipsada pelo Sol.

52. – Portanto, aqui como em nossos outros estudos, reconhecemos que a Terra e o homem não são senão nada em comparação com o que existe, e que as mais colossais operações do nosso pensamento não se estendem ainda senão sobre um campo imperceptível perto da imensidade e da eternidade do Universo, que não acabará.

E, quando esses períodos da nossa imortalidade tiverem passado sobre as nossas cabeças, quando a história atual da Terra nos aparecer como uma sombra vaporosa nos fundos das nossas recordações; que tivermos habitado durante séculos inominados esses diversos graus de nossa hierarquia cosmológica; que os domínios, os mais distantes, das idades futuras tiverem sido percorridos por inumeráveis peregrinações, teremos diante de nós a sucessão ilimitada dos mundos e a imóvel eternidade por perspectiva.

A vida universal

53. – Essa imortalidade das almas, da qual o sistema do mundo físico é a base, pareceu imaginária aos pensadores prevenidos; ironicamente, classificam-na de imortalidade viajora e não compreenderam que só ela é verdadeira ante o espetáculo da criação. No entanto, é possível fazer compreender-lhe toda a grandeza, diria, quase toda a perfeição.

54. – Que as obras de Deus estejam criadas para o pensamento e a inteligência; que os mundos sejam a morada de seres que os contemplam e

---

(1) Aí está um efeito do tempo que a luz gasta para atravessar o espaço. Sendo a sua velocidade de 70.000 léguas por segundo, ela nos chega do Sol em 8 minutos e 13 segundos. Disso resulta que, se um fenômeno se passa na superfície do Sol, não o perceberemos senão 8 minutos mais tarde, e, pela mesma razão, nós o veremos ainda 8 minutos depois da sua desaparição. Se, em razão de seu afastamento, a luz de uma estrela gasta mil anos para nos alcançar, não veremos essa estrela senão mil anos depois da sua formação. (Ver, para a explicação e a descrição completa desse fenômeno, a *Revista Espírita* de março e maio de 1867, págs. 93 e 151; resumo de *Lumen*, pelo Sr. C. Flammarion.)

descobrem sob o seu véu o poder e a sabedoria daquele que os forma, essa questão não é mais duvidosa para nós; mas que as almas que os povoam sejam solidárias, isso é o que importa conhecer.

55. – A inteligência humana, com efeito, tem dificuldade para considerar esses globos radiosos que cintilam na extensão como simples massas de matéria inerte e sem vida; tem dificuldade para pensar que, nessas regiões longínquas, de magníficos crepúsculos e noites esplêndidas, de sóis fecundos e de dias cheios de luz, de vales e de montanhas onde as produções múltiplas da Natureza desenvolveram toda a sua pompa luxuriante; tem dificuldade para imaginar, digo eu, que o espetáculo divino em que a alma pode se retemperar como em sua própria vida, esteja despojado da existência e privado de todo ser pensante que possa conhecê-lo.

56. – Mas a essa ideia eminentemente justa da criação, é preciso acrescentar a da humanidade solidária, e é nisso que consiste o mistério da eternidade futura.

Uma mesma família humana foi criada na universalidade dos mundos, e os laços de uma fraternidade, ainda inapreciável de vossa parte, foram dados a esses mundos. *Se esses astros, que se harmonizam em seus vastos sistemas, são habitados por inteligências, não são por seres desconhecidos uns dos outros, mas sim por seres marcados na fronte pelo mesmo destino, que devem se reencontrar momentaneamente segundo as suas funções de vida, e se procurarem segundo as suas simpatias mútuas*; é a grande família de Espíritos que povoam as terras celestes; é a grande irradiação do Espírito divino que abarca a extensão dos céus e que permanece como tipo primitivo e final da perfeição espiritual.

57. – Por que estranha aberração deveu-se recusar à imortalidade as vastas regiões do éter, quando se a encerrava em um limite inadmissível e em uma dualidade absoluta? O verdadeiro sistema do mundo deveria, pois, preceder à verdadeira doutrina dogmática, e a ciência à teologia? Esta se desviará tanto que a sua base se assentará sobre a metafísica? A resposta é fácil e nos mostra que a nova filosofia se assentará triunfante sobre as ruínas da antiga, porque a sua base será elevada vitoriosa sobre os antigos erros.

Diversidade de mundos

58. – Seguistes-nos em nossas excursões celestes e visitastes conosco as regiões imensas do espaço. Sob os nossos olhares, os sóis sucederam aos sóis, os sistemas aos sistemas, as nebulosas às nebulosas; o panorama

Uranografia geral 101

esplêndido da harmonia do Cosmos se descortinou diante de nossos passos, e recebemos um antegozo da ideia do Infinito, que não podemos compreender em toda a sua extensão senão segundo a nossa perfectibilidade futura. Os mistérios do éter descerraram os seus enigmas, até agora indecifráveis, e concebemos, pelo menos, a ideia da universalidade das coisas. Importa, agora, determo-nos e refletirmos.

59. – É belo, sem dúvida, ter reconhecido a pequenez da Terra e a sua medíocre importância na hierarquia dos mundos; é belo haver rebaixado a presunção humana, que nos é cara, e nos havermos humilhado diante da grandeza absoluta; mas será mais belo ainda interpretar, sob o sentido moral, o espetáculo do qual fomos testemunhas. Quero falar do poder infinito da Natureza e da ideia que devemos nos fazer do seu modo de ação nas diversas partes do vasto Universo.

60. – Habituados, como estamos, a julgar as coisas pela nossa pobre pequena morada, imaginamos que a Natureza não pôde, ou não deveu, agir sobre os outros mundos senão depois das regras que reconhecemos neste mundo. Ora, é precisamente nisso que importa reformar o nosso julgamento.

Lançai, por um instante, os olhos sobre uma região qualquer de vosso globo e sobre uma das produções de vossa Natureza: não reconheceis nela a marca de uma variedade infinita e a prova de uma atividade sem igual? Não vedes sobre a asa de um pequeno pássaro das Canárias, sobre a pétala de um botão de rosa entreaberto, a prestigiosa fecundidade dessa bela Natureza?

Que os vossos estudos se apliquem aos seres que planam nos ares, que desçam até a violeta dos bosques, que se afundem nas profundezas do Oceano, em tudo e por toda a parte, ledes esta verdade universal: A Natureza onipotente age segundo os lugares, os tempos e as circunstâncias; ela é una em sua harmonia geral, mas múltipla em suas produções; diverte-se com um sol, como com uma gota d'água; povoa de seres vivos um mundo imenso com a mesma facilidade com que faz eclodir o ovo depositado pela borboleta de outono.

61. – Ora, se tal é a variedade que a Natureza pôde nos descrever, em todos os lugares, sobre esse pequeno mundo tão acanhado, tão limitado, quanto mais devereis estender esse modo de ação pensando nas perspectivas dos vastos mundos! Quanto mais devereis desenvolvê-la e nela reconhecer o poder extenso aplicando-a a esses mundos maravilhosos que, bem mais do que a Terra, atestam a sua desconhecida perfeição!

Não vedes, pois, ao redor de cada um dos sóis do espaço, sistemas semelhantes ao vosso sistema planetário; não vedes, sobre esses planetas desconhecidos, os três reinos da Natureza que brilham ao vosso redor; mas pensais que, do mesmo modo que um rosto de homem não se parece com nenhum outro rosto em todo o gênero humano, assim também uma diversidade prodigiosa, inimaginável, manifestou-se nas moradas etéreas que vagam no seio dos espaços.

Do fato de que a vossa natureza animada começou no zoófito para terminar no homem, de que a atmosfera alimenta a vida terrestre, de que o elemento líquido a renova sem cessar, de que as vossas estações fazem ocorrer, nessa vida, os fenômenos que a dividem, disso não concluais que os milhões e milhões de terras que vagam na amplidão sejam semelhantes a esta; longe disso, elas diferem segundo as condições diversas que lhes foram reservadas, e segundo o seu papel respectivo no cenário do mundo; são as pedrarias variadas de um imenso mosaico, as flores diversificadas de um admirável canteiro.

CAPÍTULO **7**

Esboço geológico da Terra

Períodos geológicos. – Estado primitivo do globo. –
Período primário. – Período de transição. –
Período secundário. – Período terciário. –
Período diluviano. – Período pós-diluviano
ou atual. – Nascimento do homem.

Períodos geológicos

1. – A Terra carrega consigo os traços evidentes da sua formação; acompanham-se-lhe as fases com uma precisão matemática nos diferentes terrenos que compõem a sua estrutura. O conjunto desses estudos constitui a ciência chamada *Geologia*, ciência nascida neste século e que lançou luz sobre a questão, tão controvertida, da sua origem e da dos seres vivos que a habitam. Aqui não há hipóteses; trata-se do resultado rigoroso da observação dos fatos, e, em presença dos fatos, a dúvida não é permitida. A história da formação do globo está escrita nas camadas geológicas de um modo muito mais certo do que nos livros preconcebidos, porque é a própria Natureza que fala, que se mostra a descoberto, e não a imaginação de homens que criam os sistemas. Onde se veem as marcas do fogo, pode-se dizer, com certeza, que o fogo existiu; onde se veem as da água, diz-se, com não menos certeza, que a água permaneceu; onde se veem a dos animais, diz-se que os animais aí viveram.

A Geologia é, pois, uma ciência toda de observação; não tira consequências senão do que vê; sobre os pontos duvidosos, não afirma nada; não emite senão opiniões discutíveis, cuja solução definitiva espera observações mais completas. *Sem as descobertas da Geologia, como sem as da Astronomia, a Gênese do mundo estaria, ainda, nas trevas da lenda.* Graças a ela, hoje, o homem conhece a história da sua habitação, e o alicerce das fábulas que cercam o seu berço desabou, para não mais se levantar.

2. – Por todas as partes, nos terrenos onde existam fossos, escavações naturais ou praticadas pelos homens, nota-se o que se chamam *estratificações,* quer dizer, camadas superpostas. Os terrenos que apresentam esta disposição são designados sob o nome de *terrenos estratificados.* Estas camadas, de espessura muito variável, desde alguns centímetros até 100 metros e mais, distinguem-se, entre elas, pela cor e pela natureza das substâncias de que se compõem. Os trabalhos de arte, a abertura de poços, a exploração de pedreiras e, sobretudo, de minas permitiram observá-las até a uma profundidade bastante grande.

3. – As camadas, geralmente, são homogêneas, quer dizer, que nenhuma está formada de uma mesma substância, ou de diversas substâncias que existiram conjuntamente e formaram um todo compacto. A linha de separação que as isola, uma das outras, é sempre claramente traçada, como nas bases de uma construção; em nenhuma parte se vê misturarem-se e se perderem, uma na outra, relativamente aos seus respectivos limites, como ocorre, por exemplo, nas cores do prisma e do arco-íris.

Por estes caracteres, reconhece-se que foram formadas sucessivamente, depositadas uma sobre outra, nas condições e por causas diferentes; as mais profundas, naturalmente, foram as primeiras a serem formadas, e, as mais superficiais, posteriormente. A última de todas, a que se encontra na superfície, é a camada de terra vegetal que deve as suas propriedades aos detritos de matérias orgânicas, provenientes das plantas e dos animais.

4. – As camadas inferiores, colocadas abaixo da camada vegetal, receberam, em Geologia, o nome de *rochas,* nome que, nesta acepção, não implica sempre a ideia de uma substância pétrea, mas significa um leito ou banco de uma substância mineral qualquer. Umas estão formadas de saibro, de argila ou terra argilosa, de mármore, de calhaus redondos; outras, de pedras propriamente ditas, mais ou menos duras, tais como os arenitos, os mármores, o giz, os calcáreos ou pedras de cal, as pedras de moinhos, os carvões de terra, os asfaltos, etc. Diz-se que uma rocha é mais ou menos poderosa segundo a sua espessura seja mais ou menos considerável.

Pela inspeção da natureza dessas rochas ou camadas, reconhecem-se sinais certos de que umas provêm de matérias fundidas e, algumas vezes, vitrificadas pela ação do fogo; outras, de substâncias terrosas depositadas pelas águas; algumas dessas substâncias permaneceram desagregadas como o saibro; as outras, primeiro no estado pastoso, sob a ação de certos agentes químicos ou outras causas, endureceram e adquiriram

Esboço geológico da Terra 105

depois de longo tempo, a consistência da pedra. Os bancos de pedras superpostas anunciam depósitos sucessivos. O fogo e a água têm, pois, a sua parte de ação na formação dos materiais que compõem a estrutura sólida do globo.

5. – A posição normal das camadas terrosas ou pedregosas, provenientes de depósitos aquosos, é a horizontal. Quando se veem esses imensos planos que se estendem, por vezes, a perder de vista, de uma horizontabilidade perfeita, unidos como se houvessem sido nivelados com rolo, ou esses fundos de vales tão planos quanto a superfície de um lago, pode-se estar certo de que, numa época mais ou menos recuada, esses lugares estiveram muito tempo cobertos por águas tranquilas que, em se retirando, deixaram secas as terras que haviam depositado durante a sua permanência. Após a retirada das águas, essas terras se cobriram de vegetação. Se em lugar de terras férteis, lamacentas, argilosas ou calcáreas, próprias para assimilarem os princípios nutritivos, as águas não depositaram senão areias siliciosas, sem agregação, têm-se esses planos arenosos e áridos que constituem as charnecas e os desertos. Os depósitos deixados pelas inundações parciais e os que formam os aterros na embocadura dos rios podem dar-nos disso uma ideia em ponto pequeno.

6. – Se bem que a horizontalidade seja a posição normal e mais geral das formações aquosas, frequentemente veem-se, sobre muito grandes extensões, nos países montanhosos, rochas duras, que a sua natureza indica terem sido formadas pelas águas, estarem em uma posição inclinada e, às vezes, mesmo vertical. Ora, segundo as leis do equilíbrio dos líquidos e da gravidade, os depósitos aquosos não podem se formar senão em planos horizontais, já que aqueles que ocorrem nos planos inclinados são arrastados para as baixadas pelas correntes e pelo seu próprio peso, torna-se evidente que esses depósitos foram levantados por uma força qualquer, depois da sua solidificação ou transformação em pedras.

Destas considerações pode-se concluir, com certeza, que todas as camadas pedregosas, provenientes de depósitos aquosos, em uma posição perfeitamente horizontal, foram formadas, depois de séculos, pelas águas tranquilas, e que todas as vezes que têm uma posição inclinada é porque o solo foi atormentado e deslocado posteriormente por perturbações gerais ou parciais, mais ou menos consideráveis.

7. – Um fato da mais alta importância, pelo testemunho irrecusável que fornece, consiste nos restos *fósseis* de animais e de vegetais encontrados em quantidades inumeráveis nas diferentes camadas; e como esses restos se encontram mesmo nas mais duras pedras, disso é preciso concluir que a existência desses seres é anterior à formação das próprias

106   *Capítulo 7*

pedras; ora, se se considera o número prodigioso de séculos que foi preciso para operar-lhes o endurecimento e levá-los ao estado em que estão de tempo imemorial, chega-se a esta consideração forçada de que a aparição de seres orgânicos sobre a Terra se perde na noite dos tempos e que é bem anterior, consequentemente, à data assinalada pela Gênese (1).

8. – Entre esses restos de vegetais e de animais, há os que foram penetrados em todas as partes de sua substância, sem que a sua forma tenha sido alterada, por matérias silicosas ou calcáreas que os transformaram em pedras, das quais algumas têm a dureza do mármore; são as petrificações propriamente ditas. Outros foram simplesmente envolvidos pela matéria em estado de moleza; são encontrados intactos e alguns, em sua inteireza, nas pedras mais duras. Outros, enfim, não deixaram senão marcas, mas de uma clareza e de uma delicadeza perfeitas. No interior de certas pedras, têm-se encontrado até a marca de passos e, pela forma do pé, dos dedos e das unhas, reconheceu-se de qual espécie animal provinham.

9. – Os fósseis animais não compreendem somente, e isso é fácil de conceber-se, as partes sólidas e resistentes, quer dizer, a ossatura, escamas e chifres; algumas vezes, são esqueletos completos; o mais frequentemente, não são senão partes destacadas, mas das quais é fácil reconhecer a procedência. Pela inspeção de uma mandíbula, de um dente, vê-se, em seguida, se pertence a um animal herbívoro. Como todas as partes do animal têm uma correlação necessária, a forma da cabeça, de uma omoplata, de um osso de perna, de um pé, basta para determinar a estatura, a forma geral, o gênero de vida do animal (2). Os animais terrestres têm uma organização que não permite confundi-los com os animais aquáticos. Os peixes e os mariscos fósseis são excessivamente numerosos; só os mariscos formam, algumas vezes, bancos inteiros de uma

---

(1) *Fóssil*, do latim *fossilia, fossilis,* derivado de *fossa,* fosse e de *fodere,* cavar, escavar a terra. Esta palavra refere-se, em geologia, aos corpos ou restos de corpos orgânicos, provenientes de seres que viveram anteriormente aos tempos históricos. Por extensão, diz-se igualmente das substâncias minerais com traços da presença de seres organizados, tais como as impressões de vegetais ou animais.

A palavra *petrificação* não se diz senão dos corpos transformados em pedra pela infiltração de matérias silicosas ou calcáreas nos tecidos orgânicos. Todas as petrificações são necessariamente fósseis, mas todos os fósseis não são petrificações.

Os objetos que se revestem de uma camada pedregosa, quando são mergulhados em certas águas carregadas de substâncias calcáreas, como as do riacho de Saint-Allyre, perto de Clermont, em Auvergne, não são petrificações propriamente ditas, mas simples incrustações.

Os monumentos, inscrições e objetos provenientes da fabricação humana pertencem à Arqueologia.

(2) No ponto a que Georges Cuvier levou a ciência paleontológica, um único osso basta, frequentemente, para determinar o gênero, a espécie, a forma de um animal, seus hábitos e para o reconstruir todo inteiro.

Esboço geológico da Terra 107

grande espessura. Pela sua natureza se reconhece, sem dificuldade, se são animais marinhos ou de água doce.

10. – As pedras roladas, que em certos lugares constituem rochas poderosas, são um índice inequívoco de sua origem. São arredondadas como os seixos das praias, sinal certo do atrito que sofreram pelo efeito das águas. As regiões, onde se encontram enterradas em massas consideráveis, incontestavelmente, foram ocupadas pelo Oceano, ou por águas por longo tempo ou violentamente agitadas.

11. – Os terrenos de diversas formações são, por outro lado, caracterizados pela própria natureza dos fósseis que contêm. Os mais antigos encerram espécies animais ou vegetais que desapareceram inteiramente da superfície do globo. Certas espécies mais recentes desapareceram igualmente, porém, conservaram suas análogas, que não diferem de sua linhagem senão pelo tamanho e algumas nuanças de forma. Outras, enfim, das quais vemos os últimos representantes, evidentemente, tendem a desaparecer em um futuro mais ou menos próximo, tais como os elefantes, os rinocerontes, os hipopótamos, etc. Assim, à medida que as camadas terrestres se aproximam de nossa época, as espécies animais e vegetais se aproximam também das que existem hoje.

As perturbações, os cataclismas que ocorreram sobre a Terra, desde a sua origem, mudaram-lhe as condições de aptidão para manutenção da vida e fizeram desaparecer gerações inteiras de seres vivos.

12. – Interrogando-se a natureza das camadas geológicas, sabe-se, da maneira mais positiva, se, na época da sua formação, a região que as contêm estava ocupada pelo mar, por lagos, ou por florestas e planícies povoadas por animais terrestres. Se, pois, em uma mesma região, encontra-se uma série de camadas superpostas, contendo alternativamente fósseis marinhos, terrestres e de água doce, várias vezes repetidas, é uma prova irrecusável de que essa mesma região foi várias vezes invadida pelo mar, coberta de lagos e posta a seco.

E quantos séculos de séculos, certamente, milhares de séculos talvez, foram necessários a cada período para se cumprirem! Que força poderosa não foi necessária para deslocar e recolocar o Oceano, elevar as montanhas! Por quantas revoluções físicas, comoções violentas, a Terra não deveu passar antes de ser como a vemos desde os tempos históricos! E querer-se que isso fosse a obra de tempo menor do que é preciso para fazer crescer uma planta!

13. – O estudo das camadas geológicas atesta, assim, o que foi dito, formações sucessivas que mudaram o aspecto do globo e dividiram a sua história em várias épocas. Essas épocas constituem o que se denominam os *períodos geológicos*, cujo conhecimento é essencial para o estabelecimento da Gênese. Contam-se seis principais, que se designam sob os nomes de período primário, de transição, secundário, terciário, diluviano, pós-diluviano ou atual. Os terrenos formados durante o tempo de cada período se chamam também: terrenos primitivos, de transição, secundários, etc. Diz-se que tal camada ou rocha, tal ou tal fóssil, encontram-se em terrenos de tal ou tal período.

14. – É essencial notar-se que o número desses períodos não é absoluto, e que depende dos sistemas de classificação. Não se compreende nos seis acima designados senão aqueles que foram marcados por uma mudança notável e geral no estado do globo; mas a observação prova que várias formações sucessivas se operaram enquanto durou cada um deles; por isso, são divididos em seis períodos, caracterizados pela natureza dos terrenos, e que elevam a vinte e seis o número de formações gerais bem caracterizadas, sem contar as que provêm de modificações devidas a causas puramente locais.

Estado primitivo do globo

15. – O achatamento dos polos e outros fatos concludentes são os indícios certos de que a Terra deveu estar, em sua origem, num estado de fluidez ou de moleza. Esse estado poderia ter por causa a matéria liquefeita pelo fogo ou diluída pela água.

Diz-se, proverbialmente: não há fumaça sem fogo. Esta proposição, rigorosamente verdadeira, é uma aplicação do princípio: não há efeito sem causa. Pela mesma razão, pode-se dizer: não há fogo sem foco. Ora, pelos fatos que se passam sob os nossos olhos, não é só a fumaça que se produz, é o fogo bem real que deve ter um foco; vindo esse fogo do interior da Terra e não do alto, o foco deve ser interior; sendo o fogo permanente, o foco deve sê-lo igualmente.

O calor, que aumenta à medida que se penetra no interior da Terra e que, a uma certa distância da superfície, atinge uma temperatura muito alta; as fontes termais, tanto mais quentes quanto venham de maior profundidade; os fogos e a massa de matéria fundida e abrasada que escapam dos vulcões, como por vastos suspiros, ou por rachaduras produzidas por certos tremores de terra, não podem deixar dúvidas sobre a existência de um fogo interior.

16. – A experiência demonstra que a temperatura se eleva em 1 grau

Esboço geológico da Terra   109

por 30 metros de profundidade: de onde se segue que, numa profundidade de 300 metros, o aumento é de 10 graus; a 3000 metros, 100 graus, temperatura da água fervente; a 30.000 metros, ou de 7 a 8 léguas, de 1000 graus; a 25 léguas, de mais de 3.300 graus, temperatura a que nenhuma matéria conhecida resiste à fusão. Daí até o centro, há ainda um espaço de mais de 1400 léguas, ou seja, 2800 léguas de diâmetro, que seria ocupado pelas matérias fundidas.

Se bem que não haja aí senão uma conjetura, julgando-se a causa pelo efeito, ela tem todos os caracteres da probabilidade e chega-se à conclusão de que a Terra ainda é uma massa incandescente recoberta de uma crosta sólida de 25 léguas ou mais de espessura, o que é apenas a 120ª parte de seu diâmetro. Proporcionalmente, seria muito menos que a espessura da mais fina casca de laranja.

De resto, a espessura da crosta terrestre é muito variável, porque há lugares, sobretudo nos terrenos vulcânicos, onde o calor e a flexibilidade do solo indicam que ela é muito pouco considerável. A alta temperatura das águas térmicas é igualmente indício da vizinhança do fogo central.

17. – Posto isto, torna-se evidente que o estado primitivo de fluidez ou de moleza da Terra teve por causa a ação do calor, e não a da água. A Terra era, pois, em sua origem, uma massa incandescente. Em consequência da irradiação do calor, chegou ao que chega toda matéria em fusão: pouco a pouco se resfriou, e o resfriamento naturalmente começou pela superfície, que endureceu, ao passo que o interior permaneceu fluido. Pode-se, assim, comparar a Terra a um bloco de carvão saindo todo vermelho da fornalha, e cuja superfície se apagou e se resfriou ao contato do ar que, sendo então quebrado, encontra-se o interior ainda em brasa.

18. – Na época em que o globo terrestre era uma massa incandescente, não continha um átomo a mais ou a menos que hoje; sob a influência dessa alta temperatura, somente a maioria das substâncias que o compõem, e que vemos sob a forma de líquidos, ou de sólidos, de terras, de pedras, de metais e de cristais, encontravam-se num estado bem diferente; não fizeram senão sofrer uma transformação; em consequência do esfriamento e das misturas, os elementos formaram novas combinações. O ar, consideravelmente dilatado, deveria estender-se numa distância imensa; toda a água, forçosamente reduzida a vapor, estava misturada ao ar; todas as matérias suscetíveis de se volatizarem, tais como os metais, o enxofre, o carbono, encontravam-se aí no estado de gás. O estado da atmosfera nada tinha de comparável, pois, ao que ela é hoje; a densidade de todos esses vapores dava-lhe uma opacidade que nenhum raio de sol podia atravessar. Se um ser vivo pudesse existir na superfície do globo, nessa época, não seria clareado senão pelo brilho sinistro da fornalha colocada sob seus pés e da atmosfera esbraseada, e não suspeitaria mesmo da existência do Sol.

Período primário

19. – O primeiro efeito do resfriamento foi solidificar a superfície exterior da massa em fusão, e dela formar uma crosta resistente que, fina de início, espessou-se pouco a pouco. Essa crosta constitui a pedra chamada *granito*, de extrema dureza, assim chamada por seu aspecto granulado. Nela se distinguem três substâncias principais: o feldspato, o quartzo, ou cristal de rocha, e a mica; esta última tem o brilhante metálico, embora não seja um metal.

A camada granítica foi, pois, a primeira formada no globo, que ela envolve por inteiro, e do qual constitui, de alguma forma, o esqueleto ósseo; ela é o produto direto da matéria em fusão consolidada. Foi sobre ela, e nas cavidades que a sua superfície atormentada apresentava, que, sucessivamente, foram depositadas as camadas de outros terrenos formados posteriormente. O que a distingue destes últimos é a ausência de toda estratificação, quer dizer, que ela forma uma massa compacta e uniforme em toda a sua espessura, e não disposta por camadas. A efervescência da matéria incandescente deveria aí produzir numerosas e profundas rachaduras, pelas quais se derramaria essa matéria.

20. – O segundo efeito desse resfriamento foi o de liquefazer algumas das matérias contidas no ar no estado de vapor, e que se precipitaram na superfície do solo. Então, houve chuvas e lagos de enxofre e de betume verdadeiros riachos de ferro, de cobre, de chumbo e outros metais fundidos; essas matérias, infiltrando-se nas fissuras, constituíram os veios e filões metálicos.

Sob a influência desses diversos agentes, a superfície granítica experimentou decomposições alternativas; fizeram-se as misturas que formaram os terrenos primitivos, propriamente ditos, distintos da rocha granítica mas em massas confusas, e sem estratificações regulares.

Vieram, a seguir, as águas que, caindo sobre um solo ardente, vaporizaram-se de novo, recaíram em chuvas torrenciais, e assim em diante, até que a temperatura lhe permitiu permanecer sobre o solo no estado líquido

É na formação dos terrenos graníticos que começa a série dos p

Esboço geológico da Terra 111

ríodos geológicos, aos quais conviria acrescentar o do estado primitivo de incandescência do globo.

21. – Tal foi o aspecto desse primeiro período, verdadeiro *caos* de todos os elementos confundidos, procurando a sua estabilidade, onde nenhum ser vivo podia existir; também um dos seus caracteres distintivos, em geologia, foi a ausência de todo traço da vida vegetal e animal.

É impossível assinalar uma duração determinada a esse primeiro período, não menos que aos seguintes; mas, segundo o tempo necessário a uma bola de carvão de um volume dado, aquecida ao vermelho branco, para que a sua superfície seja resfriada ao ponto que uma gota d'água possa nela permanecer no estado líquido, calculou-se que, se essa bola tivesse o tamanho da Terra, ser-lhe-iam necessários mais de um milhão de anos.

Período de transição

22. – No começo do período de transição, a crosta sólida granítica não tinha ainda senão um pouco de espessura e não oferecia senão uma resistência bastante fraca à efervescência das matérias esbraseadas que ela recobria e comprimia. Aí se produziram dilatações, fraturas numerosas por onde se expandia a lava interior. O solo não apresentava senão desigualdades pouco consideráveis.

As águas, pouco profundas, cobriam quase toda a superfície do globo, excetuando-se as partes elevadas, formando terrenos baixos, frequentemente submersos.

O ar foi pouco a pouco expurgado das matérias mais pesadas, momentaneamente em estado gasoso, e que, em se condensando pelo efeito do resfriamento, eram precipitadas na superfície do solo, depois arrastadas e dissolvidas pelas águas.

Quando se fala do resfriamento nessa época, é necessário entender esta palavra num sentido relativo, quer dizer, com relação ao estado primitivo, porque a temperatura deveria ser ainda ardente.

Os espessos vapores aquosos que se elevavam de todas as partes da imensa superfície líquida retumbavam em chuvas abundantes e quentes, e obscureciam o ar. Entretanto, os raios do Sol começavam a aparecer através dessa atmosfera brumosa.

Uma das últimas substâncias das quais o ar deve ter sido expurgado, porque está naturalmente no estado gasoso, foi o ácido carbônico, que lhe formava, então, uma das partes constituintes.

112   *Capítulo 7*

23. – Nessa época começaram a se formar as camadas de terreno de sedimento, depositadas pelas águas carregadas de lama e de matérias diversas, próprias da vida orgânica.

Então, apareceram os primeiros seres vivos do reino vegetal e do reino animal; no início em pequeno numero, encontram-se-lhes os traços com mais frequência à medida que se elevam nas camadas dessa formação. É notável que, por toda a parte, a vida se manifesta logo que as condições lhe são propícias, e que cada espécie nasce desde que se produzam as condições próprias para a sua existência.

24. – Os primeiros seres orgânicos que apareceram sobre a Terra foram os vegetais da menos complicada organização, designados em botânica sob o nome de criptógamos, acotiledônios, monocotiledônios, quer dizer, os líquens, cogumelos, musgos, fetos e plantas herbáceas. Aí não se viram ainda árvores com caule lenhoso, mas as do gênero palmeiras, cujo caule esponjoso é análogo ao das ervas.

Os animais desse período, que sucederam aos primeiros vegetais, são exclusivamente marinhos: foram primeiro os pólipos, os radiários, os zoófitos, animais cuja organização simples e, por assim dizer, rudimentar mais se aproxima da dos vegetais; mais tarde, vieram crustáceos e peixes cujas espécies hoje não mais existem.

25. – Sob o império do calor e da umidade, e em consequência do excesso de ácido carbônico disseminado no ar, gás impróprio à respiração dos animais terrestres, mas necessário às plantas, os terrenos descobertos cobriram-se, rapidamente, de uma vegetação pujante, ao mesmo tempo que as plantas aquáticas se multiplicavam no seio dos pântanos. Plantas do gênero daquelas que, em nossos dias, são simples ervas de alguns centímetros, atingiam altura e grossura prodigiosas; assim é que havia florestas de fetos arborescentes de 8 a 10 metros de altura e de grossura proporcional; os licopódios (pé-de-lobo, gênero de musgo) do mesmo talhe; cavalinhas (1) de 4 a 5 metros, que têm hoje apenas um metro, e uma infinidade de espécies que não existem mais. No fim do período, começaram a aparecer algumas árvores do gênero conífero ou pinheiro.

26. – Em consequência do deslocamento das águas, os terrenos que produziam essa massa de vegetais foram várias vezes submersos, recobertos de novos sedimentos terrosos, enquanto que aqueles que estavam no seco se adornavam, por sua vez, de uma vegetação semelhante. Assim houve várias gerações de vegetais alternativamente aniquiladas e renovadas

---

(1) Planta pantanosa, vulgarmente chamada *rabo-de-cavalo*.

Esboço geológico da Terra 113

das. O mesmo não ocorreu com os animais que, sendo todos aquáticos, não podiam sofrer essas alternativas.

Esses detritos, acumulados durante longa série de séculos, formaram camadas de grande espessura. Sob a ação do calor, da umidade e da pressão exercida pelos depósitos terrosos posteriores e, sem dúvida, de diversos agentes químicos, de gás, de ácidos e de sais, produtos da combinação dos elementos primitivos, essas matérias vegetais sofreram uma fermentação que as converteram em *hulha* ou *carvão de terra*. As minas de hulha são, pois, o produto direto da decomposição dos montões de vegetais acumulados durante o período de transição; é por isso que se encontram em quase todos os continentes. (1)

27. – Os restos fósseis da vegetação pujante dessa época, encontrando-se hoje sob os gelos das terras polares, tão bem como na zona torrida, é necessário disso concluir que, uma vez que a vegetação era uniforme, a temperatura deveria sê-lo igualmente. Os polos, pois, não eram cobertos de gelo como agora. E que, então, a Terra tirava o seu calor de si mesma, do fogo central que aquecia, de maneira igual, toda a camada sólida, embora pouco espessa. Esse calor era bem superior ao que podia dar os raios solares, fracos, aliás, pela densidade da atmosfera. Só mais tarde, quando o calor central não pôde exercer sobre a superfície exterior do globo senão uma ação fraca ou nula, a do Sol tornou-se preponderante, e as regiões polares, que não recebiam senão os raios oblíquos dando muito pouco calor, cobriram-se de gelo. Compreende-se que, na época de que falamos, e ainda muito tempo depois, o gelo era desconhecido sobre a Terra.

Esse período deve ter sido muito longo, a julgá-lo pelo número e pela espessura das camadas de hulha. (2)

Período secundário

28. – Com o período de transição, desapareceram a vegetação colossal e os animais que caracterizaram essa época, seja porque as condições atmosféricas não fossem mais as mesmas, seja porque uma série de cata-

---

(1) A turfa formou-se, do mesmo modo, pela decomposição das acumulações de vegetais, nos terrenos pantanosos; mas com esta diferença, que sendo muito mais recente, e, sem dúvida, em outras condições, não teve tempo para se carbonizar.

(2) Na baía de Fundy (Nova Escócia), o Sr. Lyell encontrou, sob uma espessura de hulha de 400 metros, 68 níveis diferentes, apresentando os traços evidentes de vários solos de florestas, cujos troncos de árvores estavam ainda guarnecidos de suas raízes. (L.Figuier.)

Não se supondo senão mil anos para a formação de cada um desses níveis, seriam já 68.000 anos para esta única camada de hulha.

114 *Capítulo 7*

clismos haja aniquilado tudo o que tinha vida sobre a Terra. É provável que as duas causas tenham contribuído para essa mudança, porque, de uma parte, o estudo dos terrenos que marcam o fim desse período atesta grandes transtornos causados pelos levantamentos e as erupções que derramaram sobre o solo grandes quantidades de lavas, e, de outro lado, mudanças notáveis se operaram nos três reinos.

29. – O período secundário é caracterizado, sob o aspecto mineral, por camadas numerosas e fortes que atestam uma formação lenta no seio das águas e marcam diferentes épocas bem caracterizadas.

A vegetação é menos rápida e menos colossal que no período precedente, sem dúvida em consequência da diminuição do calor e da umidade e das modificações sobrevindas nos elementos constitutivos da atmosfera. Às plantas herbáceas e polposas se juntam as de caules lenhosos e as primeiras árvores propriamente ditas.

30. – Os animais são ainda aquáticos, ou, quando muito, anfíbios; a vida animal sobre a terra seca faz pouco progresso. Uma prodigiosa quantidade de animais de conchas se desenvolve no seio dos mares, em consequência da formação de matérias calcáreas; novos peixes, de uma organização mais aperfeiçoada que no período precedente, tomam nascimento; veem-se aparecer os primeiros cetáceos. Os animais mais característicos dessa época são os répteis monstruosos, entre os quais se notam:

O *ictiossauro,* espécie de peixe-lagarto que alcançava quase 10 metros de comprimento e cujas mandíbulas, prodigiosamente alongadas, eram armadas com cento e oitenta dentes. Sua forma geral lembra um pouco a do crocodilo, mas sem a couraça escamosa; seus olhos tinham o volume da cabeça de um homem; tinha barbatana como a baleia e lançava água pelo respiradouro, como esta.

O *plesiossauro*, outro réptil marinho, tão grande quanto o ictiossauro, cujo pescoço, excessivamente longo, dobrava-se como o do cisne e dava-lhe a aparência de enorme serpente presa a um corpo de tartaruga. Tinha a cabeça do lagarto e os dentes do crocodilo; sua pele deveria ser lisa como a do precedente, porque não se encontrou nenhum traço de escamas ou de carapaça (1).

O *teleossauro* aproxima-se mais dos crocodilos atuais, que parecem ser-lhe os diminutivos; como estes últimos, tinha uma couraça escamosa e vivia, ao mesmo tempo, na água e sobre a terra; seu talhe era em torno de

---

(1) O primeiro fóssil deste animal foi descoberto na Inglaterra, em 1823. Depois, foi encontrado na França e na Alemanha.

Esboço geológico da Terra   115

10 metros, dos quais 3 ou 4 só para a cabeça; sua enorme goela tinha dois metros de abertura.

O *megalossauro*, grande lagarto, espécie de crocodilo de 14 a 15 metros de comprimento; essencialmente carnívoro, nutria-se de répteis, de pequenos crocodilos e de tartarugas. Sua formidável mandíbula era armada de dentes em forma de lâmina de serpente de corte duplo, recurvados para trás, de forma que, uma vez entrados na vítima, era impossível a esta libertar-se.

O *iguanodonte*, o maior dos lagartos que apareceram sobre a Terra: tinha de 20 a 25 metros da cabeça à extremidade da cauda. Seu focinho era dominado por uma córnea óssea, semelhante à do iguano de nossos dias, do qual não parece diferenciar senão pelo talhe, este último tendo apenas 1 metro de comprimento. A forma dos dentes prova que era herbívoro e a dos pés que era um animal terrestre.

O *pterodáctilo*, animal bizarro do tamanho de um cisne, ao mesmo tempo tendo algo de um réptil pelo corpo, de uma ave pela cabeça e de um morcego pela membrana carnosa que religava seus dedos, de prodigioso tamanho, e servia-lhe de paraquedas quando se precipitava sobre a sua presa do alto de uma árvore ou de um rochedo. Não tinha o bico córneo como as aves, mas os ossos das mandíbulas, tão grandes quanto a metade do corpo e guarnecidos de dentes, terminavam em ponta, como um bico.

31. – Durante esse período, que deve ter sido muito longo, assim como atestam o número e a força das camadas geológicas, a vida animal tomou um imenso desenvolvimento no seio das águas, como ocorrera com a vegetação no período precedente. O ar, mais depurado e mais próprio para a respiração, começou a permitir, a alguns animais, viver sobre a terra. O mar foi várias vezes deslocado, mas sem abalos violentos. Com esse período desaparecem, por sua vez, essas raças de gigantescos animais aquáticos, substituídos mais tarde por espécies análogas, de formas menos desproporcionadas e de tamanho menor.

32. – O orgulho fez o homem dizer que todos os animais foram criados em sua intenção e para as suas necessidades. Mas qual é o número daqueles que lhe servem diretamente, que pode sujeitar, comparado ao número incalculável daqueles com os quais nunca teve, e nunca terá, nenhuma relação? Como sustentar semelhante tese, em presença dessas inumeráveis espécies que povoaram sozinhas a Terra, milhares e milhares de séculos antes que ele mesmo viesse, e que desapareceram? Pode-se dizer que elas foram criadas para o seu proveito? No entanto, essas espécies tinham todas a sua razão de ser, a sua utilidade. Deus não pôde criá-las por um capricho de sua vontade, e para se dar ao prazer de aniquilá-las; porque todas tinham a vida, os instintos, o sentimento da dor e do bem-estar. Com que objetivo as fez? Esse objetivo deve ser soberanamente sábio, embora não o compreendamos ainda. Talvez, um dia, seja dado ao homem conhecê-lo para confundir o seu orgulho; mas, à espera disso, como as ideias crescem em presença desses horizontes novos, nos quais lhe é permitido agora mergulhar os olhares, diante do espetáculo imponente desta criação, tão majestosa em sua lentidão, tão admirável em sua previdência, tão pontual, tão precisa e tão invariável em seus resultados.

Período terciário

33. – Com o período terciário começa, para a Terra, uma nova ordem de coisas; o estado de sua superfície muda completamente de aspecto; as condições de vitalidade são profundamente modificadas e se aproximam do estado atual. Os primeiros tempos desse período são assinalados por uma parada na produção vegetal e animal; tudo leva as marcas de uma destruição quase geral dos seres vivos, e então aparecem, sucessivamente, novas espécies cuja organização, mais perfeita, está adaptada à natureza do meio em que foram chamadas a viver.

34. – Durante os períodos precedentes, a crosta sólida do globo, em razão de sua pouca espessura, apresentava, como se disse, uma resistência bastante fraca à ação do fogo interior; esse envoltório, facilmente dilacerável, permitia às matérias em fusão se derramarem livremente na superfície do solo. Não foi mais o mesmo quando adquiriu uma certa espessura; as matérias abrasadas, comprimidas por toda parte, como a água em ebulição num vaso fechado, acabaram por produzir uma espécie de explosão; a massa granítica, violentamente quebrada numa multidão de pontos, foi sulcada por quebraduras como um *vaso rachado. No percurso dessas rachaduras,* a crosta sólida, erguida e aprumada, formou os picos, as cadeias de montanhas e suas ramificações. Certas partes do envoltório, não dilaceradas, foram simplesmente elevadas, ao passo que, sobre outros pontos, produziram-se abatimentos e escavações.

A superfície do solo tornou-se, então, muito desigual; as águas que, até este momento, cobriam-no de maneira quase uniforme sobre grande parte de sua extensão, foram recalcar nas partes mais baixas, deixando no seco vastos continentes, ou cimos de montanhas isoladas, que formaram as ilhas.

Tal foi o grande fenômeno que se cumpriu no período terciário e que

Esboço geológico da Terra 117

transformou o aspecto do globo. Não se produziu nem instantânea nem simultaneamente sobre todos os pontos, mas sucessivamente e em épocas mais ou menos afastadas.

35. – Uma das primeiras consequências desse soerguimento foi, como se disse, a inclinação das camadas de sedimento primitivamente horizontais, e que ficaram nesta última posição por toda parte onde o solo não se transtornou. Foi, pois, sobre os flancos e na vizinhança das montanhas que essas inclinações foram mais pronunciadas.

36. – Nas regiões onde as camadas de sedimento conservaram a sua horizontalidade, para atingir as da primeira formação, é necessário atravessar todas as outras, com frequência, até uma profundidade considerável ao cabo da qual se encontra, inevitavelmente, a rocha granítica. Mas, quando essas camadas se ergueram em montanhas, foram levadas acima de seu nível normal e, por vezes, a uma grande altura, de tal sorte que, fazendo-se um corte vertical no flanco da montanha, elas se mostram à luz com toda a sua espessura, e superpostas como as fiadas de um edifício.

Assim é que se encontram, em grandes elevações, bancos de conchas, primitivamente formados no fundo dos mares. Está perfeitamente reconhecido hoje que, em nenhuma época, o mar pôde alcançar uma altura tal, porque todas as águas que existem sobre a Terra não bastariam, mesmo quando fossem cem vezes mais. Seria necessário, pois, supor que a quantidade de água diminuiu, e então perguntar-se-ia em que se tornou a porção desaparecida. Os soerguimentos, que são hoje um fato incontestável, explicam de maneira tão lógica quanto rigorosa os depósitos marinhos que se encontram sobre certas montanhas (1).

37. – Nos lugares onde o soerguimento da rocha primitiva produziu uma fratura completa do solo, seja por sua rapidez, seja pela forma, a altura e o volume da massa erguida, o granito se mostrou a nu *como um dente que fura a gengiva*. As camadas que o cobriram, erguidas, partidas, retificadas, foram postas a descoberto: foi assim que os terrenos pertencentes às formações mais antigas e que se encontravam, em sua posição primitiva, numa grande profundidade, formam hoje o solo de certas regiões.

38. – A massa granítica, deslocada pelo efeito dos soerguimentos, deixou, em alguns lugares, fissuras por onde se escapa o fogo interior e escorrem as matérias em fusão: esses são os vulcões. Os vulcões são como chaminés dessa imensa fornalha, ou, melhor ainda, são *válvulas de segurança,* as quais, dando uma saída ao excesso de matérias ígneas, preservam

---

(1) Encontraram-se camadas de calcáreo conchífero sobre os Andes da América, a 5.000 metros acima do nível do Oceano.

118 *Capítulo 7*

de comoções muito mais terríveis; de onde se pode dizer que o número de vulcões em atividade é uma causa de segurança para o conjunto da superfície do solo.

Pode-se fazer ideia da intensidade desse fogo, pensando quantos vulcões se abrem no próprio seio do mar, e que a massa de água que os recobre e penetra não basta para extingui-los.

39. – Os soerguimentos operados na massa sólida necessariamente deslocaram as águas, que recuaram para as partes ocas, tornadas mais profundas pelos levantamentos dos terrenos emersos e pelos desmoronamentos. Mas esses mesmos baixios, soerguidos por sua vez, ora num lugar, ora noutro, expulsaram as águas, que refluíram alhures, e assim por diante, até que estas pudessem tomar uma posição mais estável.

Os deslocamentos sucessivos dessa massa líquida forçosamente cavaram e acidentaram a superfície do solo. As águas, em se escoando, arrastaram uma parte dos terrenos de formações anteriores, postas a descoberto pelos soerguimentos, desnudaram certas montanhas que delas estavam recobertas e deram à luz sua base granítica ou calcárea; vales profundos foram cavados e outros cobertos.

Há, pois, montanhas diretamente formadas pela ação do fogo central: são principalmente as montanhas graníticas; outras são devidas à ação das águas, que, arrastando as terras móveis e matérias solúveis, cavaram vales ao redor de uma base resistente, calcárea ou outra qualquer.

As matérias arrastadas pela corrente das águas formaram as camadas do período terciário, que se distinguem facilmente das precedentes, menos pela sua composição, que é quase a mesma, do que pela sua disposição.

As camadas do período primário, de transição, e secundário, formadas sobre uma superfície pouco acidentada, são quase uniformes por toda a Terra; as do período terciário, ao contrário, formadas sobre uma base muito desigual e pelo arrastamento das águas, têm um caráter local. Por toda parte, cavando a uma certa profundidade, encontram-se todas as camadas anteriores na ordem de sua formação, ao passo que não se encontra por toda parte o terreno terciário, nem todas as camadas deste.

40. – Durante os transtornos do solo, que ocorreram no início deste período, concebe-se que a vida orgânica sofreu um tempo de parada, o que se reconhece na inspeção dos terrenos privados de fósseis. Mas, desde que veio um estado mais calmo, os vegetais e os animais reapareceram. Tendo mudado as condições de vitalidade, a atmosfera mais depurada, viu-se a

Esboço geológico da Terra   119

formação de novas espécies de uma organização mais perfeita. As plantas, sob o aspecto de sua estrutura, pouco diferem das dos nossos dias.

41. – Durante os dois períodos precedentes, os terrenos não cobertos pelas águas ofereciam pouca extensão, e ainda eram pantanosos e frequentemente submersos; por isso não havia senão animais aquáticos ou anfíbios. O período terciário, que viu a formação de vastos continentes, caracteriza-se pela aparição dos animais terrestres.

Do mesmo modo que o período de transição viu nascer uma vegetação colossal, o período secundário, com répteis monstruosos, este vê o aparecimento de mamíferos gigantescos, tais como o *elefante*, o *rinoceronte*, o *hipopótamo*, o *paleotério*, o *megatério*, o *dinotério*, o *mastodonte*, o *mamute*, etc. Estas duas últimas variedades de elefantes tinham de 5 a 6 metros de altura, e as suas presas, até quatro metros de comprimento. Viu nascer igualmente as aves, assim como a maioria das espécies que vivem ainda em nossos dias. Algumas das espécies dessa época sobreviveram aos cataclismos posteriores; outras, que são designadas pela qualificação genérica de *animais antediluvianos*, desapareceram completamente, ou bem foram substituídas por espécies análogas, de formas menos pesadas e menos maciças, das quais os primeiros tipos foram como os esboços; tais são o *felis speleoea*, animal carnívoro do tamanho do touro, tendo as características anatômicas do tigre e do leão; o *cervus megaceron,* variedade de cervo, cujos chifres, de 3 metros de comprimento, eram espaçados de 3 a 4 metros em suas extremidades.

Período diluviano

42. – Este período é marcado por um dos maiores cataclismos que transtornaram o globo, mudando, ainda uma vez, o aspecto de sua superfície e destruindo sem retorno uma multidão de espécies vivas, das quais não se encontram senão os restos. Por toda a parte, deixou marcas que atestam a sua generalidade. As águas, violentamente tiradas de seus leitos, invadiram os continentes, arrastaram, com elas, as terras e as rochas, desnudando as montanhas, desenraizando florestas seculares. Os novos depósitos que elas formaram são designados, em geologia, sob o nome de *terrenos diluvianos.*

43. – Uma das marcas mais significativas desse grande desastre são as rochas chamadas *blocos erráticos*. Dá-se este nome às rochas de granito que se encontram isoladas nas planícies, repousando sobre terrenos terciários, e no meio dos terrenos diluvianos, algumas vezes, a várias centenas

120 *Capítulo 7*

de léguas das montanhas de onde foram arrancadas. É evidente que não puderam ser transportadas a tão longas distâncias senão pela violência das correntes (1).

44. – Um fato não menos característico, e do qual não se explica ainda a causa, é que nos terrenos diluvianos é que se encontram os primeiros *aerólitos*; uma vez que foi só nessa época que começaram a cair, a causa que os produziu não existia, pois, anteriormente.

45. – Foi ainda por essa época que os polos começaram a se cobrir de gelos e que se formaram as geleiras das montanhas, o que indica uma mudança notável na temperatura do globo. Essa mudança deve ter sido brusca, porque, se se operasse gradualmente, os animais, tais como os elefantes, que não vivem hoje senão nos climas quentes e que se encontram em tão grande número no estado de fósseis, nas terras polares, teriam tido de se retirarem, pouco a pouco, para as regiões mais temperadas. Tudo prova, ao contrário, que eles devem ter sido apanhados bruscamente por um grande frio e envolvidos pelos gelos (2).

46. – Esse foi, pois, o verdadeiro dilúvio universal. As opiniões são divididas quanto às causas que puderam produzi-lo, mas, quaisquer que elas sejam, o fato não existe menos.

Supõe-se, de modo bastante geral, que uma mudança *brusca* ocorreu na posição do eixo e dos polos da Terra: daí uma projeção geral das águas sobre a superfície. Se essa mudança se operasse com lentidão, as águas seriam deslocadas gradualmente, sem abalos, ao passo que tudo indica uma comoção violenta e súbita. Na ignorância de onde está a verdadeira causa, não se pode emitir senão hipóteses.

O deslocamento súbito das águas pode ter sido ocasionado pelo soerguimento de certas partes da crosta sólida e a formação de novas montanhas no seio dos mares, assim como ocorreu no começo do período terciário; mas, além de que o cataclismo não teria sido geral, isso não explicaria a mudança súbita da temperatura dos polos.

---

(1) É um desses blocos, evidentemente provindo, por sua composição, das montanhas da Noruega, que serviu de pedestal à estátua de Pedro o Grande, em São Petersburgo.

(2) Em 1771, o naturalista russo Pallas encontrou, no meio do gelo do Norte, o corpo inteiro de um mamute, revestido de sua pele, e conservando uma parte de suas carnes. Em 1799, descobriu-se um outro, igualmente encerrado num enorme bloco de gelo, na embocadura do Lena, na Sibéria, e que foi descrito pelo naturalista Adams. Os Jakoutes da vizinhança despedaçaram-lhe a carne para alimentar seus cães. A pele estava coberta de cabelos negros e o pescoço guarnecido de uma juba espessa. A cabeça, sem as presas, que tinham mais de 3 metros, pesava mais de 400 libras. Seu esqueleto está no museu de São Petersburgo. Encontra-se nas ilhas e nas margens do mar glacial tão grande quantidade de presas, que fazem o objeto de um comércio considerável, sob o nome de marfim fóssil, ou da Sibéria.

Esboço geológico da Terra 121

47. – Na tormenta causada pelo transtorno das águas, muitos animais pereceram; outros, para escaparem da inundação, retiraram-se para as alturas, nas cavernas e grutas, onde pereceram em massa, seja pela fome, seja entredevorando-se, seja talvez pela irrupção das águas nos lugares onde se refugiaram, e de onde não puderam escapar. Assim se explica a grande quantidade de ossaturas de animais diversos, carnívoros e outros, que se encontram em confusão, em certas cavernas, chamadas, por essa razão, *brechas* ou *cavernas ossosas*. São encontradas, mais frequentemente, sob as estalagmites. Em algumas, as ossadas parecem ter sido arrastadas, para ali, pela corrente das águas (1).

Período pós-diluviano ou atual. – Nascimento do homem

48. – Uma vez restabelecido o equilíbrio na superfície do globo, a vida animal e vegetal prontamente retomou o seu curso. O solo, fortalecido, tomara posição mais estável; o ar, mais depurado, convinha a órgãos mais delicados. O Sol, que brilhava com toda a sua luz, através de uma atmosfera límpida, derramava, com a sua luz, um calor menos sufocante e mais vivificante que o da fornalha interior. A Terra se povoava de animais menos ferozes e mais sociáveis; os vegetais, mais suculentos, ofereciam uma alimentação menos grosseira; tudo, enfim, estava preparado sobre a Terra para o novo hóspede que deveria habitá-la. Foi, então, que apareceu o *homem*, o último ser da criação, aquele cuja inteligência deveria, doravante, concorrer para o progresso geral, progredindo ele mesmo.

49. – O homem não existe realmente sobre a Terra senão depois do período diluviano, ou apareceu antes dessa época? Esta questão hoje é muito controvertida, mas a solução, qualquer que seja, não mudaria nada no conjunto dos fatos estabelecidos, e a aparição da espécie humana, com isso, não seria menos de muitos milhares de anos anterior à data assinalada pela Gênese bíblica.

O que fizera pensar que a aparição dos homens fora posterior ao dilúvio foi que não se encontrou nenhuma marca autêntica de sua existência durante o período anterior. As ossadas descobertas em vários

---

(1) Conhece-se um grande número de cavernas semelhantes, das quais algumas têm uma extensão considerável. Existem no México, que têm várias léguas; as de Aldelsberg, em Carniole (Áustria), não têm menos de três léguas. Uma das mais notáveis é a de Gailenreuth, em Wurtemberg. Há várias na França, na Inglaterra, na Alemanha, na Sicília, e em outros países da Europa.

lugares, e que fizeram crer na existência de uma pretensa raça de gigantes antediluvianos, foram reconhecidas por ossadas de elefantes.

O que não é duvidoso é que o homem não existia nem no período primário, nem no de transição, nem no período secundário, não só porque não se encontra nenhum traço dele, mas porque as condições de vitalidade não existiam para ele. Se apareceu no período terciário, isso não pode ter sido senão pelo fim, e ainda deveria estar pouco multiplicado.

De resto, tendo sido curto o período diluviano, não trouxe mudanças notáveis nas condições atmosféricas; os animais e os vegetais eram também os mesmos, antes como depois; não é, pois, impossível que a aparição do homem haja precedido esse grande cataclismo; a presença do macaco nessa época é hoje constatada, e recentes descobertas parecem confirmar a do homem (1).

Como quer que seja que o homem haja aparecido ou não antes do grande dilúvio universal, é certo que o seu papel humanitário não começou realmente a se desenhar senão no período pós-diluviano; pode-se, pois, considerar tal período como caracterizado por sua presença.

---

(1) Ver: *o Homem antediluviano,* por Boucher de Perthes; br. in-8, preço, 1 fr. 50; franco, 1 fr. 70. – *Os instrumentoas de pedra,* pelo mesmo; br. in-8, preço 1 fr. 40; franco, 1 fr. 55. – Casa Jung Truttel, 19, rua de Lille.

Discursos sobre as revoluções do globo, por Georges Cuvier, com notas do doutor Hoefer; in-12; preço, 3 fr.; franco, 3 fr. 40. – Casa Firmin Didot, 56, rua Jacob.

CAPÍTULO **8**

Teoria sobre a Terra

Teoria da projeção. – Teoria da condensação. –
Teoria da incrustação. – Alma da Terra.

Teoria da projeção

1. – De todas as teorias referentes à origem da Terra, a que teve maior crédito, nestes últimos tempos, foi a de *Buffon*, seja por causa da posição de seu autor no mundo sábio, seja porque dela não se sabia mais nessa época.

Vendo todos os planetas se moverem na mesma direção, do ocidente para o oriente, e no mesmo plano, percorrendo órbitas cuja inclinação não excede 7 graus e meio, Buffon concluiu, dessa uniformidade, que eles devem ter sido colocados em movimento pela mesma causa.

Segundo ele, sendo o Sol uma massa incandescente em fusão, supôs que um cometa, tendo com ele se chocado obliquamente, roçando a sua superfície, dele destacou uma porção que, projetada no espaço pela violência do choque, dividiu-se em vários fragmentos. Esses fragmentos formaram os planetas, que continuaram a se mover circularmente, pela combinação da força centrípeta e da força centrífuga, no sentido impresso pela direção do choque primitivo, quer dizer, no plano da eclíptica.

Os planetas seriam, assim, partes da substância incandescente do Sol e, por conseguinte, eles mesmos foram incandescentes em sua origem. Puseram-se a se resfriar e a se consolidar num tempo proporcional ao seu volume e, quando a temperatura permitiu, a vida tomou nascimento em sua superfície.

Em consequência do abaixamento gradual do calor central, a Terra chegaria, num tempo dado, a um estado completo de resfriamento; a massa líquida seria inteiramente congelada, e o ar, mais e mais condensado, acabaria por desaparecer. O abaixamento da temperatura, tornando a vida impossível, conduziria à diminuição, depois à desaparição de todos os seres organizados. O resfriamento, que começou pelos polos, ganharia sucessivamente todos os continentes até ao equador.

Tal é, segundo Buffon, o estado atual da Lua, que, menor que a Terra, seria hoje um mundo extinto, do qual a vida se acha para sempre excluída. Segundo o seu cálculo, a Terra teria gasto em torno de 74.000 anos para chegar à sua temperatura atual, e em 93.000 anos ela veria o fim da Natureza organizada.

2 – A teoria de Buffon, contraditada pelas novas descobertas da ciência, está hoje quase completamente abandonada pelos motivos seguintes:

1º Por muito tempo acreditou-se que os cometas eram corpos sólidos, cujo encontro com um planeta poderia levar à destruição deste. Nesta hipótese, a suposição de Buffon nada teria de improvável. Mas sabe-se, agora, que eles são formados de matéria gasosa condensada, bastante rarefeita, entretanto, para que se possam perceber as estrelas de mediana grandeza através de seu núcleo. Nesse estado, oferecendo menos resistência que o Sol, um choque violento capaz de projetar ao longe uma porção de sua massa é uma coisa impossível.

2º A natureza incandescente do Sol, igualmente, é uma hipótese que nada, até o presente, veio confirmar, e que parece, ao contrário, desmentir as observações. Se bem que não se esteja ainda completamente fixado sobre a sua natureza, o poder dos meios de observação dos quais hoje se dispõe permitiu estudá-lo melhor. Agora, é geralmente admitido pela ciência que o Sol é um globo composto de matéria sólida, cercado de um atmosfera luminosa, ou fotosfera, que não está em contato com a sua superfície (1).

3º. Ao tempo de Buffon, não se conheciam ainda senão os seis planetas conhecidos dos antigos: Mercúrio, Vênus, a Terra, Marte, Júpiter e Saturno. Depois, descobriu-se um grande número deles, dos quais três, principalmente Juno, Ceres e Palas, têm sua órbita inclinada de 13, 10 e 34 graus, o que não concorda com a hipótese de um movimento de projeção único.

4º. Os cálculos de Buffon sobre o resfriamento são reconhecidos

---

(1) Encontrar-se-á uma dissertação completa, e ao nível da ciência moderna, sobre a natureza do Sol e dos cometas nos *Estudos e leituras sobre a astronomia*, por Camille Flammarion, 1 vol. in-12; preço: 2fr. 50c.; Casa Gauthier-Villard, 55, cais dos Augustins.

Teoria sobre a Terra   125

como completamente inexatos, desde a descoberta da lei de decrescimento do calor, pelo senhor Fourier. Não foram necessários 74.000 anos para a Terra chegar à temperatura atual, mas milhões de anos.

5º. Buffon não considerava senão o calor central do globo, sem levar em conta o dos raios solares; ora, é reconhecido, hoje, por dados científicos de uma rigorosa precisão, fundados sobre a experiência, que, em razão da espessura da crosta terrestre, o calor interno do globo não tem, há muito tempo, senão uma parte insignificante na temperatura da superfície exterior; as variações que essa atmosfera sofre são periódicas e devidas à ação preponderante do calor solar (cap. VII, nº 25). Sendo o efeito dessa causa permanente, ao passo que o do calor central é nulo ou quase, a diminuição deste não pode levar, à superfície da Terra, modificações sensíveis. Para que a Terra se tornasse inabitável, pelo resfriamento geral, seria necessária a extinção do Sol (1).

Teoria da condensação

3. – A teoria da formação da Terra pela condensação da matéria cósmica é a que prevalece hoje na ciência, como sendo a melhor justificada pela observação, que resolve o maior número de dificuldades e que se apoia, mais que todas as outras, sobre o grande princípio da unidade universal. É a que está descrita acima, cap. VI, *Uranografia geral.*

Estas duas teorias, como se vê, conduzem ao mesmo resultado: o estado primitivo de incandescência do globo, a formação de uma crosta sólida pelo resfriamento, a existência de um fogo central, e a aparição da vida orgânica, desde que a temperatura a tornou possível. Elas diferem, contudo, em pontos essenciais, e é provável que, se Buffon vivesse em nossos dias, teria outras ideias.

A geologia toma a Terra no ponto em que a observação direta é possível. Seu estado anterior, escapando à experimentação, não pode ser senão conjetural; ora, entre duas hipóteses, o bom senso diz que é necessário escolher a que é sancionada pela lógica e que melhor concorda com os fatos observados.

---

(1) Ver, para maiores detalhes a este respeito, e pela lei do decrescimento do calor: *Cartas sobre as revoluções do globo*, pelo doutor Bertrand, antigo aluno da Escola Politécnica; carta II. – 1 vol. in-12 preço 3 fr. 50: Casa Heizel, livraria, 18, rua Jacob. – Esta obra, ao nível de ciência moderna, escrita com simplicidade, e sem espírito de sistema, oferece um estudo geológico de grande interesse.

Teoria da incrustação

4. – Não mencionamos esta teoria senão para lembrança, tendo em vista que nada tem de científica, mas unicamente porque ela teve alguma ressonância nestes últimos tempos e seduziu algumas pessoas. Ela se resume na carta seguinte:

"Deus, segundo a Bíblia, criou o mundo em seis dias, quatro mil anos antes da era cristã. Eis o que os geólogos contestam pelo estudo dos fósseis e de milhares de caracteres incontestáveis de ancianidade que fazem remontar a origem da Terra a milhões de anos, e, todavia, as Escrituras disseram a verdade, e os geólogos também, e foi um simples camponês (1) quem os colocou de acordo em nos ensinando que a nossa Terra não é senão um planeta *incrustativo* muito moderno, composto de materiais muito antigos.

"Depois da retirada do *planeta desconhecido*, chegada à maturidade, ou em harmonia com aquele que existia no lugar que ocupamos hoje, a alma da Terra recebeu a ordem de reunir os seus satélites, para formar o nosso globo atual, segundo as regras do progresso em tudo e por tudo. Somente quatro desses astros consentiram na associação que lhes era proposta; só a Lua persistia em sua autonomia, porque *os globos têm também o seu livre-arbítrio*. Para proceder a essa fusão, a alma da Terra dirigia para os satélites um raio magnético atrativo, que cataleptiza todo o seu mobiliário vegetal, animal e hominal que eles possuíam e que trouxeram para a comunidade. A operação não teve por testemunhas senão a alma da Terra e os grandes mensageiros celestes que ajudaram nessa grande obra, abrindo esses globos para pôr as suas entranhas em comum. Operada a soldadura, as águas escorreram para os vazios deixados pela ausência da Lua. As atmosferas se confundiram, e o despertar ou a ressurreição dos *germes cataleptizados* começou; o homem foi tirado em último lugar de seu estado de hipnotismo e se viu cercado da vegetação luxuriante do paraíso terrestre, e de animais que pastavam em paz ao seu redor. Tudo isso se podia fazer em seis dias com os obreiros tão poderosos quanto aqueles que Deus encarregara desta tarefa. O planeta *Ásia* nos trouxe a raça amarela, a mais antigamente civilizada; o *África*, a raça negra; o *Europa*, a raça branca, e o *América*, a raça vermelha. A Lua talvez nos trouxesse a raça verde ou azul.

"Assim, certos animais, de que não se encontram senão os restos, nunca teriam vivido sobre a nossa Terra atual, mas teriam sido trazidos de outros mundos deslocados pela velhice. Os fósseis, que se encontram

---

(1) Senhor Michel, de Figagnères (Var), autor da *Chave da vida*.

Teoria sobre a Terra 127

em climas onde não poderiam viver neste mundo, sem dúvida, viviam em zonas bem diferentes, sobre os globos em que nasceram. Tais restos se encontram nos nossos polos, que viviam no equador deles."

5. – Essa teoria tem contra si os dados mais positivos da ciência experimental, além de deixar toda inteira a questão de origem que ela pretende resolver. Diz bem como a Terra se teria formado, mas não diz como se reuniram os quatro mundos para constituí-la.

Se as coisas tivessem se passado assim, como se daria que não se encontre, em nenhuma parte, as marcas dessas imensas soldaduras, indo para as entranhas do globo? Cada um desses mundos trazendo seus materiais próprios, o Ásia, o África, o Europa, o América teria cada qual uma geologia particular diferente, *o que não ocorre*. Vê-se, ao contrário, primeiro o núcleo granítico uniforme, de composição homogênea em todas as partes do globo, *sem solução de continuidade*. Depois, as camadas geológicas da mesma formação, idênticas em sua constituição, por toda parte superpostas na mesma ordem, continuando sem interrupção de um lado ao outro dos mares, da Europa à Ásia, da África à América, e reciprocamente. Essas camadas, testemunhas das transformações do globo, atestam que essas transformações se cumpriram em toda a sua superfície, e não sobre uma parte; elas nos mostram os períodos de aparição, de existência e de desaparecimento das mesmas espécies animais e vegetais, igualmente nas diferentes partes do mundo; a fauna e a flora desses períodos recuados caminhando, por toda parte, simultaneamente sob a influência de uma temperatura uniforme, mudando por toda parte o caráter, à medida que a temperatura se modifica. Um tal estado de coisas é inconciliável com a formação da Terra pela junção de vários mundos diferentes.

Pergunta-se, aliás, em que se tornaria o mar, que ocupa o vazio deixado pela Lua, se esta não tivesse se posto de má vontade para se reunir com as suas irmãs; o que adviria, da Terra atual, se um dia a Lua tivesse a fantasia de vir retomar o seu lugar e dele expulsar o mar?

6. – Este sistema seduziu algumas pessoas, porque parecia explicar a presença das diferentes raças de homens sobre a Terra, e a sua localização; mas, uma vez que essas raças puderam germinar sobre esses mundos separados, por que não poderiam fazê-lo sobre pontos diversos de um mesmo globo? É querer resolver uma dificuldade por uma dificuldade maior. Com efeito, com alguma rapidez e alguma *habilidade* que se fizesse a *operação*, essa junção não se fez sem abalos violentos; quanto mais foi rápida, mais os cataclismos devem ter sido desastrosos; parece, pois, impossível

128 *Capítulo 8*

que seres *simplesmente adormecidos pelo sono magnético* pudessem resistir-lhes, para despertarem, em seguida, tranquilamente. Se não estavam senão em germes, em que consistiam? Como seres inteiramente formados foram reduzidos ao estado de germes? Restaria sempre a questão de se saber como esses germes se desenvolveram de novo. A Terra ainda seria formada por via miraculosa, mas por um outro proceder menos poético e menos grandioso que o da Gênese bíblica, ao passo que as leis naturais dão, de sua formação, uma explicação bem de outro modo mais completa e, sobretudo, mais racional, deduzida da observação (1). (*)

Alma da Terra

7. – A alma da Terra desempenha um papel principal na teoria da incrustação; vejamos se esta ideia está melhor fundada.

O desenvolvimento orgânico está sempre em relação com o desenvolvimento do princípio intelectual; o organismo se completa à medida que as faculdades da alma se multiplicam; a escala orgânica segue, constantemente, em todos os seres, a progressão da inteligência, desde o pólipo até o homem; e isso não poderia ser de outro modo, uma vez que é necessário, à alma, um instrumento apropriado à importância das funções que ela deve cumprir. De que serviria à ostra ter a inteligência do macaco sem os órgãos necessários à sua manifestação? Se, pois, a Terra fosse um ser animado, servindo de corpo a uma alma especial, em razão mesmo de sua constituição, sua alma deveria ser mais *rudimentar* que a do pólipo, uma vez que a Terra não tem nem mesmo a vitalidade da planta, ao passo que, pelo papel que se atribui a essa alma, fez-se dela um ser dotado de razão e do mais completo livre-arbítrio, um Espírito superior, em uma palavra, o que não é racional, porque nunca o Espírito esteve mais dividido e mais aprisionado. A ideia da alma da Terra, entendida neste sentido, deve, pois, ser alinhada entre as concepções sistemáticas e quiméricas.

Por alma da Terra, pode-se entender, mais racionalmente, a coletividade dos Espíritos encarregados da elaboração e da direção de seus

---

(1) Quando semelhante sistema se liga a toda uma cosmogonia, pergunta-se sobre qual base racional pode repousar o resto.

A concordância que se pretende estabelecer, por esse sistema, entre a Gênese bíblica e a ciência, é inteiramente ilusória, uma vez que é contraditada pela mesma ciência.

O autor da carta acima, homem de grande saber, seduzido um instante por essa teoria, nela logo viu os lados vulneráveis, e não tardou em combatê-la com as armas da ciência.

(*) Vide Nota Explicativa da Editora no final do livro.

elementos constitutivos, o que já supõe um certo grau de desenvolvimento intelectual; ou, ainda melhor: o Espírito ao qual está confiada a alta direção dos destinos morais e do progresso de seus habitantes, missão que não pode ser entregue senão a um ser eminentemente superior em saber e em sabedoria. Neste caso, o Espírito não é, propriamente falando, a alma da Terra, porque nem está nela encarnado, nem subordinado ao seu estado material; é um chefe encarregado de sua direção, como um general está encarregado da condução de um exército.

Um Espírito, encarregado de missão tão importante como a do governo do mundo, não poderia ter caprichos, ou Deus seria bem imprevidente em confiar a execução de suas leis a seres capazes de transgredi-las pela sua má vontade; ora, segundo a doutrina da incrustação, foi a má vontade da alma da Lua que fez com que a Terra permanecesse incompleta. Há ideias que se refutam por si mesmas. (*Revista* de setembro de 1868, página 261).

CAPÍTULO **9**

Revoluções do globo

> *Revoluções gerais ou parciais. – Idade das
> montanhas. – Dilúvio bíblico. – Revoluções
> periódicas. – Cataclismos futuros. – Aumento ou
> diminuição do volume da Terra.*

Revoluções gerais ou parciais

1. – Os períodos geológicos marcam as fases do aspecto geral do globo, em consequência de suas transformações; mas, excetuando-se o período diluviano, que traz as características de um transtorno repentino, todas as outras cumpriram-se lentamente e sem transição brusca. Durante todo o tempo que os elementos constitutivos do globo empregaram para tomar a sua posição, as mudanças devem ter sido gerais; uma vez consolidada a base, não devem ter sido produzidas senão modificações parciais na superfície.

2. – Além das revoluções gerais, a Terra sofreu um grande número de perturbações locais, que mudaram o aspecto de certas regiões. Como para as outras, duas causas para isto contribuíram: o fogo e a água.

O fogo: seja pelas erupções vulcânicas que enterraram sob espessas camadas de cinzas e de lavas os terrenos circundantes, fazendo desaparecer as cidades e seus habitantes; seja pelos tremores de terra; seja pelos erguimentos da crosta sólida, refluindo as águas sobre as regiões mais baixas; seja pelo desmoronamento dessa mesma crosta em certos lugares, sobre uma extensão mais ou menos grande, onde as águas se precipitaram, deixando outros terrenos a descoberto. Foi assim que surgiram as ilhas no seio do Oceano, ao passo que outras desapareceram; que porções de continentes foram separadas e formaram ilhas, que braços de mar secados reuniram as ilhas aos continentes.

Revoluções do globo 131

A água: seja pela invasão ou recuo do mar sobre certos litorais, seja pelos desabamentos que, detendo os cursos d'água, formaram os lagos; seja pelos transbordamentos e as inundações; seja, enfim, pelos aterros formados na embocadura dos rios. Estes aterros, recuando o mar, formaram novas regiões: tal é a origem do delta do Nilo ou Baixo-Egito, do delta do Rhône ou Camargue.

Idade das montanhas

3. – Pela inspeção dos terrenos rasgados pelo soerguimento das montanhas e das camadas que se formam em contrafortes, pode-se determinar a sua idade geológica. Por idade geológica das montanhas não é necessário entender o número de anos de sua existência, mas o período durante o qual se formaram e, por consequência, a sua velhice relativa. Seria um erro crer que essa antiguidade está em razão de sua elevação, ou de sua natureza exclusivamente granítica, tendo em vista que a massa de granito, em se erguendo, pode ter perfurado e separado as camadas superpostas.

Constatou-se assim, pela observação, que as montanhas dos Vosges, na Bretanha, e a da Côte-d'Or, na França, que não são muito elevadas, pertencem às mais antigas formações; elas datam do período de transição e são anteriores aos depósitos carboníferos. O Jura formou-se pelo meio do período secundário; é contemporâneo dos répteis gigantescos. Os Pirineus formaram-se mais tarde, no começo do período terciário. O Mont-Blanc e o grupo dos Alpes ocidentais são posteriores aos Pirineus e datam do meio do período terciário. Os Alpes orientais, que compreendem as montanhas do Tirol, são mais recentes ainda, porque não se formaram senão pelo fim do período terciário. Algumas montanhas da Ásia são mesmo posteriores ao período diluviano ou lhe são contemporâneas.

Esses soerguimentos devem ter ocasionado grandes perturbações locais e inundações mais ou menos consideráveis, pelo deslocamento das águas, a interrupção e a mudança do curso dos rios (1).

---

(1) O último século oferece um exemplo notável de um fenômeno desse gênero. A seis dias de caminho da cidade do México, encontrava-se, em 1750, uma região fértil e bem cultivada, onde cresciam, em abundância, o arroz, o milho e as bananas. No mês de junho, terríveis tremores de terra agitaram o solo, e esses tremores se renovaram, sem cessar, durante dois meses inteiros. Na noite de 28 ao 29 de setembro, a Terra teve uma violenta convulsão; um terreno de várias léguas de extensão soergueu-se pouco a pouco e acabou por atingir uma altura de 500 pés, sobre uma superfície de 10 léguas quadradas. O terreno ondulou como as vagas do mar sob o sopro da tempestade; milhares de montículos se elevavam e se abaixavam sucessivamente; enfim, um abismo de quase três léguas se abriu; a fumaça, o fogo, as pedras abrasadas, as cinzas foram lançadas a uma altura prodigiosa. Seis montanhas surgiram desse abismo escancarado, entre as quais o vulcão, ao qual se deu o nome de *Jorullo,* se eleva agora a 550 metros acima da

Dilúvio bíblico

4. – O dilúvio bíblico, designado também sob o nome de grande dilúvio asiático, é um fato cuja existência não pode ser contestada. Deve ter sido ocasionado pelo soerguimento de uma parte das montanhas desse continente, como o do México. O que vem em apoio a essa opinião é a existência de um mar interior, que se estendia outrora do mar Negro ao oceano Boreal, atestado pelas observações geológicas. O mar d'Azoff, o mar Cáspio, cujas águas são salgadas, embora não se comuniquem com nenhum outro mar; o lago Aral, e os inumeráveis lagos espalhados nas imensas planícies da Tartária e as estepes da Rússia, parecem ser os restos desse antigo mar. Quando do soerguimento das montanhas do Cáucaso, posterior ao dilúvio universal, uma parte dessas águas refluiu para o norte, para o oceano Boreal; a outra para o sul, para o oceano Índico. Estas inundaram e devastaram precisamente a Mesopotâmia, e toda a região habitada pelos ancestrais do povo hebreu. Embora esse dilúvio não tenha se estendido numa superfície bastante grande, um ponto hoje averiguado é que não foi senão local; que não pôde ser causado pela chuva, porque, por abundante e contínua que pudesse ser, durante quarenta dias, o cálculo prova que a quantidade de água caída não poderia ser bastante grande para cobrir *toda a Terra,* até mesmo por cima das mais altas montanhas.

Para os homens de então, que não conheciam senão uma fração muito limitada da superfície do globo, e que não tinham nenhuma ideia de sua configuração, desde o instante que a inundação invadiu os países conhecidos, para eles deveria sê-lo em toda a Terra. Se a esta crença se junta a forma figurada e hiperbólica particular ao estilo oriental, não será surpresa o exagero do relato bíblico.

5. – O dilúvio asiático, evidentemente, é posterior à aparição do homem sobre a Terra, uma vez que a sua memória foi conservada pela tradição entre todos os povos dessa parte do mundo, que o consagraram em suas teogonias (1).

---

antiga planície. No momento em que começava o tremor do solo, os dois rios, *Cuitimba e Rio San-Pedro,* refluindo para trás, inundaram toda a planície ocupada hoje pelo Jarullo; mas, no terreno que subia sempre, um abismo se abriu e os engoliu. Eles reapareceram a oeste, num ponto muito distante do seu antigo leito. (Louis Figuier, *La Terra avant le déluge,* página 370.)

(1) A lenda indiana sobre o dilúvio conta, segundo o livro dos Vedas, que Brahma, transformado em peixe, dirigiu-se ao piedoso monarca Vaivaswata; ele lhe disse: "O momento da dissolução do Universo chegou; logo tudo o que existe sobre a Terra estará destruído. É necessário que construas um navio no qual embarcarás, depois de pegar contigo os grãos de todos os vegetais. Esperar-me-ás sobre esse navio, e eu virei a ti tendo sobre a cabeça um corno

Revoluções do globo 133

E é, igualmente, posterior ao grande dilúvio universal, que marcou o período geológico atual; e quando se fala de homens e animais antediluvianos, isto se entende desse primeiro cataclismo.

Revoluções periódicas

6. – Além do seu movimento anual, ao redor do Sol, que produz as estações, o seu movimento de rotação sobre si mesma em 24 horas, que produz o dia e a noite, a Terra tem um terceiro movimento que se cumpre em 25.000 anos mais ou menos (mais exatamente 25.868 anos) e produz o fenômeno designado em astronomia sob o nome de *precessão dos equinócios* (cap. V, n° 11).

Esse movimento, que seria impossível explicar em algumas palavras, sem figuras e sem uma demonstração geométrica, consiste numa espécie de balanceamento circular que se compara ao de um pião agonizante, em consequência do qual o eixo da Terra, mudando de inclinação, descreve um duplo cone cujo cimo está no centro da Terra, e as bases abraçam a superfície circunscrita pelos círculos polares; quer dizer, uma amplitude de 23 graus e meio de raio.

7. – O equinócio é o instante em que o Sol, passando de um hemisfério ao outro, encontra-se perpendicularmente sobre o equador, o que ocorre duas vezes por ano, em torno do dia 24 de março, quando o Sol retorna ao hemisfério boreal, e em torno de 22 de setembro, quando retorna ao hemisfério austral.

Mas, em consequência da mudança gradual na obliquidade do eixo, o que ocasiona mudança na obliquidade do equador sobre a eclíptica, o instante do equinócio se acha, cada ano, avançado de alguns minutos (25 min. 7 seg.) Esse avanço é chamado *precessão dos equinócios* (do latim *procedere,* marchar adiante, fazer de *proe*, avante, *e cedere*, ir-se).

Esses alguns minutos, com o tempo, fazem horas, dias, meses e anos; disso resulta que o equinócio da primavera, que chega agora em

---

que me fará reconhecer. "O santo obedeceu; construiu um navio, nele embarcou, e o ligou, por um cabo muito forte, ao corno do peixe. O navio foi arrastado durante vários anos, com uma extrema rapidez, no meio das trevas de uma tempestade pavorosa, e abordou, enfim, o cume do monte Himawat (Himalaia). Brahma recomendou em seguida a Vaivaswata para criar todos os seres e repovoar a Terra.

A analogia desta lenda com o relato bíblico de Noé é evidente; da Índia passara ao Egito, como uma multidão de outras crenças. Ora, como o livro dos Vedas é anterior ao de Moisés, o relato que nele se encontra do dilúvio não pode ser uma imitação deste último. É, pois, provável que Moisés, que estudara a doutrina dos sacerdotes egípcios, hauriu o seu entre eles.

134   *Capítulo 9*

março, chegará, num tempo dado, em fevereiro, depois em janeiro, depois em dezembro, e então o mês de dezembro terá a temperatura do mês de março, e março a de junho, e assim por diante, até que, retornando ao mês de março, as coisas se reencontram no estado atual, o que ocorrerá em 25.868 anos, para recomeçar a mesma revolução indefinidamente (1).

8. – Resulta, desse movimento cônico do eixo, que os polos da Terra não olham constantemente os mesmos pontos do céu; que a estrela polar não será sempre a estrela polar; que os polos estão, gradualmente, mais ou menos inclinados para o Sol, e dele recebem raios mais ou menos diretos; de onde se segue que e Islândia e a Lapônia, por exemplo, que estão sob o círculo polar, poderão, num tempo dado, receber os raios solares como se estivessem na latitude da Espanha e da Itália, e que, na posição oposta extrema, a Espanha e a Itália poderiam ter a temperatura da Islândia e da Lapônia, e assim por diante em cada renovação do período de 25.000 anos (2).

9. – As consequências desse movimento não puderam ainda ser determinadas com precisão, porque não se pôde observar senão uma fraca parte de sua revolução; não há, pois, a esse respeito senão presunções, das quais algumas têm uma certa probabilidade.

Essas consequências são:

1º O aquecimento e o resfriamento alternado dos polos e, por consequência, a fusão dos gelos polares durante a metade do período de 25.000 anos, e a sua formação de novo durante a outra metade desse período. De onde resultaria que os polos não estariam votados a uma esterilidade perpétua, e gozariam, por seu turno, dos benefícios da fertilidade.

2º O deslocamento gradual do mar, que invade pouco a pouco as terras, ao passo que descobre outras, para abandoná-las de novo e reentrar

---

(1) A precessão dos equinócios conduz a uma outra mudança, que se opera na posição dos signos do zodíaco.

A Terra, girando ao redor do Sol em um ano, à medida que ela avança, o Sol se acha cada mês em face de uma nova constelação. Essas constelações são em número de doze, a saber: *Carneiro, Touro, Gêmeos, Câncer, Leão, Virgem, Balança, Escorpião, Sagitário, Capricórnio, Aquário e Peixes*. São chamadas constelações zodiacais ou signos do zodíaco, e elas formam um círculo no plano do equador terrestre. Segundo o mês de nascimento de um indivíduo, dizia-se que nascera sob tal signo: daí os prognósticos da astrologia. Mas, em consequência da precessão dos equinócios, ocorre que os meses não correspondem mais às mesmas constelações; um, que nasceu no mês de julho, não está mais no signo de Leão, mas no de Câncer. Assim caiu a ideia supersticiosa ligada à influência dos signos. (Cap. V, nº 12).

(2) O deslocamento gradual das linhas isotérmicas, fenômeno reconhecido pela ciência de maneira tão positiva quanto o deslocamento do mar, é um fato material em apoio a essa teoria.

Revoluções do globo 135

em seu antigo leito. Esse movimento periódico, renovado indefinidamente, constituiria uma verdadeira maré universal de 25.000 anos.

A lentidão com a qual se opera esse movimento do mar torna-o quase imperceptível para cada geração; mas é sensível ao cabo de alguns séculos. Não pode causar nenhum cataclismo súbito, porque os homens se retiram, de geração em geração, à medida que o mar avança, e eles avançam sobre as terras de onde o mar se retirou. É a esta causa, mais que provável, que alguns sábios atribuem a retração do mar sobre certas costas e a sua invasão sobre outras.

10. – O deslocamento lento, gradual e periódico do mar é um fato adquirido pela experiência, e atestado por numerosos exemplos sobre todos os pontos do globo. Tem por consequência a conservação das forças produtivas da Terra. Essa longa imersão é um tempo de repouso durante o qual as terras submersas recuperam os princípios vitais esgotados por uma produção não menos longa. Os imensos depósitos de matérias orgânicas, formadas pela permanência das águas durante séculos e séculos, são adubos naturais, periodicamente renovados, e as gerações se sucedem sem se aperceberem destas mudanças (1).

---

(1) Entre os fatos mais recentes que provam o deslocamento do mar, podem citar-se os seguintes:

No golfo de Gasconha, entre o velho Soulac e a torre de Cordouan, quando o mar está calmo, descobre-se no fundo da água lanços de muralha: são os restos da antiga e grande cidade de *Naviomagus*, invadida pelas ondas em 580. O rochedo de Cordouan, que estava então ligado à costa, está agora a 12 quilômetros.

No mar da Mancha, sobre a costa do Havre, o mar ganha, cada dia, terreno e mina as fragas de Sainte-Adresse, que desmoronam pouco a pouco. A dois quilômetros da costa, entre Sainte-Adresse e o cabo da Hève, existe o banco de Eclat, outrora a descoberto e reunido à terra firme. Antigos documentos constatam que sobre esse sítio, onde hoje se navega, havia a aldeia de Saint-Denis-chef-de-Caux. O mar, tendo invadido o terreno no século quatorze, a igreja foi engolida em 1378. Pretende-se que se lhe veem os restos, no fundo das águas, num tempo calmo.

Sobre quase toda a extensão do litoral da Holanda, o mar não é retido senão à força de diques, que se rompem de tempos em tempos. O antigo lago *Flevo*, reunido ao mar em 1225, forma hoje o golfo de *Zuyderzée*. Essa irrupção do oceano engoliu várias aldeias.

Segundo isso, o território de Paris e da França seria um dia de novo ocupado pelo mar, como já o foi várias vezes, assim como provam as observações geológicas. Então, as partes montanhosas formarão ilhas, como o são agora Jersey, Guernesey e a Inglaterra, outrora contíguas ao continente.

Navegar-se-á acima das regiões que se percorrem hoje em caminhos de ferro; os navios abordarão em Montmartre, no monte Valérien, nos outeiros de Saint-Cloud e de Meudon; os bosques e as florestas, onde se passeia, serão sepultadas sob as águas, recobertas de lodo, e povoadas de peixes em lugar de pássaros.

O dilúvio bíblico não pôde ter essa causa, uma vez que a invasão das águas foi súbita e a sua permanência de curta duração, ao passo que, de outra maneira, fora de milhares de anos, e duraria ainda, sem que os homens disso se apercebessem.

Cataclismos futuros

11. – As grandes comoções da Terra ocorreram na época em que a crosta sólida, por sua pouca espessura, não oferecia senão uma fraca resistência à efervescência das matérias incandescentes do interior; viu-se diminuir de intensidade e de generalidade à medida que a crosta se consolidou. Numerosos vulcões estão agora extintos, outros foram recobertos pelos terrenos de formação posterior.

Certamente, poderiam se produzir ainda perturbações locais, em consequência de erupções vulcânicas, da abertura de alguns novos vulcões, de inundações súbitas de certas regiões; algumas ilhas poderiam sair do mar e outras afundarem-se; mas o tempo de cataclismos gerais, como aqueles que marcaram os grandes períodos geológicos, está passado. A Terra tomou uma posição que, sem ser absolutamente invariável, põe doravante o gênero humano ao abrigo das perturbações gerais, a menos de causas desconhecidas, estranhas ao nosso globo e que nada poderia fazer prever.

12. – Quanto aos cometas, hoje se está plenamente tranquilizado sobre a sua influência, mais salutar que nociva, naquilo que parecem destinados a abastecer, se assim se pode exprimir, os mundos, transferindo-lhes os princípios vitais que juntaram durante o seu curso através do espaço, e na vizinhança dos sóis. Seriam, assim, fontes de prosperidade antes que mensageiros da infelicidade.

Por sua natureza fluídica, hoje bem constatada (capítulo VI, n° 28 e seg.), um choque violento não é de temer-se: porque, no caso em que um deles batesse na Terra, seria esta última que passaria através do cometa, como através de um nevoeiro.

Sua cauda não é mais temível; não é senão a reflexão da luz solar na imensa atmosfera que as cerca, uma vez que está constantemente dirigida para o lado oposto ao Sol e muda de direção segundo a posição deste astro. Essa matéria gasosa bem poderia também, em consequência da rapidez de sua marcha, formar uma espécie de cabeleira, como a esteira depois do navio, ou a fumaça de uma locomotiva. De resto, vários cometas já se aproximaram da Terra sem lhe causar nenhum dano; e, em razão de sua densidade respectiva, a Terra exerceria sobre o cometa uma atração maior que o cometa sobre a Terra. Só um resto de velhos preconceitos poderia inspirar medos sobre a sua presença (1).

---

(1) O cometa de 1861 atravessou a rota da Terra a vinte horas de distância antes desta, que se encontrou mergulhada em sua atmosfera, sem que disso tenha resultado nenhum acidente.

Revoluções do globo 137

13. – É necessário, igualmente, relegar entre as hipóteses quiméricas a possibilidade do encontro da Terra com outro planeta; a regularidade e a invariabilidade das leis que presidem ao movimento dos corpos celestes tiram a esse encontro toda a probabilidade.

A Terra, todavia, terá um fim. Como? É o que está no domínio das conjecturas; como, porém, ela ainda está longe da perfeição que pode alcançar, e da velhice, que seria um sinal de declínio, os seus habitantes atuais estão assegurados de que isso não será no seu tempo. (Cap. VI. nos. 48 e seg.).

14. – Fisicamente, a Terra teve as convulsões de sua infância; doravante, ela entrou num período de estabilidade relativa: no do progresso pacífico que se cumpre pelo retorno regular dos mesmos fenômenos físicos e pelo concurso inteligente do homem. *Ela, porém, ainda está no meio no trabalho da produção do progresso moral.* Aí estará a causa de suas maiores comoções. *Até que a Humanidade tenha suficientemente progredido em perfeição pela inteligência, e coloque em prática as leis divinas, as maiores perturbações serão as causadas pelos homens mais do que pela Natureza, quer dizer, serão mais morais e sociais do que físicas.*

Aumento ou diminuição do volume da Terra

15. – O volume da Terra aumenta, diminui ou é estacionário?

Em apoio do crescimento do volume da Terra, algumas pessoas se fundam sobre o fato de que as plantas tornam ao Sol mais do que dele tiram, o que é verdadeiro num sentido, mas não no outro. As plantas se nutrem tanto, e mesmo mais, das substâncias gasosas que haurem na atmosfera, quanto daquelas que aspiram por suas raízes; ora, a atmosfera faz parte integrante do globo; os gases que a constituem provêm da decomposição dos corpos sólidos, e estes, em se recompondo, tomam-lhes o que lhes dera. É uma troca ou, antes, uma transformação perpétua, de tal sorte que o crescimento dos vegetais e dos animais se operando com a ajuda dos elementos constitutivos do globo, seus restos, por consideráveis que sejam, não acrescentam um átomo à massa. Se a parte sólida do globo aumentasse por essa causa de maneira permanente, sê-lo-ia às expensas da atmosfera, que diminuiria outro tanto e acabaria por ser imprópria à vida, se ela não recuperasse, pela decomposição dos corpos sólidos, o que ela perde para a sua composição.

Na origem da Terra, as primeiras camadas geológicas formaram-se de matérias sólidas momentaneamente volatizadas pelo efeito da alta temperatura, e que, mais tarde, condensadas pelo resfriamento, precipitaram-se. Incontestavelmente, elas elevaram um pouco a superfície do solo, mas sem nada acrescentar à massa total, uma vez que não era senão um deslocamento de matéria. Quando a atmosfera, expurgada dos elementos estranhos que tinha em suspensão, encontrou-se no seu estado normal, as coisas seguiram o curso regular que tiveram depois. Hoje, a menor modificação na constituição da atmosfera conduziria, forçosamente, à destruição dos habitantes atuais; mas também é provável que novas raças se formassem noutras condições. (*)

Considerada sob esse ponto de vista, a massa do globo, quer dizer, a soma das moléculas que compõem o conjunto de suas partes sólidas, líquidas e gasosas, é incontestavelmente a mesma desde a sua origem; se experimentasse uma dilatação ou uma condensação, seu volume aumentaria ou diminuiria, sem que a massa sofresse nenhuma alteração. Se, pois, a Terra aumentasse em massa, isso seria por efeito de uma causa estranha, uma vez que não poderia haurir, em si mesma, os elementos necessários ao seu crescimento.

Segundo uma teoria, o globo aumentaria de massa e de volume pelo afluxo da matéria cósmica interplanetária. Essa ideia nada tem de irracional, mas é muito hipotética para ser admitida em princípio. Isso não é senão um sistema combatido por sistemas contrários, sobre os quais a ciência nunca se fixou. Eis, a este respeito, a opinião do eminente Espírito que ditou os sábios estudos *uranográficos* narrados acima, no capítulo VI:

"Os mundos se esgotam, em envelhecendo, e tendem a se dissolverem para servirem de elementos de formação de outros universos. Pouco a pouco, eles retornam ao fluido cósmico universal do espaço o que tiraram para se formar. Além disso, todos os corpos se gastam pelo atrito; o movimento rápido e incessante do globo através do fluido cósmico, tem por efeito diminuir-lhe constantemente a massa, se bem que de uma quantidade inapreciável num tempo dado (1).

"A existência dos mundos pode, segundo penso, se dividir em três períodos. – Primeiro período: Condensação da matéria durante o qual o volume do globo diminui consideravelmente, a massa lá restando a mesma;

(*) Vide Nota Explicativa da Editora no final do livro.

(1) Em seu movimento de translação ao redor do sol, a velocidade da Terra é de 400 léguas por minuto. Sua circunferência sendo de 9.000 léguas, sem seu movimento de rotação sobre o eixo, cada ponto do Equador percorreu 9.000 léguas, em 24 horas, ou 6,3 léguas por minuto.

é o período da infância. – Segundo período: Contração, solidificação da casca; eclosão de germes, desenvolvimento da vida até a aparição do tipo mais perfeito. Neste momento, o globo está em toda a sua plenitude, é a idade da virilidade; perde, mas muito pouco, de seus elementos constitutivos. – À medida que os seus habitantes progridem *espiritualmente*, passam ao período de decrescimento *material;* perde não só em consequência do atrito, mas também pela desagregação das moléculas, como uma pedra dura que, roída pelo tempo, acaba por cair no pó. Em seu duplo movimento de rotação e translação, deixa ao espaço parcelas fluídicas de sua substância, até o momento em que a sua dissolução será completa.

"Mas, então, como a força atrativa está em razão da massa, eu não digo do volume, a massa do globo diminuindo, as suas condições de equilíbrio no espaço são modificadas; dominado por globos mais poderosos aos quais não pode mais fazer contrapeso, disso resulta desvios em seus movimentos, e, por consequência também, profundas mudanças nas condições da vida em sua superfície. Assim: nascimento, vida e morte; ou infância, virilidade, decrepitude, tais são as três fases pelas quais passa toda aglomeração de matéria orgânica ou inorgânica; só o Espírito, que não é matéria, é indestrutível." (Galileu, *Sociedade de Paris,* 1868).

CAPÍTULO **10**

Gênese orgânica

Primeira formação dos seres vivos. –
Princípio vital. – Geração espontânea. –
Escala dos seres orgânicos. – O homem corporal.

Primeira formação dos seres vivos

1. – Houve um tempo em que os animais não existiam, portanto, eles tiveram começo. Viu-se aparecer cada espécie à medida que o globo adquiria as condições necessárias à sua existência: eis o que é positivo. Como se formaram os primeiros indivíduos de cada espécie? Compreende-se que, sendo dado um primeiro casal, os indivíduos se multiplicaram; mas de onde saiu esse primeiro casal? Aí está um desses mistérios que se prendem ao princípio das coisas e sobre os quais não se pode fazer senão hipóteses. Se a ciência não pode ainda resolver completamente o problema, pode, pelo menos, colocá-lo em seu caminho.

2. – Uma primeira questão que se apresenta é esta: Cada espécie animal saiu de um *primeiro casal* ou de vários casais criados ou, querendo-se, *germinados* simultaneamente em diferentes lugares?

Esta última suposição é a mais provável; pode-se mesmo dizer que ela ressalta da observação. Com efeito, o estudo das camadas geológicas atesta a presença, nos terrenos da mesma formação, e isso em proporções enormes, da mesma espécie sobre os pontos mais distantes do globo. Essa multiplicação tão geral, e de alguma sorte contemporânea, fora impossível com um tipo primitivo único.

Por outro lado, a vida de um indivíduo, sobretudo de um indivíduo nascente, está submetida a tantas eventualidades, que toda uma criação poderia ser comprometida, sem a pluralidade dos tipos, o que implicaria

Gênese orgânica 141

numa imprevidência inadmissível da parte do soberano Criador. Aliás, se um tipo se formou sobre um ponto, ele pode ter-se formado sobre vários pontos pela mesma causa.

Tudo concorre, pois, para provar que houve criação simultânea e múltipla dos primeiros casais de cada espécie animal e vegetal.

3. – A formação dos primeiros seres vivos pode-se deduzir, por analogia, da mesma lei segundo a qual se formaram, e se formam todos os dias, os corpos inorgânicos. À medida que se aprofunda nas leis da Natureza, veem-se-lhes os mecanismos que, à primeira vista, parecem tão complicados se simplificarem e se confundirem na grande lei da unidade que preside a toda obra da criação. Compreender-se-á melhor quando se der conta da formação dos corpos inorgânicos, que dela foi o primeiro degrau.

4. – A química considera como elementares um certo número de substâncias, tais como: o oxigênio, o hidrogênio, o azoto, o carbono, o cloro, o iodo, o flúor, o enxofre, o fósforo e todos os metais. Pela sua combinação, formam corpos compostos: os óxidos, os ácidos, os álcalis, os sais e as inumeráveis variedades que resultam da combinação destes.

A combinação de dois corpos para formar deles um terceiro exige um concurso particular de circunstâncias: seja um grau determinado de calor, de secura ou de umidade, seja o movimento ou o repouso, seja uma corrente elétrica, etc. Se essas condições não existem, a combinação não ocorre.

5. – Quando há combinação, os corpos componentes perdem as suas propriedades características, ao passo que o composto, que deles resulta, as possui novas, diferentes das dos primeiros. É assim, por exemplo, que o oxigênio e o hidrogênio, que são gases invisíveis, estando combinados quimicamente, formam a água, que é líquida, sólida ou vaporosa, segundo a temperatura. Na água não há mais, propriamente falando, nem oxigênio, nem hidrogênio, mas um novo corpo; sendo essa água decomposta, os dois gases voltam a ser livres, recobrando as suas propriedades, e não há mais a água. A mesma quantidade de água pode, assim, alternativamente, ser decomposta e recomposta ao infinito.

6. – A composição e a decomposição dos corpos ocorrem em consequência do grau de afinidade que os princípios elementares têm uns pelos outros. A formação da água, por exemplo, resulta da afinidade recíproca do oxigênio e do hidrogênio; mas, se se puser em contato com a água um corpo que tenha com o oxigênio mais afinidade do que este tem com o hidrogênio, a água se decompõe: o oxigênio é absorvido e o hidrogênio se liberta. Já não haverá água.

142   Capítulo 10

7. – Os corpos compostos se formam sempre em proporções definidas, quer dizer, pela combinação de uma quantidade determinada dos princípios constituintes. Assim, para formar a água, são necessárias uma parte de oxigênio e duas de hidrogênio. Se duas partes de oxigênio são combinadas com duas de hidrogênio, em lugar de água, obtém-se o deutóxido de hidrogênio, líquido corrosivo, formado, todavia, com os mesmos elementos que a água, mas numa outra proporção.

8. – Tal é, em poucas palavras, a lei que preside à formação de todos os corpos da Natureza. A inumerável variedade desses corpos resulta de um pequeno número de princípios elementares combinados em proporções diferentes.

Assim, o oxigênio, combinado em certas proporções com o carbono, o enxofre, o fósforo, forma os ácidos carbônico, sulfúrico, fosfórico; o oxigênio e o ferro formam o óxido de ferro ou ferrugem; o oxigênio e o chumbo, ambos inofensivos, dão lugar aos óxidos de chumbo, tais como a litargírio, o branco de alvaiade, o mínio, que são venenosos. O oxigênio, com os metais chamados cálcio, sódio, potássio, forma a cal, a soda, a potassa. A cal, unida ao ácido carbônico forma os carbonatos de cal ou pedras calcáreas, tais como o mármore, o giz, a pedra de construção, os estalagtites das grutas; unida ao ácido sulfúrico, ela forma os sulfatos de cal ou gesso, o alabastro; o ácido fosfórico: o fosfato de cal, base sólida dos ossos; o cloro e o hidrogênio formam o ácido clorídico ou hidroclorídico; o cloro e o sódio formam o cloreto de sódio ou sal marinho.

9. – Todas essas combinações, e milhares de outras, obtêm-se artificialmente, em ponto pequeno, nos laboratórios de química; elas se operam espontaneamente, em grande escala, no grande laboratório da Natureza.

A Terra, em sua origem, não continha essas matérias combinadas, mas somente os seus princípios constituintes volatizados. Quando as terras calcáreas e outras se tornaram pedregosas com o tempo e se depositaram na superfície, não existiam aquelas matérias inteiramente formadas; mas no ar se encontravam, em estado gasoso, todas as substâncias primitivas; essas substâncias, precipitadas pelo efeito do resfriamento, sob o império de circunstâncias favoráveis, combinaram segundo o grau de sua afinidade molecular; foi então que se formaram as diferentes variedades de carbonatos, de sulfatos, etc., no início, em dissolução nas águas, depois, depositadas na superfície do solo.

Suponhamos que, por uma causa qualquer, a Terra retorne ao seu estado incandescente primitivo, tudo isso se decomporia; os elementos se separariam; todas as substâncias fundíveis se fundiriam; todas aquelas que

Gênese orgânica   143

são voláteis se volatizariam. Depois, um segundo resfriamento traria uma nova precipitação, e as antigas combinações se formariam de novo.

10. – Essas considerações provam o quanto a química era necessária para a inteligência da Gênese. Antes do conhecimento da lei da afinidade molecular, era impossível compreender a formação da Terra. Essa ciência esclareceu a questão com uma luz toda nova, como a astronomia e a geologia fizeram sob outros pontos de vista.

11. – Na formação dos corpos sólidos, um dos fenômenos mais notáveis é o da cristalização, que consiste na forma regular que apresentam certas substâncias, quando de sua passagem do estado líquido ou gasoso para o estado sólido. Essa forma, que varia segundo a natureza da substância, é geralmente a de sólidos geométricos, tais como o prisma, o romboide, o cubo, a pirâmide. Todos conhecem os cristais de açúcar cristalizado; os cristais de rocha, ou sílica cristalizada, são prismas de seis lados terminados numa pirâmide igualmente hexagonal. O diamante é o carbono puro ou carbono cristalizado. Os desenhos que se produzem sobre as janelas, no inverno, são devidos à cristalização do vapor d'água, durante a congelação, sob a forma de agulhas prismáticas.

A disposição regular dos cristais prende-se à forma particular das moléculas de cada corpo; essas parcelas, infinitamente pequenas para nós, mas que não ocupam menos um certo espaço, solicitadas umas para as outras pela atração molecular, arranjam-se e justapõem-se, segundo a exigência de sua forma, de maneira a cada uma tomar o seu lugar ao retor do núcleo ou primeiro centro de atração e a formarem um conjunto simétrico.

A cristalização não se opera senão sob o império de certas circunstâncias favoráveis, fora das quais não pode ocorrer; o grau de temperatura e de repouso são condições essenciais. Compreende-se que um calor muito forte, tendo as moléculas afastadas, não lhes permitiria condensarem-se, e que a agitação, impossibilitando-lhes um arranjo simétrico, não lhes consentiria formar senão uma massa confusa e irregular, donde o não haver cristalização propriamente dita.

12. – A lei que preside à formação dos minerais conduz, naturalmente, à formação dos corpos orgânicos.

A análise química nos mostra todas as substâncias, vegetais e animais, compostas dos mesmos elementos que os corpos inorgânicos. Aqueles, desses elementos, que desempenham o principal papel são o oxigênio, o hidrogênio, o azoto e o carbono; os outros aí não se encontram senão acessoriamente. Como no reino mineral, a diferença de proporção na combinação desses elementos produz todas as variedades de substâncias orgâ-

144   *Capítulo 10*

nicas e as suas diversas propriedades, tais como: os músculos, os ossos, o sangue, a bile, os nervos, a matéria cerebral, a gordura nos animais; a seiva, a madeira, as folhas, os frutos, as essências, o azeite, as resinas, etc., nos vegetais. Assim, na formação dos animais e das plantas, não entra nenhum corpo especial que não se ache igualmente no reino mineral (1).

13. – Alguns exemplos usuais farão compreender as transformações que se operam no reino orgânico apenas pela modificação dos elementos constitutivos.

No suco de uva, ainda não há nem vinho nem álcool, mas simplesmente água e açúcar. Quando o suco fica maduro e são propícias as condições, produz-se nele um trabalho íntimo a que se dá o nome de fermentação. Nesse trabalho, uma parte do açúcar se decompõe; o oxigênio, o hidrogênio e o carbono se separam e se combinam nas proporções requeridas para se fazer álcool; de sorte que um bebedor do suco de uva não bebe realmente álcool, uma vez que ele não existe ainda; ele se forma das partes constituintes da água e do açúcar, sem que haja, em suma, uma molécula de mais ou de menos.

No pão e nos legumes que se comem, não há certamente nem carne, nem sangue, nem ossos, nem bile, nem matéria cerebral e, entretanto, esses mesmos elementos vão, em se decompondo e se recompondo pelo trabalho da digestão, produzir essas diferentes substâncias apenas pela transmutação de seus elementos constitutivos.

Na semente de uma árvore, não há nem madeira, nem folhas, nem flores, nem frutos, e é um erro pueril crer que a árvore inteira, sob forma microscópica, encontra-se na semente; quase não há, sequer, na semente, oxigênio, hidrogênio e carbono em quantidade necessária a formar uma folha da árvore. A semente encerra um germe que desabrocha quando está em condições favoráveis; esse germe cresce pelos sucos que haure na Terra e os gases, que aspira do ar; esses sucos, que não formam nem madeiras, nem folhas, nem flores, nem frutos, em se infiltrando na planta formam a sua seiva como os alimentos, nos animais, formam o sangue. Esta seiva,

---

(1) O quadro abaixo, da análise de algumas substâncias, mostra a diferença das propriedades que resulta apenas da diferença na proporção dos elementos constituintes. Sobre 100 partes:

	Carbono	**Hidrog**.	**Oxigênio**	**Azoto**
Açúcar de cana 42.470		6.900	50.630	–
Açúcar de uva 36.710		6.780	56.510	–
Álcool 51.980		13.700	34.320	–
Azeite de oliva 77.210		13.360	9.430	–
Azeite de nozes 79.774		10.570	9.122	0,534
Gordura 78.996		11.700	9.304	–
Fibrina 53.360		7.021	19.685	19.934

Gênese orgânica 145

levada pela circulação, a todas as partes do vegetal, segundo os órgãos onde ela termina e onde sofre uma elaboração especial, transforma-se em madeiras, folhas, frutos, como o sangue se transforma em carne, ossos, bile, etc. e, no entanto, são sempre os mesmos elementos: oxigênio, hidrogênio, azoto e carbono, diversamente combinados.

14. – As diferentes combinações dos elementos, para a formação das substâncias minerais, vegetais e animais, não podem, pois, operar-se senão num meio e em circunstâncias propícias; fora dessas circunstâncias, os princípios elementares estão, de alguma sorte, na inércia. Mas, desde que as circunstâncias sejam favoráveis, começa um trabalho de elaboração; as moléculas entram em movimento, agitam-se, atraem-se, aproximam-se, e se separam em virtude da lei de afinidades, e, pelas suas combinações múltiplas, compõem a infinita variedade das substâncias. Que essas condições cessem, e o trabalho é subitamente detido, para recomeçar quando elas se apresentarem de novo. É assim que a vegetação se acelera, abranda--se, cessa e retoma, sob a ação do calor, da luz, da umidade, do frio ou da seca; que tal planta prospera num clima ou num terreno, e definha ou perece num outro.

15. – O que se passa diariamente sob os nossos olhos pode colocar--nos no caminho do que se passou na origem dos tempos, porque as leis da Natureza são invariáveis.

Uma vez que os elementos constitutivos dos seres orgânicos e os dos seres inorgânicos são os mesmos; que vêm incessantemente, sob o império de certas circunstâncias, formarem as pedras, as plantas e os frutos, pode-se disso concluir que os corpos dos primeiros seres vivos se formaram, como as primeiras pedras, pela reunião das moléculas elementares em virtude da lei da afinidade, à medida que as condições da vitalidade do globo foram propícias a tal ou tal espécie.

A semelhança de formas e de cores, na reprodução dos indivíduos de cada espécie, pode ser comparada à semelhança de forma de cada espécie de cristal. As moléculas, justapondo-se sob o império da mesma lei, produzem um conjunto análogo.

Princípio vital

16. – Dizendo-se que as plantas e os animais são formados dos mesmos princípios constituintes que os minerais, é necessário entender-se no sentido exclusivamente material; também aqui não é questão senão do corpo.

146   *Capítulo 10*

Sem falar do princípio inteligente, que é uma questão à parte, há na matéria orgânica um princípio especial, inacessível, e que não pôde ainda ser definido: é o *princípio vital*. Este princípio, que é *ativo* no ser vivo, está extinto no ser morto, mas não deixa de dar, à substância, propriedades características que a distinguem das substâncias inorgânicas. A química, que decompõe e recompõe a maioria dos corpos inorgânicos, pôde decompor os corpos orgânicos, mas nunca chegou a reconstituir mesmo uma folha morta, prova evidente de que há nesta alguma coisa que não existe nas outras.

17. – Será o princípio vital alguma coisa particular, que tenha existência própria? Ou, integrado no sistema da unidade do elemento gerador, apenas será um estado especial, uma das modificações do fluido cósmico, pela qual este se torne princípio de vida, como se torna luz, fogo, calor, eletricidade? Foi neste último sentido que a questão foi resolvida pelas comunicações relatadas acima (cap. VI, *Uranografia geral*).

Mas, qualquer que seja a opinião que se faça sobre a natureza do princípio vital, ele existe, uma vez que se lhe veem os efeitos. Pode-se, pois, admitir logicamente que, em se formando, os seres orgânicos assimilaram o princípio vital que era necessário à sua destinação; ou, querendo-se, que esse princípio se desenvolveu, em cada indivíduo, pelo efeito mesmo da combinação dos elementos, como se vê, sob o império de certas circunstâncias, desenvolver-se o calor, a luz e a eletricidade.

18. – O oxigênio, o hidrogênio, o azoto e o carbono, em se combinando sem o fluido vital, não formariam senão um mineral ou corpo inorgânico; o princípio vital, modificando a constituição molecular desse corpo dá-lhe propriedades especiais. Em lugar de uma molécula mineral, tem-se uma molécula orgânica.

A atividade do princípio vital é mantida, durante a vida, pela ação de desempenho dos órgãos, como o calor, pelo movimento de rotação de uma roda; que essa ação cesse pela morte, o princípio vital se extingue como o calor, quando a roda cessa de girar. Mas o efeito produzido sobre o estado molecular do corpo, pelo princípio vital, subsiste depois da extinção desse princípio, como a carbonização da madeira depois da extinção do calor. Na análise de corpos orgânicos, a química encontra bem os elementos constituintes: oxigênio, hidrogênio, azoto e carbono, mas não pode reconstituí-los, porque, não existindo mais a causa, ela não pode reproduzir *o efeito* ao passo que pode reconstituir uma pedra.

19. – Tomamos por comparação o calor desenvolvido pelo movimento de uma roda, porque é um efeito vulgar, conhecido de todo o mundo, mais fácil de se compreender; mas seria mais exato dizer que, na comb-

Gênese orgânica 147

nação dos elementos para formar os corpos orgânicos, ele se desenvolve da *eletricidade*. Os corpos orgânicos seriam, assim, verdadeiras *pilhas elétricas*, que funcionam enquanto os elementos dessas pilhas estão nas condições requeridas para produzir a eletricidade: é a vida; que param quando cessam estas condições: é a morte. Segundo isso, o princípio vital não seria outro que a espécie particular de eletricidade designada sob o nome de *eletricidade animal*, liberada durante a vida pela ação dos órgãos, e cuja produção se suspende na morte pela cessação dessa ação.

Geração espontânea

20. – Pergunta-se naturalmente por que não se formam mais seres vivos nas mesmas condições que os primeiros que apareceram sobre a Terra.

A questão da geração espontânea, que hoje preocupa a ciência, se bem que ainda diversamente resolvida, não pode deixar de lançar a luz sobre esse assunto. O problema proposto é este: Formam-se espontaneamente, em nossos dias, seres orgânicos unicamente pela união dos elementos constitutivos, sem germes preliminares, produtos da geração comum, de outro modo dito, sem pais nem mães?

Os partidários da geração espontânea respondem afirmativamente e se apoiam sobre observações diretas que parecem conclusivas. Outros pensam que os seres vivos se reproduzem uns pelos outros, firmados sobre o fato, que a experiência comprova, de que os germens de certas espécies vegetais e animais, mesmo dispersos, conservam latente vitalidade, durante longo tempo, até que as circunstâncias lhes favoreçam a eclosão Essa opinião deixa sempre subsistir a questão da formação dos primeiros tipos de cada espécie.

21. – Sem discutir os dois sistemas, convém notar que o princípio da geração espontânea não pode evidentemente se aplicar senão aos seres de ordens mais inferiores, do reino vegetal e do reino animal, àqueles onde começa a manifestação da vida, e cujo organismo, extremamente simples, de alguma sorte, é rudimentar. Efetivamente, foram os primeiros que apareceram sobre a Terra, e cuja geração deve ter sido espontânea. Assistiríamos, assim, a uma criação permanente, análoga à que ocorreu nas primeiras dades do mundo.

22. – Mas, então, por que não se veem mais se formarem, do mesmo modo, os seres de uma organização complexa? Esses seres não existiram

148   *Capítulo 10*

sempre, é um fato positivo, portanto, começaram. Se o musgo, o líquen, o zoófito, o infusório, os vermes intestinais e outros podem se produzir espontaneamente, por que não ocorreria o mesmo com árvores, peixes, cães, cavalos?

Aqui se detêm, no momento, as investigações; o fio condutor se perde, e, até que seja encontrado, o campo está aberto às hipóteses; seria, pois, imprudente e prematuro dar sistemas por verdades absolutas.

23. – Se o fato da geração espontânea está demonstrado, por limitado que seja, não deixa de ser um fato capital, um marco posto, que se pode colocar sobre o caminho de novas observações. Se os seres orgânicos complexos não se produzem dessa maneira, quem sabe como começaram? Quem conhece o segredo de todas as transformações? Quando se vê o carvalho sair da bolota, quem pode dizer se um laço misterioso não existe do pólipo ao elefante? (Nº 25).

No estado atual dos nossos conhecimentos, não podemos colocar a teoria da geração espontânea *permanente* senão como uma hipótese, mas como uma hipótese provável, e que, talvez, um dia tome lugar entre as verdades científicas reconhecidas (1).

Escala dos seres orgânicos

24. – Entre o reino vegetal e o reino animal, não há delimitação nitidamente traçada. Sobre os confins dos dois reinos estão os *zoófitos* ou *animais-plantas*, cujo nome indica que se ligam a um e ao outro: são o traço de união.

Como os animais, as plantas nascem, vivem, crescem, nutrem-se, respiram, reproduzem-se e morrem. Como eles, para viverem, elas têm necessidade de luz, de calor, de água; se disso estão privadas, definham e morrem; a absorção de um ar viciado e de substâncias deletérias as envenena. Seu caráter distintivo e mais marcante é estarem ligadas ao solo e dele tirarem o seu alimento sem deslocamento.

O zoófito tem a aparência exterior da planta; como planta, prende-se ao solo; como animal, a vida nele é mais acentuada; haure o seu alimento no meio ambiente.

Um degrau acima, o animal está livre para ir procurar o seu alimento: são, de início, as inumeráveis variedades de pólipos com corpos

---

(1) *Revista Espírita*, julho de 1868, página 261: Desenvolvimento da teoria da geração espontânea.

Gênese orgânica 149

gelatinosos, sem órgãos bem distintos, e que não diferem das plantas senão pela locomoção; depois vêm, na ordem do desenvolvimento dos órgãos, da atividade vital e do instinto: os helmintos ou vermes intestinais; os moluscos, animais carnudos sem ossos, dos quais uns são nus, como as lesmas, os polvos, os outros são providos de conchas, como os caracóis, as ostras; os crustáceos, cuja pele é revestida de uma crosta dura, como os caranguejos, as lagostas; os insetos, nos quais a vida toma uma atividade prodigiosa e se manifesta o instinto laborioso, como a formiga, a abelha, a aranha. Alguns sofrem uma metamorfose, como a lagarta que se transforma em elegante borboleta. Vem em seguida a ordem dos vertebrados, animais com esqueleto ósseo, que compreende os peixes, os répteis, os pássaros e, enfim, os mamíferos, cuja organização é a mais completa.

25. – Se não se considera senão os dois pontos extremos da corrente, sem dúvida, não há nenhuma analogia aparente; mas, passando-se de um anel ao outro sem solução de continuidade, chega-se, sem transição brusca, da planta ao animal vertebrado. Compreende-se, então, que os animais de organização complexa possam não ser senão uma transformação, ou, querendo-se, um desenvolvimento gradual, de início insensível, da espécie imediatamente inferior e, assim, pouco a pouco, até o ser primitivo elementar. Entre a bolota e o carvalho a diferença é grande, e, todavia, seguindo-se passo a passo o desenvolvimento da bolota, chega-se ao carvalho, e não se espanta mais que ele proceda de uma tão pequena semente. Se, pois, a bolota encerra os elementos latentes próprios à formação de uma árvore, por que não seria o mesmo do ácaro ao elefante? (Nº 23).

Segundo isso, compreende-se que não haja geração espontânea senão para os seres orgânicos elementares; as espécies superiores seriam o produto das transformações sucessivas desses mesmos seres, à medida que as condições climáticas lhes foram propícias. Adquirindo cada espécie a faculdade de se reproduzir, os cruzamentos levaram a inumeráveis variedades; e depois, uma vez a espécie instalada, nas condições de vitalidade durável, quem diz que os germes primitivos, de onde elas saíram, não desapareceram como inúteis para o futuro? quem diz que o nosso ácaro atual seja o mesmo que, de transformação em transformação, produziu o elefante? Assim se explicaria por que não há geração espontânea entre os animais de organização complexa.

Esta teoria, sem ser admitida de modo definitivo, é a que tende, evidentemente, a predominar hoje na ciência; é aceita, pelos observadores sérios, como a mais racional.

O homem corporal

26. – Do ponto de vista corporal e puramente anatômico, o homem pertence à classe dos mamíferos, dos quais não difere senão por nuanças na forma exterior; de resto, a mesma composição química que todos os animais, os mesmos órgãos, as mesmas funções e os mesmos modos de nutrição, de respiração, de secreção, de reprodução; ele nasce, vive e morre nas mesmas condições, e, em sua morte, seu corpo se decompõe como o de tudo o que vive. Não há em seu sangue, em sua carne, em seus ossos, um átomo diferente daqueles que se encontram no corpo dos animais; como estes, em morrendo, retorna à terra o oxigênio, o hidrogênio, o azoto e o carbono que estavam combinados para formá-lo, e vão, por novas combinações, formar novos corpos minerais, vegetais e animais. A analogia é tão grande que se estudam as suas funções orgânicas sobre certos animais, quando as experiências não podem ser feitas nele mesmo.

27. – Na classe dos mamíferos, o homem pertence à ordem dos *bímanos*. Imediatamente abaixo dele vêm os *quadrúmanos* (animais de quatro mãos) ou macacos, dos quais uns, como o orangotango, o chimpanzé, o mono, têm certos comportamentos do homem, a tal ponto que, há muito tempo, são designados sob o nome de *homens da floresta;* como ele, caminham eretos, servem-se de bastões, constroem suas cabanas e levam os alimentos à boca com a mão – sinais característicos.

28. – Por pouco que se observe a escala dos seres vivos do ponto de vista do organismo, reconhece-se que, desde o líquen até a árvore, e depois do zoófito até o homem, há uma corrente se elevando gradualmente sem solução de continuidade, e da qual todos os anéis têm um ponto de contato com o anel precedente; *seguindo-se passo a passo a série dos seres, dir-se-ia que cada espécie é um aperfeiçoamento, uma transformação da espécie imediatamente inferior.* Uma vez que o corpo do homem está em condições idênticas às dos outros corpos, química e constitucionalmente, que ele nasce, vive e morre do mesmo modo, deve ter sido formado nas mesmas condições.

29. – Quanto isso possa custar ao seu orgulho, o homem deve se resignar a não ver, *em seu corpo material,* senão o último anel da animalidade sobre a Terra. O inexorável argumento dos fatos aí está, contra o qual protestaria em vão.

Mas, quanto mais o corpo diminui de valor aos seus olhos, mais o princípio espiritual cresce em importância; se o primeiro o coloca ao nível do animal, o segundo o eleva a uma altura incomensurável. Vemos o círculo em que se detém o animal: não vemos o limite aonde pode chegar o Espírito do homem.

30. – O materialismo pode ver por aí que o Espiritismo, longe de temer as descobertas da ciência e seu positivismo, vai adiante e os provoca, porque está certo de que o princípio espiritual, que tem a sua *existência própria,* não lhe pode sofrer nenhum dano.

O Espiritismo caminha junto com o materialismo sobre o terreno da matéria; admite tudo o que este admite; mas ali onde este se detém, o Espiritismo vai além. O Espiritismo e o materialismo são como dois viajantes que caminham juntos, partindo de um mesmo ponto; chegados a uma certa distância, um diz: "Não posso ir mais longe;" o outro continua a sua rota e descobre um mundo novo. Por que, pois, o primeiro diz que o segundo é louco, porque aquele, entrevendo os novos horizontes, quer ultrapassar os limites onde convém ao outro deter-se? Cristóvão Colombo não foi também tratado de louco, porque acreditava num mundo além do Oceano? Quanto a história não conta desses loucos sublimes que fizeram a Humanidade avançar, aos quais se trançam coroas depois de se lhes ter atirado lama?

Pois bem! O Espiritismo, esta loucura do século dezenove, segundo aqueles que querem permanecer na margem terrestre, descobre-nos todo um mundo, mundo bem de outro modo importante para o homem do que a América, porque todos os homens não vão à América, ao passo que todos, sem exceção, vão ao dos Espíritos, fazendo incessantes travessias de um para o outro.

Chegados ao ponto em que estamos da Gênese, o materialismo se detém, ao passo que o Espiritismo prossegue as suas pesquisas no domínio da *Gênese espiritual.*

CAPÍTULO **11**

Gênese espiritual

Princípio espiritual. – União do princípio espiritual
e da matéria. – Hipótese sobre a origem dos
corpos humanos. – Encarnação dos Espíritos. –
Reencarnações. – Emigrações e imigrações
dos Espíritos. – Raça adâmica. – Doutrina
dos anjos decaídos e do paraíso perdido.

Princípio espiritual

1. – A existência do princípio espiritual é um fato que não tem, por assim dizer, mais necessidade de demonstração que o princípio material; é, de alguma sorte, uma verdade axiomática: afirma-se por seus efeitos, como a matéria por aqueles que lhe são próprios.

Segundo o princípio: "Todo efeito tendo uma causa, todo efeito inteligente deve ter uma causa inteligente," não há ninguém que não faça a diferença entre o movimento mecânico de um sino agitado pelo vento, e o movimento desse mesmo sino destinado a dar um sinal, uma advertência, atestando, por isso mesmo, um pensamento, uma intenção. Ora, como a ninguém pode vir a ideia de atribuir o pensamento à matéria do sino, disso se conclui que está movido por uma inteligência à qual serve de instrumento para se manifestar.

Pela mesma razão, ninguém tem a ideia de atribuir o pensamento ao corpo de um homem morto. Se o homem vivo pensa, é, pois, que há nele alguma coisa que não há mais quando está morto. A diferença que existe entre ele e o sino é que a inteligência que faz mover este está fora dele, ao passo que a que faz o homem agir está nele mesmo.

2. – O princípio espiritual é o corolário da existência de Deus; sem

Gênese espiritual

esse princípio, Deus não teria razão de ser, porque não se poderia mais conceber a soberana inteligência reinando, durante a eternidade, somente sobre a matéria bruta, que um monarca terrestre não reinando, durante toda sua vida, senão sobre pedras. Como não se pode admitir Deus sem os atributos essenciais da Divindade: a justiça e a bondade, essas qualidades seriam inúteis se não devessem se exercer senão sobre a matéria.

3. – Por outro lado, não se poderia conceber um Deus soberanamente justo e bom, criando seres inteligentes e sensíveis, para destiná-los ao nada, depois de alguns dias de sofrimentos sem compensações, repassando sua visão dessa sucessão indefinida de seres que nascem sem o ter pedido, pensam um instante, para não conhecerem senão a dor, e se extinguem para sempre depois de uma existência efêmera.

Sem a sobrevivência do ser pensante, os sofrimentos da vida seriam, da parte de Deus, uma crueldade sem objetivo. Eis por que o materialismo e o ateísmo são os corolários um do outro; negando a causa, não podem admitir o efeito; negando o efeito, não podem admitir a causa. O materialismo, portanto, é consequente consigo mesmo, se não o é com a razão.

4. – A ideia da perpetuidade do ser espiritual é inata no homem; nele está no estado de intuição e de aspiração; compreende que só aí está a compensação às misérias da vida: por isso sempre houve, e sempre haverá, mais espiritualistas que materialistas, e mais deístas do que ateus.

À ideia intuitiva e ao poder do raciocínio, o Espiritismo vem acrescentar a sanção dos fatos, a prova material da existência do ser espiritual, de sua sobrevivência, de sua imortalidade e de sua individualidade; ele precisa e define o que este pensamento tinha de vago e de abstrato. Mostra-nos o ser inteligente agindo fora da matéria, seja depois, seja durante a vida do corpo.

5. – O princípio espiritual e o princípio vital são uma só e a mesma coisa?

Partindo, como sempre, da observação dos fatos, diremos que, se o princípio vital fosse inseparável do princípio inteligente, não haveria aí qualquer razão para confundi-los; mas, uma vez que se veem seres que vivem e não pensam, como as plantas; corpos humanos serem ainda animados da vida orgânica, então que não existe nenhuma manifestação do pensamento; que se produzem no ser vivo movimentos vitais independentes de todo ato de vontade; que durante o sono a vida orgânica está em toda a sua atividade, ao passo que a vida intelectual não se manifesta por nenhum sinal exterior; há lugar para se admitir que a vida orgânica reside num princípio inerente à matéria, independente da vida espiritual que é inerente ao Espírito. Desde então, que a matéria tem uma vitalidade independente do Espírito, e que o Espírito tem uma vitalidade independente da matéria, torna-se evidente que esta dupla vitalidade repousa sobre dois princípios diferentes. (Cap. X, Nᵒs. 16 a 19).

6. – O princípio espiritual teria sua fonte no elemento cósmico universal? Não seria senão uma transformação, um modo de existência desse elemento, como a luz, a eletricidade, o calor, etc.?

Se assim fosse, o princípio espiritual sofreria as vicissitudes da matéria; extinguir-se-ia pela desagregação como o princípio vital; o ser inteligente não teria senão uma existência momentânea como o corpo, e na morte reentraria no nada, ou, o que vem a ser o mesmo, no todo universal; isto seria, numa palavra, a sanção das doutrinas materialistas.

As propriedades *sui generis* que são reconhecidas no princípio espiritual provam que ele tem a sua existência própria, independente, uma vez que, se tivesse a sua origem na matéria, não teria essas propriedades. Uma vez que a inteligência e o pensamento não podem ser atributos da matéria, chega-se à conclusão, remontando dos efeitos à causa, de que o elemento material e o elemento espiritual são os dois princípios constitutivos do Universo. O elemento espiritual individualizado constitui os seres chamados *Espíritos*, como o elemento material individualizado constitui os diferentes corpos da Natureza, orgânicos e inorgânicos.

7. – Sendo admitido o ser espiritual, e sua fonte não podendo estar na matéria, qual é a sua origem, o seu ponto de partida?

Aqui, os meios de investigação fazem absolutamente falta, como em tudo o que se prende ao princípio das coisas. O homem não pode constatar senão o que existe; sobre todo o resto, não pode emitir senão hipóteses; e seja que esse conhecimento ultrapasse a capacidade de sua inteligência atual, seja que há para ele inutilidade ou inconveniência em possuí-lo para o momento, Deus não lho dá, mesmo pela revelação.

O que Deus lhe faz dizer, pelos seus mensageiros, e o que, aliás, o homem poderia deduzir, ele mesmo, do princípio da soberana justiça, que é um dos atributos essenciais da Divindade, é que todos têm um mesmo ponto de partida; que todos são criados simples e ignorantes, com uma igual aptidão para progredir pela sua atividade individual; que todos atingirão o grau de perfeição compatível com a criatura pelos seus esforços pessoais; que todos, sendo filhos de um mesmo Pai, são o objeto de uma igual solicitude; que não há nenhum mais favorecido ou melhor dotado que os outros, nem dispensado do trabalho que seria imposto a outros para alcançar o objetivo.

Gênese espiritual 155

8. – Ao mesmo tempo que Deus criou mundos materiais de toda a eternidade, igualmente criou seres espirituais de toda a eternidade; sem isso, os mundos materiais estariam sem objetivo. Conceber-se-ia antes os seres espirituais sem os mundos materiais, que estes últimos sem os seres espirituais. São os mundos materiais que devem fornecer aos seres espirituais os elementos da atividade para o desenvolvimento de sua inteligência.

9. – O progresso é a condição normal dos seres espirituais, e a perfeição relativa o objetivo que devem alcançar; ora, Deus tendo criado de toda a eternidade, e criando sem cessar, de toda a eternidade também terá havido os que alcançaram o ponto culminante da escala.

Antes que a Terra existisse, mundos haviam sucedido os mundos, e quando a Terra saiu do caos dos elementos, o espaço estava povoado de seres espirituais, em todos os graus de adiantamento, desde aqueles que nasciam para a vida, até aqueles que, de toda a eternidade, tomaram lugar entre os puros Espíritos, vulgarmente chamados anjos.

União do princípio espiritual e da matéria

10. – Devendo a matéria ser o objeto de trabalho do Espírito, para o desenvolvimento de suas faculdades, era necessário que pudesse atuar sobre ela, por isso veio habitá-la, como o lenhador habita a floresta. Devendo ser a matéria, ao mesmo tempo, o objetivo e o instrumento de trabalho, Deus, em lugar de unir o Espírito à pedra rígida, criou, para seu uso, corpos organizados; flexíveis, capazes de receber todos os impulsos de sua vontade e de se prestar a todos os seus movimentos.

O corpo é, pois, ao mesmo tempo, o envoltório e o instrumento do Espírito e, à medida que este adquire novas aptidões, ele reveste um envoltório apropriado ao novo gênero de trabalho que deve realizar, como se dá a um obreiro ferramentas menos grosseiras à medida que ele seja capaz de fazer uma obra mais cuidada.

11. – Para ser mais exato, é necessário dizer que é o próprio Espírito que dá forma ao seu envoltório e o apropria às suas novas necessidades; aperfeiçoa-o, desenvolve-o e completa o organismo à medida que sente a necessidade de manifestar novas faculdades; em uma palavra, ele a coloca na estatura de sua inteligência; Deus lhe fornece os materiais: cabe-lhe empregá-los; assim é que as raças avançadas têm um organismo ou, se assim preferirem, uma aparelhagem cerebral mais aperfeiçoada que as raças primitivas. Explica-se assim, igualmente, o cunho especial que o caráter do

Espírito imprime aos traços da fisionomia e ao comportamento do corpo. (Cap. VIII, no. 7: da *Alma da Terra*). (*)

12. – Desde que um Espírito nasce na vida espiritual, deve, para o seu adiantamento, fazer uso de suas faculdades, de início, rudimentares; por isso, ele reveste um envoltório corporal apropriado ao seu estado de infância intelectual, envoltório que deixa para revestir um outro à medida que as suas forças aumentam. Ora, como em todos os tempos houve mundos, e que esses mundos deram nascimento a corpos organizados próprios a receberem os Espíritos, de todos os tempos os Espíritos encontraram, qualquer que fosse o seu grau de adiantamento, os elementos necessários à sua vida carnal.

13. – Sendo o corpo exclusivamente material, sofre as influências da matéria. Depois de funcionar algum tempo, ele se desorganiza e se decompõe; o princípio vital, não achando mais o elemento de sua atividade, extingue-se e o corpo morre. O Espírito, para quem o corpo privado de vida é doravante sem utilidade, deixa-o como se deixa uma casa em ruína ou uma veste fora de serviço.

14. – O corpo não é, pois, senão um envoltório destinado a receber o Espírito; desde então, pouco importam a sua origem e os materiais de que é construído. Que o corpo do homem seja uma criação especial ou não, não deixa de ser formado com os mesmos elementos que o dos animais, animado do mesmo princípio vital, de outro modo dito, aquecido pelo mesmo fogo, como é alumiado pela mesma luz, sujeito às mesmas vicissitudes e às mesmas necessidades: é um ponto sobre o qual não há contestação.

A não considerar senão a matéria, e fazendo abstração do Espírito, o homem não tem, pois, nada que o distingue do animal; mas tudo muda de aspecto fazendo-se uma distinção entre *a habitação* e *o habitante*.

Um grande senhor, sob o colmo ou vestido com o burel de um camponês, com isso não se acha menos grande senhor. Ocorre o mesmo com o homem; não é a sua vestimenta de carne que o eleva acima do animal e dele faz um ser à parte, é o seu ser espiritual, o seu Espírito.

Hipótese sobre a origem dos corpos humanos

15. – Da semelhança de formas exteriores que existem entre o corpo do homem e o do macaco, certos fisiologistas concluíram que o primeiro

---

(*) Vide Nota Explicativa da Editora no final do livro.

Gênese espiritual 157

não era senão uma transformação do segundo. Nisso não há nada de impossível, sem que, se assim o for, a dignidade do homem tenha algo a sofrer. Corpos de macacos puderam muito bem servir de vestimenta aos primeiros Espíritos humanos, necessariamente pouco avançados, que vieram se encarnar sobre a Terra, sendo essas vestimentas os meios apropriados às suas necessidades e mais próprios ao exercício de suas faculdades que o corpo de nenhum outro animal. Em lugar de que uma vestimenta especial fosse feita para o Espírito, nele encontrou uma inteiramente pronta. Deve, pois, ter-se vestido com a pele do macaco, sem deixar de ser Espírito humano, como o homem se reveste, às vezes, com a pele de certos animais, sem deixar de ser homem.

Fique bem entendido que não se trata aqui senão de uma hipótese, que de nenhum modo é colocada como princípio, mas dada somente para mostrar que a origem do corpo não prejudica o Espírito, que é o ser principal, e que a semelhança do corpo do homem com o corpo do macaco não implica a paridade entre seu Espírito e o do macaco.

16. – Admitindo essa hipótese, pode-se dizer que, sob a influência e pelo efeito da atividade intelectual de seu novo habitante, o envoltório modificou-se, embelezou-se nos detalhes, conservando em tudo a forma geral do conjunto (n° 11). Os corpos melhorados, em se procriando, reproduziram-se nas mesmas condições, como ocorre com árvores enxertadas; deram nascimento a uma nova espécie que, pouco a pouco, distanciou-se do tipo primitivo, à medida que o Espírito progrediu. O Espírito macaco, que não se exterminou, continuou a procriar corpos de macacos para seu uso, como o fruto da planta brava reproduz planta brava, e o Espírito humano procriou corpos de homens, variantes do primeiro molde em que se estabeleceu. A linhagem se bifurcou; ela produziu um descendente, e esse descendente tornou-se linhagem.

Como não há transição brusca na Natureza, é provável que os primeiros homens que apareceram sobre a Terra devem ter pouco diferenciado do macaco pela forma exterior e, sem dúvida, não muito mais pela inteligência. Há ainda, em nossos dias, selvagens que, pelo comprimento dos braços e dos pés, e a conformação da cabeça, têm de tal modo o comportamento do macaco, que não lhes falta senão serem peludos para completarem a semelhança.

Encarnação dos Espíritos

17. – O Espiritismo nos ensina de que maneira se opera a união do Espírito e do corpo na encarnação.

O Espírito, pela sua essência espiritual, é um ser indefinido, abstrato, que não pode ter uma ação direta sobre a matéria, sendo-lhe necessário um intermediário; esse intermediário está no envoltório fluídico que faz, de alguma sorte, parte integrante do Espírito, envoltório semimaterial, quer dizer, pertence à matéria pela sua origem e à espiritualidade pela sua natureza etérea; como toda matéria, ele é haurido no fluido cósmico universal, que sofre, nessa circunstância, uma modificação especial. Esse envoltório, designado sob o nome de *perispírito*, de um ser abstrato faz um ser concreto, definido, perceptível pelo pensamento; ele o torna apto para agir sobre a matéria tangível, do mesmo modo que todos os fluidos imponderáveis, que são, como se sabe, os mais poderosos motores.

O fluido perispiritual é, pois, o traço de união entre o Espírito e a matéria. Durante a sua união com o corpo, é o veículo de seu pensamento, para transmitir o movimento às diferentes partes do organismo que agem sob o impulso de sua vontade e para repercutir no Espírito as sensações produzidas pelos agentes exteriores. Ele tem por fio condutor os nervos, como no telégrafo o fluido elétrico tem por condutor o fio metálico.

18. – Quando o Espírito deve se encarnar num corpo humano em vias de formação, um laço fluídico, que não é outra coisa senão uma expansão do seu perispírito, liga-o ao germe para o qual se acha atraído, por uma força irresistível, desde o momento da concepção. À medida que o germe se desenvolve, o laço se aperta; sob a influência do *princípio vital material do germe,* o perispírito, que possui certas propriedades da matéria, une-se, *molécula a molécula,* com o corpo que se forma: de onde se pode dizer que o Espírito, por intermédio de seu perispírito, toma, de alguma sorte, raiz nesse germe, como uma planta na terra. Quando o germe está inteiramente desenvolvido, a união é completa, e, então, ele nasce para a vida exterior.

Por um efeito contrário, essa união do perispírito e da matéria carnal, que se cumprira sob a influência do princípio vital do germe, quando esse princípio deixa de agir, em consequência da desorganização do corpo, a união, que era mantida por uma força atuante, cessa quando essa força deixa de agir; então o perispírito se desliga, *molécula a molécula,* como estava unido, e o Espírito se entrega à sua liberdade. Assim, *não é a partida do Espírito que causa a morte do corpo, mas a morte do corpo que causa a partida do Espírito.*

Desde o instante que se segue à morte, a integridade do Espírito está inteira; que as suas faculdades adquirem mesmo uma penetração maior, ao passo que o princípio de vida está extinto no corpo, é a prova evidente de que o princípio vital e o princípio espiritual são duas coisas distintas.

Gênese espiritual

19. – O Espiritismo nos ensina, pelos fatos que nos faculta observar, os fenômenos que acompanham essa separação; algumas vezes, ela é rápida, fácil, doce e insensível; de outras vezes, é lenta, laboriosa, horrivelmente penosa, segundo o estado moral do Espírito, e pode durar meses inteiros.

20. – Um fenômeno particular, igualmente assinalado pela observação, acompanha sempre a encarnação do Espírito. Desde que este é preso pelo laço fluídico que o liga ao germe, a perturbação se apodera dele; essa perturbação cresce à medida que o laço se aperta, e, nos últimos momentos, o Espírito perde toda a consciência de si mesmo, de sorte que ele nunca é testemunha consciente de seu nascimento. No momento em que a criança respira, o Espírito começa a recobrar as suas faculdades, que se desenvolvem à medida que se formam e se consolidam os órgãos que devem servir para a sua manifestação.

21. – Mas, ao mesmo tempo que o Espírito recobra a consciência de si mesmo, ele perde a lembrança de seu passado, sem perder as faculdades, as qualidades e as aptidões adquiridas anteriormente, aptidões que estavam, momentaneamente, estacionadas em seu estado latente e que, em retomando a sua atividade, vão ajudá-lo a fazer mais e melhor do que o fazia precedentemente; ele renasce o que se fez pelo seu trabalho anterior, é, para ele, um novo ponto de partida, um novo degrau a subir. Aqui ainda se manifesta a bondade do Criador, porque a lembrança de um passado, frequentemente penoso ou humilhante, juntando-se às amarguras de sua nova existência, poderia perturbá-lo ou entravá-lo; ele não se lembra senão daquilo que aprendeu, porque isso lhe é útil. Se, algumas vezes, conserva uma vaga intuição dos acontecimentos passados, é como a lembrança de um sonho fugidio. É, pois, um homem novo, por ancião que seja o seu Espírito, ele se apoia sobre novos hábitos, com a ajuda dos que adquiriu. Quando ele entra na vida espiritual, o seu passado se desenrola aos seus olhos, e julga se empregou bem ou mal o seu tempo.

22. – Não há, pois, solução de continuidade na vida espiritual, apesar do esquecimento do passado; o Espírito é sempre *ele*, antes, durante a encarnação e depois dela; a encarnação não é senão uma fase especial de sua existência. Esse esquecimento não ocorre mesmo senão durante a vida exterior de relação; durante o sono, o Espírito, em parte desligado dos laços carnais, entregue à liberdade e à vida espiritual, lembra-se; sua visão espiritual não é mais tanto obscurecida pela matéria.

23. – Tomando a Humanidade em seu grau mais ínfimo da escala intelectual, entre os selvagens mais atrasados, pergunta-se se aí está o ponto de partida da alma humana.

Segundo a opinião de alguns filósofos espiritualistas, o princípio inteligente, distinto do princípio material, individualiza-se, elabora-se, em passando pelos diversos graus da animalidade; é aí que a alma ensaia para a vida e desenvolve as suas primeiras faculdades pelo exercício; seria, por assim dizer, o seu tempo de incubação. Chegada ao grau de desenvolvimento que comporta esse estado, ela recebe as faculdades especiais que constituem a alma humana. Haveria, assim, filiação espiritual do animal ao homem, como há filiação corpórea.

Esse sistema, fundado sobre a grande lei da unidade que preside à criação, responde, é necessário nisso convir, à justiça e à bondade do Criador; ele dá um resultado, um objetivo, um destino aos animais, que não mais são seres deserdados, mas que encontram, no futuro que lhes está reservado, uma compensação aos seus sofrimentos. O que constitui o homem espiritual não é a sua origem, mas os atributos especiais dos quais está dotado em sua entrada na humanidade, atributos que o transformam e dele fazem um ser distinto, como o fruto saboroso é distinto da raiz amarga de onde saiu. Por ter passado pela fieira da animalidade, com isso o homem não seria menos homem; não seria mais animal como o fruto não é a raiz, como o sábio não é o feto informe pelo qual começou no mundo.

Mas esse sistema levanta numerosas questões, das quais não é oportuno discutir aqui o pró e o contra, não mais que examinar as diferentes hipóteses que se fizeram a esse respeito. Sem, pois, procurar a origem da alma, e as fieiras pelas quais pôde passar, nós a tomamos *em sua entrada na humanidade,* no ponto em que, dotada do senso moral e do livre-arbítrio, ela começa a incorrer na responsabilidade de seus atos.

24. – A obrigação, para o Espírito encarnado, de prover à nutrição de seu corpo, sua segurança e seu bem-estar, constrange-o a aplicar as suas faculdades na busca de exercê-las e desenvolvê-las. Sua união com a matéria é, pois, útil ao seu adiantamento; eis por que *a encarnação é uma necessidade.* Por outro lado, pelo trabalho inteligente que realiza em seu proveito sobre a matéria, concorre para a transformação e o progresso material do globo em que habita; assim é que, progredindo ele mesmo, colabora na obra do Criador, de que é agente inconsciente.

25. – Mas a encarnação do Espírito não é constante nem perpétua; não é senão transitória; deixando um corpo, não retoma outro imediatamente; durante um lapso de tempo mais ou menos considerável, vive da vida espiritual, que é a vida normal; de tal sorte que a soma do tempo passado nas diferentes encarnações é pouca coisa, comparada ao tempo que ele passa no estado de Espírito livre.

No intervalo dessas encarnações, o Espírito progride igualmente, n

Gênese espiritual 161

sentido de que aproveita, para o seu adiantamento, os conhecimentos e a experiência adquiridos na vida corpórea; ele examina o que fez em sua permanência terrestre, passa em revista o que aprendeu, reconhece suas faltas, organiza seus planos e toma as resoluções segundo as quais conta guiar-se numa nova existência, tratando de fazer o melhor. Assim é que cada existência é um passo adiante na via do progresso, uma espécie de escola de aplicação.

26. – A encarnação não é, pois, normalmente, uma punição para o Espírito, como alguns o pensam, mas uma condição inerente à inferioridade do Espírito e um meio de progredir. (*O Céu e o Inferno*, cap. III, nº 8 e seguintes).

À medida que o Espírito progride moralmente, ele se desmaterializa, quer dizer que, subtraindo-se à influência da matéria, depura-se; sua vida se espiritualiza, suas faculdades e suas percepções se estendem; sua felicidade está em razão do progresso realizado. Mas, como age em virtude do seu livre-arbítrio, pode, por negligência ou má vontade, retardar o seu adiantamento; prolongar, por conseguinte, a duração de suas encarnações materiais, que se tornam então, para ele, uma punição, uma vez que, por sua falta, permaneceu nas classes inferiores, obrigado a recomeçar a mesma tarefa. Depende, pois, do Espírito abreviar, por seu trabalho e depuração de si mesmo, a duração do período de encarnação.

27. – O progresso material de um globo segue o progresso moral de seus habitantes; ora, como a criação dos mundos e dos Espíritos é incessante, que estes progridem mais ou menos rapidamente, em virtude de seu livre-arbítrio, disso resulta que há mundos mais ou menos antigos, em diferentes graus de adiantamento físico e moral, onde a encarnação é mais ou menos material e onde, por conseguinte, o trabalho, para os Espíritos, é mais ou menos rude. Sob esse ponto de vista, a Terra é um dos menos avançados; povoada de Espíritos relativamente inferiores, a vida corpórea nela é mais penosa do que em outros, como ocorre com os mais atrasados, onde é ainda mais penosa que sobre a Terra, e para os quais a Terra seria, relativamente, um mundo feliz.

28. – Quando os Espíritos adquiriram, sobre um mundo, a soma do progresso que o estado desse mundo comporta, deixam-no para se encarnarem num outro mais avançado, onde adquirem novos conhecimentos, e assim por diante até que, não lhes sendo mais útil a encarnação num corpo material, vivem exclusivamente da vida espiritual, onde progridem ainda num outro sentido e por outros meios. Chegados ao ponto culminante do progresso, gozam da suprema felicidade; admitidos nos conselhos do Todo--Poderoso, têm seu pensamento, tornam-se seus mensageiros, seus minis-

162   Capítulo 11

tros diretos para o governo dos mundos, tendo sob suas ordens os Espíritos em diferentes graus de adiantamento.

Assim, todos os Espíritos, encarnados e desencarnados, em qualquer grau da hierarquia a que pertençam, desde o menor ao maior, têm as suas atribuições no grande mecanismo do Universo; todos são úteis ao conjunto, ao mesmo tempo que são úteis a si mesmos; aos menos avançados, como a de simples operários, incumbe uma tarefa material, de início inconsciente, depois gradativamente inteligente. Por toda parte há atividade no mundo espiritual, em nenhuma parte a ociosidade inútil.

A coletividade dos Espíritos, de alguma sorte, é a alma do Universo; é o elemento espiritual que age em tudo e por toda parte, sob o impulso do pensamento divino. Sem esse elemento, não há senão a matéria inerte, sem objetivo, sem inteligência, sem outro motor que as forças materiais que deixam uma multidão de problemas insolúveis; pela ação do elemento espiritual *individualizado,* tudo tem um objetivo, uma razão de ser, tudo se explica; eis por que, sem a espiritualidade, tropeça-se com dificuldades insuperáveis.

29. – Quando a Terra se encontrou nas condições climatéricas próprias à existência da espécie humana, os Espíritos humanos nela se encarnaram. De onde vinham? Que esses Espíritos foram criados nesse momento; que vieram todos formados da Terra, do espaço ou de outros mundos, a sua presença, depois de um tempo limitado, é um fato, uma vez que, antes deles, não havia senão animais; eles se revestiram de corpos apropriados às suas necessidades especiais, às suas aptidões, e, fisiologica- mente, pertencem à animalidade; sob a sua influência, e pelo exercício de suas faculdades, esses corpos se modificaram e se aperfeiçoaram: eis o que resulta da observação. Deixemos, pois, de lado a questão da origem, ainda insolúvel para o momento; consideremos o Espírito, não em seu ponto de partida, mas no momento em que, manifestando-se nele os primeiros ger- mens do livre-arbítrio e do senso moral o vemos a desempenhar o seu papel humanitário, sem cogitarmos do meio onde haja transcorrido o período de sua infância, ou, se o preferirem, de sua incubação. Apesar da analogia do seu envoltório com o dos animais, as faculdades morais e intelectuais que o caracterizam, saberemos distingui-los destes últimos, como sob a mesma vestimenta de lã, distinguimos o camponês do homem civilizado.

30. – Se bem que os primeiros que vieram devem ter sido pouco avançados, em razão mesmo de que deveriam se encarnar em corpos muito imperfeitos, deveria haver entre eles diferenças sensíveis nos caracteres e nas aptidões. Os Espíritos similares, naturalmente, agruparam-se por ana logia e por simpatia. A Terra encontrou-se, assim, povoada por diferente

Gênese espiritual

categorias de Espíritos, mais ou menos aptos ou rebeldes ao progresso. Os corpos, recebendo a impressão do caráter do Espírito, e esses corpos procriando segundo o seu tipo respectivo, disso resultaram diferentes raças, no físico como no moral (Nº 11). Os Espíritos similares, continuando a se encarnar de preferência entre seus semelhantes, perpetuaram o caráter distintivo físico e moral das raças e dos povos, que não se perde senão com o tempo, pela sua fusão e o progresso dos Espíritos. (*Revista Espírita,* julho de 1860, página 198: Frenologia e fisiognomonia). (*)

31. – Podem-se comparar os Espíritos que vieram povoar a Terra a essas multidões de emigrantes, de origens diversas, que vão se estabelecer sobre uma terra virgem. Encontram a madeira e a pedra para fazerem as suas habitações, e cada um dá à sua um cunho diferente segundo o grau de seu saber e seu gênio particular. Agrupam-se por analogia de origens e de gostos; esses grupos acabam por formar tribos, depois povos, tendo cada um seus costumes e o seu caráter próprio.

32. – O progresso, pois, não foi uniforme em toda a espécie humana; as raças mais inteligentes, naturalmente, passaram as outras, sem contar que Espíritos, novamente nascidos na vida espiritual, vindo se encarnar sobre a Terra depois dos primeiros aí chegados, tornam a diferença do progresso mais sensível. Seria impossível, com efeito, atribuir a mesma antiguidade de criação aos selvagens, que se distinguem com dificuldade do macaco, que aos Chineses, e ainda menos que aos Europeus civilizados.

Esses Espíritos de selvagens, entretanto, pertencem também à Humanidade; alcançarão um dia o nível de seus primogênitos, mas *não será isso certamente nos corpos da mesma raça física,* impróprios a um certo desenvolvimento intelectual e moral. Quando o instrumento não mais estiver em relação com o seu desenvolvimento, emigrarão desse meio para se encarnarem num grau superior e assim por diante, até que hajam conquistado todos os graus terrestres, depois do que deixarão a Terra, para passar a outros mundos, mais e mais avançados. (*Revista Espírita,* abril de 1862, página 97: Perfectibilidade da raça negra). (*)

Reencarnações

33. – O princípio da reencarnação é uma consequência necessária da lei do progresso. Sem a reencarnação, como explicar a diferença que existe entre o estado social atual e o dos tempos de barbárie? Se as

---

(**) Vide Nota Explicativa da Editora no final do livro.

almas são criadas ao mesmo tempo que o corpo, as que nascem hoje são também todas novas, tão primitivas como aquelas que viviam há mil anos; acrescentemos que não haveria, entre elas, nenhuma conexão, nenhuma relação necessária; que seriam completamente independentes umas das outras; por que, pois, as almas de hoje seriam melhor dotadas por Deus do que as suas predecessoras? Por que compreendem melhor? Por que têm instintos mais depurados, costumes mais doces? Por que têm intuição de certas coisas sem havê-las aprendido? Desafiamos a sair daí, a menos que se admita que Deus criou almas de diversas qualidades, segundo os tempos e os lugares, proposição inconciliável com a ideia de uma soberana justiça. (Cap. II, nº 19).

Dizei, ao contrário, que as almas de hoje já viveram em tempos recuados; que puderam ser bárbaras como o seu século, mas que progrediram; que à cada nova existência elas trazem o que adquiriram em existências anteriores; que, consequentemente, as almas dos tempos civilizados não são almas criadas mais perfeitas, mas que se aperfeiçoaram, *elas mesmas,* com o tempo, e tereis a única explicação plausível da causa do progresso social. (*O Livro dos Espíritos,* caps. IV e V).

34. – Algumas pessoas pensam que as diferentes existências da alma se cumprem de mundo a mundo, e não sobre um mesmo globo, onde cada Espírito não aparece senão uma única vez.

Esta doutrina seria admissível, se todos os habitantes da Terra estivessem no mesmo nível intelectual e moral; não poderiam então progredir senão indo para um outro mundo, e a sua reencarnação sobre a Terra seria inútil; ora, Deus nada faz de inútil. Desde o instante em que ali se encontrem todos os graus de inteligência e de moralidade, desde a selvageria que o aproxima do animal até a mais avançada civilização, ela oferece um campo vasto de progresso; perguntar-se-ia por que o selvagem seria obrigado a procurar alhures o grau acima dele, quando o encontra ao seu lado, e assim de passo em passo; por que o homem avançado não pudera fazer as suas primeiras etapas senão em mundos inferiores, então que os análogos de todos esses mundos estão ao seu redor, que há diferentes graus de adiantamento, não somente de povo a povo, mas no mesmo povo e na mesma família? Se assim fora, Deus teria feito alguma coisa de inútil, colocando lado a lado o ignorante e o sábio, a barbárie e a civilização, o bem e o mal, ao passo que é precisamente esse contato que faz os retardatários avançarem?

Não há, pois, mais necessidade de que esses homens mudem de mundo em cada etapa, como não o há para algum estudante mudar de colégio em cada classe; longe disso ser uma vantagem para o progresso, seria um entrave, porque o Espírito estaria privado do exemplo que lhe oferece a

Gênese espiritual

visão dos graus superiores, e a possibilidade de reparar seus erros no meio e sob o olhar daqueles que ofendeu, possibilidade que é, para ele, o mais poderoso meio de avanço moral. Depois de uma curta coabitação, os Espíritos se dispersam e se tornam estranhos uns aos outros, os laços de família e de amizade, não tendo o tempo de se consolidarem, romper-se-iam.

Ao inconveniente moral se juntaria um inconveniente material. A natureza dos elementos, as leis orgânicas, as condições de existência, variam segundo os mundos; sob esse aspecto, não há dois mundos que sejam perfeitamente idênticos. Nossos tratados de física, de química, de anatomia, de medicina, de botânica, etc. para nada serviriam nos outros mundos, e, todavia, o que aqui se aprende não está perdido; não só isso desenvolve a inteligência, mas as ideias que se haurem ajudam a adquirir outras novas (Cap. IV, nº. 61 e seg.). Se o Espírito não fizesse senão uma aparição, frequentemente de curta duração, no mesmo mundo, a cada migração, encontrar-se-ia em condições todas diferentes; operaria, cada vez, sobre elementos novos, com forças e segundo leis desconhecidas para ele, antes que tivesse tempo de elaborar os elementos conhecidos, de estudá-los, de exercê-los. Isso seria, cada vez, uma nova aprendizagem a fazer, e essas mudanças incessantes seriam um obstáculo ao seu progresso. O Espírito deve, pois, permanecer sobre o mesmo mundo até que haja adquirido a soma de conhecimentos e o grau de perfeição que esse mundo comporta. (Nº 31).

Que os Espíritos deixem, por um mundo mais avançado, aquele sobre o qual nada podem mais adquirir, isso deve sê-lo e isso é; tal é o princípio. Se há os que o deixam antes, sem dúvida, é por causas individuais que Deus pesa em sua sabedoria.

Tudo tem um objetivo na criação, sem o que Deus não seria nem prudente, nem sábio; ora, se a Terra não deve ser senão uma única etapa para o progresso de cada indivíduo, que utilidade haveria, para os Espíritos das crianças que morrem em tenra idade, vir passar aí alguns anos, alguns meses, algumas horas, durante os quais nada podem haurir dele? Ocorre o mesmo para os idiotas e os cretinos. Uma teoria não é boa senão com a condição de resolver todas as questões que se lhe ligam. A questão das mortes prematuras tem sido uma pedra de tropeço para todas as doutrinas, exceto para a Doutrina Espírita, a única que a resolveu de modo racional e completo.

Para aqueles que perfazem sobre a Terra uma carreira normal, há, para o seu progresso, uma vantagem real em se encontrar no próprio meio, para aí continuar o que deixou inacabado, frequentemente, na mesma família ou em contato com as mesmas pessoas, para reparar o mal que pôde fazer, ou para sofrer-lhe a pena de talião.

Emigrações e imigrações dos Espíritos

35. – Nos intervalos de suas existências corpóreas, os Espíritos estão no estado de erraticidade e compõem a população espiritual ambiente do globo. Para os mortos e os que nascem, essas duas populações se inclinam incessantemente uma para a outra; há, pois, diariamente, emigrações do mundo corpóreo no mundo espiritual, e imigrações do mundo espiritual no mundo corpóreo: é o estado normal.

36. – Em certas épocas, reguladas pela sabedoria divina, essas emigrações e essas imigrações se operam em massas mais ou menos consideráveis, em consequência das grandes revoluções que fazem partir, ao mesmo tempo, quantidades inumeráveis, as quais são logo substituídas por quantidades equivalentes de encarnações. É necessário, portanto, considerar os flagelos e os cataclismas como ocasiões de chegadas e de partidas coletivas, de meios providenciais para renovar a população corpórea do globo, de retemperá-la com a introdução de novos elementos espirituais mais depurados. Se, nessas catástrofes, há destruição de um grande número de corpos, não há senão *envoltórios despedaçados,* mas nenhum Espírito perece: não fazem senão mudar de meio; em lugar de partir isoladamente, partem em número, eis toda a diferença, visto que, ou por uma causa ou por outra, fatalmente têm que partir, cedo ou tarde.

As renovações rápidas e quase instantâneas que se operam no elemento espiritual da população, em consequência de flagelos destruidores, aceleram o progresso social; sem as emigrações e as imigrações que vêm, de tempos a tempos, dar-lhe um violento impulso, ele caminharia com uma extrema lentidão.

É notável que todas as grandes calamidades, que dizimam as populações, são sempre seguidas de uma era de progresso na ordem física, intelectual e moral e, por consequência, no estado social das nações nas quais se cumprem. É que têm por objetivo operar um remanejamento na população normal e ativa do globo.

37. – Essa transfusão que se opera entre a população encarnada e a população desencarnada de um mesmo globo se opera, igualmente, entre os mundos, seja individualmente, nas condições normais, seja por massas, em circunstâncias especiais. Há, pois, emigrações e imigrações coletivas de um mundo para outro. Disso resulta a introdução, na população de um globo, de elementos inteiramente novos; novas raças de Espíritos vêm se misturar às raças existentes, constituindo novas raças de homens. Ora, como os Espíritos nunca perdem o que adquiriram, levam com eles a inteligência

Gênese espiritual   167

e a intuição dos conhecimentos que possuem; imprimem, consequentemente, o seu caráter à raça corpórea que vêm animar. Eles não têm necessidade, para isso, que seus novos corpos sejam criados especialmente para o seu uso; uma vez que a espécie corpórea existe, encontra-se toda pronta para recebê-los. São, pois, simplesmente novos habitantes; em chegando sobre a Terra, de início, fazem parte de sua população espiritual, depois se encarnam como os outros.

Raça adâmica

38. – Segundo o ensino dos Espíritos, foi uma dessas grandes imigrações, ou, querendo-se, uma dessas *colônias de Espíritos*, vindos de outra esfera, que deram nascimento à raça simbolizada na pessoa de Adão, e, por esta razão, chamada *raça adâmica*. Quando ela chegou, a Terra estava povoada desde tempos imemoriais, *como a América, quando chegaram os Europeus*.

A raça adâmica, mais avançada do que aquelas que a precederam sobre a Terra, era, com efeito, mais inteligente; foi ela que levou todas as outras ao progresso. A Gênese no-la mostra, desde seus princípios, industriosa, apta para as artes e para as ciências, sem passar pela infância intelectual, o que não é próprio das raças primitivas, mas o que concorda com a opinião de que se compunha de Espíritos que já progrediram. Tudo prova que ela não era antiga sobre a Terra, e nada se opõe a que não esteja aqui senão há alguns milhares de anos, o que não estaria em contradição nem com os fatos geológicos, nem com as observações antropológicas, e, ao contrário, tenderia a confirmá-las.

39. – A doutrina que fez todo o gênero humano proceder de uma única individualidade, há seis mil anos, não é mais admissível no estado atual dos conhecimentos. As principais considerações que a contradizem, tiradas da ordem física e da ordem moral, resumem-se nos seguintes pontos:

Do ponto de vista fisiológico, certas raças apresentam tipos particulares característicos, que não permitem assinalar-lhes uma origem comum. Há diferenças que, evidentemente, não são o efeito do clima, uma vez que os brancos que se reproduzem no país dos negros não se tornam negros, e reciprocamente. O ardor do Sol tosta e amorena a epiderme, mas nunca transformou um branco em negro, achatou o nariz, mudou a forma dos traços da fisionomia, nem tornou encarapinhados e lanudos os cabelos longos e macios. Sabe-se hoje que a cor do negro provém de um tecido particular, subcutâneo, que se liga à espécie.

É necessário, pois, considerar as raças negras, mongólicas, caucásicas, como tendo a sua origem própria e nascidas simultaneamente, ou sucessivamente, sobre diferentes partes do globo; seu cruzamento produziu as raças mistas secundárias. Os caracteres fisiológicos das raças primitivas são o indício evidente de que elas provieram de tipos especiais. As mesmas considerações existem, pois, tanto para os homens como para os animais, quanto à pluralidade de estirpes. (Cap. X, n° 2 e seguintes).

40. – Adão e seus descendentes são representados na Gênese como homens essencialmente inteligentes, uma vez que, desde a segunda geração, edificam as suas casas, cultivam a terra, trabalham os metais. Seus progressos nas artes e nas ciências foram rápidos e constantemente sustentados. Não se conceberia, pois, que essa estirpe tivesse, por descendentes, povos numerosos tão atrasados, de uma inteligência tão rudimentar, que costeiam, ainda em nossos dias, a animalidade; que perdessem todo o traço e até a menor lembrança tradicional do que faziam seus pais. Uma diferença tão radical nas aptidões intelectuais, e no desenvolvimento moral, atesta, com não menos evidência, uma diferença de origem.

41. – Independentemente dos fatos geológicos, a prova da existência do homem sobre a Terra antes da época fixada pela Gênese é tirada da população do globo.

Sem falar da cronologia chinesa, que remonta, diz-se, a trinta mil anos, documentos mais autênticos atestam que o Egito, a Índia e outros países estavam povoados e florescentes pelo menos três mil anos antes da era cristã, mil anos, consequentemente, depois da criação do primeiro homem, segundo a cronologia bíblica. Documentos e observações recentes não deixam nenhuma dúvida, hoje, sobre as relações que existiram entre a América e os antigos Egípcios; de onde é necessário concluir que esse continente já era povoado nessa época. Seria, pois, preciso admitir que, em mil anos, a posteridade de um único homem pôde cobrir a maior parte da Terra; ora, uma tal fecundidade seria contrária a todas as leis antropológicas (1).

---

(1) A Exposição universal de 1867 apresentou antiguidades do México, que não deixam nenhuma dúvida sobre as relações que os povos desse continente tiveram com os antigos Egípcios. O Sr. Léon Méchedin, numa nota afixada no templo mexicano da Exposição, assim se expressou:

"É conveniente não publicar antes do tempo as descobertas feitas do ponto de vista da história do homem, pela recente expedição científica do México; entretanto, nada se opõe a que o público saiba, desde hoje, que a exploração constatou a existência de um grande número de cidades encobertas pelo tempo, mas que a picareta e o incêndio podem tirar de sua mortalha.

As escavações puseram a descoberto, por toda a parte, *três berços de civilizações* que parecem dar, ao mundo americano, uma antiguidade fabulosa."

É assim que, cada dia, a ciência vem dar o desmentido dos fatos à doutrina que limita em 6000 anos a aparição do homem sobre a Terra, ao pretender fazê-lo sair de uma estirpe única.

Gênese espiritual 169

42. – A impossibilidade se torna ainda mais evidente se se admite, com a Gênese, que o dilúvio destruiu *todo o gênero humano*, com exceção de Noé e sua família, que não era numerosa, no ano de 1656, seja 2348 anos antes da era cristã. Em realidade, pois, daquele patriarca é que dataria o povoamento da Terra. ora, quando os Hebreus se estabeleceram no Egito, 612 anos depois do dilúvio, esse já era um poderoso império, que teria sido povoado, sem falar de outros países, em menos de seis séculos, só pelos descendentes de Noé, o que não é admissível.

Notemos, de passagem, que os Egípcios acolheram os Hebreus como estrangeiros; seria de espantar que tivessem perdido a lembrança de uma comunidade de origem tão próxima, então que conservavam religiosamente os monumentos de sua história.

Uma lógica rigorosa, corroborada pelos fatos, demonstra, pois, da maneira mais peremptória, que o homem está sobre a Terra há um tempo indeterminado, bem anterior à época assinalada pela Gênese. Ocorre o mesmo com a diversidade de estirpes primitivas; porque demonstrar a impossibilidade de uma proposição é demonstrar a proposição contrária. Se a geologia descobre traços autênticos da presença do homem antes do grande período diluviano, a demonstração será ainda mais absoluta.

Doutrina dos anjos decaídos e do paraíso perdido (1)

43. – Os mundos progridem fisicamente pela elaboração da matéria, e moralmente pela depuração dos Espíritos que os habitam. Neles, a felicidade está em razão da predominância do bem sobre o mal, e a predominância do bem é o resultado do avanço moral dos Espíritos. O progresso intelectual não basta, uma vez que, com a inteligência, podem fazer o mal.

Então, pois, quando um mundo chega a um de seus períodos de transformação, que deve fazê-lo subir na hierarquia, mutações se operam na sua população encarnada e desencarnada; é então que ocorrem as grandes

---

(1) Quando, na Revista de janeiro de 1862, publicamos um artigo sobre *a interpretação da doutrina dos anjos decaídos,* apresentamos essa teoria como uma hipótese, não tendo senão a autoridade de uma opinião pessoal controvertida, porque então nos faltavam elementos bastante completos para uma afirmação absoluta; demo-la a título de ensaio, tendo em vista provocar-lhe o exame, bem determinado a abandoná-la ou a modificá-la se isso ocorresse. Hoje, essa teoria sofreu a prova do controle universal; não só foi acolhida pela grande maioria dos Espíritas como a mais racional e a mais conforme com a soberana justiça de Deus, mas foi confirmada pela generalidade das instruções dadas pelos Espíritos sobre esse assunto. Ocorre o mesmo com aquela que concerne à origem da raça adâmica.

170 Capítulo 11

emigrações e imigrações (nºs. 34, 35). Aqueles que, apesar de sua inteligência e de seu saber, perseveraram no mal, em sua revolta contra Deus e suas leis, serão doravante um entrave para o progresso moral ulterior, uma causa permanente de perturbação para o repouso e a felicidade dos bons, por isso eles são excluídos e enviados para os mundos menos avançados; ali aplicarão a sua inteligência e a intuição dos conhecimentos adquiridos ao progresso daqueles entre os quais são chamados a viver, ao mesmo tempo que expiarão, numa série de existências penosas e por um duro trabalho, as suas faltas passadas e o seu endurecimento *voluntário*.

Que serão, entre esses povos, novos para eles, ainda na infância da barbárie, senão anjos ou Espíritos decaídos enviados em expiação? A Terra, da qual *foram expulsos*, não é para eles um *paraíso perdido*? Não era para eles um *lugar de delícias* em comparação com o meio ingrato onde vão se achar relegados durante milhares de séculos, até o dia em que terão merecido a sua liberdade? A vaga lembrança intuitiva que dela conservam é para eles como uma miragem longínqua, que lhes lembra o que *perderam por sua falta*.

44. – Mas, ao mesmo tempo que os maus partiram do mundo que habitavam, são substituídos por Espíritos melhores, vindos seja da erraticidade do mesmo mundo, seja de um mundo menos avançado que mereceram deixar, e para os quais a sua nova morada é uma recompensa. Estando a população espiritual assim renovada e purgada de seus piores elementos, ao cabo de algum tempo o estado moral do mundo se acha melhorado.

Essas mutações, algumas vezes, são parciais, quer dizer, limitadas a um povo, a uma raça; de outras vezes, são gerais, quando o período de renovação chegou para o globo.

45. – A raça adâmica tem todos os caracteres de uma raça proscrita: os Espíritos que dela fazem parte foram exilados sobre a Terra, já povoada, mas por homens primitivos, mergulhados na ignorância, e que tiveram por missão fazer progredir levando entre eles as luzes de uma inteligência desenvolvida. Não foi, com efeito, o papel que essa raça cumpriu até hoje? A sua superioridade intelectual prova que o mundo de onde saiu era mais avançado do que a Terra; mas esse mundo, devendo entrar em uma nova fase de progresso, e esses Espíritos, tendo em vista a sua obstinação, não tendo sabido se colocar nessa altura, aí estariam deslocados e seriam um entrave à marcha providencial das coisas; por isso, dele foram excluídos, ao passo que outros mereceram substituí-los.

Relegando essa raça sobre esta Terra de trabalho e de sofrimentos, Deus teve razão em dizer-lhe: "Dela tirarás teu alimento com o suor de

Gênese espiritual

teu rosto." Em sua mansuetude, prometeu que lhe enviaria um *Salvador*, quer dizer, aquele que deveria iluminar o seu caminho a seguir, para sair deste lugar de miséria, deste *inferno*, e chegar à felicidade dos eleitos. Esse Salvador enviou-lhe na pessoa do Cristo, que ensinou a lei de amor e de caridade, desconhecida para eles, e que deveria ser a verdadeira âncora de salvação.

É igualmente com o objetivo de fazer avançar a Humanidade, num sentido determinado, que os Espíritos superiores, sem terem as qualidades do Cristo, encarnam-se de tempos em tempos sobre a Terra, para nela cumprirem missões especiais que aproveitam, ao mesmo tempo, ao seu adiantamento pessoal, se as cumprem segundo os objetivos do Criador.

46. – Sem a reencarnação, a missão do Cristo não teria sentido, assim como a promessa feita por Deus. Suponhamos, com efeito, que a alma de cada homem seja criada no nascimento de seu corpo e que ela não faça senão aparecer e desaparecer de sobre a Terra, não haveria nenhuma relação entre aquelas que vieram depois de Adão até Jesus Cristo, nem entre aquelas que vieram depois; são todas estranhas umas às outras. A promessa de um Salvador, feita por Deus, não poderia se aplicar aos descendentes de Adão, se as suas almas não estavam ainda criadas. Para que a missão do Cristo pudesse se ligar às palavras de Deus, seria necessário que elas pudessem se aplicar às mesmas almas. Se essas almas são novas, elas não podem estar maculadas pela falta do primeiro pai, que não é senão o pai carnal, e não o pai espiritual; de outro modo, Deus teria *criado* almas manchadas por uma falta que não poderia influenciar sobre elas, uma vez que não existiam. A doutrina vulgar do pecado original implica, pois, a necessidade de uma relação entre as almas do tempo do Cristo e as do tempo de Adão, e, por conseguinte, a reencarnação.

Dizei que todas essas almas faziam parte da colônia de Espíritos exilados sobre a Terra no tempo de Adão e que estavam manchadas por vícios que as fizeram excluir de um mundo melhor, e tereis a única interpretação racional do pecado original, pecado próprio a cada indivíduo, e não o resultado da responsabilidade da falta de um outro que nunca conheceu; dizei que essas almas, ou Espíritos, renascem diversas vezes sobre a Terra, na vida corpórea para progredirem e se depurarem; que o Cristo veio esclarecer *essas mesmas almas,* não só por suas vidas passadas, mas para suas vidas ulteriores, e somente então dareis à sua missão um objetivo real e sério, aceitável pela razão.

47. – Um exemplo familiar, evidente pela sua analogia, fará compreender melhor ainda os princípios que acabam de se expostos:

172   *Capítulo 11*

No dia 24 de maio de 1861, a fragata *Iphigénie* conduz para a Nova Caledônia uma companhia disciplinar composta de 291 homens. O comandante da colônia lhes dirigiu, à sua chegada, uma ordem do dia assim concebida:

"Colocando o pé nesta terra longínqua, já compreendestes o papel que vos estava reservado.

"A exemplo de nossos bravos soldados da marinha, servindo sob os vossos olhos, nos ajudareis a levar com glória, no meio das tribos selvagens da Nova Caledônia, o brilho da civilização. Não está aí uma nobre e bela missão, eu vos pergunto? Vós a cumprireis dignamente.

"Escutai a voz e os conselhos de vossos chefes. Eu estou no seu comando; que as minhas palavras sejam bem entendidas.

"A escolha do vosso comandante, de vossos oficiais, de vossos suboficiais e cabos é uma garantia segura de todos os esforços que serão tentados para fazer de vós excelentes soldados; digo mais, para vos levar à altura de bons cidadãos e vos transformar em colonos honrados, *se o desejardes*.

"A vossa disciplina é severa; ela assim deve ser. Colocada em nossas mãos, ela será firme e inflexível, sabei-o bem; como também, justa e paternal, saberá distinguir o erro do vício e da degradação."

Eis, pois, homens expulsos, por sua má conduta, de um país civilizado e enviados, por punição, junto a um povo bárbaro. Que lhes disse o chefe? "Infringistes as leis de vosso país; fostes ali uma causa de perturbação e de escândalo, e fostes expulsos; enviam-vos para aqui, mas aqui podeis resgatar o vosso passado; podeis, pelo trabalho, criar-vos uma posição honrosa e tornar-vos cidadãos honestos. Tendes aqui uma bela missão a cumprir, a de levar a civilização a essas tribos selvagens. A disciplina será severa, mas justa, e saberemos distinguir aqueles que se conduzirem bem. A vossa sorte está em vossas mãos; podereis melhorá-la *se o desejardes*, porque tendes o vosso livre-arbítrio."

Para esses homens, relegados ao seio da selvageria, a mãe-pátria não é um paraíso perdido pela sua falta e pela sua rebelião à lei? Nessa terra longínqua, não são anjos decaídos? A linguagem do chefe não é a que Deus fez os Espíritos exilados ouvirem sobre a Terra: "Desobedecestes as minhas leis, foi por isso que vos expulsei do mundo em que poderíeis viver felizes e em paz; aqui sereis condenados ao trabalho, mas podereis, pela vossa boa conduta, merecer o vosso perdão e reconquistar a pátria que perdestes por vossa falta, quer dizer, o céu?"

48. – À primeira vista, a ideia de queda parece estar em contra dição com o princípio de que os Espíritos não podem retrogradar; mas é necessário considerar que não se trata de um retorno ao estado primitivo; o Espírito, embora numa posição inferior, não perde nada do que adquiriu; seu desenvolvimento moral e intelectual é o mesmo, qualquer que seja o meio em que se encontre colocado. Está na posição do homem do mundo condenado à prisão pelas suas más ações; certamente, está degradado, decaído, do ponto de vista social, mas não se torna nem mais estúpido, nem mais ignorante.

49. – Deve-se, agora, crer que esses homens enviados à Nova Caledônia, vão se transformar subitamente em modelos de virtudes? Que vão abjurar, de repente, os seus erros do passado? Seria necessário não conhecer a Humanidade para assim supor. Pela mesma razão, os Espíritos da raça adâmica, uma vez transplantados sobre a terra de exílio, não se despojaram instantaneamente de seu orgulho e de seus maus instintos; conservaram, ainda por muito tempo, as tendências de sua origem, um resto do velho fermento; ora, não é isso o pecado original?

CAPÍTULO **12**

Gênese mosaica

Os seis dias. – O paraíso perdido.

Os seis dias

1. – CAPÍTULO I – 1. No princípio Deus criou o céu e a Terra. – 2. A Terra era uniforme e toda nua; as trevas cobriam a face do abismo, e o Espírito de Deus pairava sobre as águas. 3. Ora, Deus disse: Que a luz seja feita, e a luz foi feita. – 4. Deus viu que a luz era boa e separou a luz das trevas. – 5. Deu à luz o nome de dia, e às trevas o nome de noite; e da tarde e da manhã se fez o primeiro dia.

6. Deus disse também: Que o firmamento seja feito no meio das águas, e que ele separe as águas das águas. – 7. E Deus fez o firmamento; e separou as águas que estavam sob o firmamento daquelas que estavam acima do firmamento. E isso assim se fez. – 8. E Deus deu ao firmamento o nome de céu; e da tarde e da manhã se fez o segundo dia.

9. Deus disse ainda: Que as águas que estão sob o céu se reúnam em um só lugar e que o elemento árido apareça. E isso assim se fez. – 10. Deus deu ao elemento árido o nome de terra, e chamou mar a todas as águas reunidas. E viu que isso estava bem. – 11. Deus disse ainda: Que a terra produza erva verde que traga consigo o grão, e árvores frutíferas que tragam consigo o fruto, cada um segundo a sua espécie, e contenham sua semente em si mesmas para se reproduzirem sobre a terra. E isso assim se fez. – 12. A terra produziu, pois, erva verde que trazia consigo o grão segundo a sua espécie, e árvores frutíferas que continham sua semente em si mesmas, cada uma segundo a sua espécie. E Deus viu que isso estava bom. – 13. E da tarde e da manhã se fez o terceiro dia.

14. Deus disse também: Que corpos de luz sejam feitos no firmamento do céu, a fim de que separem o dia da noite e que sirvam de sinais para

Gênese mosaica 175

marcar o tempo e as estações, os dias e os anos. – 15. Que brilhem no firmamento do céu e que clareiem a terra. E isso assim se fez. – 16. Deus fez, pois, dois grandes corpos luminosos, um maior para presidir ao dia, e o outro menor para presidir à noite; fez também as estrelas; – 17. E colocou-os no firmamento do céu para brilharem sobre a terra. – 18. Para presidirem ao dia e à noite, e para separarem a luz das trevas. E Deus viu que isso estava bom. – 19. E da tarde e da manhã se fez o quarto dia.

20. Deus disse ainda: Que as águas produzam animais vivos que nadem na água, e pássaros que voem sobre a terra e sob o firmamento do céu. – 21. Deus criou, pois, os grandes peixes e todos os animais que têm a vida e o movimento, que as águas produzem cada um segundo a sua espécie, e criou também todos os pássaros segundo a sua espécie. E viu que isso estava bom. – 22. Ele os abençoou dizendo: Crescei e multiplicai-vos, e ocupai as águas do mar; e que os pássaros se multipliquem sobre a terra. – 23. E da tarde e da manhã se fez o quinto dia.

24. Deus disse também: Que a terra produza animais vivos cada um segundo a sua espécie, os animais domésticos, os répteis e os animais selvagens da terra segundo as suas diferentes espécies. E isso assim se fez. – 25. Deus fez, pois, as bestas selvagens da terra segundo as suas espécies, os animais domésticos e todos os répteis, cada um segundo a sua espécie. E Deus viu que isso estava bom.

26. Ele disse em seguida: Façamos o homem à nossa imagem e à nossa semelhança, e que ele comande os peixes do mar, os pássaros do céu, os animais, a toda a Terra e a todos os répteis que se movem sobre a terra. – 27. Deus criou, pois, o homem à sua imagem, e o criou à imagem de Deus, e o criou macho e fêmea. – 28. Deus os abençoou e disse-lhes: Crescei e multiplicai-vos, ocupai a Terra e sujeitai-a, e dominai sobre os peixes do mar, sobre os pássaros do céu e sobre todos os animais que se movem sobre a terra. – 29. Deus disse ainda: Eu vos dei todas as ervas que trazem consigo o seu grão sobre a terra e todas as árvores que contêm em si mesmas sua semente, cada uma segundo a sua espécie, a fim de que vos sirvam de alimento; – 30. E a todos os animais da Terra, a todos os pássaros do céu, a tudo o que se move sobre a Terra e que está vivo e animado, a fim de que tenham do que se nutrir. E isso assim se fez. – 31. Deus viu todas as coisas que fizera; e que elas estavam muito boas. – 32. E da tarde e da manhã se fez o sexto dia.

CAPÍTULO II. – 1. O céu e a Terra foram, pois, assim acabados com todos os seus ornamentos. – 2. Deus terminou no sétimo dia toda a obra que fizera, e repousou nesse sétimo dia, depois de ter acabado todas as suas obras. – 3. Ele abençoou o sétimo dia e o santificou, porque cessara nesse dia de produzir todas as obras que criara. – 4. Tal é a origem do céu e da

176   Capítulo 12

Terra, e foi assim que foram criados no dia que o Senhor fez um e o outro. – 5. E que criou todas as plantas dos campos antes que elas saíssem da terra, e todas as ervas da campanha antes que fossem produzidas. Porque o Senhor Deus ainda não fizera chover sobre a terra, e não havia o homem para trabalhá-la; – 6. Mas se elevava da terra uma fonte que lhe irrigava toda a superfície.

7. O Senhor Deus formou, pois, o homem do limo da terra e espalhou sobre o seu rosto um sopro de vida, e o homem tornou-se vivo e animado.

2. – Depois dos desenvolvimentos contidos nos capítulos precedentes, sobre a origem e a constituição do Universo, segundo os dados fornecidos pela ciência para a parte material, e segundo o Espiritismo para a parte espiritual, seria útil colocar em paralelo o próprio texto da Gênese de Moisés, a fim de que cada um possa estabelecer uma comparação e julgar com conhecimento de causa; algumas explicações complementares bastarão para fazer compreender as partes que têm necessidade de esclarecimentos especiais.

3. – Sobre alguns pontos, certamente, há uma concordância notável entre a Gênese de Moisés e a doutrina científica; mas seria errado crer-se que basta substituir os seis dias, de vinte e quatro horas, da criação, por seis períodos indeterminados para se encontrar uma analogia completa; seria um erro, não menos grande, o crer que, salvo o sentido alegórico de algumas palavras, a Gênese e a ciência se seguem passo a passo, e não são senão a paráfrase uma da outra.

4. – Notemos, de início, assim como isso foi dito (cap. VII, n°14), que o número de seis períodos geológicos é arbitrário, uma vez que se contam mais de vinte e cinco formações bem caracterizadas. Este número não marca senão as grandes fases gerais; não foi adotado, a princípio, senão para encaixar, o mais possível, no texto bíblico em uma época pouco distante, de resto, em que se acreditava que se deveria controlar a ciência pela Bíblia. Foi por isso que os autores da maior parte das teorias cosmogônicas, com o objetivo de se fazerem aceitar mais facilmente, esforçaram-se por se colocarem de acordo com o texto sagrado. Quando a ciência está apoiada sobre o método experimental, ela se sente mais forte, e está emancipada; hoje, é a Bíblia que se controla pela ciência.

Por outro lado, a geologia, não tomando seu ponto de partida senão pela formação dos terrenos graníticos, não compreende, no número de seus períodos, o estado primitivo da Terra. Ela não se ocupa, não mais, do Sol, da Lua e das estrelas, nem do conjunto do Universo, assuntos esses que pertencem à astronomia. Para entrar no quadro da Gênese, convém,

Gênese mosaica   *177*

pois, acrescentar um primeiro período abarcando essa ordem de fenômenos, e que se poderia chamar de *período astronômico*.

Além do mais, o período diluviano não é considerado por todos os geólogos como formando um período distinto, mas como um fato transitório e passageiro, que não mudou consideravelmente o estado climático do globo, nem marcou uma nova fase nas espécies vegetais e animais, uma vez que, com poucas exceções, as mesmas espécies se achavam antes do dilúvio e depois dele. Pode-se, pois, fazer-se abstração dele, sem se afastar da verdade.

5. – O quadro comparativo seguinte, no qual estão resumidos os fenômenos que caracterizaram cada um dos seis períodos, permite abraçar o conjunto e julgar as relações e as diferenças que existem entre eles e a Gênese bíblica.

Ciência

I. PERÍODO ASTRONÔMICO. – Aglomeração da matéria cósmica universal, sobre um ponto do espaço, em uma nebulosa que deu nascimento, pela condensação da matéria sobre diversos pontos, às estrelas, ao Sol, à Terra, à Lua e a todos os planetas.

O estado primitivo fluídico e incandescente da Terra. – Atmosfera imensa carregada de toda água em vapor e de todas as matérias volatizáveis.

II. PERÍODO PRIMÁRIO. – Endurecimento da superfície da Terra pelo resfriamento; formação das camadas graníticas. – Atmosfera espessa e ardente, impenetrável aos raios do Sol. – Precipitação gradual da água e das matérias sólidas volatizadas no ar. – Ausência de toda vida orgânica.

III. PERÍODO DE TRANSIÇÃO. – As águas cobrem toda a superfície do globo. – Primeiros depósitos de sedimentos formados pelas águas. – Calor úmido. – O Sol começa a atravessar a atmosfera brumosa. – Primeiros seres organizados da constituição mais rudimentar. – Líquens, musgos, fetos, licopódios, plantas herbáceas. Vegetação colossal. – Primeiros animais marinhos: zoófitos, pólipos, crustáceos. – Depósitos hulhíferos.

Gênese

1° DIA. – O céu e a Terra – A luz.

2° DIA. – O firmamento. – Separação das águas que estão sob o firmamento das que estão acima.

3° DIA. – As águas que estão sob o firmamento se juntam; o elemento árido aparece. – A terra e os mares. – As plantas.

IV. PERÍODO SECUNDÁRIO. Superfície da terra pouco acidentada; águas pouco profundas e pantanosas. Temperatura menos ardente; atmosfera mais depurada. Depósitos consideráveis de calcáreo pelas águas. – Vegetações menos colossais; novas espécies; plantas lenhosas; primeiras árvores. – Peixes; cetáceos; animais em conchas; grandes répteis aquáticos e anfíbios.

4° DIA. – O Sol, a luz e as estrelas.

V. PERÍODO TERCIÁRIO. – Grandes soerguimentos da crosta sólida; formação dos continentes. Retração das águas para os lugares baixos; formação dos mares. – Atmosfera depurada; temperatura atual pelo calor solar. – Animais terrestres gigantescos. Vegetais e animais atuais. Pássaros.

5° DIA. – Os peixes e os pássaros.

DILÚVIO UNIVERSAL
VI. PERÍODO QUATERNÁRIO OU PÓS-DILUVIANO. – Terrenos de aluvião. – Vegetais e animais atuais. – O homem.

6° DIA. – Os animais terrestres. – O homem.

6. – Um primeiro fato que ressalta do quadro comparativo acima é que a obra de cada um dos seis dias não corresponde, de maneira rigorosa, como muitos o creem, a cada um dos seis períodos geológicos. A concordância mais notável é a da sucessão dos seres orgânicos, que é aproximadamente a mesma, e na aparição do homem por último; ora, está aí um fato importante.

Há igualmente coincidência, não com a ordem numérica dos períodos, mas pelo fato, na passagem onde está dito que, no terceiro dia, "as águas que estavam sob o céu se reuniram em um só lugar, e que o elemento árido apareceu". É a expressão do que ocorreu no período terciário, quando os soerguimentos da crosta sólida puseram a descoberto os continentes e refluiram as águas que formaram os mares. Foi então somente que apareceram os animais terrestres, segundo a geologia e segundo Moisés.

7. – Quando Moisés disse que a criação foi feita em seis dias, quis falar do dia de vinte e quatro horas, ou bem compreendeu essa palavra no sentido de: período, duração? A primeira hipótese é a mais provável, se se a refere ao próprio texto; primeiro, porque tal é o sentido próprio da palavra hebraica *iôm,* traduzida por *dia;* depois, a especificação da tarde e da manhã, que limitam cada um dos seis dias, dá todo lugar a se supor que ele quis falar de dias comuns. Não se pode mesmo conceber nenhuma dúvida a esse respeito, quando ele disse, versículo 5: "Ele deu à luz o nome de dia e às trevas o nome de noite; e da tarde e da manhã se fez o primeiro dia."

Isto não pode, evidentemente, aplicar-se senão ao dia de vinte e quatro horas, dividido pela luz e as trevas. O sentido é ainda mais preciso quando disse, versículo 17, falando do Sol, da Lua e das estrelas: "Ele os colocou no firmamento do céu para brilharem sobre a Terra; para presidir ao dia e à noite e para separar a luz das trevas. E da tarde e da manhã se fez o quarto dia."

Aliás, tudo, na criação, era miraculoso, e desde que se entrou na via dos milagres, pode-se perfeitamente crer que a Terra foi feita em seis vezes vinte e quatro horas, sobretudo quando se ignoram as primeiras leis naturais. Essa crença foi bem partilhada por todos os povos civilizados até o momento em que a geologia chegou, documentos na mão, demonstrando-lhe a impossibilidade.

8. – Um dos pontos que foi o mais criticado na Gênese foi a criação do Sol depois da luz. Procurou-se explicá-lo, segundo os dados fornecidos pela própria geologia, dizendo que, nos primeiros tempos de sua formação, a atmosfera terrestre, estando carregada de vapores densos e opacos, não permitia ver o Sol, que desde então não existia para a Terra. Essa razão seria talvez admissível se, nessa época, houvesse habitantes para julgar da presença ou da ausência do Sol; ora, segundo o próprio Moisés, não havia ainda senão plantas que, todavia, não puderam crescer e se multiplicar sem a ação do calor solar.

Há, pois, evidentemente, um anacronismo na ordem que Moisés assinala da criação do Sol; mas, involuntariamente ou não, não errou em dizendo que a luz precedeu ao Sol.

O Sol não é o princípio da luz universal, mas uma concentração de elementos luminosos sobre um ponto, dito de outro modo, do fluido que, em circunstâncias dadas, adquire as propriedades luminosas. Esse fluido, que é a causa, deveria necessariamente preceder o Sol, que não é senão um efeito. O Sol é *causa* para a luz que ele esparge, mas é um *efeito* com relação àquela que recebeu.

Num quarto escuro, uma vela acesa é um pequeno sol. Que se fez para inflamar a vela? Desenvolveu-se a propriedade iluminante do fluido luminoso e concentrou-se esse fluido sobre um ponto; a vela é a causa da luz derramada no quarto, mas, se o princípio luminoso não existisse antes da vela, esta não poderia ter sido inflamada.

Ocorre o mesmo com o Sol. O erro vem da ideia falsa, que se teve por muito tempo, de que o Universo começou com a Terra, e não se compreende que o Sol pudesse ter sido criado antes da luz. Sabe-se agora que, antes de nosso Sol e de nossa Terra, milhões de sóis e de terras existiram,

180   *Capítulo 12*

que gozavam, consequentemente, da luz. A assertiva de Moisés é, pois, perfeitamente exata em princípio; ela é falsa naquilo que faz criar a Terra antes do Sol; estando a Terra submetida ao Sol em seu movimento de translação, deve ter sido formada depois dele: era o que Moisés não podia saber, uma vez que ignorava a lei da gravitação.

O mesmo pensamento se encontra na Gênese dos antigos Persas. No primeiro capítulo do Vendedad, Ormuzd, contando a origem do mundo, disse: "Eu criei a luz que foi iluminar o Sol, a Lua e as estrelas. "(*Dictionnaire de mythologie universelle*.) A forma, certamente, está aqui mais clara e mais científica do que em Moisés, e não tem necessidade de comentário.

9. – Moisés, evidentemente, partilhava as mais primitivas crenças sobre a cosmogonia. Como os homens de seu tempo, acreditava na solidez da abóbada celeste e em reservatórios superiores para as águas. Esse pensamento está expresso, sem alegoria nem ambiguidade, nesta passagem (versículo 6 e seguintes): "Deus disse: Que o firmamento seja feito no meio das águas, e que ele separe as águas das águas. Deus fez o firmamento e ele separou as águas que estavam sob o firmamento daquelas que estavam acima do firmamento." (Ver, cap. V, *Sistemas do mundo, antigos e modernos*, nº 3, 4 e 5.)

Uma antiga crença fazia considerar a água como o princípio, o elemento gerador primitivo; também Moisés não fala da criação das águas, que parecem já existir. "As trevas cobriam o abismo," isto é, as profundezas do espaço, que a imaginação imprecisamente figurava como ocupada pelas águas e em trevas, antes da criação da luz; eis por que Moisés disse: "O Espírito de Deus era levado (ou planava) sobre as águas". A Terra, sendo considerada formada no meio das águas, era necessário isolá-la; supôs-se, pois, que Deus fizera o firmamento, abóbada sólida que separava as águas do alto das que estavam sobre a Terra.

Para se compreender certas partes da Gênese, necessariamente, é preciso colocar-se no ponto de vista das ideias cosmogônicas do tempo, do qual ela é o reflexo.

10. – Depois dos progressos da física e da astronomia, semelhante doutrina não era sustentável (1). Entretanto, Moisés empresta essas palavras ao próprio Deus; ora, uma vez que exprimem um fato notoriamente falso, de duas coisas uma: ou Deus enganou-se no relato que fez

---

(1) Por grosseiro que seja o erro de uma tal crença, não se ilude menos ainda, em nossos dias, as crianças como sendo uma verdade sagrada. Não é senão tremendo que os preceptores ousam arriscar uma tímida interpretação. Como querem que isso não faça, mais tarde, incrédulos?

Gênese mosaica

de sua obra, ou esse relato não foi uma revelação divina. Não sendo admissível a primeira suposição, disso é necessário concluir que Moisés expressou as suas próprias ideias. (Cap. I, nº 3).

11. – Moisés está mais com a verdade quando disse que Deus formou o homem com o limo da terra (1). A ciência nos mostra, com efeito (cap. X), que o *corpo* do homem está composto de elementos hauridos na matéria inorgânica, dito de outro modo, no limo da terra.

A mulher formada com uma costela de Adão é uma alegoria, pueril em aparência, tomada pela letra, mas profunda pelo sentido. Ela tem por objetivo mostrar que a mulher é da mesma natureza que o homem, sua igual, por conseguinte, diante de Deus, e não uma criatura à parte, para ser escravizada e tratada como pária. Saída de sua própria carne, a imagem da igualdade é bem mais impressionante, que se fora formada separadamente com o mesmo limo; é dizer ao homem que ela é sua igual, e não sua escrava, a quem deve amar como uma parte de si mesmo.

12. – Para os espíritos incultos, sem nenhuma ideia das leis gerais, incapazes de abraçar o conjunto e de conceberem o infinito, essa criação miraculosa e instantânea tinha alguma coisa de fantástica que feria a sua imaginação. O quadro do Universo tirado do nada em alguns dias, por um único ato da vontade criadora, era para eles o sinal mais brilhante do poder de Deus. Que pintura, com efeito, mais sublime e mais poética desse poder que estas palavras: "Deus disse: Que a luz seja, e a luz foi feita!" Deus, criando o Universo pelo cumprimento lento e gradual das leis da Natureza, parecer-lhes-ia menos grande e menos poderoso; era-lhes necessária alguma coisa de maravilhosa que saísse das vias comuns, de outro modo diriam que Deus não era mais hábil que os homens. Uma teoria científica e raciocinada da criação tê-los-ia deixado frios e indiferentes.

Não rejeitemos, pois, a Gênese bíblica; estudemo-la, ao contrário, como se estuda a história da infância dos povos. É uma epopeia rica de alegorias, das quais é preciso procurar o sentido oculto, que é necessário comentar e explicar com as luzes da razão e da ciência. Fazendo em tudo ressaltar as belezas poéticas e as instruções veladas sob a forma figurada, é preciso demonstrar-lhe com firmeza os erros, no interesse mesmo da religião. Respeitar-se-á melhor esta quando seus erros não forem impostos à fé como verdades, e Deus com isso não parecerá senão maior e mais poderoso, quando seu nome não estiver misturado com fatos controversos.

---

(1) A palavra hebraica *haadam*, homem, da qual se fez *Adão*, e a palavra *haadama*, terra, têm a mesma raiz.

182   *Capítulo 12*

O paraíso perdido (1)

13. – *CAPÍTULO II.* – *9. Ora, o Senhor Deus plantara desde o começo um jardim delicioso, no qual colocou o homem que formara.* – *O Senhor Deus também produzira da terra todas as espécies de árvores belas à visão e cujos frutos eram agradáveis ao gosto, e a árvore da vida no meio do paraíso (2), com a árvore da ciência do bem e do mal.* (Ele fez sair, Jeová Eloim, da terra *(min haadama)* toda árvore boa de se ver e boa para comer, e a árvore da vida *(vehetz hachayim) no meio do jardim, e a árvore da ciência do bem e do mal).*

15. O Senhor tomou, pois, o homem e o colocou no paraíso de delícias, a fim de que o cultivasse e guardasse. – *16. Deu-lhe também esta ordem e lhe disse: Comei de todas as árvores do paraíso.* (Ele ordenou, Jeová Eloim, ao homem *(hal haadam),* dizendo: De toda árvore do jardim *(hagan)* podes comer). – *17. Mas não comas do fruto da árvore da ciência do bem e do mal; porque no mesmo tempo que dela comeres morrerás muito certamente.* (E da árvore da ciência do bem e do mal *(oumehetz hadaat tob vara)* dela não comerás, porque no dia em que dela comeres, morrerás).

14. – *CAPÍTULO III.* – *1. Ora, a serpente era o mais sagaz de todos os animais que o Senhor Deus formara sobre a Terra. Ele disse à mulher: Por que Deus vos ordenou para não comer o fruto de todas as árvores do paraíso?* (E a serpente *(nâhâsch)* era astuta mais que todos os animais terrestres que Jeová Eloim fizera: ele disse à mulher *(el haischa):* É que disse, Eloim: não comereis de nenhuma árvore do jardim? – *2. A mulher lhe respondeu: Nós comemos os frutos de todas as árvores que estão no paraíso.* (Ela disse, a mulher, à serpente, do fruto *(miperi)* das árvores do jardim podemos comer.) – *3. Mas para o que é o fruto da árvore que está no meio do paraíso, Deus nos ordenou para dela não comer, e não tocá-la, de medo que estivéssemos em perigo de morrer.* – *4. A serpente respondeu à mulher: Seguramente, não morrereis; – 5. Mas é que Deus sabe que logo que houverdes comido desse fruto, os vossos olhos serão abertos, e sereis como* deuses, *conhecendo o bem e o mal.*

6. A mulher considerou, pois, que o fruto dessa árvore era bom para comer; que era belo e agradável à visão. E tendo-o tomado, comeu-o, e dele deu ao seu marido para que comesse também. (Ela viu, a mulher, que era

---

(1) Após alguns versículos, colocou-se a tradução literal do texto hebreu, que torna mais fiel o pensamento primitivo. O sentido alegórico dele ressalta mais claramente.

(2) Paraíso, do latim *paradisus*, feito do grego *paradeisos*, jardim, pomar, lugar plantado com árvores. A palavra hebraica empregada na Gênese foi *hagan*, que tem o mesmo significado.

Gênese mosaica

boa, a árvore, como alimento, e que era invejável a árvore para COM-PREENDER *(leaskil)*, e ela pegou de seu fruto, *etc).*

8. *E como eles ouviram a voz do Senhor Deus, que passeava no paraíso depois do meio-dia, quando se eleva um vento brando, eles se retiraram para o meio das árvores do paraíso, para se esconderem de diante de sua face.*

9. *Então, o Senhor Deus chamou Adão e disse-lhe: Onde estais? – 10. Adão lhe respondeu: Eu ouvi a vossa voz no paraíso e tive medo porque estava nu; foi por isso que me ocultei. – 11. O Senhor lhe respondeu: De onde soubestes que estáveis nu, senão porque comestes do fruto da árvore da qual vos proibi de comer? – 12. Adão lhe respondeu: A mulher que me destes por companheira me apresentou o fruto dessa árvore, e eu o comi. – 13. O Senhor Deus disse à mulher: Por que fizestes isso? Ela respondeu: A serpente me enganou, e eu comi desse fruto.*

14. *Então, o Senhor Deus disse à serpente: Porque fizestes isso, és maldita entre todos os animais e todas as bestas da Terra; rastejarás sobre o ventre e comerás a terra todos os dias de tua vida. – 15. Colocarei uma inimizade entre ti e a mulher, entre a sua raça e a tua. Ela te quebrará a cabeça e tu tratarás de mordê-la pelo calcanhar.*

16. *Deus disse também à mulher: Eu vos afligirei com vários males durante a vossa gravidez; parireis na dor; estareis sob a dominação de vosso marido, e ele vos dominará.*

17. *Disse em seguida a Adão: Porque escutastes a voz de vossa mulher e comestes do fruto da árvore da qual vos proibi de comer, a terra será maldita por causa do que fizestes, e dela não tirareis de que vos alimentar durante toda a vossa vida senão com muito trabalho.*

18. *Ela vos produzirá espinhos e sarças, e vos nutrireis da erva da terra. – 19. E comereis o vosso pão com o suor de vosso rosto, até que retorneis à terra de onde fostes tirado, porque sois pó, e em pó retornareis.*

20. *E Adão deu à sua mulher o nome de Eva, que significa a vida, porque ela era a mãe de todos os viventes.*

21. *O Senhor Deus fez também, para Adão e sua mulher, roupas de peles com as quais os revestiu. – 22. E disse: Eis Adão tornado como* um dos nossos *sabendo o bem e o mal. Impeçamos, pois, agora, que não leve sua mão à árvore da vida, que não tome também de seu fruto e que, comendo desse fruto, não viva eternamente.* (Ele disse, Jeová Eloim: Eis aí, o homem se fez como um dos nossos pelo conhecimento do bem e do mal; e agora ele pode estender a mão e tomar da árvore da vida *(veata pen ischlechyado velakach mehetz hachayim);* dela comerá e viverá eternamente.

184   *Capítulo 12*

23. *O Senhor Deus fê-lo sair do jardim de delícias, a fim de que fosse trabalhar na cultura da terra de onde fora tirado.*

24. *E tendo-os expulsado, colocou os querubins (1) diante do jardim de delícias, que faziam cintilar uma espada de fogo, para guardar o caminho que conduzia à árvore da vida.*

15. – Sob uma imagem pueril, e às vezes ridícula, detendo-se na forma, a alegoria esconde, frequentemente, as maiores verdades. Há uma fábula mais absurda, à primeira vista, que a de Saturno, um deus devorando pedras que toma por seus filhos? Mas, ao mesmo tempo, que de mais profundamente filosófico e verdadeiro do que essa figura, procurando-se o seu sentido moral! Saturno é a personificação do tempo; todas as coisas sendo obra do tempo, ele é o pai de tudo o que existe, mas também tudo se destrói com o tempo. Saturno devorando as pedras é o emblema da destruição, pelo tempo, dos corpos mais duros, que são os seus filhos, uma vez que se formaram com o tempo. E o que escapa a essa destruição, segundo essa mesma alegoria? Júpiter, o emblema da inteligência superior, do princípio espiritual, que é indestrutível. Essa imagem é mesmo tão natural que, na linguagem moderna, sem alusão à Fábula antiga, diz-se de uma coisa deteriorada com o tempo, que ela é devorada pelo tempo, roída, destruída pelo tempo.

Toda a mitologia pagã, em realidade, não é senão um vasto quadro alegórico dos diversos lados, bons e maus, da Humanidade. Para quem nela procura o espírito, é um curso completo da mais alta filosofia, como ocorre com as nossas fábulas modernas. O absurdo seria tomar a forma pelo fundo.

16. – Ocorre o mesmo com a Gênese, onde é necessário ver as grandes verdades morais sob figuras materiais que, tomadas pela letra, seriam tão absurdas quanto se, em nossas fábulas, se tomassem pelas letras as cenas e os diálogos atribuídos aos animais.

Adão é a personificação da Humanidade; sua falta individualiza a fraqueza do homem, em quem predominam os instintos materiais, aos quais não sabe resistir (2).

A árvore, como árvore da vida, é o emblema da vida espiritual; como árvore da ciência, é o da consciência do homem que adquire do bem e do

---

(1) Do hebraico *cherub, keroub,* boi, *charab,* lavrador: anjos do segundo coro da primeira hierarquia, que se representavam com quatro asas, quatro faces e pés de boi.

(2) Está bem reconhecido hoje que a palavra hebraica *haadam* não é um nome próprio, mas que significa *o homem em geral, a Humanidade,* o que destrói todo o alicerce construído sobre a personalidade de Adão.

Gênese mosaica 185

mal para o desenvolvimento de sua inteligência, e o do livre-arbítrio em virtude do qual ele escolhe entre os dois; marca o ponto em que a alma do homem deixa de ser guiada somente pelos instintos, toma posse de sua liberdade e incorre na responsabilidade de seus atos.

O fruto da árvore é o emblema do objetivo dos desejos materiais do homem; é a alegoria da cobiça e da concupiscência; resume, sob uma mesma figura, os motivos de arrastamento ao mal; comê-lo é sucumbir à tentação. Ele cresce no meio do jardim das delícias para mostrar que a sedução está no próprio seio dos prazeres e lembrar que, se o homem dá preponderância aos gozos materiais, prende-se à Terra e afasta-se de sua destinação espiritual (1).

A morte da qual está ameaçado, se transgride a proibição que lhe é feita, é uma advertência das consequências inevitáveis, físicas e morais, que arrasta a violação das leis divinas, que Deus gravou em sua consciência. É bem evidente que não se trata aqui da morte corpórea, uma vez que, depois de sua falta, Adão viveu ainda por muito tempo, mas bem da morte espiritual, dito de outro modo, da perda dos bens que resultam do adiantamento moral, perda da qual a sua expulsão do jardim das delícias é a imagem.

17. – A serpente está longe de passar hoje pelo tipo da astúcia; está, pois, aqui, com relação à sua forma antes que pelo seu caráter, uma alusão à perfídia dos maus conselhos que deslizam como a serpente, e nos quais, frequentemente, por essa razão, não se confia mais. Aliás, se a serpente, por ter enganado a mulher, foi condenada a rastejar sobre o ventre, isso queria dizer que ela antes tinha pernas, e, então, não era mais uma serpente. Por que, pois, impor à fé ingênua e crédula das crianças, como verdades, alegorias tão evidentes, e que, em falseando seu julgamento, se faz com que, mais tarde, olhem a Bíblia como um enredo de fábulas absurdas?

É necessário notar, por outro lado, que a palavra hebraica *nâhâsch,* traduzida pela palavra *serpente,* vem da raiz *nâhâsch,* que significa: *fazer encantamentos, adivinhar as coisas ocultas,* e pode significar: *encantador, adivinho.* Encontra-se, com essa acepção, na Gênese, cap. XLIV, v. 5 a 15, a propósito da taça que José fez esconder no saco de Benjamim: "A taça

---

(1) Em nenhum texto o fruto é especializado pela *maçã*; esta palavra não se encontra senão nas versões infantis. A palavra do texto hebreu é *peri,* que tem as mesmas acepções que em francês, sem especificação de espécie, e pode ser tomada no sentido material, moral, alegórico, no próprio e no figurado. Entre os Israelitas, não há interpretação obrigatória; quando uma palavra tem várias acepções, cada um a entende como quer, desde que a interpretação não seja contrária à gramática. A palavra *peri* foi traduzida em latim por *malum,* que se diz da maçã e de toda espécie de frutas. É derivada do grego *mélon,* particípio do verbo *mélo,* interessar, tomar cuidado, atrair.

que furtastes é aquela na qual meu Senhor bebe, e da qual se serve para adivinhar (*nâhâsch*) (1). – Ignorais que não há quem me iguale na ciência de adivinhar (*nâhâsch*)?" – No livro dos Números, cap. XXIII, v. 23: "Não há encantamentos (*nâhâsch*) em Jacó, nem adivinhos em Israel." Consequentemente, a palavra *nâhâsch* tomou também o significado de *serpente,* réptil que os encantadores pretendiam encantar, ou do qual se serviam em seus encantamentos.

Não foi senão na versão dos *Setenta*, – que, segundo Hutcheson, corromperam o texto hebreu em muitos lugares –, escrita em grego no segundo século antes da era cristã, que a palavra *nâhâsch* foi traduzida por *serpente*. As inexatidões dessa versão, sem dúvida, prendem-se às modificações que a língua hebraica sofrera no intervalo; porque o hebreu do tempo de Moisés era, então, uma língua morta, que diferia do hebreu vulgar, tanto quanto o grego antigo e o árabe literário diferem do grego e do árabe modernos (2).

É, pois, provável que Moisés entendesse, por sedutor da mulher, o desejo indiscreto de conhecer as coisas ocultas suscitadas pelo espírito de adivinhação, o que está de acordo com o sentido primitivo da palavra *nâhâsch*, adivinho; de outra parte, com estas palavras: "Deus sabia que logo que comerdes desse fruto, vossos olhos serão abertos, e sereis como *deuses*. – Ela viu, a mulher, que era invejável a árvore para *compreender* (léaskil), e ela tomou de seu fruto." Não se pode esquecer que Moisés queria proscrever, entre os Hebreus, a arte de adivinhação, em uso entre os Egípcios, assim como o prova a sua proibição de interrogar os mortos e o Espírito de Python. (*O Céu e o Inferno* segundo o Espiritismo, cap. XII).

18. – A passagem onde está dito que: "O Senhor passeava pelo paraíso, depois do meio-dia, quando se levantou um vento brando" é uma imagem ingênua e um tanto pueril que a crítica não deixou de realçar; mas nada tem que deva surpreender reportando-se à ideia que os Hebreus, dos tempos primitivos, faziam da Divindade. Para essas inteligências rudes, incapazes de conceber abstrações, Deus devia revestir uma forma concreta, e referiam tudo à Humanidade como ao único ponto conhecido. Moisés lhes falava, pois, como a crianças, por imagens sensíveis. No caso de que se trata, era o poder soberano personificado, como os Pagãos personificavam, sob figuras alegóricas, as virtudes, os vícios e as ideias abstratas. Mais tarde, os

---

(1) Esse fato daria a pensar que a mediunidade pelo *copo d'água* era conhecida dos Egípcios? (*Revista Espírita* de junho de 1868, p. 161).

(2) A palavra *nâhâsch* existia antes da língua egípcia, com o significado de *negro* provavelmente porque os negros tinham o dom do encantamento e da adivinhação. Foi talvez por isso também que as esfinges, de origem assíria, eram representadas com a figura de um negro.

Gênese mosaica 187

homens despojaram a ideia da forma, como a criança, tornada adulta, procura o sentido moral nos contos com os quais a embalaram. É necessário, pois, considerar essa passagem como uma alegoria da Divindade, vigiando ela mesma os objetos de sua criação. O grande rabino Wogue traduziu-a assim: "Eles ouviram a *voz* do Eterno Deus, percorrendo o jardim do lado de onde vem o dia."

19. – Se a falta de Adão foi literalmente o ter comido uma fruta, incontestavelmente, ela não poderia, por sua natureza quase pueril, justificar o rigor com que foi atingido. Não se poderia, não mais racionalmente, que esse seja o fato que se supõe geralmente; de outro modo, Deus, considerando esse fato como um crime irremissível, condenaria a sua própria obra, uma vez que criara o homem para a propagação. Se Adão houvesse entendido nesse sentido a proibição de tocar o fruto da árvore, e houvesse se conformado com ele escrupulosamente, onde estaria a Humanidade, e que seria com isso dos desígnios do Criador?

Deus não criara Adão e Eva para que permanecessem sozinhos sobre a Terra; e a prova disso está nas próprias palavras que dirigiu imediatamente depois de sua formação, quando ainda estavam no paraíso terrestre: "Deus os abençoou e disse: Crescei e multiplicai-vos, *enchei a Terra* e sujeitai-a." (Cap. I, v. 28.) Uma vez que a multiplicação do homem era uma lei desde o paraíso terrestre, a sua expulsão não poderia ter por causa o fato suposto.

O que dá crédito a essa suposição é o sentimento de vergonha de que Adão e Eva foram tomados diante de Deus e que os levou a se esconderem. Mas essa própria vergonha é uma figura por comparação: ela simboliza a confusão que todo culpado sente em presença daquele a quem ofendeu.

20. – Qual é, pois, em definitivo, essa falta tão grande que pôde atingir com a reprovação à perpetuidade de todos os descendentes daquele que a cometeu? Caim, o fratricida, não foi tratado tão severamente. Nenhum teólogo pôde defini-la logicamente, porque todos, não saindo da letra, giraram num círculo vicioso.

Hoje, sabemos que essa falta não foi um ato isolado, pessoal a um indivíduo, mas que ela compreende, sob um fato alegórico único, o conjunto das prevaricações das quais pôde se tornar culpada a Humanidade ainda imperfeita da Terra, e que se resumem nestas palavras: *infração às leis de Deus*. Eis por que a falta do primeiro homem, simbolizando a Humanidade, foi simbolizada, ela mesma, por um ato de desobediência.

21. – Dizendo a Adão que ele tiraria o seu alimento da terra com o suor de seu rosto, Deus simboliza a obrigação do trabalho; mas por que faz do trabalho uma punição? Que seria a inteligência do homem se ela não se

188 · *Capítulo 12*

desenvolvesse pelo trabalho? Que seria a terra, se ela não fosse fecundada, transformada, saneada pelo trabalho inteligente do homem?

Está dito (cap. II, v. 5 e 7): "O Senhor Deus não fizera ainda chover sobre a Terra e não tinha nenhum homem para trabalhá-la. O Senhor formou, pois, o homem do limo da terra." Estas palavras, aproximadas destas: *Enchei a Terra*, provam que o homem estava, desde a origem, destinado a ocupar *toda a Terra e a cultivá-la*; e, por outro lado, que o paraíso terrestre não era um lugar circunscrito sobre um canto do globo. Se a cultura da Terra deveria ser a consequência da falta de Adão, disso resulta que, se Adão não pecasse, a Terra ficaria inculta, e que os objetivos de Deus não teriam se cumprido.

Por que disse ele à mulher que, porque ela cometeu a falta, parirá na dor? Como a dor do parto pode ser um castigo, uma vez que é a consequência do organismo, e que está fisiologicamente provado que ela é necessária? Como uma coisa que está segundo as leis da Natureza pode ser uma punição? É o que os teólogos não puderam ainda explicar, e o que não poderão fazê-lo enquanto não saírem do ponto de vista em que se colocaram; e entretanto essas palavras, que parecem contraditórias, podem ser justificadas.

22. – Notemos, em primeiro lugar que se, no momento da criação de Adão e Eva, a alma deles tivesse sido tirada do nada, como se ensina, elas deveriam ser noviças em todas as coisas; não deveriam saber o que é morrer. Uma vez que estavam *sós* sobre a Terra, enquanto viveram no paraíso terrestre, não viram ninguém morrer; como, pois, compreenderiam em que consistia a ameaça de morte que Deus lhes fazia? Como Eva poderia compreender que parir na dor seria uma punição, uma vez que, acabada de nascer para a vida, nunca tivera filhos, e que era a única mulher no mundo?

As palavras de Deus não poderiam ter, pois, para Adão e Eva, nenhum sentido. Apenas tirados do nada, não deveriam saber nem por que nem como dele saíram; não deviam compreender nem o Criador nem o objetivo da proibição que lhes fazia. Sem nenhuma experiência das condições da vida, pecaram como crianças que agem sem discernimento, o que torna mais incompreensível ainda a terrível responsabilidade que Deus fez pesar sobre eles e sobre a Humanidade inteira.

23. – O que é um impasse para a teologia, o Espiritismo o explica sem dificuldade e de maneira racional, pela anterioridade da alma e pela pluralidade das existências, lei sem a qual tudo é mistério e anomalia na vida do homem. Com efeito, admitamos que Adão e Eva já tinham vivido tudo se encontra justificado: Deus não lhes fala como a crianças, mas como a seres em estado de compreender e que o compreendem, prova evidente de que têm um conhecimento anterior. Admitamos, por outro lado, que

Gênese mosaica

189

viveram num mundo mais avançado e menos material do que o nosso, onde o trabalho do Espírito supria o trabalho do corpo; que pela sua rebelião à lei de Deus, figurada pela desobediência, hajam sido excluídos e exilados, por punição, sobre a Terra, onde o homem, em consequência da natureza do globo, está sujeito a um trabalho corporal, Deus tinha razão em dizer-lhes: No mundo onde ides viver doravante, "cultivareis a terra e dela retirareis o vosso alimento com o suor do vosso rosto;" e à mulher: "Parireis com dor," porque tal é a condição deste mundo. (Cap. XI, n° 31 e seg.).

O paraíso terrestre, cujos traços inutilmente se tem procurado sobre a Terra, era, pois, a figura do mundo feliz onde vivera Adão, ou, antes, a raça dos Espíritos dos quais é a personificação. A expulsão do paraíso marca o momento em que esses Espíritos vieram se encarnar entre os habitantes deste mundo, e a mudança de situação que lhe foi a consequência. O anjo armado de uma espada flamejante, que proíbe a entrada no paraíso, simboliza a impossibilidade em que estão os Espíritos dos mundos inferiores de penetrar nos mundos superiores, antes de tê-lo merecido por sua depuração. (Ver adiante cap. XVI, n° 8 e seg.).

24. – *Caim (depois da morte de Abel) respondeu ao Senhor: Minha iniquidade é muito grande para poder dele obter o perdão. – Vós me expulsais hoje de cima da Terra, e eu irei me esconder de diante de vossa face. Eu serei fugitivo e vagabundo sobre a Terra, portanto, quem quer que me encontre, me matará. – O Senhor lhe respondeu: Não, assim não será; porque quem matar Caim será punido muito severamente por isso. E o Senhor pôs um sinal sobre Caim, a fim de que aqueles que o encontrassem não o matassem.*

Tendo Caim se retirado de diante da face do Senhor, foi vagabundo sobre a Terra, e habitou a região oriental do Éden. – E tendo conhecido sua mulher, ela concebeu e pariu Henoch. Ele edificou (vaiehi bônê; *lit.: estava edificando) uma cidade, a que chamou* Henoch *(Enochia) do nome de seu filho. (Cap. IV, v. de 13 a 16).*

25. – Se se prender à letra da Gênese, eis a que consequências se chega: Adão e Eva estavam sozinhos no mundo depois de sua expulsão do paraíso terrestre; não foi senão posteriormente que tiveram por filhos Caim e Abel. Ora, tendo Caim matado seu irmão e tendo se retirado para uma outra região, não reviu mais seu pai e sua mãe, que ficaram de novo sozinhos; não foi senão muito tempo depois, com a idade de cento e trinta anos, que Adão teve um terceiro filho, chamado Seth. Depois do nascimento de Seth, ele viveu ainda, segundo a genealogia bíblica, oitocentos anos, e teve filhos e filhas.

Quando Caim veio se estabelecer no oriente do Éden, não havia, pois, sobre a Terra senão três pessoas: seu pai, sua mãe e ele, *sozinho* de seu lado.

Entretanto, ele teve uma mulher e um filho; que mulher podia ser essa e onde pudera ele desposá-la? O texto hebreu diz: *Ele estava edificando uma cidade*, e não *ele edificou*, o que indica uma ação presente, e não uma ulterior; mas uma cidade supõe habitantes, porque não se deve presumir que Caim a fez para ele, sua mulher e seu filho, nem que pôde construí-la sozinho.

É necessário, pois, inferir desse relato que a região estava povoada; ora, não poderia sê-lo pelos descendentes de Adão, que então não tinha outro descendente senão Caim.

A presença de outros habitantes ressalta igualmente desta palavra de Caim: "Eu serei fugitivo e vagabundo, e quem quer que me encontre me matará," e da resposta que Deus lhe deu. Por quem poderia temer ser morto, e para que o sinal que Deus pôs sobre ele para preservá-lo, se não deveria encontrar ninguém? Se, pois, havia sobre a Terra outros homens fora da família de Adão, é porque aí estavam antes dele; de onde esta consequência, tirada do próprio texto da Gênese, que Adão não foi nem o primeiro nem o único pai do gênero humano. (Cap. XI, n° 34) (1).

26. – Eram necessários os conhecimentos trazidos pelo Espiritismo a respeito das relações do princípio espiritual e do princípio material, sobre a natureza da alma, sua criação no estado de simplicidade e de ignorância, sua união com o corpo, sua marcha progressiva indefinida através das existências sucessivas e através dos mundos que são outros tantos degraus no caminho do aperfeiçoamento, sua libertação gradual da influência da matéria pelo uso de seu livre-arbítrio, a causa de seus pendores bons ou maus e de suas aptidões, o fenômeno do nascimento e da morte, o estado do Espírito na erraticidade, enfim, o futuro que é o prêmio de seus esforços para se melhorar e de sua perseverança no bem, para lançar a luz sobre todas as partes da Gênese espiritual.

Graças a esta luz, o homem sabe doravante de onde vem, para onde vai, por que está sobre a Terra e por que sofre; sabe que o seu futuro está entre as suas mãos e que a duração de seu cativeiro neste mundo depende dele. A Gênese, saída da alegoria estreita e mesquinha, aparece-lhe grande e digna da majestade, da bondade e da justiça do Criador. Considerada deste ponto de vista, a Gênese confundirá a incredulidade e vencê-la-á.

---

(1) Esta ideia não é nova. La Peyrère, sábio teólogo do século dezessete, em seu livro aos *Pré-adamitas*, escrito em latim e publicado em 1655, tirou do próprio texto original da Bíblia, alterada pelas traduções, a prova evidente de que a Terra era povoada antes da vinda de Adão. Esta opinião é hoje a de muitos eclesiásticos esclarecidos.

OS MILAGRES SEGUNDO O ESPIRITISMO

CAPÍTULO **13**

Caracteres dos milagres

Os milagres no sentido teológico. – O Espiritismo
não faz milagres. – Deus faz milagres?
– O sobrenatural e as religiões.

Os milagres no sentido teológico

1. – Em sua acepção etimológica, a palavra milagre (*de mirari,* admirar) significa: *admirável, coisa extraordinária, surpreendente.* A Academia define esta palavra: *Um ato de poder divino contrário às leis conhecidas da Natureza.*

Em sua acepção usual, esta palavra perdeu, como tantas outras, o seu significado primitivo. De geral que era, ela se restringe a uma ordem particular de fatos. No pensamento das massas, um *milagre* implica a ideia de um fato sobrenatural; no sentido teológico, é uma derrogação das leis da Natureza, pelas quais Deus manifesta o seu poder. Tal é, com efeito, a acepção vulgar, que se tornou o sentido próprio, e não é senão por comparação e por metáfora que ele é aplicado às circunstâncias comuns da vida.

Um dos caracteres do milagre, propriamente dito, é o de ser inexplicável, por isso mesmo que se cumpre fora das leis naturais; e é de tal modo a ideia que se lhe liga que, se um fato miraculoso vem a encontrar a sua explicação, diz-se que não é mais um milagre, por surpreendente que seja. O que faz, para a Igreja, o mérito dos milagres é precisamente a sua origem sobrenatural e a impossibilidade de explicá-los; ela está tão bem fixada sobre este ponto que toda assimilação dos milagres aos fenômenos da Natureza é taxada de heresia, de atentado contra a fé: que ela excomungou, e mesmo queimou, pessoas que não quiseram crer em certos milagres.

Um outro caráter do milagre é o de ser insólito, isolado e excepcional;

192   *Capítulo 13*

do momento que um fenômeno se reproduz, seja espontaneamente, seja por um ato da vontade, é que ele está submetido a uma lei, e, desde então, que essa lei seja conhecida ou não, isso não pode ser um milagre.

2. – Todos os dias a ciência faz milagres aos olhos dos ignorantes. Que um homem verdadeiramente morto seja chamado à vida por uma intervenção divina, e aí está um verdadeiro milagre, porque esse é um fato contrário às leis da Natureza. Mas se esse homem não tem senão as aparências da morte, e se há nele ainda um resto de *vitalidade latente,* e que a ciência, ou uma ação magnética, venha a reanimá-lo, para as pessoas esclarecidas é um fenômeno natural, mas aos olhos do vulgo ignorante, o fato passará por miraculoso. Que no meio de certos camponeses um físico lance um papagaio elétrico e faça cair o raio sobre uma árvore, esse novo Prometeu será certamente olhado como armado de um poder diabólico; mas Josué, detendo o movimento do Sol, ou antes, da Terra, em admitindo o fato, eis o verdadeiro milagre, porque não existe nenhum magnetizador dotado de um tão grande poder para operar tal prodígio.

Os séculos de ignorância foram fecundos em milagres, porque tudo cuja causa era desconhecida passava por sobrenatural. À medida que a ciência revelou novas leis, o círculo do maravilhoso foi restringido; mas como não havia explorado todo o campo da Natureza, restava ainda uma parte bastante grande ao maravilhoso.

3. – O maravilhoso, expulso do domínio da materialidade pela ciência, entrincheirou-se no da espiritualidade, que foi o seu último refúgio. O Espiritismo, em demonstrando que o elemento espiritual é uma das forças vivas da Natureza, força incessantemente agindo concorrentemente com a força material, fez de novo entrar os fenômenos que dela ressaltam no círculo dos efeitos naturais, porque, como os outros, estão submetidos a leis. Se o maravilhoso foi expulso da espiritualidade, não tem mais razão de ser, e é então somente que se poderá dizer que passou o tempo dos milagres. (Cap. I, nº 18.)

O Espiritismo não faz milagres

4. – O Espiritismo vem, pois, a seu turno, fazer o que cada ciência fez em seu advento: revelar novas leis e explicar, por consequência, os fenômenos que são da alçada dessas leis.

Esses fenômenos, é verdade, prendem-se à existência dos Espíritos e à sua intervenção no mundo material; ora, aí está, diz-se, o que é o sobrenatural. Mas então seria necessário provar que os Espíritos e as suas

Caracteres dos milagres   193

manifestações são contrários às leis da Natureza; que isso não é, e não pode aí estar uma dessas leis.

O Espírito não é outro senão a alma que sobrevive ao corpo; é o ser principal, uma vez que não morre, ao passo que o corpo não é senão um acessório que se destrói. Sua existência é, pois, tão natural depois como durante a encarnação; ela está submetida às leis que regem o princípio espiritual, como o corpo está submetido às que regem o princípio material; mas como estes dois princípios têm uma afinidade necessária, que reagem incessantemente um sobre o outro, que de sua ação simultânea resultam o movimento e a harmonia do conjunto, segue-se que a espiritualidade e a materialidade são duas partes de um mesmo todo, tão naturais uma quanto a outra, e que a primeira não é uma exceção, uma anomalia na ordem das coisas.

5. – Durante a sua encarnação, o Espírito atua sobre a matéria por intermédio de seu corpo fluídico ou perispírito; ocorre o mesmo fora da encarnação. Ele faz, como Espírito e na medida de suas capacidades, o que fazia como homem; como ele não tem mais seu corpo carnal por instrumento, serve-se, quando necessário, dos órgãos materiais de um encarnado, que se torna o que se chama *médium*. Ele faz como aquele que, não podendo ele mesmo escrever, toma emprestada a mão de um secretário; ou que, não sabendo uma língua, serve-se de um intérprete. Um secretário, um intérprete são os *médiuns* de um encarnado, como o médium é o secretário ou o intérprete de um Espírito.

6. – O meio no qual agem os Espíritos, e os meios de execução não sendo os mesmos que no estado de encarnação, os efeitos são diferentes. Estes efeitos não parecem sobrenaturais senão porque são produzidos com a ajuda de agentes que não são os dos que nos servimos; mas, desde o instante em que esses agentes estão na Natureza, e que os fatos das manifestações se cumprem em virtude de certas leis, nada há de sobrenatural nem de maravilhoso. Antes de se conhecer as propriedades da eletricidade, os fenômenos elétricos passavam por prodígios aos olhos de certas pessoas; desde que a causa foi conhecida, o maravilhoso desapareceu. Ocorre o mesmo com os fenômenos espíritas, que não são mais da ordem das leis naturais que os fenômenos elétricos, acústicos, luminosos e outros, que foram a fonte de uma multidão de crenças supersticiosas.

7. – Todavia, dir-se-á, admitis que um Espírito pode levantar uma mesa e mantê-la no espaço sem ponto de apoio; isso não é uma derrogação da lei da gravidade? – Sim, da lei conhecida; mas se conhecem todas as leis? Antes que se tivesse experimentado a força ascensional de certos gases, quem diria que uma pesada máquina, levando vários homens, poderia vencer a força de atração? Aos olhos do vulgo, isso não deveria parecer maravilhoso, diabólico? Aquele que propusesse, há um século, transmitir um despacho a quinhentas léguas e receber sua resposta em alguns minutos teria passado por um louco; se o fizesse, crer-se-ia que tinha o diabo às suas ordens, porque, então, só o diabo era capaz de andar tão depressa; entretanto, hoje, a coisa é não somente reconhecida possível, mas parece naturalíssima. Por que, pois, um fluido desconhecido não teria a propriedade, em circunstâncias dadas, de contrabalançar o efeito da gravidade, como o hidrogênio contrabalança o peso do balão? Foi, com efeito, o que ocorreu no caso do qual se trata. (*O Livro dos Médiuns,* cap. IV.)

8. – Os fenômenos espíritas, estando na Natureza, produziram-se em todos os tempos; mas precisamente porque o seu estudo não podia ser feito pelos meios materiais de que dispõe a ciência vulgar, eles permaneceram por muito mais tempo que outros no domínio do sobrenatural, de onde o Espiritismo fê-los sair hoje.

O sobrenatural, baseado sobre aparências inexplicadas, deixa um livre curso à imaginação, que, errando no desconhecido, dá nascimento, então, às crenças supersticiosas. Uma explicação racional, fundada sobre as leis da Natureza, reconduzindo o homem sobre o terreno da realidade, põe um ponto de parada aos desvios da imaginação e destrói as superstições. Longe de estender o domínio do sobrenatural, o Espiritismo o restringe até nos seus últimos limites e lhe tira o seu último refúgio. Se ele faz crer na possibilidade de certos fatos, impede de crer em muitos outros, porque demonstra, no círculo da espiritualidade, como a ciência no círculo da materialidade, o que é possível e o que não o é. Contudo, como ele não tem a pretensão de ter a última palavra sobre todas as coisas, mesmo sobre aquelas que são da sua competência, não se põe como regulador absoluto do possível e leva em conta conhecimentos que reserva para o futuro.

9. – Os fenômenos espíritas consistem nos diferentes modos de manifestação da alma, ou Espírito, seja durante a encarnação, seja no estado de erraticidade. É pelas suas manifestações que a alma revela a sua existência, a sua sobrevivência e a sua individualidade; ela é julgada por seus efeitos; a causa sendo natural, o efeito o é igualmente. São esses efeitos que fazem o objeto especial de pesquisas e de estudos do Espiritismo, a fim de se chegar ao conhecimento, tão completo quanto seja possível, da natureza e dos atributos da alma, assim como as leis que regem o princípio espiritual.

10. – Para aqueles que negam a existência do princípio espiritual independente e, por consequência, o da alma individual e sobrevivente,

Caracteres dos milagres 195

toda a Natureza está na matéria tangível; todos os fenômenos que se ligam à espiritualidade são, a seus olhos, sobrenaturais e, por consequência, quiméricos; não admitindo a causa, não podem admitir o efeito; e, quando os efeitos são patentes, eles os atribuem à imaginação, à ilusão, à alucinação e recusam aprofundá-los; daí, entre eles, uma opinião preconcebida que os torna impróprios para julgar sadiamente o Espiritismo, porque partem do princípio da negação de tudo o que não é material.

11. – Do fato de o Espiritismo admitir os efeitos que são a consequência da existência da alma, não se segue que ele aceite todos os efeitos qualificados de maravilhosos e entenda justificá-los e acreditá-los; que seja o campeão de todos os sonhadores, de todas as utopias e de todas as excentricidades sistemáticas, de todas as lendas miraculosas; seria necessário conhecê-lo bem pouco para pensar assim. Seus adversários creem opor-lhe argumento sem réplica, quando, depois de terem feito eruditas pesquisas sobre os convulsionários de Saint-Médard, os calvinistas de Cévennes ou os religiosos de Loudun chegaram a descobrir fatos patentes de fraude que ninguém contesta; mas essas histórias são o evangelho do Espiritismo? Seus partidários negam que o charlatanismo haja explorado certos fatos em seu proveito; que a imaginação os haja criado; que o fanatismo os tenha exagerado muito? Ele não é solidário com as extravagâncias que se podem cometer em seu nome, como a verdadeira ciência não o é quanto aos abusos da ignorância, nem a verdadeira religião quanto aos excessos do fanatismo. Muitos críticos não julgam o Espiritismo senão pelos contos de fadas e as lendas populares, que dele são as ficções; outro tanto valeria julgar a história pelos romances históricos ou as tragédias.

12. – Os fenômenos espíritas são, o mais frequentemente, espontâneos e se produzem sem nenhuma ideia preconcebida nas pessoas que neles menos pensam; em certas circunstâncias, eles podem ser provocados por agentes designados sob o nome de *médiuns*; no primeiro caso, o médium é *inconsciente* do que se produz por seu intermédio; no segundo, age com conhecimento de causa: daí a distinção de *médiuns conscientes* e de *médiuns inconscientes*. Estes últimos são os mais numerosos e se encontram, frequentemente, entre os incrédulos mais obstinados que, assim, praticam o Espiritismo sem o saber e sem querer. Os fenômenos espontâneos têm, por isso mesmo, uma importância capital, porque não se pode suspeitar da boa-fé daqueles que os obtêm. Ocorre aqui como no sonambulismo que, entre certos indivíduos, é natural e involuntário, e entre outros, provocados pela ação magnética (1).

---

(1) *O Livro dos Médiuns* cap. V. – *Revista Espírita;* exemplos: dezembro de 1865, página 370; – agosto de 1865, página 231.

Mas que esses fenômenos sejam ou não o resultado de um ato da vontade, a causa primeira é exatamente a mesma e em nada se afasta das leis naturais. Os médiuns, portanto, não produzem absolutamente nada de sobrenatural; por consequência, eles não fazem *nenhum milagre;* mesmo as curas instantâneas não são mais miraculosas do que os outros efeitos, porque são devidas à ação de um agente fluídico fazendo o papel de agente terapêutico, cujas propriedades não são menos naturais por terem sido desconhecidas até este dia. O epíteto de *taumaturgos,* dado a certos médiuns pela crítica ignorante dos princípios do Espiritismo, portanto, é inteiramente impróprio. A qualificação de *milagre,* dada, por comparação, a certas espécies de fenômenos, não pode senão induzir em erro sobre o seu verdadeiro caráter.

13. – A intervenção de inteligências ocultas nos fenômenos espíritas não tornam estes mais miraculosos que todos os outros fenômenos que são devidos a agentes invisíveis, porque estes seres ocultos que povoam os espaços são uma das forças da Natureza, força cuja ação é incessante sobre o mundo material, quanto sobre o mundo moral.

O Espiritismo, em nos esclarecendo sobre esta força, dá-nos a chave de uma multidão de coisas inexplicadas, e inexplicáveis, por todo outro meio, e que puderam, nos tempos recuados, passar por prodígios; ele revela, do mesmo modo que o magnetismo, uma lei, se não desconhecida, pelo menos mal compreendida; ou, para melhor dizer, conheciam-se os efeitos, porque se produziram em todos os tempos, mas não se conhecia a lei, e foi a ignorância desta lei que engendrou a superstição. Conhecida a lei, o maravilhoso desaparece e os fenômenos entram na ordem das coisas naturais. Eis por que os Espíritas não fazem mais milagre em fazendo girar uma mesa, ou os mortos escreverem, do que o médico em fazendo reviver um moribundo, ou o físico em fazendo cair o raio. Aquele que pretendesse, com a ajuda desta ciência, *fazer milagres* seria ou um ignorante da coisa, ou um fazedor de tolos.

14. – Uma vez que o Espiritismo repudia toda pretensão às coisas maravilhosas, fora dele há milagres na acepção usual da palavra?

Dizemos primeiro que, entre os fatos reputados miraculosos que se passaram antes do advento do Espiritismo, e que se passam ainda em nossos dias, a maioria, senão todos, encontram a sua explicação nas leis novas que ele veio revelar; estes fatos entram, pois, embora sob um outro nome, na ordem dos fenômenos espíritas, e, como tais, nada têm de sobrenatural. Bem entendido que não se trata aqui senão dos fatos autênticos, e não daqueles que, sob o nome de milagres, são o produto de uma

Caracteres dos milagres 197

indigna charlatanice, tendo em vista explorar a credulidade; não mais que certos fatos legendários que puderam ter, em sua origem, um fundo de verdade, mas que a superstição ampliou ao absurdo. É sobre estes fatos que o Espiritismo vem lançar a luz, dando os meios de fazer a parte do erro e da verdade.

Deus faz milagres?

15. – Quanto aos milagres propriamente ditos, nada sendo impossível a Deus, sem dúvida ele os pode fazer; e os faz? Em outros termos: derroga as leis que estabeleceu? Não cabe ao homem prejulgar os atos da Divindade e subordiná-los à fraqueza do seu entendimento; entretanto, temos como critério de nosso julgamento, com respeito às coisas divinas, os atributos do próprio Deus. Ao soberano poder alia a soberana sabedoria, de onde é preciso concluir que ele nada faz de inútil.

Por que, pois, faria milagres? Para atestar o seu poder, diz-se; mas o poder de Deus não se manifesta, de maneira bem mais impressionante, pelo conjunto grandioso das obras da criação, pela sabedoria previdente que preside às suas partes mais ínfimas como as maiores, e pela harmonia das leis que regem o Universo, do que por algumas pequenas e pueris derrogações que todos os prestidigitadores sabem imitar? Que se diria de um sábio mecânico que, para provar a sua habilidade, desarranjasse o relógio que construísse, obra-prima da ciência, a fim de mostrar que desfaz o que fez? Seu saber, ao contrário, não ressalta mais da regularidade e da precisão do movimento?

A questão dos milagres, propriamente ditos, não é, pois, da alçada do Espiritismo; mas, apoiando-se sobre este raciocínio: que Deus nada faz de inútil, emite esta opinião que: *Os milagres, não sendo necessários à glorificação de Deus, nada, no Universo, se desvia das leis gerais. Deus não faz milagres, porque, sendo as suas leis perfeitas, não tem necessidade de derrogá-las.* Se há fatos que não compreendemos, é porque nos faltam ainda os conhecimentos necessários.

16. – Admitindo que Deus pudesse, por razões que não podemos apreciar, derrogar acidentalmente as leis que estabeleceu, essas leis não seriam mais imutáveis; mas ao menos é racional pensar que só ele tem esse poder; não se poderia admitir, sem negar-lhe a onipotência, que seja dado ao Espírito do mal desfazer a obra de Deus, em fazendo, de sua parte, prodígios para seduzir mesmo os eleitos, o que implicaria a ideia de um poder igual ao seu; é, todavia, o que se ensina. Se Satanás tem o poder de interromper o curso das leis naturais, que são a obra divina, sem a permissão de Deus, ele é mais poderoso do que Deus: Deus, pois, não possui a onipotência; se Deus lhe delega esse poder, como se pretende, para induzir mais facilmente os homens ao mal, Deus não é mais a soberana bondade. Num e no outro caso, é a negação de um dos atributos sem os quais Deus não seria Deus.

A Igreja também distingue os bons milagres, que vêm de Deus, dos maus milagres, que vêm de Satanás; mas, como diferenciá-los? Que um milagre seja satânico ou divino, isso não seria menos uma derrogação às leis que emanam só de Deus; se um indivíduo é curado, supostamente por milagre, que isso seja pelo fato de Deus ou de Satanás, ele não é menos curado. É necessário ter uma ideia bem pobre da inteligência humana para esperar que semelhantes doutrinas possam ser aceitas em nossos dias.

Estando reconhecida a possibilidade de certos fatos, reputados milagrosos, disto é necessário concluir que, qualquer que seja a fonte que se lhes atribua, são efeitos naturais dos quais *Espíritos* ou *encarnados* podem usar, como de tudo, como de sua própria inteligência e de seus conhecimentos científicos, para o bem ou para o mal, segundo a sua bondade ou a sua perversidade. Um ser perverso, aproveitando o seu saber, pode, pois, fazer coisas que passam por prodígios aos olhos dos ignorantes; mas quando esses efeitos têm, por resultado, um bem qualquer, seria ilógico atribuir--lhes uma origem diabólica.

17. – Mas, diz-se, a religião se apoia sobre fatos que não são nem explicados nem explicáveis. Inexplicados, talvez; inexplicáveis, é uma outra questão. Sabe-se as descobertas e os conhecimentos que o futuro nos reserva? Sem falar do milagre da Criação, o maior de todos, sem contradita, e que hoje entrou no domínio da lei universal, não se vê já, sob o império do magnetismo, do sonambulismo, do Espiritismo, reproduzirem-se os êxtases, as visões, as aparições, a visão à distância, as curas instantâneas, as suspensões, as comunicações orais e outras com os seres do mundo invisível, fenômenos conhecidos de tempos imemoriais, considerados outrora como maravilhosos e que presentemente se demonstram pertencer à ordem das coisas naturais segundo a lei constitutiva dos seres? Os livros sagrados estão cheios de fatos deste gênero, qualificados de sobrenaturais; mas como são encontrados análogos, e mais maravilhosos ainda, em todas as religiões pagãs da antiguidade, se a verdade de uma religião dependesse do número e da natureza destes fatos, não se saberia muito aquela que devesse prevalecer.

Caracteres dos milagres

O sobrenatural e as religiões

18. – Pretender que o sobrenatural seja o fundamento necessário de toda religião, que seja a chave da abóbada do edifício cristão, é sustentar uma tese perigosa; fazendo-se repousar as bases do cristianismo sobre a base única do maravilhoso, é dar-lhe um apoio frágil do qual as pedras se destacam a cada dia. Esta tese, de que eminentes teólogos se fizeram defensores, conduz direto a esta conclusão de que, num tempo dado, não haverá mais religião possível, nem mesmo a religião cristã, se o que é considerado sobrenatural for demonstrado natural; porque será em vão amontoar argumentos, não se chegará a manter a crença de que um fato é miraculoso, quando está provado que ele não o é; ora, a prova de que um fato não é uma exceção, nas leis naturais, é quando ele pode ser explicado por estas mesmas leis e que, podendo se reproduzir por intermédio de um indivíduo qualquer, cessa de ser o privilégio dos santos. Não é o *sobrenatural* que é necessário às religiões, mas bem o *princípio espiritual*, que se confunde erradamente com o maravilhoso, e sem o qual não há religião possível.

O Espiritismo considera a religião cristã de um ponto de vista mais elevado; dá-lhe uma base mais sólida do que os milagres, são as leis imutáveis de Deus, que regem o princípio espiritual, como o princípio material; esta base desafia o tempo e a ciência, porque o tempo e a ciência virão sancioná-la.

Deus não é menos digno de nossa admiração, de nosso reconhecimento, de nosso respeito, por não ter derrogado as suas leis, grandes, sobretudo, por sua imutabilidade. Elas não têm necessidade do sobrenatural para render a Deus o culto que lhe é devido; não é a Natureza bastante imponente, por si mesma, e falta-lhe acrescentar seja o que for para provar o poder supremo? A religião encontrará tanto menos incrédulos quando for, em todos os pontos, sancionada pela razão. O cristianismo nada tem a perder com essa sanção; ao contrário, não pode, com isso, senão ganhar. Se alguma coisa pôde prejudicá-lo, na opinião de certas pessoas, foi precisamente o abuso do maravilhoso e do sobrenatural.

19. – Tomando-se a palavra *milagre* em sua acepção etimológica, no sentido de *coisa admirável*, teremos, sem cessar, milagres aos nossos olhos; nós os aspiramos no ar e os pisamos sob os nossos passos, porque tudo é milagre na Natureza.

Quer se dar ao povo, aos ignorantes, aos pobres de espírito, uma ideia do poder de Deus? É necessário mostrar-lhes a sabedoria infinita que preside a tudo, no admirável organismo de tudo o que vive, na frutificação das plantas, na apropriação de todas as partes de cada ser às suas necessidades, segundo o meio onde está chamado a viver; é necessário mostrar-lhes a ação de Deus no rebento da erva, na flor que desabrocha, no Sol que a tudo vivifica; é necessário mostrar-lhes a sua bondade na sua solicitude por todas as criaturas, tão ínfimas que sejam, a sua previdência na razão de ser de cada coisa, da qual nenhuma é inútil, do bem que sai sempre do mal aparente e momentâneo. Fazei-os compreender, sobretudo, que o mal real é a obra do homem, e não a de Deus; não procureis amedrontá-los pelo quadro das chamas eternas, nas quais acabam por não acreditar e que os fazem duvidar da bondade de Deus; mas encorajai-os pela certeza de poderem se resgatar um dia e reparar o mal que puderam fazer; mostrai-lhes as descobertas da ciência como a revelação das leis divinas, e não como a obra de Satanás; ensinai-os, enfim, a ler no livro da Natureza, sem cessar aberto diante deles; neste livro inesgotável onde a sabedoria e a bondade do Criador estão inscritas em cada página; então compreenderão que um Ser tão grande, ocupando-se de tudo, velando por tudo, prevendo tudo, deve ser soberanamente poderoso. O lavrador ve-lo-á em traçando seus sulcos, e o infortunado o abençoará em suas aflições, porque a si mesmos dirão: Se sou infeliz, foi por minha falta. Então, os homens serão verdadeiramente religiosos, racionalmente religiosos sobretudo, bem melhor do que se cressem em pedras que suam o sangue, ou em estátuas que piscam os olhos e vertem lágrimas.

CAPÍTULO **14**

Os fluidos

I. Natureza e propriedades dos fluidos:
*Elementos fluídicos. – Formação e propriedades
do perispírito. – Ação dos Espíritos sobre os fluidos.
Criações fluídicas. Fotografia do pensamento. –
Qualidades dos fluidos* – II. Explicação de alguns
fatos reputados sobrenaturais: *Visão espiritual
ou psíquica. Dupla vista. Sonambulismo. –
Sonhos. – Catalepsia; ressurreições. – Curas. –
Aparições. Transfigurações. – Manifestações
físicas. Mediunidade. – Obsessões e possessões.*

Natureza e propriedades dos fluidos

Elementos fluídicos

1. – A ciência deu a chave dos milagres que resultam, mais particularmente, do elemento material, seja explicando-os, seja demonstrando-lhes a impossibilidade, pelas leis que regem a matéria; mas os fenômenos em que o elemento espiritual toma parte preponderante, não podendo ser explicados unicamente pelas leis da matéria, escapam às investigações da ciência: é por isso que eles têm, mais que os outros, os caracteres *aparentes* do maravilhoso. É, pois, nas leis que regem a vida espiritual que se pode encontrar a chave dos milagres desta categoria.

2. – O fluido cósmico universal é, assim como foi demonstrado, a matéria elementar primitiva, da qual as modificações e transformações constituem a inumerável variedade de corpos da Natureza. (Cap. X.) Quanto ao princípio elementar universal, ele oferece dois estados distintos: o da eterização ou de imponderabilidade, que se pode considerar como o

202   *Capítulo 14*

estado normal primitivo, e o da materialização ou de ponderabilidade que, de alguma sorte, não lhe é senão consecutivo. O ponto intermediário é o da transformação do fluido em matéria tangível; mas, ainda aí, não há transição brusca, porque se podem considerar nossos fluidos imponderáveis como um termo médio entre os dois estados. (Cap. IV, nº 10 e seguintes).

Cada um destes dois estados dá, necessariamente, lugar a fenômenos especiais: ao segundo pertencem os do mundo visível, e aos primeiros, os do mundo invisível. Uns, chamados *fenômenos materiais,* são da alçada da ciência propriamente dita; os outros, qualificados de *fenômenos espirituais ou psíquicos*, porque se ligam mais especialmente à existência dos Espíritos, estão nas atribuições do Espiritismo; mas como a vida espiritual e a vida corpórea estão em contato incessante, os fenômenos destas duas ordens se apresentam, com frequência, simultaneamente. O homem, no estado de encarnação, não pode ter a percepção senão dos fenômenos psíquicos que se ligam à vida corpórea; aqueles que são do domínio *exclusivo* da vida espiritual escapam aos sentidos materiais e não podem ser percebidos senão no estado de Espírito (1).

3. – No estado de eterização, o fluido cósmico não é uniforme; sem deixar de ser etéreo, ele sofre modificações bastante variadas em seu gênero e mais numerosas talvez que no estado de matéria tangível. Essas modificações constituem os fluidos diferentes que, se bem que procedendo do mesmo princípio, estão dotados de propriedades especiais e dão lugar aos fenômenos particulares do mundo invisível.

Tudo sendo relativo, esses fluidos têm, para os Espíritos, que são eles mesmos fluídicos, uma aparência tão material quanto à dos objetos tangíveis para os encarnados, e são para eles o que são para nós as substâncias do mundo terrestre; eles os elaboram e os combinam para produzirem efeitos determinados, como fazem os homens com os seus materiais, todavia por procedimentos diferentes.

Mas lá, como neste mundo, não é dado senão aos Espíritos mais esclarecidos compreenderem o papel dos elementos constitutivos de seu mundo. Os ignorantes do mundo invisível são tão incapazes de explicar os fenômenos de que são testemunhas, e para os quais, com frequência concorrem maquinalmente, quanto os ignorantes da Terra o são para explicarem os efeitos da luz ou da eletricidade, de dizerem como veem e ouvem

4. – Os elementos fluídicos do mundo espiritual escapam aos nossos

---

(1) A denominação de fenômeno *psíquico* expressa mais exatamente o pensamento de que a de fenômeno *espiritual*, tendo em vista que estes fenômenos repousam sobre as propriedades e os atributos da alma, ou melhor, dos fluidos perispirituais que são inseparáveis da alma. Esta qualificação liga-os mais intimamente à ordem dos fatos naturais, regidos por leis; pode-se pois, admiti-los como efeitos psíquicos, sem admiti-los a título de milagres.

Os fluidos

instrumentos de análise e à percepção de nossos sentidos, feitos para a matéria tangível e não para a matéria etérea. Há os que pertencem a um meio de tal modo diferente do nosso, que não podemos julgá-los senão por comparações, tão imperfeitas quanto aquelas pelas quais um cego de nascença procura fazer para si uma ideia da teoria das cores.

Mas, entre estes fluidos, alguns estão intimamente ligados à vida corpórea e pertencem, de alguma sorte, ao meio terrestre. Na falta de percepção direta, pode-se observar-lhes os efeitos, como se observam os do fluido do ímã, que nunca se viu, e adquirir sobre a sua natureza conhecimentos de uma certa precisão. Este estudo é essencial, porque é a chave de uma multidão de fenômenos inexplicáveis unicamente pelas leis da matéria.

5. – O ponto de partida do fluido universal é o grau de pureza absoluta, de que nada pode nos dar uma ideia; o ponto oposto é a sua transformação em matéria tangível. Entre estes dois extremos, existem inumeráveis transformações, que se aproximam, mais ou menos, de um ou do outro. Os fluidos mais vizinhos da materialidade, os menos puros por consequência, compõem o que se pode chamar a *atmosfera espiritual terrestre*. É neste meio, onde se encontram igualmente diferentes graus de pureza, que os Espíritos encarnados e desencarnados da Terra haurem os elementos necessários à economia de sua existência. Estes fluidos, por sutis e impalpáveis que sejam para nós, não o são menos de uma natureza grosseira, comparativamente aos fluidos etéreos das regiões superiores.

Ocorre o mesmo na superfície de todos os mundos, salvo as diferenças de constituição e as condições de vitalidade próprias a cada um. Quanto menos a vida é material, menos os fluidos espirituais têm afinidade com a matéria propriamente dita.

A qualificação de *fluidos espirituais* não é rigorosamente exata, uma vez que, em definitivo, é sempre da matéria mais ou menos quintessenciada. Não há de realmente *espiritual* senão a alma ou princípio inteligente. São assim designados por comparação e em razão, sobretudo, de sua afinidade com os Espíritos. Pode-se dizer que são a matéria do mundo espiritual: é por isso que são chamados *fluidos espirituais*.

6. – Quem conhece, aliás, a constituição íntima da matéria tangível? Talvez não seja ela compacta senão em relação aos nossos sentidos, e o que o provaria é a facilidade com que é atravessada pelos fluidos espirituais e pelos Espíritos, para os quais não é mais obstáculo do que os corpos transparentes não o são para a luz.

A matéria tangível, tendo por elemento primitivo o fluido cósmico etéreo, deve poder, *em se desagregando,* retornar ao estado de eterização,

204 *Capítulo 14*

como o diamante, o mais duro dos corpos, pode se volatizar em gás impalpável. *A solidificação da matéria, em realidade, não é senão um estado transitório do fluido universal, que pode retornar ao seu estado primitivo quando as condições de coesão deixam de existir.*

Quem sabe mesmo se, no estado de tangibilidade, a matéria não seria suscetível de adquirir uma espécie de eterização que lhe daria propriedades particulares? Certos fenômenos, que parecem autênticos, tendem a fazê-lo supor. Não possuímos ainda senão as balizas do mundo invisível e o futuro nos reserva, sem dúvida, o conhecimento de novas leis que nos permitirão compreender o que é ainda, para nós, um mistério.

Formação e propriedades do perispírito

7. – O perispírito, ou corpo fluídico dos Espíritos, é um dos produtos mais importantes do fluido cósmico; é uma condensação desse fluido ao redor de um foco de inteligência ou *alma*. Viu-se que o corpo carnal tem igualmente seu princípio neste mesmo fluido transformado e condensado em matéria tangível; no perispírito, a transformação molecular se opera diferentemente, porque o fluido conserva a sua imponderabilidade e as suas qualidades etéreas. O corpo perispiritual e o corpo carnal têm, pois, a sua fonte no mesmo elemento primitivo; um e o outro são da matéria, embora sob dois estados diferentes.

8. – Os Espíritos haurem o seu perispírito no meio onde se encontrem, quer dizer que este envoltório é formado de fluidos ambientes; disso resulta que os elementos constitutivos do perispírito devem variar segundo os mundos. Sendo dado como um mundo muito avançado, comparativamente à Terra, Júpiter, onde a vida corpórea não tem a materialidade da nossa, os envoltórios perispirituais devem ser ali de uma natureza infinitamente mais quintessenciada do que sobre a Terra. Ora, do mesmo modo que nós não poderíamos existir nesse mundo com o nosso corpo carnal, nossos Espíritos não poderiam ali penetrar com o seu perispírito terrestre. Deixando a Terra, o Espírito nela deixa o seu envoltório fluídico e se reveste de um outro, apropriado ao mundo onde deve ir.

9. – A natureza do envoltório fluídico está sempre em relação com o grau de adiantamento moral do Espírito. Os Espíritos inferiores não podem mudá-lo à sua vontade e, por consequência, não podem, à vontade, transportar-se de um mundo para outro. Alguns há cujo envoltório fluídico, se bem que etéreo e imponderável, com relação à matéria tangível, é ainda muito pesado, se assim se pode exprimir, com relação ao mundo espiritual

Os *fluidos*

205

para permitir-lhe sair de seu meio. É necessário classificar, nesta categoria, aqueles cujo perispírito é tão grosseiro, que eles o confundem com o corpo carnal, e que, por esta razão, creem-se sempre vivos. Estes Espíritos, e o número deles é grande, permanecem na superfície da Terra, como os encarnados, crendo sempre vagar em suas ocupações; outros, um pouco mais desmaterializados, não são, entretanto, o bastante para se elevarem acima das regiões terrestres (1).

Os Espíritos superiores, ao contrário, podem vir para os mundos inferiores e mesmo neles se encarnarem. Eles retiram, nos elementos constitutivos do mundo onde entram, os materiais do envoltório fluídico, ou carnal, apropriado ao meio em que se encontrem. Fazem como o grande senhor que deixa as suas belas vestes para se revestir momentaneamente do burel, sem deixar, por isso, de ser grande senhor.

É assim que os Espíritos de ordem mais elevada podem se manifestar aos habitantes da Terra ou se encarnar em missão entre eles. Estes Espíritos carregam consigo, não o seu envoltório, mas a lembrança, por intuição, das regiões de onde vêm, e que veem pelo pensamento. São videntes entre cegos.

10. – A camada dos fluidos espirituais que envolvem a Terra pode ser comparada com as camadas inferiores da atmosfera, mais pesadas, mais compactas, menos puras do que as camadas superiores. Estes fluidos não são homogêneos, são uma mistura de moléculas de diversas qualidades, entre as quais se encontram, necessariamente, as moléculas elementares que lhes formam a base, mas mais ou menos alteradas. Os efeitos produzidos por estes fluidos estarão em razão da *soma* das partes puras que encerram. Tal é, por comparação, o álcool retificado ou misturado, em diferentes proporções, com água ou outras substâncias: seu peso específico aumenta com esta mistura, ao mesmo tempo que a sua força e sua inflamabilidade diminuem, se bem que no todo haja o álcool puro.

Os Espíritos são chamados a viver nesse meio e aí haurem o seu perispírito; mas, *segundo o Espírito seja mais ou menos depurado, ele mesmo, seu perispírito se forma das partes mais puras, ou das mais grosseiras, do fluido próprio do mundo onde se encarna.* O Espírito aí produz, sempre por comparação e não por assimilação, o efeito de um reativo químico que atrai para si as moléculas que se assemelham à sua natureza.

Disso resulta este fato *capital,* que *a constituição íntima do perispírito não é idêntica entre todos os Espíritos, encarnados ou desencarnados,*

---

(1) Exemplos de Espíritos que se creem ainda deste mundo: *Revista Espírita,* dez. 1859, p.310; - nov. 1864, p. 339; – abril, 1865, p.117.

que povoam a Terra ou o espaço circundante. Não ocorre o mesmo com o corpo carnal, que, como isso foi demonstrado, está formado dos mesmos elementos, qualquer que seja a superioridade ou a inferioridade do Espírito. Também, entre todos, os efeitos produzidos pelo corpo são os mesmos, as necessidades semelhantes, ao passo que diferem por tudo o que é inerente ao perispírito.

Disso resulta ainda que: *o envoltório perispiritual do mesmo Espírito se modifica com o progresso deste, a cada encarnação, se bem que encarnando num mesmo meio; que os Espíritos superiores se encarnando, excepcionalmente, em missão num mundo inferior, têm um perispírito menos grosseiro do que o dos indígenas desse mundo.*

11. – O meio está sempre em relação com a natureza dos seres que devem nele viver; os peixes estão na água; os seres terrestres estão no ar; os seres espirituais estão no fluido espiritual ou etéreo, mesmo sobre a Terra. *O fluido etéreo é, para as necessidades do Espírito, o que a atmosfera é para as necessidades dos encarnados.* Ora, do mesmo modo que os peixes não podem viver no ar; que os animais terrestres não podem viver numa atmosfera muito rarefeita para os seus pulmões, os Espíritos inferiores não podem suportar o brilho e a impressão dos fluidos mais etéreos. Não morrem com isso, porque o Espírito não morre, mas uma força instintiva os mantêm deles distantes, como se distancia de um fogo muito ardente ou de uma luz muito ofuscante. Eis por que eles não podem sair do meio apropriado à sua natureza; para isto mudar, é preciso que mudem primeiro a sua natureza, que se despojem dos instintos materiais que os retêm nos meios materiais; em uma palavra, que se depurem e se transformem moralmente; então gradualmente, eles se identificam com um meio mais depurado, que se torna para eles uma necessidade, como os olhos daquele que, por muito tempo, viveu nas trevas se habituam pouco a pouco à luz do dia e ao brilho do Sol.

12. – Assim, tudo se liga, tudo se encadeia no Universo; tudo está submetido à grande e harmoniosa lei da unidade, desde a materialidade mais compacta até a espiritualidade mais pura. A Terra é como um vaso de onde escapa uma fumaça espessa, que se clareia à medida que se eleva, e cujas partes rarefeitas se perdem no espaço infinito.

A força divina brilha em todas as partes deste conjunto grandioso, e se quereria que, para melhor atestar o seu poder, Deus, não contente com aquilo que fez, viesse perturbar essa harmonia! Que se abaixe ao papel de mágico, por pueris efeitos dignos de um prestidigitador! E se ousa, ainda por cima, dar-lhe por rival, em habilidade, o próprio Satanás! Nunca, em

Os fluidos   207

verdade, rebaixou-se tanto a majestade divina, e ainda se espanta com o progresso da incredulidade!

Tendes razão em dizer: "A fé se vai", mas é a fé em tudo o que choca o bom senso e a razão que se vai; a fé semelhante àquela que fez dizer outrora: "Os deuses se vão!" Mas a fé nas coisas sérias, a fé em Deus e na imortalidade está sempre viva no coração do homem, e se ela foi abafada sob as pueris histórias com as quais a sobrecarregaram, ela se revela mais forte desde que esteja liberta, como a planta comprimida se eleva desde que receba o Sol!

Sim, tudo é milagre na Natureza, porque tudo é admirável e testemunha da sabedoria divina. Estes milagres são para todo o mundo, para todos aqueles que têm olhos para ver e ouvidos para ouvir, e não em proveito de alguns. Não! Não há milagres no sentido que se liga a este nome, porque tudo ressalta das leis eternas da criação, e essas leis são perfeitas.

Ação dos Espíritos sobre os fluidos. Criações fluídicas. Fotografia do pensamento.

13. – Os fluidos espirituais, que constituem um dos estados do fluido cósmico universal, são, propriamente falando, a atmosfera dos seres espirituais; é o elemento de onde eles retiram os materiais sobre os quais operam; é o meio onde se passam os fenômenos especiais, perceptíveis à visão e ao ouvido do Espírito, e que escapam aos sentidos carnais, impressionáveis unicamente pela matéria tangível; onde se forma essa luz particular ao mundo espiritual, diferente da luz ordinária por suas causas e seus efeitos; é, enfim, o veículo do pensamento, como o ar é o veículo do som.

14. – Os Espíritos agem sobre os fluidos espirituais, não os manipulando como os homens manipulam os gases, mas com a ajuda do pensamento e da vontade. O pensamento e a vontade são para o Espírito o que a mão é para o homem. Pelo pensamento, eles imprimem a estes fluidos tal ou tal direção; aglomeram-nos, combinam ou dispersam; formam conjuntos tendo uma aparência, uma forma, uma cor determinadas; mudam-lhes as propriedades como um químico muda a dos gases ou outros corpos, combinando-os segundo certas leis. É a grande oficina ou laboratório da vida espiritual.

Algumas vezes, estas transformações são o resultado de uma intenção; frequentemente, elas são o produto de um pensamento inconsciente;

208   *Capítulo 1*

basta ao Espírito pensar em uma coisa para que esta coisa se produza como basta modular o ar para que este ar repercuta na atmosfera.

Assim é que, por exemplo, um Espírito se apresenta à visão de um encarnado, dotado da visão psíquica, sob as aparências que tinha quando vivo, à época em que se conheceram, tivesse tido várias encarnações depois. Apresenta-se com a roupa, os sinais exteriores – enfermidades, cicatrizes, membros amputados, etc. – que tinha então; um decapitado se apresentará com a cabeça de menos. Não é para dizer que haja conservado estas aparências; não certamente, porque, como Espírito, ele não é nem coxo, nem maneta, nem vesgo, nem decapitado; mas o seu *pensamento*, reportando-se à época em que era assim, seu perispírito toma-lhe imediatamente as aparências, que deixa, do mesmo modo, instantaneamente, desde que o pensamento cesse de agir. Se, pois, foi uma vez negro e outra vez branco, apresentar-se-á como negro ou como branco, segundo aquela, destas duas encarnações, sob a qual for evocado e à qual se reportará o seu pensamento.

Por um efeito análogo, o pensamento do Espírito cria fluidicamente os objetos de que tinha o hábito de se servir; um avarento manejará ouro, um militar terá as suas armas e o seu uniforme, um fumante, o seu cachimbo, um lavrador, a sua charrua e os seus bois, uma velha, a sua roca de fiar. Estes objetos fluídicos são tão reais para o Espírito, que ele mesmo é fluídico, quanto o são no estado material para o homem vivo; mas, pela mesma razão que são criados pelo pensamento, a sua existência é tão fugidia quanto o pensamento (1).

15. – Sendo os fluidos o veículo do pensamento, este age sobre os fluidos como o som age sobre o ar; eles nos trazem o pensamento como o ar nos traz o som. Pode-se dizer, pois, com toda a verdade, que há, nestes fluidos, ondas e raios de pensamento, que se cruzam sem se confundirem, como há no ar ondas e raios sonoros.

Há mais: O pensamento, criando *imagens fluídicas,* reflete-se no envoltório perispiritual como num vidro; aí toma um corpo e se *fotografa* de alguma sorte. Que um homem, por exemplo, tenha a ideia de matar um outro, por impassível que seja o seu corpo material, seu corpo fluídico colocado em ação pelo pensamento, do qual reproduz todas as nuanças; ele executa fluidicamente o gesto, o ato que tem o desejo de cumprir; o pensamento cria a imagem da vítima, e a cena inteira se desenha, como num quadro, tal como está em seu espírito.

É assim que os movimentos mais secretos da alma repercutem no envoltório fluídico; que uma alma pode ler em outra alma como num livro

---

(1) *Revista Espírita*, julho de 1859, página 184. – *O Livro dos Médiuns*, cap. VIII.

Os fluidos 209

ver o que não é perceptível aos olhos do corpo. Contudo, vendo a intenção, ela pode pressentir o cumprimento do ato, que lhe será a sequência, mas não pode determinar o momento em que se cumprirá, nem lhe precisar os detalhes, nem mesmo afirmar que ocorrerá, porque circunstâncias ulteriores podem modificar os planos detidos e mudar as disposições. Ela não pode ver o que não está ainda no pensamento; o que ela vê é a preocupação habitual do indivíduo, seus desejos, seus projetos, seus propósitos bons ou maus.

Qualidades dos fluidos

16. – A ação dos Espíritos sobre os fluidos espirituais tem consequências de uma importância direta e capital para os encarnados. Desde o instante que esses fluidos são o veículo do pensamento, que o pensamento pode modificar-lhes as propriedades, é evidente que eles devem estar impregnados de qualidades boas ou más dos pensamentos que os colocam em vibração, modificados pela pureza ou pela impureza dos sentimentos. Os maus pensamentos corrompem os fluidos espirituais, como os miasmas deletérios corrompem o ar respirável. Os fluidos que cercam ou que projetam os maus Espíritos são, pois, viciados, ao passo que aqueles que recebem a influência de bons Espíritos são tão puros quanto o comporta o grau da perfeição moral destes.

17. – Seria impossível fazer uma enumeração ou classificação dos bons e dos maus fluidos, nem especificar as suas qualidades respectivas, tendo em vista que a sua diversidade é tão grande quanto a dos pensamentos.

Os fluidos não têm qualidades *sui generis,* mas as que adquirem no meio onde se elaboram; modificam-se pelos eflúvios desse meio, como o ar pelas exalações, a água pelos sais das camadas que atravessa. Segundo as circunstâncias, essas qualidades são, como o ar e a água, temporárias ou permanentes, o que os torna mais especialmente próprios à produção de tais ou tais efeitos determinados.

Os fluidos não têm denominações especiais; como os odores, são designados por suas propriedades, seus efeitos e seu tipo original. Sob o aspecto moral, carregam a marca dos sentimentos do ódio, da inveja, do ciúme, do orgulho, do egoísmo, da violência, da hipocrisia, da bondade, da benevolência, do amor, da caridade, da doçura, etc.; sob o aspecto físico, são excitantes, calmantes, penetrantes, adstringentes, irritantes, dulcificantes, suporíferos, narcóticos, tóxicos, reparadores, eliminadores; tornam-se força de transmissão ou de propulsão, etc. O quadro dos fluidos seria, pois, o de todas as paixões, das virtudes e dos vícios da Humanidade, e das propriedades da matéria correspondendo aos efeitos que eles produzem.

18. – Sendo os homens os Espíritos encarnados, eles têm, em parte, as atribuições da vida espiritual, porque vivem desta vida quanto da vida corpórea: primeiro, durante o sono, e, frequentemente, no estado de vigília. O Espírito, em se encarnando, conserva o seu perispírito com as qualidades que lhe são próprias, e que, como se sabe, não está circunscrito pelo corpo, mas irradia ao seu derredor e o envolve como de uma atmosfera fluídica.

Pela sua união íntima com o corpo, o perispírito desempenha um papel preponderante no organismo; pela sua expansão, coloca o Espírito encarnado em relação mais direta com os Espíritos livres, e também com os Espíritos encarnados.

O pensamento do Espírito encarnado age sobre os fluidos espirituais como o dos Espíritos desencarnados; ele se transmite de Espírito a Espírito pela mesma via e, segundo seja bom ou mau, saneia ou vicia os fluidos circundantes.

Se os fluidos ambientes são modificados pela projeção dos pensamentos do Espírito, seu envoltório perispiritual, que é parte constituinte de seu ser, que recebe diretamente e de maneira permanente a impressão de seus pensamentos, deve mais ainda carregar a marca de suas qualidades boas ou más. Os fluidos viciados pelos eflúvios dos maus Espíritos podem se depurar pelo distanciamento destes, mas o seu perispírito será sempre o que é, enquanto o próprio Espírito não se modificar.

Sendo o perispírito dos encarnados de uma natureza idêntica à dos fluidos espirituais, assimila-os com facilidade, como uma esponja se embebe de líquido. Estes fluidos têm, sobre o perispírito, uma ação tanto mais direta que, por sua expansão e sua irradiação, confunde-se com eles.

Atuando esses fluidos sobre o perispírito, este, por sua vez, reage sobre o organismo material, com o qual está em contato molecular. Se os eflúvios são de boa natureza, o corpo sente-lhes uma impressão salutar; se são maus, a impressão é penosa; se os maus são permanentes e enérgicos eles podem determinar desordens físicas: certas doenças não têm outra causa.

Os meios onde superabundam os maus Espíritos são, pois, impregnados de maus fluidos, que são absorvidos por todos os poros perispirituais, como se absorvem, pelos poros do corpo, os miasmas pestilentos.

19. – Assim se explicam os efeitos que se produzem nos lugares de reunião. Uma assembleia é um foco onde se irradiam pensamentos diversos;

Os fluidos 211

é como uma orquestra, um coro de pensamentos em que cada um produz a sua nota. Disso resulta uma multidão de correntes e de eflúvios fluídicos, dos quais cada um recebe a impressão pelo sentido espiritual, como num coro de música cada um recebe a impressão dos sons pelo sentido do ouvido.

Mas, do mesmo modo que há raios sonoros harmônicos e discordantes, há também pensamentos harmônicos e discordantes. Se o conjunto é harmonioso, a impressão é agradável; se é discordante, a impressão é penosa. Ora, por isso, não há necessidade de que o pensamento seja formulado em palavras; a irradiação fluídica não existe menos, quer seja expressada ou não.

Tal é a causa do sentimento de satisfação que se experimenta numa reunião simpática, animada de bons e benevolentes pensamentos; ali reina como uma atmosfera moral saudável, onde se respira com facilidade; ali sente-se reconfortado, porque está impregnado de eflúvios fluídicos salutares; mas, se ali se misturam alguns pensamentos maus, eles produzem o efeito de uma corrente de ar gelado num meio tépido, ou de uma nota falsa num concerto. Assim se explicam também a ansiedade, o mal-estar indefinível que se sente num meio antipático, onde os pensamentos malévolos provocam como correntes de ar nauseante.

20. – O pensamento produz, pois, uma espécie de efeito físico que reage sobre o moral; é o que só o Espiritismo poderia fazer compreender. O homem o sente instintivamente, uma vez que procura as reuniões homogêneas ou simpáticas, onde sabe que pode haurir novas forças morais; poder-se-ia dizer que ali recupera as perdas fluídicas, que tem cada dia pela irradiação do pensamento, como recupera, pelos alimentos, as perdas do corpo material. É que, com efeito, o pensamento é uma emissão que ocasiona uma perda real nos fluidos espirituais e, por consequência, nos fluidos materiais, de tal sorte que o homem tem necessidade de se retemperar nos eflúvios que recebe de fora.

Quando se diz que um médico cura os seus doentes com boas palavras, enuncia-se uma verdade absoluta, porque o pensamento benevolente leva com ele fluidos reparadores, que agem sobre o físico tanto quanto sobre o moral.

21. – Sem dúvida, dir-se-á, é possível evitar os homens que se sabe mal-intencionados, mas como se subtrair à influência dos maus Espíritos que pululam ao redor de nós e penetram por toda parte sem serem vistos?

O meio é muito simples, porque depende da vontade do próprio homem, que carrega em si o preservativo necessário. Os fluidos se unem em razão da semelhança de sua natureza; os fluidos dessemelhantes se repelem; há incompatibilidade entre os bons e os maus fluidos, como entre o óleo e a água.

Que se faz quando o ar está viciado? É saneado, é depurado, destruindo o foco dos miasmas, expulsando os eflúvios malsãos, por correntes de ar saudável mais forte. À invasão dos maus fluidos, é necessário, pois, opor os bons fluidos; e, como cada um tem no seu perispírito uma fonte fluídica permanente, carrega-se o remédio em si mesmo; não se trata senão de depurar esta fonte e dar-lhe qualidades tais, que elas sejam, para as más influências, um *contraste*, em lugar de ser uma força atrativa. O perispírito é, pois, uma couraça à qual é necessário dar a melhor têmpera possível; ora, como as qualidades do perispírito estão em razão das qualidades da alma, é necessário trabalhar no seu próprio melhoramento, porque são as imperfeições da alma que atraem os maus Espíritos.

As moscas vão aonde os focos de corrupção as atraem; destruí estes focos e as moscas desaparecerão. Do mesmo modo os maus Espíritos vão aonde o mal os atrai; destruí o mal, e eles se afastarão. *Os Espíritos realmente bons, encarnados ou desencarnados, nada têm a temer da influência dos maus Espíritos.*

Explicação de alguns fatos reputados sobrenaturais

Visão espiritual ou psíquica. Dupla vista. Sonambulismo. Sonhos.

22. – O perispírito é o traço de união entre a vida corpórea e a vida espiritual: é por ele que o Espírito encarnado está em contínua relação com os Espíritos; é por ele, enfim, que se cumprem, no homem, fenômenos especiais que não têm a sua causa primeira na matéria tangível e que, por esta razão, parecem sobrenaturais.

É nas propriedades e na irradiação do fluido perispiritual que se deve procurar a causa da *dupla vista,* ou *visão espiritual*, que se pode também chamar *visão psíquica,* da qual muitas pessoas estão dotadas, frequentemente com o seu desconhecimento, assim como da visão sonambúlica.

O perispírito é o *órgão sensitivo* do Espírito; é por seu intermédio que o Espírito encarnado tem a percepção das coisas espirituais que

Os fluidos   213

escapam aos seus sentidos carnais. Pelos órgãos do corpo, a vista, o ouvido e as diversas sensações estão localizadas e limitadas à percepção das coisas materiais; pelo sentido espiritual, ou *psíquico*, elas estão generalizadas; o Espírito vê, ouve e sente por todo o seu ser o que está na esfera de irradiação de seu fluido perispiritual.

Estes fenômenos são, no homem, a manifestação da vida espiritual; é a alma que age fora do organismo. Na dupla vista, ou percepção pelo sentido psíquico, ele não vê pelos olhos do corpo, se bem que, frequentemente, por hábito, dirija-os para o ponto sobre o qual leva a sua atenção; vê pelos olhos da alma, e a prova disto é que vê tudo tão bem com os olhos fechados, e além do alcance de seu raio visual; ele lê o pensamento representado figuradamente no raio fluídico (nº15). (1).

23. – Embora, durante a vida, o Espírito esteja *preso* ao corpo pelo perispírito, ele não é de tal modo escravo que não possa alongar o seu laço e se transportar ao longe, seja na Terra, seja sobre qualquer ponto do espaço. O Espírito não está senão com pesar ligado ao seu corpo, porque a sua vida normal é a liberdade, ao passo que a vida corpórea é a do servo preso à gleba.

O Espírito é, pois, feliz por deixar o seu corpo, como o pássaro deixa a sua gaiola; ele agarra todas as ocasiões para dele se libertar, e se aproveita, por isto, de todos os instantes em que a sua presença não é necessária à vida de relação. É o fenômeno designado sob o nome de *emancipação da alma*; sempre ocorre no sono; todas as vezes que o corpo repousa, e que os sentidos estão em inatividade, o Espírito se desliga. (*O Livro dos Espíritos*, cap. VIII).

Nesses momentos, o Espírito vive da vida espiritual, ao passo que o corpo não vive senão da vida vegetativa; ele está, em parte, no estado que estará depois da morte; percorre o espaço, conversa com os seus amigos e outros Espíritos livres, ou *encarnados* como ele.

O laço fluídico que o retém ao corpo não está definitivamente rompido senão na morte; a separação completa não ocorre senão pela extinção absoluta da atividade do princípio vital. Tanto que o corpo viva, a qualquer distância que esteja, o Espírito para ele é instantaneamente chamado, desde que a sua presença seja necessária; ele, então, retoma o curso de sua vida exterior de relação. Por vezes, ao despertar, conserva uma lembrança de suas peregrinações, uma imagem mais ou menos precisa, que constitui

---

(1) Fatos de dupla vista e de lucidez sonambúlica narrados na *Revista Espírita*: janeiro 1858, página 25; – novembro 1858, página 213 – julho 1861, página 197; novembro 1865, página 352.

214   *Capítulo 14*

o sonho; dele traz, em todos os casos, intuições que lhe sugerem ideias e pensamentos novos, e justificam o provérbio: A noite traz conselho.

Assim se explicam igualmente certos fenômenos característicos do sonambulismo natural e magnético, da catalepsia, da letargia, do êxtase, etc. e que não são outras do que as manifestações da vida espiritual (1).

24. – Uma vez que a visão espiritual não se efetua pelos olhos do corpo, é que a percepção das coisas não ocorre pela luz comum: com efeito, a luz material está feita para o mundo material; para o mundo espiritual, existe uma luz especial cuja natureza nos é desconhecida, mas que, sem dúvida, é uma das propriedades do fluido etéreo impressionando as percepções visuais da alma. Há, pois, a luz material e a luz espiritual. A primeira tem focos circunscritos nos corpos luminosos; a segunda tem seu foco por toda a parte: é a razão pela qual não há obstáculos para a visão espiritual; ela não se detém nem pela distância, nem pela opacidade da matéria; a obscuridade não existe para ela. O mundo espiritual é, pois, iluminado pela luz espiritual, que tem seus efeitos próprios, como o mundo material é iluminado pela luz solar.

25. – A alma, envolvida pelo seu perispírito, carrega assim nela seu princípio luminoso; penetrando a matéria, em virtude de sua essência etérea, não há corpos opacos para a sua visão.

Entretanto, a visão espiritual não tem nem a mesma extensão, nem a mesma penetração em todos os Espíritos; só os puros Espíritos a possuem em todo o seu poder; nos Espíritos inferiores, ela é enfraquecida pela grosseria relativa do perispírito, que se interpõe como uma espécie de névoa.

Ela se manifesta em diferentes graus nos Espíritos encarnados pelo fenômeno da segunda vista, seja no sonambulismo natural ou magnético, seja no estado de vigília. Segundo o grau de poder da faculdade, diz-se que a lucidez é mais ou menos grande. É com a ajuda desta faculdade que certas pessoas veem o interior do organismo e descrevem a causa das doenças.

26. – A visão espiritual dá, pois, percepções especiais que, não tendo por sede os órgãos materiais, operam-se em condições diferentes da visão corpórea. Por esta razão, não se pode esperar dela efeitos idênticos e experimentá-la pelos mesmos procedimentos. Cumprindo-se fora do organismo, ela tem uma mobilidade que frustra todas as previsões. É necessário estudá-la em seus efeitos e em suas causas, e não por assimilação com a visão

---

(1) Exemplos de letargia e de catalepsia: *Revista Espírita:* Senhora Schwabenhaus, setembro 1858, página 255; – A jovem cataléptica de Souabe, janeiro 1866, página 18.

Os fluidos 215

comum, que ela não está destinada a suprir, salvo casos excepcionais e que não se poderiam tomar por regra.

27. – A visão espiritual é necessariamente incompleta e imperfeita entre os Espíritos encarnados e, por consequência, sujeita a aberrações. Tendo a sua sede na própria alma, o estado da alma deve influir sobre as percepções que ela dá. Segundo o grau de seu desenvolvimento, as circunstâncias e o estado moral do indivíduo, ela pode dar, seja no sono, seja no estado de vigília: 1º a percepção de certos fatos materiais reais, como o conhecimento de acontecimentos que se passam ao longe, os detalhes descritivos de uma localidade, as causas de uma doença e os remédios convenientes; 2º a percepção de coisas igualmente reais do mundo espiritual, como a visão dos Espíritos; 3º imagens fantásticas criadas pela imaginação, análogas às criações fluídicas do pensamento. (Ver acima, nº 14). Estas criações estão sempre em relação com as disposições morais do Espírito que as cria. É assim que o pensamento de pessoas fortemente imbuídas e preocupadas de certas crenças religiosas lhes apresenta o inferno, suas fornalhas, suas torturas e seus demônios, tal como as sejam figuradas: às vezes, é toda uma epopeia; os pagãos viam o Olimpo e o Tártaro, como os cristãos viam o inferno e o paraíso. Se, ao despertar, ou ao sair do êxtase, essas pessoas conservam uma lembrança precisa de suas visões, elas as tomam por realidades e confirmações de suas crenças, ao passo que isso não é senão um produto de seus próprios pensamentos (1). Há, pois, uma escolha muito rigorosa a fazer nas visões extáticas, antes de aceitá-las. O remédio para a demasiada credulidade, sob este aspecto, é o estudo das leis que regem o mundo espiritual.

28. – Os sonhos, propriamente ditos, apresentam as três naturezas de visões descritas acima. É às duas primeiras que pertencem os sonhos de previsões, pressentimentos e advertências (2); é na terceira, quer dizer, nas criações fluídicas do pensamento, que se pode encontrar a causa de certas imagens fantásticas, que nada têm de real com relação à vida material, mas que têm, para o Espírito, uma realidade por vezes tal que o corpo lhe sofre o contragolpe, e que se tem visto os cabelos embranquecerem sob a impressão de um sonho. Estas criações podem ser provocadas: pelas crenças exaltadas; por lembranças retrospectivas; pelos gostos, os desejos, as paixões, o medo, os remorsos; pelas preocupações habituais; pelas necessidades do corpo, ou um embaraço nas funções do organismo;

---

(1) É assim que se podem explicar as visões da irmã Elmerich, que, reportando-se ao tempo da paixão de Cristo, disse ter visto coisas materiais que nunca existiram senão nos livros que ela leu; as da senhora Cantanille (*Revista Espírita*, agosto 1866, página 240), e uma parte das de Swedenborg.

(2) Ver adiante, cap. XVI, Teoria da presciência, nºs 1, 2, 3.

216   *Capítulo 14*

enfim, por outros Espíritos, com um fim benevolente ou malévolo, segundo a sua natureza (1).

Catalepsia. Ressurreições.

29. – A matéria inerte é insensível; o fluido perispiritual o é também, mas ele transmite a sensação ao centro sensitivo, que é o Espírito. As lesões dolorosas do corpo repercutem, pois, no Espírito como um choque elétrico, por intermédio do fluido perispiritual, do qual os nervos parecem ser os fios condutores. É influxo nervoso dos fisiologistas, que, não conhecendo as relações desse fluido com o princípio espiritual, dele não puderam explicar todos os efeitos.

Esta interrupção pode ter lugar pela separação de um membro ou a secção de um nervo, mas também, parcialmente ou de maneira geral, e sem nenhuma lesão, no momento de emancipação, de grande superexcitação ou preocupação do Espírito. Nesse estado, o Espírito não pensa mais no corpo e em sua febril atividade, ele atrai, por assim dizer, a ele o fluido perispiritual que, retirando-se da superfície, ali produz uma insensibilidade momentânea. Poder-se-ia ainda admitir que, em certas circunstâncias, produz-se, no próprio fluido perispiritual, uma modificação molecular que lhe tira temporariamente a propriedade de transmissão. Assim é que, frequentemente, no ardor do combate, um militar não percebe que foi ferido; que uma pessoa cuja atenção está concentrada sobre um trabalho não ouve o ruído que se faz ao redor dela. É um efeito análogo, porém, mais pronunciado, que ocorre em certos sonâmbulos, na letargia e na catalepsia. É assim, enfim, que se pode explicar a insensibilidade dos convulsionários e de certos mártires. (*Revista Espírita*, janeiro 1868: *Estudo sobre os* Aïssaouas.)

A paralisia não tem, de nenhum modo, a mesma causa: aqui o efeito é todo orgânico; são os próprios nervos os fios condutores que não estão mais aptos para a circulação fluídica; são as cordas dos instrumentos que estão alteradas.

30. – Em certos estados patológicos, quando o Espírito não está mais no corpo, e que o perispírito a ele não adere senão em alguns pontos, o corpo tem todas as aparências da morte, e se está na verdade absoluta, dizendo que a vida não se prende senão por um fio. Este estado pode durar mais ou menos tempo; certas partes do corpo podem mesmo entrar em decomposição, sem que a vida esteja definitivamente extinta. Enquanto o último

---

(1) *Revista Espírita*, junho 1866, página 172; – setembro 1866, página 284. – *O Livro dos Espíritos*, cap. VIII, nº 400.

Os *fluidos* 217

fio não estiver rompido, o Espírito pode, seja por uma ação enérgica de sua *própria* vontade, seja por *um influxo fluídico estranho, igualmente poderoso,* ser chamado ao corpo. Assim se explicam certos prolongamentos da vida contra toda probabilidade e certas pretensas ressurreições. É a planta que desabrocha, às vezes, com uma única fibrila da raiz; mas, quando as últimas moléculas do corpo fluídico se destacaram do corpo carnal, ou quando este último está num estado de degradação irreparável, todo retorno à vida se torna impossível (1).

Curas

31. – O fluido universal, como se viu, é o elemento primitivo do corpo carnal e do perispírito, que dele não são senão transformações. Pela identidade de sua natureza, esse fluido, condensado no perispírito, pode fornecer ao corpo os princípios reparadores; o agente propulsor é o Espírito, encarnado ou desencarnado, que infiltra num corpo deteriorado uma parte da substância de seu envoltório fluídico. A cura se opera pela substituição de uma molécula *sã* a uma molécula *malsã*. O poder curador está, pois, em razão da pureza da substância inoculada; ele depende ainda da energia da vontade, que provoca uma emissão fluídica mais abundante e dá ao fluido uma maior força de penetração; enfim, as intenções que animam aquele que quer curar, *quer seja homem ou Espírito.* Os fluidos que emanam de uma fonte impura são como substâncias medicinais alteradas.

32. – Os efeitos da ação fluídica sobre as enfermidades são extremamente variados, segundo as circunstâncias; esta ação, algumas vezes, é lenta e reclama um tratamento continuado, como no magnetismo comum; de outras vezes, ela é rápida como uma corrente elétrica. Há pessoas dotadas de uma força tal que elas operam, sobre certos enfermos, curas instantâneas pela só imposição das mãos, ou mesmo só por um ato da vontade. Entre os dois polos extremos desta faculdade, há nuanças ao infinito. Todas as curas deste gênero são variedades do magnetismo e não diferem senão pelo poder e pela rapidez da ação. O princípio é sempre o mesmo: é o fluido que desempenha o papel de agente terapêutico, e cujos efeitos estão subordinados à sua qualidade e às circunstâncias especiais.

33. – A ação magnética pode se produzir de várias maneiras:

1º Pelo próprio fluido do magnetizador; é o magnetismo propriamente dito, ou *magnetismo humano,* cuja ação está subordinada ao poder e, sobretudo, à qualidade do fluido;

---

(1) Exemplos: *Revista Espírita,* O doutor Cardon, agosto 1863, página 251; – A mulher corsa, maio 1866, página 134.

2º Pelo fluido dos Espíritos agindo diretamente, e *sem intermediário,* sobre um encarnado, seja para curar ou acalmar um sofrimento, seja para provocar o sono sonambúlico espontâneo, seja para exercer sobre o indivíduo uma influência física ou moral qualquer. É o *magnetismo espiritual,* cuja qualidade está em razão das qualidades do Espírito (1).

3º Pelos fluidos que os Espíritos despejam sobre o magnetizador e ao qual este serve de condutor. É o magnetismo *misto, semiespiritual* ou, querendo-se, *humano-espiritual.* O fluido espiritual, combinado com o fluido humano, dá a este as qualidades que lhe faltam. O concurso dos Espíritos, em semelhante circunstância, é por vezes espontâneo, mas, o mais frequentemente, é provocado pelo pedido do magnetizador.

34. – A faculdade de curar por influência fluídica é muito comum e pode se desenvolver pelo exercício; mas a de curar instantaneamente, pela imposição das mãos, é mais rara, e o seu apogeu pode ser considerado como excepcional. Entretanto, foram vistos em diversas épocas, e quase entre todos os povos, indivíduos que a possuíam em grau eminente. Nestes últimos tempos, viram-se vários exemplos notáveis, cuja autenticidade não pode ser contestada. Uma vez que estas espécies de cura repousam sobre um princípio natural, e que o poder de operá-las não é um privilégio, é que elas não saem da Natureza e não têm de miraculosas senão a aparência (2).

Aparições. Transfigurações.

35. – Em seu estado normal, o perispírito é invisível para nós, mas, como está formado com matéria etérea, o Espírito pode, em certas circunstâncias, fazê-lo sofrer, por um ato de sua vontade, uma modificação molecular que o torne momentaneamente visível. É assim que se produzem as *aparições,* que, não mais do que os outros fenômenos, não estão fora das leis da Natureza. Este não é mais extraordinário do que aquele do vapor, que é invisível quando está muito rarefeito, e que se torna visível quando está condensado.

Segundo o grau de condensação do fluido perispiritual, a aparição, algumas vezes, é vaga e vaporosa; de outras vezes, ela é mais nitidamente definida; de outras vezes, enfim, tem todas as aparências da matéria tangí-

---

(1) Exemplos: *Revista Espírita,* fevereiro 1863, página 64; – abril 1865, página 113; – setembro 1865, página 264.

(2) Exemplos de curas instantâneas reportadas na *Revista Espírita*: O príncipe de Hohenlohe, dezembro 1866, página 368; – Jacob, outubro e novembro 1866, páginas 312 e 345; outubro e novembro 1867, páginas 306 e 339; – Simonet, agosto 1867, página 232; – Caïd Hassan, outubro 1867, página 303; – O cura Gassner, novembro 1867, página 331.

Os fluidos 219

vel; pode mesmo ir até a tangibilidade real, a ponto de se equivocar sobre a natureza do ser que se tem à frente.

As aparições vaporosas são frequentes e ocorrem, amiúde, quando os indivíduos se apresentam assim, depois de sua morte, às pessoas que estimam. As aparições tangíveis são mais raras, embora delas se tenham exemplos bastante numerosos, perfeitamente autênticos. Se o Espírito quer se fazer conhecer, dará ao seu envoltório todos os sinais exteriores que tinha quando vivo (1).

36. – É de se notar que as aparições tangíveis não têm senão as aparências da matéria carnal, mas não poderiam dela ter as qualidades; em razão de sua natureza fluídica, elas não podem ter a mesma coesão, porque, em realidade, não são da carne. Formam-se instantaneamente e desaparecem do mesmo modo, ou se evaporam pela degradação das moléculas fluídicas. Os seres que se apresentam nestas condições não nascem, nem morrem, como os outros homens; são vistos e não são mais vistos, sem saber-se de onde vêm, como vieram, nem aonde vão; não se poderia matá-los, nem acorrentá-los, nem encarcerá-los, uma vez que não têm corpo carnal; as pancadas que se lhes dessem feririam o vazio.

Tal é o caráter dos *agêneres,* com os quais se pode conversar sem suspeitar daquilo que são, mas que nunca fazem longas permanências e não podem se tornar os comensais habituais de uma casa, nem figurar entre os membros de uma família.

Há, aliás, em toda a sua pessoa, em seus passos, alguma coisa de estranha e de insólita que resulta da materialidade e da espiritualidade: seu olhar, vaporoso e penetrante ao mesmo tempo, não tem a nitidez do olhar pelos olhos da carne; a sua linguagem, breve e quase sempre sentenciosa, nada tem do brilho e da volubilidade da linguagem humana; sua aproximação faz sentir uma sensação particular indefinível de surpresa que inspira uma espécie de medo, e, tomados como indivíduos semelhantes a todos os outros, se diz involuntariamente: Eis um ser singular (2).

37. – Sendo o perispírito o mesmo nos encarnados e nos desencarnados, por um efeito completamente idêntico, um Espírito encarnado pode aparecer, em um momento de liberdade, sobre um outro ponto além

---

(1) *O Livro dos Médiuns,* caps. VI e VII.

(2) Exemplos de aparições vaporosas ou tangíveis e de agêneres: *Revista Espírita,* janeiro 1858, página 24; – outubro 1858, página 291; – fevereiro 1859, página 38; – março 1859, página 80; – janeiro de 1859, página 11; – novembro 1859, página 303; – agosto 1859, página 210; – abril 1860, página 117; – maio 1860, página 150; – julho 1861, página 199; – abril 1866, página 120; – O lavrador Martim, apresentado a Louis XVIII, detalhes completos; dezembro 1866, p. 353.

220   *Capítulo 14*

daquele onde seu corpo repousa, sob seus traços habituais e com todos os sinais de sua identidade. Este fenômeno, do qual se têm exemplos autênticos, foi que deu lugar à crença nos homens duplos (1).

38. – Um efeito particular desta espécie de fenômenos é que as aparições vaporosas, e mesmo tangíveis, não são perceptíveis indistintamente por todo mundo; os Espíritos não se mostram senão quando querem, e a quem querem. Um Espírito poderia, pois, aparecer numa assembleia a um ou a vários assistentes, e não ser visto pelos outros. Isto vem de que estas espécies de percepções se efetuam pela visão espiritual, e não pela visão carnal; não somente a visão espiritual não é dada a todas as pessoas, mas pode, se for necessário, ser retirada, pela vontade do Espírito, daquele a quem não se quer mostrar, como pode dá-la momentaneamente, se o julga necessário.

A condensação do fluido perispiritual nas aparições, mesmo até a tangibilidade, não tem, pois, as propriedades da matéria comum: sem isso, as aparições, sendo perceptíveis pelos olhos do corpo, o seriam por todas as pessoas presentes (2).

39. – Podendo o Espírito operar transformações na contextura de seu envoltório perispiritual, e este envoltório irradiando-se ao redor do corpo como uma atmosfera fluídica, um fenômeno análogo ao das aparições pode se produzir na própria superfície do corpo. Sob a camada fluídica, a figura real do corpo pode se apagar mais ou menos completamente e revestir outros traços; ou bem os traços primitivos vistos através da camada fluídica modificada, como através de um prisma, podem tomar outra expressão. Se o Espírito encarnado, saindo do terra a terra, identifica-se com as coisas do mundo espiritual, a expressão de um rosto pode se tornar bela, radiosa e, por vezes, mesmo luminosa; se, ao contrário, o Espírito está exaltado pelas más paixões, um belo rosto pode tomar um aspecto horrível.

É assim que se operam as *transfigurações*, que são sempre um reflexo das qualidades e dos sentimentos predominantes do Espírito. Este fenômeno é, pois, o resultado de uma transformação fluídica; é uma espécie de aparição perispiritual que se produz sobre o próprio corpo vivo e, algumas vezes, no momento da morte, em lugar de se produzir ao longe, como nas aparições propriamente ditas. O que distingue as aparições deste gênero é

---

(1) Exemplos de aparições de pessoas vivas: *Revista Espírita,* dezembro 1858, páginas 329 e 331; – fevereiro 1859, página 41; – agosto 1859, página 197; – novembro 1860, página 356.

(2) Não é necessário aceitar, senão com uma extrema reserva, os relatos de aparições puramente individuais que, em certos casos, poderiam ser o efeito da imaginação superexcitada e, por vezes, uma invenção feita num objetivo interessado. Convém, pois, ter uma conta escrupulosa das circunstâncias, da honradez da pessoa, assim como do interesse que ela poderia ter abusando da credulidade do indivíduo muito confiante.

Os *fluidos*   221

que, geralmente, elas são perceptíveis por todos os assistentes e pelos olhos do corpo, precisamente porque elas têm por base a matéria carnal visível, ao passo que, nas aparições puramente fluídicas, não há matéria tangível (1).

Manifestações físicas. Mediunidade.

40. – Os fenômenos das mesas girantes e falantes, da suspensão etérea dos corpos pesados, da escrita medianímica, tão antigos quanto o mundo, mais vulgares hoje, dão a chave de alguns fenômenos análogos espontâneos, aos quais, na ignorância da lei que os regia, atribuíram-lhes um caráter sobrenatural e miraculoso. Esses fenômenos repousam sobre as propriedades do fluido perispiritual, seja de encarnados, seja de Espíritos livres.

41. – É com a ajuda de seu perispírito que o Espírito age sobre o seu corpo vivo; é ainda com este mesmo fluido que se manifesta, agindo sobre a matéria inerte, que produz os ruídos, os movimentos de mesas e outros objetos que levanta, tomba ou transporta. Este fenômeno nada tem de surpreendente, considerando-se que, entre nós, os mais poderosos motores se encontram nos fluidos mais rarefeitos e mesmo imponderáveis, como o ar, o vapor e a eletricidade.

É igualmente com a ajuda de seu perispírito que o Espírito faz os médiuns escreverem, falarem ou desenharem; não tendo mais corpo tangível para agir ostensivamente, quando quer se manifestar, serve-se do corpo do médium, do qual empresta os órgãos, que faz agir como se fora o seu próprio corpo, e isso pelo eflúvio fluídico que derrama sobre ele.

42. – É pelo mesmo meio que o Espírito age sobre a mesa, seja para fazê-la mover-se sem significação determinada, seja para fazê-la dar golpes inteligentes indicando as letras do alfabeto, para formar palavras e frases, fenômeno designado sob o nome de *tiptologia*. A mesa não é, aqui, senão um instrumento de que ele se serve, como faz do lápis para escrever; dá-lhe uma vitalidade momentânea pelo fluido com a qual a penetra, mas não se *identifica com ela*. As pessoas que, em sua emoção, vendo se manifestar um ser que lhe é querido, abraçam-se à mesa, fazem um ato ridículo, porque é absolutamente como se abraçassem o bastão de que um amigo se serve para dar pancadas. Ocorre o mesmo com aquelas que dirigem a palavra à mesa, como se o Espírito estivesse encerrado na madeira, ou como se a madeira se tornasse Espírito.

Quando as comunicações ocorrem por esse meio, é necessário

---

(1) Exemplos e teoria da transfiguração. *Revista Espírita,* março 1859, página 62. (*O livro dos Médiuns,* cap. VII, página 142).

222   *Capítulo 14*

supor o Espírito, não na mesa, mas ao lado, *tal como era quando vivo,* e tal como seria visto se, nesse momento, pudesse se tornar visível. A mesma coisa ocorre nas comunicações pela escrita; ver-se-á o Espírito ao lado do médium, dirigindo a sua mão ou transmitindo-lhe o seu pensamento por uma corrente fluídica.

43. – Quando a mesa se destaca do solo e flutua no espaço sem ponto de apoio, o Espírito não a ergue com a força do braço, mas a envolve e a penetra com uma espécie de atmosfera fluídica que neutraliza o efeito da gravidade, como o faz o ar com os balões e os papagaios. O fluido com a qual ela está penetrada lhe dá, momentaneamente, uma leveza específica maior. Quando ela está pregada ao solo, está num estado análogo ao da campânula pneumática sob a qual se faz o vácuo. Aqui não temos senão comparações para mostrarmos a analogia dos efeitos e não a semelhança absoluta das causas. (*O Livro dos Médiuns,* cap. IV).

Compreende-se, depois disso, que não é mais difícil a um Espírito levantar uma pessoa do que levantar uma mesa, transportar um objeto de um lugar para outro, ou lançá-lo em qualquer parte; estes fenômenos se produzem pela mesma lei (1).

Quando a mesa persegue alguém, não é o Espírito quem corre, porque ele pode permanecer tranquilamente no mesmo lugar, mas lhe dá impulso por uma corrente fluídica, com a ajuda do qual a faz mover a sua vontade.

Quando os golpes se fazem ouvir nas mesas ou em outra parte, o Espírito não bate nem com sua mão, nem com objeto qualquer; ele dirige sob o ponto donde parte o ruído um jato de fluido que produz o efeito de um choque elétrico. Ele modifica o ruído como se podem modificar os sons produzidos pelo ar (2).

---

(1) Tal é o princípio do fenômeno dos *transportes;* fenômeno muito real, mas que convém não aceitar senão com uma extrema reserva, porque é um daqueles que mais se prestam à imitação e à charlatanice. A honradez irrecusável da pessoa que os obtém, seu desinteresse absoluto, material e *moral,* e o concurso de circunstâncias acessórias, devem ser tomados em séria consideração. É necessário, sobretudo, desconfiar da excessiva facilidade com que tais efeitos são produzidos e ter por suspeitos aqueles que se renovam muito frequentemente e, por assim dizer, à vontade; os prestidigitadores fazem coisas mais extraordinárias.

O erguimento de uma pessoa é um fato não menos positivo, mas muito mais raro talvez, porque é mais difícil imitá-lo. É notório que o Sr. Home, mais de uma vez, elevou-se até o teto, fazendo a volta da sala. Diz-se que São Cupertino tinha a mesma faculdade, o que não é mais miraculoso para um do que para o outro.

(2) Exemplos de manifestações materiais e de perturbações pelos Espíritos: *Revista Espírita,* Jovem dos Panoramas, janeiro 1858, página 13; – Senhorita Clairon, fevereiro 1858, página 44; – Espírito batedor de Bergzabern, relato completo, maio, junho e julho 1858, páginas 125, 153, 184; – Dibbelsdorf, agosto 1858, página 219; – Padeiro de Dieppe, março 1860, página 76; – Comerciante de São Petersburgo, abril 1860, página 115; – Rua dos Noyers, agosto 1860, página 236; – Espírito batedor de Aube, janeiro 1861, página 23; – *Id.* no século, dezesseis janeiro 1864, página 32; – Poitiers, maio 1864, página 156, e maio 1865, página 134; – Irmã

Os fluidos

44. – Um fenômeno muito frequente na mediunidade é a aptidão de certos médiuns para escrever numa língua que lhes é estranha; a tratar, pela palavra ou pela escrita, de assuntos fora do alcance de sua instrução. Não é raro ver os que escrevem correntemente sem terem aprendido a escrever; outros que fazem poesias sem nunca saberem fazer um verso em sua vida; outros desenham, pintam, esculpem, compõem músicas, tocam um instrumento, sem conhecerem o desenho, a pintura, a escultura, ou a ciência musical. É muito frequente que um médium escrevente reproduza a escrita e a assinatura que os Espíritos que se comunicam por ele tinham quando vivos, embora nunca os haja conhecido.

Este fenômeno não é mais maravilhoso do que o de ver uma criança escrever quando se lhe conduz a mão: pode-se, assim, fazê-la executar tudo o que se quer. Pode-se fazer qualquer um escrever numa língua qualquer ditando-se-lhe as palavras letra a letra. Compreende-se que possa ser o mesmo na mediunidade, reportando-se à maneira pela qual os Espíritos se comunicam com os médiuns, que não são para eles, em realidade, senão instrumentos passivos. Mas se o médium possui o mecanismo, se venceu as dificuldades práticas, se as expressões lhe são familiares, enfim, se tem em seu cérebro os elementos daquilo que o Espírito quer fazê-lo executar, ele está na posição do homem que sabe ler e escrever correntemente; o trabalho é mais fácil e mais rápido; o Espírito não tem senão que transmitir o pensamento que o seu intérprete reproduz pelos meios de que dispõe.

A aptidão de um médium para coisas que lhe são estranhas, frequentemente, prende-se também aos conhecimentos que possuiu numa outra existência, e dos quais seu Espírito conservou a intuição. Se foi poeta ou músico, por exemplo, terá mais facilidade para assimilar o pensamento poético ou musical que se quer fazê-lo reproduzir. A língua que ignora hoje pode lhe ter sido familiar numa outra existência: daí, para ele, uma aptidão maior para escrever mediunicamente nessa língua (1).

Obsessões e possessões

45. – Os maus Espíritos pululam ao redor da Terra, em consequência

---

Maria, junho 1864, página 185; – Marseille, abril 1865, página 121; – Fives, agosto 1865, página 225; – Os ratos de Equihen, fevereiro 1866, página 55.

(1) A aptidão de certas pessoas para línguas que elas sabem, por assim dizer, sem tê-las aprendido, não tem outra causa do que uma lembrança intuitiva daquilo que souberam numa outra existência. O exemplo do poeta Méry, narrado na *Revista Espírita* de novembro de 1864, página 328, disso é uma prova. É evidente que, se o Sr. Méry fora médium em sua juventude, teria escrito em latim tão facilmente quanto em francês, e ter-se-ia apregoado o prodígio.

da inferioridade moral de seus habitantes. Sua ação malfazeja faz parte dos flagelos aos quais a Humanidade está exposta neste mundo. A obsessão, que é um dos efeitos desta ação, como as doenças e todas as atribulações da vida, deve, pois, ser considerada como uma prova ou uma expiação, e aceita como tal.

A obsessão é a ação persistente que um mau Espírito exerce sobre um indivíduo. Ela apresenta caracteres muito diferentes, desde a simples influência moral, sem sinais exteriores sensíveis, até a perturbação completa do organismo e das faculdades mentais. Ela oblitera todas as faculdades mediúnicas; na mediunidade auditiva e psicográfica, traduz-se pela obstinação de um Espírito em se manifestar com a exclusão de todos os outros.

46. – Do mesmo modo que as doenças são o resultado das imperfeições físicas, que tornam o corpo acessível às influências perniciosas exteriores, a obsessão é sempre o resultado de uma imperfeição moral, que dá ascendência a um Espírito mau. A uma causa física, opõe-se uma força física; a uma causa moral, é necessário se opor uma força moral. Para se preservar das doenças, fortifica-se o corpo; para se garantir da obsessão, é necessário fortificar a alma; daí, para o obsidiado, a necessidade de trabalhar no seu próprio melhoramento, o que, o mais frequentemente, basta para desembaraçá-lo do obsessor, sem o socorro de pessoas estranhas. Esse socorro se torna necessário quando a obsessão degenera em subjugação e em possessão, porque então o paciente perde, às vezes, a sua vontade e o seu livre-arbítrio.

A obsessão é, quase sempre, o fato de uma vingança exercida por um Espírito e que, o mais frequentemente, tem a sua fonte nas relações que o obsidiado teve com ele numa precedente existência.

Nos casos de obsessão grave, o obsidiado está como envolvido e impregnado com um fluido pernicioso, que neutraliza a ação dos fluidos salutares e os repele. É deste fluido que é necessário desembaraçar-se; ora, um mau fluido não pode ser repelido por um mau fluido. Por uma ação idêntica à de um médium curador, no caso de doença, *é necessário expulsar o fluido mau com a ajuda de um fluido melhor.*

Isto é a ação mecânica, mas que nem sempre basta; é necessário também, e sobretudo, *agir sobre o ser inteligente,* com o qual é preciso ter o direito de *falar com autoridade,* e esta autoridade não é dada senão pela superioridade moral; quanto maior é esta, tanto maior é a autoridade.

Ainda não é tudo: para assegurar a libertação, é necessário levar o Espírito perverso a renunciar aos seus maus desejos; é preciso fazer nascer nele o arrependimento e o desejo do bem, com a ajuda de instruções habil mente dirigidas, nas evocações particulares feitas com vista à sua educação moral; então, pode-se ter a doce satisfação de livrar um encarnado e converter um Espírito imperfeito.

A tarefa se torna mais fácil quando o obsidiado, compreendendo a sua situação, traz o seu concurso de vontade e de prece; assim não o é quando este, seduzido pelo Espírito enganador, ilude-se sobre as qualidades de seu dominador e se compraz no erro em que este último o mergulha; porque, então, longe de secundar, ele repele toda a assistência. É o caso da fascinação, sempre infinitamente mais rebelde do que a mais violenta subjugação. (*O Livro dos Médiuns,* cap. XXIII).

Em todos os casos de obsessão, a prece é o mais poderoso auxiliar para agir contra o Espírito obsessor.

47. – Na obsessão, o Espírito age exteriormente com a ajuda de seu perispírito, que ele identifica com o do encarnado; este último se encontra, então, enlaçado por uma teia e constrangido a proceder contra a sua vontade.

Na possessão, em lugar de agir exteriormente, o Espírito livre se substitui, por assim dizer, ao Espírito encarnado; faz eleição de domicílio em seu corpo, sem, contudo, que este o deixe definitivamente, o que não pode ocorrer senão na morte. A possessão é, pois, sempre temporária e intermitente, porque um Espírito desencarnado não pode tomar definitivamente o lugar de um Espírito encarnado, tendo em vista que a união molecular do perispírito e do corpo não se opera senão no momento da concepção. (Cap. XI, nº 18).

O Espírito, na posse momentânea do corpo, dele se serve como de seu próprio; fala por sua boca, vê pelos seus olhos, age com os seus braços, como o faria quando vivo. Não é mais como na mediunidade falante, onde o Espírito encarnado fala transmitindo o pensamento de um Espírito desencarnado; é este último, ele mesmo, quem fala e age, e se foi conhecido quando vivo, será reconhecido pela sua linguagem, pela sua voz, pelos seus gestos e até pela expressão de sua fisionomia.

48. – A obsessão é sempre o fato de um Espírito malfazejo. A possessão pode ser o fato de um bom Espírito que quer falar e, para fazer mais impressão sobre os seus ouvintes, *empresta* o corpo de um encarnado, que este lhe empresta voluntariamente, como empresta a sua roupa. Isto se faz sem nenhuma perturbação ou mal-estar, e, durante esse tempo, o Espírito se encontra em liberdade, como no estado de emancipação, e, o mais frequentemente, coloca-se ao lado de seu substituto para escutá-lo.

Quando o Espírito possuidor é mau, as coisas se passam de outro modo; ele não toma emprestado o corpo, dele se apodera se o titular não tem *força moral para lhe resistir*. Fá-lo por maldade contra este, que tortura e martiriza de todas as maneiras, até querer fazê-lo perecer, seja por estrangulamento, seja empurrando-o para o fogo ou outros lugares perigosos. Servindo-se dos membros e dos órgãos do infeliz paciente, blasfema, injuria e maltrata aqueles que o cercam; entrega-se a excentricidades e atos que têm todos os caracteres da loucura furiosa.

Os fatos deste gênero, em diferentes graus de intensidade, são muito numerosos, e muitos dos casos de loucura não têm outra causa. Frequentemente, a isso se juntam desordens patológicas que não são senão consecutivas, e contra as quais os tratamentos médicos são impotentes, enquanto subsiste a causa primeira. O Espiritismo, fazendo conhecer esta fonte de uma parte das misérias humanas, indica o meio de remediá-las: o meio é agir sobre o autor do mal que, sendo um ser inteligente, deve ser tratado pela inteligência (1).

49. – A obsessão e a possessão, o mais frequentemente, são individuais, mas, às vezes, são epidêmicas. Quando uma nuvem de maus Espíritos se abate sobre uma localidade, é como quando uma tropa de inimigos vem invadi-la. Neste caso, o número de indivíduos atingidos pode ser considerável. (2).

---

(1) Exemplos de curas de obsessões e de possessões: *Revista Espírita*, dezembro 1863, página 373; – janeiro de 1864, página 11; – junho de 1864, página 168; – janeiro de 1865, página 5; – junho de 1865, página 172; – de fevereiro 1866, página 38; – junho 1867, página 174.

(2) Foi uma epidemia deste gênero que grassou há alguns anos na aldeia de Morzine, em Savoie (ver a narração completa na *Revista Espírita* de dezembro de 1862, página 353; de janeiro, fevereiro, abril e maio de 1863, páginas 1, 33, 101, 133.

CAPÍTULO **15**

Os milagres do Evangelho

*Superioridade da natureza de Jesus. – Sonhos. –
Estrela dos magos. – Dupla vista. – Curas. –
Possuídos. – Ressurreições. – Jesus anda sobre
a água. – Transfiguração. – Tempestade acalmada. –
Bodas de Caná. – Multiplicação dos pães. –
A tentação de Jesus. – Prodígios na morte
de Jesus. – Aparição de Jesus depois de sua
morte. – Desaparecimento do corpo de Jesus.*

Superioridade da natureza de Jesus

1. – Os fatos narrados no Evangelho e que foram até aqui considerados como miraculosos pertencem, na maioria, à ordem dos *fenômenos
psíquicos,* quer dizer, daqueles que têm por causa primeira as faculdades
e os atributos da alma. Aproximando-os daqueles que estão descritos e
explicados no capítulo precedente, reconhece-se, sem dificuldade, que
há entre eles identidade de causa e de efeito. A história mostra-os análogos em todos os tempos e em todos os povos, pela razão que, desde que
há almas encarnadas e desencarnadas, os mesmos efeitos devem ter-se
produzido. Pode-se, é verdade, contestar sobre este ponto a veracidade da
história; mas hoje eles se produzem sob os nossos olhos, por assim dizer,
à vontade, e por indivíduos que nada têm de excepcional. Só o fato da
reprodução de um fenômeno, em condições idênticas, basta para provar
que é possível e submetido a uma lei, e que, desde então, não é mais
miraculoso.

O princípio dos fenômenos psíquicos repousa, como se viu, sobre
as propriedades do fluido perispiritual, que constitui o agente magnético; sobre as manifestações da vida espiritual, durante a vida e depois

da morte; enfim, sobre o estado constitutivo dos Espíritos e o seu papel como força ativa da Natureza. Estes elementos conhecidos, e seus efeitos constatados, têm por consequência fazer admitir a possibilidade de certos fatos que eram rejeitados quando se lhes atribuía uma origem sobrenatural.

2. – Sem nada prejulgar sobre a natureza do Cristo, que não entra no quadro desta obra examinar, e não o considerando, por hipótese, senão um Espírito superior, não se pode impedir de reconhecer nele um daqueles de ordem mais elevada e que está colocado, pelas suas virtudes, bem acima da Humanidade terrestre. Pelos imensos resultados que ele produziu, a sua encarnação neste mundo não poderia ser senão uma dessas missões que não são confiadas senão aos mensageiros diretos da Divindade para o cumprimento de seus desígnios. Supondo que ele não fosse o próprio Deus, mas um enviado de Deus para transmitir a sua palavra, ele seria mais do que um profeta, porque seria um Messias divino.

Como homem, tinha a organização dos seres carnais; mas, como Espírito puro, desligado da matéria, deveria viver a vida espiritual mais do que a vida corpórea, da qual não tinha as fraquezas. *A superioridade de Jesus sobre os homens não se prendia às particularidades de seu corpo, mas às de seu Espírito, que dominava a matéria de maneira absoluta, e à de seu perispírito, haurida na parte mais quintessenciada dos fluidos terrestres.* (Cap. XIV, nº 9). Sua alma não devia prender-se ao corpo senão pelos laços estritamente indispensáveis; constantemente desligado, devia dar-lhe uma *dupla vista* não somente permanente, mas de uma penetração excepcional e bem de outro modo superior àquela que se vê entre os homens comuns. Deveria ser do mesmo modo em todos os fenômenos que dependem dos fluidos perispirituais ou psíquicos. A qualidade destes fluidos lhe dava uma imensa força magnética, secundada pelo desejo incessante de fazer o bem.

Nas curas que ele operava, agia como *médium*? Pode-se considerá-lo como um poderoso médium curador? Não; porque o médium é um intermediário, um instrumento de que se servem os Espíritos desencarnados. Ora, o Cristo não tinha necessidade de assistência, ele que assistia os outros; agia, pois, por si mesmo, em virtude de seu poder pessoal, assim como podem fazê-lo os encarnados em certos casos e na medida de suas forças. Que Espírito, aliás, ousaria insuflar-lhe seus próprios pensamentos e encarregá-lo de transmiti-los? Se recebesse um influxo estranho, este não poderia ser senão de Deus; segundo a definição dada por um Espírito, ele era *médium de Deus*.

Sonhos

3. – *José, diz o Evangelho, foi advertido por um anjo, que lhe apareceu em sonho e lhe disse para fugir para o Egito com o Menino. (São Mateus, cap. II. v. de 19 a 23).*

As advertências pelos sonhos desempenham um grande papel nos livros sagrados de todas as religiões. Sem garantir a exatidão de todos os fatos narrados, e sem discuti-los, o fenômeno em si mesmo nada tem de anormal, quando se sabe que o tempo do sono é aquele em que o Espírito, desligando-se dos laços da matéria, entra momentaneamente na vida espiritual, onde se encontra com aqueles que conheceu. É neste momento, frequentemente, que os Espíritos protetores escolhem para se manifestarem aos seus protegidos e dar-lhes conselhos mais diretos. Os exemplos autênticos de advertências por sonhos são numerosos, mas disso não se poderia inferir que todos os sonhos sejam advertências, e ainda menos que tudo o que se vê em sonho tem o seu significado. É preciso classificar entre as crenças supersticiosas e absurdas a arte de interpretar os sonhos. (Cap. XIV, nº 27 e 28).

Estrela dos magos

4. – *Diz-se que uma estrela apareceu aos magos que vieram adorar a Jesus, que ela caminhava na frente deles para lhes indicar o caminho e se deteve quando chegaram. (São Mateus, cap. II, v. de 1 a 12).*

A questão não é saber se o fato narrado por São Mateus é real, ou se não é senão uma figura para indicar que os magos foram guiados de maneira misteriosa para o lugar onde estava o Menino, dado que não há meio algum de verificação, trata-se de saber se é possível um fato de tal natureza.

Uma coisa certa é que, nesta circunstância, a luz não podia ser uma estrela. Podia-se acreditá-lo na época, quando se pensava que as estrelas são pontos luminosos pregados no firmamento e que podiam cair sobre a Terra; mas não hoje, que se conhece a sua natureza.

Por não ter a causa que se lhe atribui, o fato da aparição de uma luz, tendo o aspecto de uma estrela, não é menos uma coisa possível. Um Espírito pode aparecer sob uma forma luminosa, ou transformar uma parte do seu fluido perispiritual em um ponto luminoso. Vários fatos deste gênero, recentes e perfeitamente autênticos, não têm outra causa, e essa causa nada tem de sobrenatural. (Cap. XIV, nº 13 e seg.).

Dupla vista

Entrada de Jesus em Jerusalém

5. – *Quando se aproximaram de Jerusalém e chegaram a Betfagé, junto da montanha das Oliveiras, Jesus enviou dois de seus discípulos e lhes disse: Ide a essa aldeia que está diante de vós e, ali chegando, encontrareis uma jumenta amarrada e seu jumentinho junto dela; soltai-a e trazei-os a mim. – Se alguém vos disser qualquer coisa, dizei-lhe que o Senhor tem necessidade deles, e logo os deixará levar. – Ora, tudo isto se fez para que esta palavra do profeta se cumprisse: Dizei à filha de Sião: Eis vosso rei que vem a vós, cheio de doçura, montado sobre uma jumenta, e sobre um jumentinho daquela que está sob o jugo. (Zacarias, IX, v. 9,10).*

Os discípulos se foram, pois, e fizeram o que Jesus lhes ordenara. – E, tendo levado a jumenta e o jumentinho, os cobriram com as suas vestes, e o fizeram montar. (São Mateus, cap. XXI, v, de 1 a 7).

Beijo de Judas

6. – *Levantai-vos, vamos, aquele que me deve trair está perto daqui. – E não tinha ainda terminado estas palavras, quando Judas, um dos doze, chegou, e com ele uma tropa de pessoas armadas de espadas e de paus, que foram enviadas pelos príncipes dos sacerdotes e pelos anciãos do povo. – Ora, aquele que o trairia dera-lhes um sinal para reconhecê-lo, dizendo-lhes: Aquele que eu beijar, é a ele mesmo que procurais; apoderai-vos dele. – Logo, pois, ele se aproximou de Jesus e lhe disse: Mestre, eu vos saúdo; e o beijou. – Jesus lhe respondeu: Meu amigo, que viestes fazer aqui? Ao mesmo tempo, todos os outros avançaram, lançaram-se sobre Jesus e se apoderaram dele. (São Mateus, cap. XXVI, v. de 46 a 50).*

Pesca miraculosa

7. – *Um dia em que Jesus estava na margem do lago de Genezaré, achando-se oprimido pela multidão de povo que se comprimia para ouvir a palavra de Deus – ele viu dois barcos parados na margem do lago, cujos pescadores desceram e lavavam as suas redes. – Ele entrou, pois, num desses barcos, que era o de Simão, e pediu-lhe para se afastar um pouco da terra; e, estando sentado, ensinava o povo de cima do barco.*

Os milagres do Evangelho

Quando cessou de falar, disse a Simão: Avançai em plena água e lançai as vossas redes para pescar. – Simão lhe respondeu: Mestre, trabalhamos toda a noite sem nada pegar, mas, apesar disso, sobre a vossa palavra eu lançarei a rede. – E tendo, pois, lançado, pegaram tão grande quantidade de peixes, que a sua rede se rompeu. – E eles fizeram sinal aos seus companheiros, que estavam no outro barco, para que viessem ajudá-los. Eles vieram, e encheram de tal modo seus barcos, que pouco faltou para que não afundassem. (São Lucas, cap. V, v. de 1 a 7).

Vocação de Pedro, André, Tiago, João e Mateus

8. *– Ora, Jesus, andando à beira do mar da Galileia, viu dois irmãos, Simão, chamado Pedro, e André, seu irmão, que lançavam as suas redes ao mar, porque eram pescadores – e ele lhes disse: Segui-me e eu vos farei pescadores de homens. – Logo eles deixaram as suas redes e o seguiram.*

Dali, avançando, ele viu dois outros irmãos, Tiago, filho de Zebedeu, e João, seu irmão, que estavam num barco com Zebedeu, seu pai, e que remendavam as suas redes, e os chamou. – Ao mesmo tempo eles deixaram suas redes e seu pai e o seguiram. (São Mateus, cap. IV, v. de 18 a 22).

Jesus, saindo dali, ao passar, viu um homem sentado numa mesa de impostos, chamado Mateus, ao qual disse: Segui-me; e logo ele se levantou e o seguiu. (São Mateus, cap. IV, v. 9).

9. – Estes fatos nada têm de surpreendente, quando se conhece o poder da dupla vista e a causa muito natural desta faculdade. Jesus a possuía em grau supremo, e pode-se dizer que ela era o seu estado normal, o que atesta grande número de atos de sua vida, e que é explicado hoje pelos fenômenos magnéticos e pelo Espiritismo.

A pesca qualificada de maravilhosa se explica, igualmente, pela dupla vista. Jesus não produziu espontaneamente peixes ali onde eles não existiam; ele viu, como o teria podido ver um lúcido desperto, pela visão da alma, o lugar onde se encontravam e pôde dizer, com segurança, aos pescadores que ali lançassem as suas redes.

A penetração do pensamento e, por conseguinte, certas previsões são a consequência da visão espiritual. Quando Jesus chama a si Pedro, André, Tiago, João e Mateus, seria necessário que conhecesse as suas disposições íntimas, para saber que o seguiriam e que eram capazes de cumprir a missão da qual deveria encarregá-los. Seria necessário que eles mesmos

232   *Capítulo 15*

tivessem a intuição dessa missão para se abandonarem a ele. Ocorreu o mesmo no dia da Ceia, quando anunciou que um dos doze o trairia e o designou, dizendo que seria aquele que pusesse a mão no prato, e quando disse que Pedro o renegaria.

Em muitos lugares do Evangelho, diz-se: "Mas Jesus, conhecendo o seu pensamento, lhes disse...." Ora, como poderia conhecer o seu pensamento, se isso não for, ao mesmo tempo, pela irradiação fluídica que lhe levava esse pensamento, e pela visão espiritual que lhe permitia ler no foro interior dos indivíduos?

Então, frequentemente, quando se crê um pensamento profundamente oculto nas dobras da alma, não se desconfia que se carrega em si um espelho que o reflete, um revelador na sua própria irradiação fluídica, que dele está impregnada. Vendo-se o mecanismo do mundo invisível que nos cerca, as ramificações desses fios condutores do pensamento, que religam todos os seres inteligentes, corpóreos e incorpóreos, os eflúvios fluídicos carregados com as marcas do mundo moral, e que, como correntes aéreas, atravessam o espaço, ficar-se-ia menos surpreso com certos efeitos que a ignorância atribui ao acaso. (Cap. XIV, nºs. 15, 22 e seguintes).

Curas

Perda de sangue

10. – *Então, uma mulher, enferma, com uma perda de sangue havia doze anos, – que muito sofrera nas mãos de vários médicos e que, tendo gasto todos os seus bens, com eles não recebera nenhum alívio, mas se achava cada vez pior – tendo ouvido falar de Jesus, veio na multidão por trás e tocou as suas vestes; porque ela dizia: Se eu puder tocar somente as suas vestes, estarei curada. – No mesmo instante, a fonte do sangue que ela perdia secou, e sentiu em seu corpo que estava curada dessa doença.*

No mesmo instante, Jesus, conhecendo em si mesmo a virtude que dele saíra, *retornou para o meio da multidão e disse: Quem tocou as minhas vestes? – Seus discípulos lhe disseram: Vedes que a multidão vos comprime de todos os lados, e perguntais quem vos tocou? – E ele olhava tudo ao seu redor para ver aquela que o tocara.*

Mas essa mulher, que sabia o que se passara com ela, tomada de medo e de pavor, veio se lançar aos seus pés e lhe declarou toda a verdade. E Jesus lhe disse: Minha filha, a vossa fé vos salvou; ide em paz, e sede curada de vossa doença. (São Marcos, cap. V, v. de 25 a 34).

Os milagres do Evangelho

11. – Estas palavras: *"Conhecendo em si mesmo a virtude que dele saíra,* são significativas; elas exprimem o movimento fluídico que se operou de Jesus para a mulher enferma; ambos sentiram a ação que acabara de se produzir. É notável que o efeito não foi provocado por nenhum ato da vontade de Jesus; ele não fez nem magnetização, nem imposição das mãos. A irradiação fluídica normal bastou para operar a cura.

Mas por que essa irradiação se dirigiu para essa mulher, antes que para os outros, uma vez que Jesus não pensava nela, e que estava cercado pela multidão?

A razão disso é bem simples. O fluido, sendo dado como matéria terapêutica, deve atingir a desordem orgânica para repará-la; pode ser dirigido sobre o mal pela vontade do curador, ou atraído pelo desejo ardente, a confiança, em uma palavra, a fé do enfermo. Com relação à corrente fluídica, o primeiro fato tem o efeito de uma bomba premente e o segundo de uma bomba aspirante. Algumas vezes, a simultaneidade dos dois efeitos é necessária, outras vezes, um só basta; foi o segundo que ocorreu nesta circunstância.

Jesus tinha, pois, razão em dizer: "A vossa fé vos salvou." Compreende-se aqui que a fé não é a virtude mística, tal como certas pessoas a entendem, mas uma verdadeira *força atrativa,* ao passo que aquele que não a tem opõe à corrente fluídica uma força repulsiva, ou pelo menos uma força de inércia, que paralisa a ação. Segundo isto, compreende-se que dois enfermos atingidos pelo mesmo mal, estando em presença de um curador, um pode ser curado e o outro não. Está aí um dos princípios mais importantes da mediunidade curadora e que explica, por uma causa muito natural, certas anomalias aparentes. (Cap. XIV, nº 31, 32, 33).

Cego de Betsaida

12. – *Tendo chegado a Betsaida, levaram-lhe um cego que lhe pedia para tocá-lo.*

E, tomando o cego pela mão, levou-o para fora da povoação; colocou-lhe saliva sobre os olhos e, tendo-lhe imposto as mãos, perguntou-lhe se via alguma coisa. – Esse homem, olhando, disse-lhe: Vejo andar homens que parecem árvores. – Jesus lhe colocou ainda uma vez mais as mãos sobre os olhos, e ele começou a ver melhor; e, enfim, foi de tal modo curado, que via distintamente todas as coisas.

Em seguida, ele o mandou para a sua casa e lhe disse: Ide para a

234   *Capítulo 15*

vossa casa; e, se entrardes na povoação, não digais a ninguém o que vos ocorreu. (São Marcos, cap. VIII, v. de 22 a 26).

13. – Aqui, o efeito magnético está evidente; a cura não foi instantânea, mas gradual e em consequência de uma ação firme e reiterada, embora mais rápida do que na magnetização comum. A primeira sensação deste homem foi bem aquela que sentem os cegos em recobrando a luz; por um efeito de óptica, os objetos parecem de um tamanho desmesurado.

Paralítico

14. – *Jesus, tendo subido num barco, tornou a atravessar o lago e veio para a cidade (Cafarnaum). – E como se lhe apresentassem um paralítico, deitado sobre um leito, Jesus, vendo a sua fé, disse a esse paralítico: Meu filho, tende confiança, os vossos pecados estão perdoados.*

Imediatamente, alguns dos escribas disseram para si mesmos: Este homem blasfema. – Mas Jesus, tendo conhecido o que pensavam, disse-lhes: Por que tendes maus pensamentos em vossos corações? – Porque o que é mais fácil dizer: Os vossos pecados estão perdoados, ou dizer: Levantai-vos e andai? – Ora, a fim de que saibais que o Filho do homem tem sobre a Terra o poder de perdoar os pecados: Levantai-vos, disse então ao paralítico; carregai o vosso leito, e com ele ide para a vossa casa.

O paralítico se levantou imediatamente e se foi para a sua casa. – E o povo, vendo o milagre, se encheu de medo e rendeu glória a Deus por ter dado um tal poder aos homens. (São Mateus, cap. IX, v. de 1 a 8).

15. – O que poderiam significar estas palavras: "Os vossos pecados estão perdoados" e em que poderiam servir para a cura? O Espiritismo disto dá a chave, como de uma infinidade de outras palavras incompreendidas até este dia; ele nos ensina, pela lei da pluralidade das existências, que os males e as aflições da vida são, frequentemente, expiações do passado, e que sofremos, na vida presente, as consequências das faltas que cometemos numa existência anterior: sendo as diferentes existências solidárias umas com as outras, até que se pague a dívida de suas imperfeições.

Se, pois, a enfermidade deste homem era uma punição pelo mal que pôde cometer, dizendo-lhe: "Os vossos pecados estão perdoados," era dizer-lhe: "Pagastes a vossa dívida; a causa da vossa enfermidade está apagada pela vossa fé presente; em consequência, mereceis estar livre da vossa enfermidade." Foi por isso que ele disse aos escribas: "É mais fácil dizer Os vossos pecados estão perdoados, que: Levantai-vos e andai; a causa ces-

Os milagres do Evangelho   235

sando, o efeito deve cessar. O caso é o mesmo que para um prisioneiro, a quem se venha a dizer: "O vosso crime está expiado e perdoado," o que equivaleria a dizer: "Podeis sair da prisão."

Os dez leprosos

16. *– Um dia em que ia para Jerusalém e passava pelos confins da Samaria e da Galileia – estando perto de entrar numa aldeia, dez leprosos vieram diante dele e, mantendo-se afastados, elevaram as suas vozes dizendo-lhe: Jesus, nosso senhor, tende piedade de nós. – Quando os percebeu, disse-lhes: Ide vos mostrar aos sacerdotes. E, como para lá iam, foram curados.*

Um deles, vendo que estava curado, retornou sobre os seus passos, glorificando a Deus em alta voz; – e veio se lançar aos pés de Jesus, o rosto contra a terra, rendendo-lhe graças; e este era Samaritano.

Então, Jesus disse: Todos os dez não foram curados? Onde estão, pois, os outros nove? – Nenhum deles houve que voltasse e glorificasse a Deus, a não ser este estrangeiro? – E disse-lhe: Levantai-vos, ide, a vossa fé vos salvou. (São Lucas, cap. XVII, v. de 11 a 19).

17. – Os Samaritanos eram cismáticos, quase como os protestantes com relação aos católicos, e desprezados pelos Judeus como heréticos. Jesus, curando indistintamente os Samaritanos e os Judeus, dava, ao mesmo tempo, uma lição e um exemplo de tolerância; e, fazendo ressaltar que só o Samaritano retornara para dar glória a Deus, mostrava que havia nele mais da verdadeira fé e mais reconhecimento do que naqueles que se diziam ortodoxos. Acrescentando:" A vossa fé vos salvou," faz ver que Deus olha o fundo do coração e não a forma exterior de adoração. Entretanto, os outros foram curados; era necessário para a lição que queria dar, e provar a sua ingratidão; mas quem sabe o que lhes terá resultado, e se terão se beneficiado do favor que lhes concedera? Dizendo ao Samaritano:" A vossa fé vos salvou," Jesus dá a entender que não seria o mesmo com os outros.

Mão seca

18. *– Jesus entrou uma outra vez na sinagoga, onde encontrou um homem que tinha uma das mãos seca. – E eles o observavam para ver se curava em dia de sábado, a fim de encontrarem um motivo para acusá-lo. – Então, disse ele a este homem, que tinha a mão seca: Levantai-vos,* *mantende-vos ali no meio. – Depois, disse-lhes: É permitido, no dia de sá-bado, fazer o bem ou o mal, salvar a vida ou tirá-la? E eles permaneceram em silêncio. – Mas, olhando-os com indignação, condoído que estava pela cegueira de seus corações, disse a esse homem: Estendei a vossa mão. Ele estendeu, e ela se tornou sã.*

Imediatamente os fariseus, tendo saído, tiraram conselho contra ele com os herodianos, sobre o meio de perdê-lo. – Mas Jesus se retirou com os seus discípulos para o mar, onde uma grande multidão de povo o seguia da Galileia e da Judeia – de Jerusalém, da Indumeia, e de além do Jordão; e aqueles das cercanias de Tiro e de Sidon, tendo ouvido falar das coisas que fazia, vieram em grande número encontrá-lo. (São Marcos, cap. III, v. 1 a 8).

A mulher encurvada

19. *– Jesus ensinava em uma sinagoga todos os dias de sábado. – Um dia, viu uma mulher possuída por um Espírito, que a tornou doente havia dezoito anos; e ela era tão curvada que não podia, de modo nenhum, olhar para o alto. – Jesus, vendo-a, chamou-a e disse: Mulher, estais livre da vossa enfermidade. – Ao mesmo tempo, impôs-lhe as mãos; e logo ela se endirei-tou, e disso deu graças a Deus.*

Mas o chefe da sinagoga, indignado porque Jesus curara num dia de sábado, disse ao povo: Há seis dias destinados ao trabalho; vinde todos esses dias para serem curados, e não nos dias de sábado.

O Senhor, tomando a palavra, disse-lhe: Hipócrita, há algum de vós que não solta seu boi, ou seu asno, da manjedoura no dia de sábado, e não o conduz a beber? – Por que, pois, não conviria livrar de seus laços, em um dia de sábado, esta filha de Abraão, que Satanás manteve assim ligada durante dezoito anos?

A estas palavras, todos os seus adversários ficaram confusos, e todo o povo estava arrebatado por vê-lo fazer tantas ações gloriosas. (São Lucas, cap. XIII, v. de 10 a 17).

20. – Este fato prova que, naquela época, todas as enfermidades eram atribuídas ao demônio, e que se confundiam, como hoje, os possuídos com os enfermos, mas em sentido inverso; quer dizer que, hoje, aqueles que não creem nos Espíritos confundem as obsessões com as enfermidades patológicas.

Paralítico da piscina

21. – *Depois disto, tendo chegado a festa dos Judeus, Jesus foi para Jerusalém. – Ora, havia em Jerusalém a piscina das Ovelhas, que se chama em hebreu: Bethsaida, que tinha cinco corredores – nos quais eram deitados, em grande número, os enfermos, cegos, coxos, e aqueles que tinham os membros ressecados, e todos esperavam que a água se agitasse. – Porque o anjo do Senhor, em um certo tempo, descia nessa piscina e lhe agitava a água; e aquele que entrasse primeiro, depois que a água assim se agitasse, era curado, qualquer que fosse a enfermidade que tivesse.*

Ora, havia ali um homem que estava enfermo há trinta e oito anos. – Jesus, tendo-o visto deitado e sabendo que estava enfermo havia muito tempo, disse-lhe: Quereis ser curado? – O enfermo respondeu: Senhor, não tenho ninguém para me lançar na piscina, depois que a água for agitada; e, durante o tempo que ponho para ir lá, um outro nela desce antes de mim. – Jesus lhe disse: Levantai-vos, transportai a vossa cama e andai. – Imediatamente esse homem foi curado; e tomando o seu leito, começou a caminhar. Ora, aquele dia era um dia de sábado.

Os Judeus disseram, pois, àquele que fora curado: Hoje é sábado; não é permitido transportar o vosso leito. – Ele lhes respondeu: Aquele que me curou me disse: Transportai o vosso leito e andai. – Eles lhe perguntaram: Onde está, pois, esse homem que vos disse: Transportai e o vosso leito e andai? Mas aquele que fora curado não sabia, ele mesmo, quem fora, porque Jesus se retirara da multidão de povo que estava ali.

Depois, Jesus encontrou esse homem no Templo e lhe disse: Vede que estais curado, não pequeis mais no futuro, de modo que não vos chegue alguma coisa pior.

Este homem foi procurar os Judeus e lhes disse que fora Jesus quem o curara. – Por esta razão é que os Judeus perseguiam a Jesus, porque fazia essas coisas no dia de sábado. – Então, Jesus lhes disse: Meu Pai não cessa de agir até o presente, e eu ajo também incessantemente. (São João, cap. V, v. de 1 a 17).

22. – Piscina (da palavra latina *piscis*, peixe) dizia-se entre os Romanos, dos reservatórios ou viveiros onde se alimentavam os peixes. Mais tarde, a acepção desta palavra foi estendida aos tanques onde se banhava em comum.

A piscina de Bethsaida, em Jerusalém, era uma cisterna junto ao Templo, alimentada por uma fonte natural, cuja água parecia ter proprie-

238   *Capítulo 15*

dades curativas. Era, sem dúvida, uma fonte intermitente que, em certas épocas do ano, jorrava com força e agitava a água. Segundo a crença vulgar, esse momento era o mais favorável para as curas; pode ser que, em realidade, no momento de sua saída, a água tivesse uma propriedade mais ativa, ou que a agitação produzida pela água jorrada movimentasse lodo salutar para certas enfermidades. Estes efeitos são muito naturais e perfeitamente conhecidos hoje; mas, então, as ciências estavam pouco avançadas, e se via uma causa sobrenatural na maioria dos fenômenos incompreendidos. Os Judeus atribuíam, pois, a agitação dessa água à presença de um anjo, e esta crença lhes parecia tanto melhor fundada porque, nesse momento, a água era mais salutar.

Depois de ter curado esse homem, Jesus lhe disse: "No futuro, não pequeis mais, para que não vos aconteça alguma coisa de pior." Por estas palavras, fê-lo entender que a sua enfermidade era uma punição, e que, se não melhorasse, poderia ser de novo punido e ainda mais rigorosamente. Esta doutrina está inteiramente conforme com aquela que o Espiritismo ensina.

23. – Jesus parecia tomar a tarefa de operar essas curas no dia de sábado, para ter a ocasião de protestar contra o rigorismo dos fariseus quanto à observação desse dia. Queria mostrar-lhes que a verdadeira piedade não consiste na observância das práticas exteriores e das coisas da forma, porém, que ela está nos sentimentos do coração. Justifica-se dizendo: "Meu Pai não cessa de agir até o presente, e eu ajo também incessantemente;" quer dizer, Deus não suspende as suas obras, nem a sua ação sobre as coisas da Natureza no dia de sábado; continua a fazer o que é necessário à vossa alimentação e à vossa saúde, e sou o seu exemplo.

Cego de nascença

24. – *Quando Jesus passava, viu um homem que estava cego desde o seu nascimento – e os seus discípulos lhe fizeram esta pergunta: Senhor, foi o pecado deste homem, ou o pecado daqueles que o puseram no mundo, que foi a causa para ele nascer cego?*

Jesus lhes respondeu: não é que ele pecou, nem aqueles que o colocaram no mundo; mas é a fim de que as obras do poder de Deus brilhem nele. É necessário que eu faça as obras daquele que me enviou enquanto é dia; a noite vem, na qual ninguém pode agir. – Enquanto eu estiver no mundo, eu sou a luz do mundo.

Os milagres do Evangelho

Depois de ter dito isto, ele cuspiu no chão e, tendo feito uma lama com a saliva, untou com essa lama os olhos do cego – e disse-lhe: Ide vos lavar na piscina de Siloé, que significa enviado. *Para lá foi, pois, e se lavou e voltou a ver claro.*

Seus vizinhos e aqueles que o viram antes pedir esmola disseram: Não é aquele que estava sentado, e que pedia esmola? Uns responderam: É ele – outros disseram: Não, é um que se parece com ele. Mas ele lhes dizia: Fui eu mesmo. – Disseram-lhe, pois: Como os vossos olhos se abriram? – E ele lhes respondeu: Foi aquele homem que se chama Jesus que fez a lama e com ela untou os meus olhos, e me disse: Ide à piscina de Siloé e ali vos lavai. Para ali fui, e me lavei, e eu vejo. – Eles lhe disseram: Onde está ele? Ele lhe respondeu: Eu não sei.

Então, eles conduziram aos fariseus esse homem que estivera cego. – Ora, era o dia de sábado que Jesus fizera essa lama e lhe abrira os olhos.

Os fariseus o interrogaram, pois, também eles mesmos, para saber como recobrara a vista. E ele lhes disse: Ele me colocou a lama sobre os olhos; eu me lavei e vejo. – Sobre o que alguns dos fariseus disseram: Esse homem não é enviado de Deus, uma vez que não guarda o sábado. Mas outros disseram: Como um homem mau podia fazer tais prodígios? E havia sobre isso divisão entre eles.

Disseram de novo ao cego: E tu, o que dizes desse homem que te abriu os olhos? Ele respondeu: Eu digo que é um profeta. – Mas os Judeus não acreditaram que esse homem fora cego e recobrara a visão, até que fizeram vir seu pai e sua mãe – que interrogaram, dizendo-lhes: Está aí o vosso filho que dissestes ser cego de nascença? Como, pois, vê agora? – O pai e a mãe responderam: Nós sabemos que está aí o nosso filho, e que é cego de nascença – mas não sabemos como vê agora, e não sabemos quem lhe abriu os olhos. Interrogai-o; ele tem idade, que responda por si mesmo.

Seu pai e sua mãe falavam da sorte, porque temiam os Judeus; porque os Judeus já tinham resolvido em conjunto que quem reconhecesse Jesus por ser o Cristo seria expulso da sinagoga. – Isso foi o que obrigou o pai e a mãe responderem: Ele tem idade, interrogai a ele mesmo.

E chamaram, pois, uma segunda vez esse homem que fora cego, e lhe disseram: Renda glória a Deus; nós sabemos que esse homem é um pecador. – Ele lhes respondeu: Se é um pecador, eu não sei nada disso; mas tudo o que sei é que eu era cego e que vejo agora. – Eles lhes disseram ainda: O que ele te fez, e como te abriu os olhos? – Ele lhes respondeu: Eu já vos disse, e ouvistes; por que quereis ouvi-lo ainda uma vez? É que quereis vos tornar o

240   *Capítulo 15*

seu discípulo? – Sobre o que eles o carregaram de injúrias e lhes disseram:
Sejas tu mesmo seu discípulo; por nós, somos os discípulos de Moisés. –
Sabemos que Deus falou a Moisés, ao passo que este não sabemos donde
saiu.

Esse homem lhes respondeu: O que é espantoso que não saibais de
onde ele é, e que me abriu os olhos. – Ora, sabemos que Deus não satisfaz
os pecadores; mas se alguém o honre e faça a sua vontade, é a este que ele
atende. – Desde que o mundo existe, jamais se ouviu dizer que alguém haja
aberto os olhos a um cego de nascença. – Se esse homem não era enviado de
Deus, ele não poderia nada fazer de tudo o que fez.

Eles lhe responderam: Tu não és senão pecado desde o ventre de tua
mãe, e queres nos ensinar? E o expulsaram. (São João, Cap. IX, de 1 a 34).

25. – Este relato, tão simples e tão ingênuo, carrega em si um caráter evidente de verdade. Nada de fantástico, nem de maravilhoso; é uma
cena da vida real tomada sobre o fato. A linguagem desse cego é bem aquela
desses homens simples nos quais o saber é suprido pelo bom senso, e que
retrucam os argumentos de seus adversários com bonomia, e por razões
que não faltam nem de justeza, nem de oportunidade. O tom dos fariseus,
por outro lado, é o dos orgulhosos que nada admitem acima de suas inteligências e que se enchem de indignação à só ideia de que um homem do
povo lhes possa fazer observações. Salvo a cor local dos nomes, crer-se-ia
de nosso tempo.

Ser expulso da sinagoga equivalia a ser posto fora da Igreja; era uma
espécie de excomunhão. Os Espíritas, cuja doutrina é a do Cristo interpre-
tada segundo o progresso das luzes atuais, são tratados como os Judeus que
reconheciam em Jesus o Messias; excomungando-os, são colocados fora da
Igreja, como fizeram os escribas e os fariseus com respeito aos partidários
de Jesus. Assim, eis um homem que é expulso, porque não pode crer que
aquele que o curou seja um possuído pelo demônio, e porque glorifica a
Deus pela sua cura! Não é o que se faz com relação aos Espíritas? O que
eles obtêm: Sábios conselhos dos Espíritos, retornam a Deus e ao bem,
curas, tudo é obra do diabo e se lhes lançam anátema. Não veem os sacerdotes dizerem do alto do púlpito, que *valeria mais permanecer incrédulo do*
que retornar à fé pelo Espiritismo? Não se tem visto dizer aos enfermos que
não deveriam mais se fazer curar pelos Espíritos que possuem esse dom,
porque é um dom satânico? Outros pregarem que os infelizes não deveriam
aceitar o pão distribuído pelos Espíritas, porque era o pão do diabo? Que
dizem e que fazem a mais os sacerdotes Judeus e fariseus? De resto, está
dito que tudo deve se passar hoje como no tempo do Cristo.

Os milagres do Evangelho 241

Esta pergunta dos discípulos: Foi o pecado desse homem que foi a causa de ele ser cego de *nascença*? Indica a intuição de uma existência anterior, de outro modo não teria sentido; porque o pecado que seria a causa de uma enfermidade de *nascença* deveria ser cometido antes do nascimento e, por conseguinte, numa existência anterior. Se Jesus visse aí uma ideia falsa, ter-lhe-ia dito: "Como esse homem poderia pecar antes de nascer?" Em lugar disso, disse que esse homem era cego, não foi porque haja pecado, mas a fim de que o poder de Deus brilhe nele; quer dizer, que deveria ser o instrumento de uma manifestação do poder de Deus. Se não era uma expiação do passado, era uma prova que deveria servir para o seu adiantamento, porque Deus, que é justo, não poderia lhe impor um sofrimento sem compensação.

Quanto aos meios empregados para curá-lo, é evidente que a espécie de lama feita com a saliva e a terra não poderia ter virtude senão pela ação do fluido curador de que estava impregnada; assim é que as substâncias mais insignificantes: a água, por exemplo, podem adquirir qualidades poderosas e efetivas sob a ação do fluido espiritual ou magnético, aos quais servem de veículo, ou, querendo-se, de *reservatório*.

Numerosas curas de Jesus

26. – *Jesus ia por toda a Galileia, ensinando nas sinagogas, pregando o Evangelho do reino e curando todas as fraquezas e todas as enfermidades entre o povo. – E, tendo a sua reputação se difundido por toda a Síria, apresentavam-lhe todos aqueles que estavam enfermos e diversamente afligidos por males e por dores, os possuídos, os lunáticos, os paralíticos, e ele os curava; – e uma grande multidão de povo o seguiu da Galileia, da Decápole, de Jerusalém, da Judeia, e de além do Jordão. (São Mateus, Cap. IV, v. 23, 24, 25).*

27. – De todos os fatos que testemunham o poder de Jesus, os mais numerosos são, sem contradita, as curas; ele queria provar por aí que o verdadeiro poder é o daquele que faz o bem, que o seu objetivo era se fazer útil, e não satisfazer a curiosidade dos indiferentes com coisas extraordinárias.

Aliviando o sofrimento, ele prendia a si as pessoas pelo coração e fazia prosélitos mais numerosos e mais sinceros do que se não tivessem sido feridos senão pelo espetáculo dos olhos. Por esse meio, ele se fazia amar, ao passo que, se tivesse limitado a produzir efeitos materiais surpreendentes,

242   *Capítulo 15*

como lhe pediam os fariseus, a maioria não veria nele senão um feiticeiro ou um hábil escamoteador, que *os desocupados tivessem visto para se distraírem.*

Assim, quando João Batista envia a ele seus discípulos, para lhe perguntar se ele era o Cristo, ele não disse: "Eu o sou," porque qualquer impostor poderia dizê-lo também; não lhes falou nem de prodígios, nem de coisas maravilhosas, mas lhes respondeu simplesmente: Ide dizer a João: Os cegos veem, os enfermos são curados, os surdos ouvem, o Evangelho é anunciado aos pobres." Isto era dizer-lhes: "Reconhecei-me pelas minhas obras, julgai a árvore pelo seu fruto", porque aí está o verdadeiro caráter da sua missão divina.

28. – É também pelo bem que faz que o Espiritismo prova a missão providencial. Cura os males físicos, mas cura sobretudo as enfermidades morais, e aí estão os maiores prodígios pelos quais ele se afirma. Seus adeptos mais sinceros não são aqueles que foram feridos pela visão dos fenômenos extraordinários, mas aqueles que foram tocados no coração pela consolação; aqueles que se livraram das torturas da dúvida; aqueles cuja coragem se revelou nas aflições e que hauriram a força na certeza do futuro que veio lhes trazer, no conhecimento do seu ser espiritual e de seu destino. Eis aqueles cuja fé é inabalável, porque sentem e compreendem.

Aqueles que não veem no Espiritismo senão efeitos materiais não podem compreender a sua força moral; também os incrédulos, que não o conhecem senão pelos fenômenos dos quais não admitem a causa primeira, não veem nos Espíritas senão escamoteadores e charlatães. Não será, pois, pelos prodígios que o Espiritismo triunfará sobre a incredulidade: é multiplicando os seus benefícios morais, porque seus incrédulos não admitem os prodígios, eles conhecem, como todo mundo, os sofrimentos e as aflições, e ninguém recusa os alívios e as consolações.

Possuídos

29. – *Vieram em seguida a Cafarnaum; e Jesus, entrando primeiro, no dia de sábado, na sinagoga, ele os instruía – e estavam admirados de sua doutrina, porque os instruíra como tendo autoridade, e não como os escribas.*

Ora, encontrava-se na sinagoga um homem, possuído por um Espírito impuro, que exclamava dizendo: O que há entre vós e nós, Jesus de Nazaré? Viestes para nos perder? Eu sei quem sois: Sois o Santo de Deus. –

Os milagres do Evangelho   243

Mas Jesus, falando-lhe com ameaça, disse-lhe: Cala-te e sai desse homem. – Então, o Espírito impuro, agitando-se com violentas convulsões e lançando um grande grito, saiu dele.

Todos com isso ficaram tão surpresos, que perguntavam uns aos outros: O que é isto? Qual é essa nova doutrina? Ele ordena com império, mesmo aos Espíritos impuros, e lhe obedecem. (São Marcos, cap. I, de 21 a 27).

30. – Depois que saíram, apresentaram-lhe um homem mudo possuído pelo demônio. – Tendo o demônio sido expulso, o mudo falou, e com isso o povo ficou admirado, e disse: Nunca se viu nada semelhante em Israel.

Mas os fariseus diziam o contrário: É pelo príncipe dos demônios que ele expulsa os demônios. (São Mateus, cap. IX, v. 32, 33, 34).

31. – Quando chegou ao lugar onde estavam os outros discípulos, viu uma grande multidão de pessoas ao redor deles, e escribas que com eles disputavam. – Imediatamente todo o povo, percebendo Jesus, foi tomado de admiração e de medo; correram e o saudaram.

Então, ele perguntou: O que disputais juntos? – E um homem entre o povo, tomando a palavra, disse-lhe: Mestre, eu vos trouxe meu filho que está possuído de um Espírito mudo; – e em qualquer lugar que se apodera dele, joga-o contra a terra, e o menino espuma, range os dentes e se torna todo seco. Pedi aos vossos discípulos para expulsá-lo, mas não o puderam.

Jesus lhes respondeu: Ó gente incrédula, até quando estarei convosco? Até quando sofrerei por vós? Trazei-o a mim. – Eles o conduziram; e não tinha ele antes visto Jesus, e o Espírito começou a se agitar com violência, e caiu por terra, onde rolava espumando.

Jesus perguntou ao pai do menino: Há quanto tempo isso acontece? – Desde a sua infância, disse o pai. – E o Espírito o tem frequentemente lançado, ora no fogo, ora na água, para fazê-lo perecer; mas, se podeis fazer alguma coisa, tende compaixão de nós e socorrei-nos.

Jesus lhe respondeu: Se podeis acreditar, tudo é possível àquele que crê. – Imediatamente o pai do menino, exclamando, disse-lhe com lágrimas: Senhor, eu creio, ajudai-me na minha incredulidade.

E Jesus, vendo que o povo acorria em multidão, falou com ameaça ao Espírito impuro, e lhe disse: Espírito surdo e mudo, sai do menino, eu to ordeno, e nele não entres mais. – Então, esse Espírito, tendo lançado um grande grito e tendo se agitado com violentas convulsões saiu, e o menino ficou como morto, de sorte que vários disseram que ele estava morto. – Mas Jesus, tendo-o tomado pela mão, ergueu-o, e ele se levantou.

244   Capítulo 15

*Quando Jesus foi entrar na casa, seus discípulos lhes disseram em
particular: De onde vem que não pudemos expulsar esse demônio? – Ele lhes
respondeu: Essas espécies de demônios não podem ser expulsas senão pela
prece e pelo jejum. (São Marcos, cap. IX, v. de 14 a 28).*

32. *– Então, apresentaram-lhe um possesso, cego e mudo, e o curou,
de sorte que começou a falar e a ver. – Todo o povo com isso se encheu de
admiração e disse: Não está aí o filho de David?*

*Mas os fariseus, ouvindo isso, diziam: Esse homem não expulsa os
demônios senão pela virtude de Belzebu, príncipe dos demônios.*

*Ora, Jesus, conhecendo os seus pensamentos, disse-lhes: Todo reino
dividido contra si mesmo será arruinado, e toda cidade ou casa que estiver
dividida contra si mesma não poderá subsistir. – Se Satanás expulsa a Satanás, ele está dividido contra si mesmo; como, pois, seu reino subsistirá?
E, se é por Belzebu que eu expulso os demônios, por quem os vossos filhos
os expulsam? Por isso, eles mesmos serão os vossos juízes. – Se expulso os
demônios pelo Espírito de Deus, o reino de Deus, pois, chegou até vós. (São
Mateus, cap. XII, v. de 22 a 28).*

33. – As libertações dos possessos figuram, com as curas, entre os
atos mais numerosos de Jesus. Alguns há, entre os fatos dessa natureza,
como os acima narrados, no item 30, em que a possessão não é evidente. É provável que nessa época, como ocorre ainda em nossos dias, atri-
buía-se à influência dos demônios todas as enfermidades cuja causa era
desconhecida, principalmente o mutismo, a epilepsia e a catalepsia. Mas
há as que a ação dos maus Espíritos não é duvidosa; têm, com aquelas
com as quais somos testemunhas, uma analogia tão chocante, que nela
se reconhecem, todos os sintomas desse gênero de afecção. A prova da
participação de uma inteligência oculta, em semelhante caso, ressalta de
um fato material: São as numerosas curas radicais obtidas, em alguns centros espíritas, pela só evocação e a moralização dos Espíritos obsessores,
sem magnetização nem medicamentos, e, frequentemente, na ausência e
à distância do paciente. A imensa superioridade do Cristo lhe dava uma tal
autoridade sobre os Espíritos imperfeitos, então chamados demônios, que
lhe bastava mandá-los se retirarem para que não pudessem resistir a essa
injunção. (Cap. XIV, n° 46).

34. – O fato de maus Espíritos enviados aos corpos de porcos é contrário a toda probabilidade. Aliás, explicar-se-ia dificilmente a presença de
tão numeroso rebanho de porcos num país onde esse animal era tido em
horror e sem utilidade para a alimentação. Um Espírito mau, por isso, não

Os milagres do Evangelho 245

é menos um Espírito humano ainda bastante imperfeito para fazer o mal depois da morte, como o fazia antes, e é contra as leis da Natureza que possa animar o corpo de um animal; é necessário, pois, ver aí uma dessas amplificações comuns nos tempos de ignorância e superstição; ou talvez uma alegoria para caracterizar os pendores imundos de certos Espíritos.

35. – Os obsidiados e os possessos pareciam ter sido muito numerosos na Judeia, ao tempo de Jesus, o que lhe dava ocasião de curar a muitos. Os maus Espíritos tinham, sem dúvida, invadido esse país e causado uma epidemia de possessões. (Cap. XIV, nº 49).

Sem ser um estado epidêmico, as obsessões individuais são extremamente frequentes e se apresentam sob aspectos muito variados, que um conhecimento aprofundado do Espiritismo faz facilmente reconhecer; elas podem, frequentemente, ter consequências deploráveis para a saúde, seja agravando as afecções orgânicas, seja determinando-as. Incontestavelmente, serão classificadas um dia entre as causas patológicas requeridas, pela sua natureza especial, de meios curativos especiais. O Espiritismo, fazendo conhecer a causa do mal, abre um novo caminho à arte de curar e fornece à ciência o meio de triunfar ali onde ela não fracassa, frequentemente, senão por falta de atacar a causa primeira do mal. (*O Livro dos Médiuns,* cap. XXIII).

36. – Jesus era acusado, pelos fariseus, de expulsar os demônios pelos demônios; o bem que fazia era, segundo eles, a obra de Satanás, sem refletir que Satanás, expulsando a si mesmo, praticaria um ato de insensatez. É notável que os fariseus daquele tempo pretendessem já que toda faculdade transcendente e, por esse motivo, reputada sobrenatural, fosse obra do demônio, uma vez que, segundo eles, o próprio Jesus tinha dele o seu poder; é um ponto a mais de semelhança com a época atual, e essa doutrina é ainda a da Igreja, que procura prevalecer hoje contra as manifestações espíritas (1).

---

(1) Todos os teólogos estão longe de professarem opiniões tão absolutas sobre a doutrina demoníaca. Eis a de um eclesiástico da qual o clero não poderia contestar o valor. Encontra-se a passagem seguinte nas *Conferências sobre a religião,* pelo Mons. Freyssinous, bispo de Hermópolis, tomo II, página 341; Paris, 1825:

"Se Jesus tivesse operado esses milagres pela virtude do demônio, o demônio teria, pois, trabalhado para destruir o seu império, e teria empregado a sua força contra si mesmo. Certamente, *um demônio que procurasse destruir o reino do vício para estabelecer o da virtude, seria um estranho demônio.* Eis por que Jesus, para repelir a absurda acusação dos Judeus, lhes disse: "Se eu opero prodígios em nome do demônio, o demônio está, pois, dividido consigo mesmo, e procura destruir-se!" resposta que não admite réplica."É precisamente o argumento que os Espíritas opõem aos que atribuem ao demônio os bons conselhos que recebem dos Espíritos. O demônio seria um ladrão de profissão que daria tudo o que roubou, e convidaria os outros ladrões a se tornarem pessoas honestas.

Ressurreições

A filha de Jairo

37. – *Estando Jesus ainda passando no barco para a outra margem, quando estava junto do mar, uma multidão de povo se reuniu ao seu redor. E um chefe da sinagoga, de nome Jairo, veio procurá-lo; e encontrando-o, lançou-se-lhe aos pés – e lhe suplicava com grande instância, dizendo-lhe: Tenho uma filha que está no fim; vinde impor-lhe as mãos para curá-la e salvar-lhe a vida.*

Jesus foi para lá com ele, seguido por uma grande multidão de povo que o pressionava.

Quando (Jairo) ainda falava, vieram pessoas do chefe da sinagoga, que lhe disseram: A vossa filha está morta; por que quereis dar ao Mestre o trabalho de ir mais longe? – Mas Jesus, tendo ouvido essa palavra, disse ao chefe da sinagoga: Não temais, crede somente. – E não permitiu a ninguém segui-lo, senão a Pedro, Tiago e João, irmão de Tiago.

Tendo chegado na casa desse chefe da sinagoga, viu um bando confuso de pessoas que choravam e lançavam grandes gritos; – e, entrando, disse-lhes: Por que fazeis tanto barulho, e por que chorais? Esta jovem não está morta, não está senão adormecida. – *E zombavam dele. Tendo feito sair todo mundo, tomou o pai e a mãe da criança, e aqueles que vieram com ele, e entrou no lugar onde a menina estava deitada. – Tomou-a pela mão e disse-lhe:* Talitha cumi, *quer dizer, Minha filha, levantai-vos, eu vos ordeno. – No mesmo instante, a menina se levantou e se pôs a andar; porque tinha doze anos, e ficaram maravilhosamente espantados. (São Marcos, cap. V, v. de 21 a 43).*

Filho da viúva de Naim

38. – *No dia seguinte, Jesus foi para uma cidade chamada Naim, e os seus discípulos o acompanharam com uma grande multidão de povo. – Quando estava perto da porta da cidade, que um morto estava sendo enterrado, que era filho único de sua mãe, e essa mulher era viúva, e havia uma grande quantidade de pessoas da cidade com ela. – O Senhor, tendo-a visto, foi tocado de compaixão para com ela, e disse-lhe: Não choreis mais. – Depois, aproximando-se, tocou o caixão, e aqueles que o levavam se detiveram. Então, disse: Jovem, levantai-vos, eu vos ordeno. – Ao mesmo tempo,*

Os milagres do Evangelho   247

o morto se levantou sobre seu assento e começou a falar, e Jesus o entregou
à sua mãe.

Todos aqueles que estavam presentes foram tomados de pavor, e glori-
ficavam a Deus, dizendo: Um grande profeta apareceu em nosso meio, e Deus
visitou o seu povo. – A fama desse milagre que ele fizera espalhou-se em toda
a Judeia e em todas as regiões ao redor. (São Lucas, cap. VII, v. de 11 a 17).

39. – O fato do retorno à vida corpórea, de um indivíduo realmente
morto, seria contrário às leis da Natureza e, por conseguinte, miraculoso.
Ora, não é necessário recorrer a essa ordem de fatos para explicar as ressurreições operadas pelo Cristo.

Se, entre nós, as aparências enganam, às vezes, os profissionais, os
acidentes dessa natureza deveriam ser bem frequentes num país onde não
se tomava nenhuma precaução e onde o sepultamento era imediato (1).
Há, portanto, toda a probabilidade de que, nos dois exemplos acima, não
havia senão síncope ou letargia. O próprio Jesus disse-o, positivamente,
da filha de Jairo: Esta jovem, disse ele, não está morta, ela não está senão
adormecida.

Em consequência da força fluídica que Jesus possuía, nada é de
admirar que esse fluido vivificante, dirigido por uma forte vontade, haja
reanimado os sentidos entorpecidos; que haja mesmo podido chamar, para
o corpo, o Espírito prestes a deixá-lo, enquanto o laço perispiritual não
estava definitivamente rompido. Para os homens desse tempo, que acreditavam o indivíduo morto desde que não mais respirasse, havia ressurreição
e puderam afirmá-lo com muita boa fé, mas havia, em realidade, cura e não
ressurreição na acepção da palavra.

40. – A ressurreição de Lázaro, o que quer que se diga, não infirma
de nenhum modo este princípio. Estava, diz-se, há quatro dias no sepulcro;
mas sabe-se que há letargias que duram oito dias e mais. Acrescenta-se
que ele cheirava mal, o que é um sinal de decomposição. Essa alegação
não prova nada, não mais, tendo em vista que, entre certos indivíduos, há
decomposição parcial do corpo, mesmo antes da morte, e que exalam um
odor de podridão. A morte não chega senão quando os órgãos essenciais à
vida são atacados.

---

(1) Uma prova deste costume se encontra nos Atos dos Apóstolos, cap. V, v. 5 e seguintes:
"Ananias, tendo ouvido essas palavras, caiu e entregou o Espírito; e todos aqueles que
o ouviram falar foram tomados de grande medo. – Imediatamente, alguns jovens vieram pegar
o seu corpo e, tendo-o levado, o enterraram. – Em torno de três horas depois, sua mulher (Sa-
phire), que não sabia o que acontecera, entrou. – E Pedro lhe disse..., etc. No mesmo momento,
ela caiu aos seu pés e entregou o Espírito. Esses jovens, entrando, a encontraram morta; e,
levando-a, a enterraram junto ao seu marido.

248 *Capítulo 15*

E quem poderia saber se ele cheirava mal? Foi a sua irmã Marta que o disse, mas como o sabia ela? Estando Lázaro enterrado há quatro dias, ela o supunha, mas disso não podia ter a certeza. (Cap. XIV, n° 29) (1).

Jesus anda sobre a água

41. – *Imediatamente, Jesus obrigou seus discípulos a subirem para o barco e passar para a outra margem diante dele, enquanto despedia o povo. – Depois de tê-lo despedido, subiu sozinho sobre uma montanha para orar e, tendo chegado a tarde, encontrou-se só naquele lugar.*

Entretanto, o barco era fortemente batido pelas ondas no meio do mar, porque o vento estava contrário. – Mas, na quarta vigília da noite, Jesus veio a eles andando sobre o mar (2). – Quando o viram andar assim sobre o mar, ficaram perturbados e disseram: É um fantasma, e gritaram de pavor. Imediatamente, Jesus então lhes falou, dizendo: Tranquilizai-vos, sou eu, não temais de nenhum modo.

Pedro lhe respondeu: Senhor, se sois vós, mandai que eu vá a vós caminhando sobre as águas. Jesus lhe disse: Vinde. E Pedro, descendo do barco, caminhava sobre as águas para ir até Jesus. Mas, vendo um grande vento, teve medo; e, começando a afundar, exclamou: Senhor, salvai-me. – Logo Jesus, estendendo-lhe a mão, pegou-o e lhe disse: Homem de pouca fé, por que duvidastes? – E, tendo subido para o barco, o vento cessou. – Então, aqueles que estavam nesse barco, aproximando-se dele o adoraram, dizendo: Sois verdadeiramente o filho de Deus. (São Mateus, cap. XIV, v. de 22 a 33).

42. – Este fenômeno encontra a sua explicação natural nos princípios expostos acima, cap. XIV, n° 43.

Exemplos análogos provam que não é nem impossível, nem miraculoso, uma vez que está nas leis da Natureza. Pode ser produzido de duas maneiras.

---

(1) O fato seguinte prova que a decomposição precede, algumas vezes, a morte. No convento do Bom Pastor, fundado em Toulon pelo abade Marin, capelão dos cárceres, para as raparigas arrependidas, encontrava-se uma jovem que sofrera os mais terríveis sofrimentos com a calma e a impassividade de uma vítima expiatória. No meio das dores, ela parecia sorrir a uma celeste visão; como Santa Teresa, ela pedia para sofrer ainda, sua carne caía aos pedaços, a gangrena ganhava os seus membros; por uma sábia previdência, os médicos tinham recomendado fazer a exumação do corpo imediatamente depois do decesso. Coisa estranha! Apenas ela entregou o seu último suspiro, todo o trabalho da decomposição se deteve; as exalações cadavéricas cessaram; durante trinta e seis horas, ela permaneceu exposta às preces e à veneração da comunidade.

(2) O lago de Genesaré ou de Tiberíades.

Jesus, embora vivente, pôde aparecer sobre as águas de uma forma tangível, ao passo que o seu corpo carnal estava alhures: é a hipótese mais provável. Pode-se mesmo reconhecer, na narração, certos sinais característicos das aparições tangíveis. (Cap. XIV, nºs 35 a 37).

Por outro lado, seu corpo poderia estar sustentado, e sua gravidade ser anulada pela mesma força fluídica que mantém uma mesa no espaço sem ponto de apoio. O mesmo efeito foi várias vezes produzido sobre corpos humanos.

Transfiguração

43. – *Seis dias depois, Jesus, levando consigo Pedro, Tiago e João, conduziu-os sozinhos com ele para uma alta montanha em lugar isolado (1), e se transfigurou diante deles. – E, enquanto fazia a sua prece, o seu rosto parecia inteiramente outro; suas vestes se tornaram todas brilhantes de luz, e brancas como a neve, de modo que não há alvejante sobre a Terra que pudesse fazê-las tão brancas. – Eles viram aparecer Elias e Moisés, que conversavam com Jesus.*

Então, Pedro disse a Jesus: Senhor, estamos bem aqui; façamos três barracas: uma para vós, uma para Moisés e uma para Elias – porque não sabiam o que diziam, tanto estavam assustados.

Ao mesmo tempo, apareceu uma nuvem que os cobriu; e saiu dessa nuvem uma voz que fez ouvir estas palavras: Este é o meu Filho bem-amado; escutai-o.

Imediatamente, olhando de todos os lados, não viram mais ninguém, senão a Jesus, que permanecera só com eles.

Quando desciam da montanha, ele lhes recomendou não falarem a ninguém sobre o que viram, até que o Filho do homem fosse ressuscitado dentre os mortos. – E eles mantiveram secretas essas coisas, perguntando uns aos outros o que quisera ele dizer com estas palavras: Até que o Filho do homem fosse ressuscitado dentre os mortos. (São Marcos, cap. IX, v. de 1 a 9).

44. – É ainda nas propriedades do fluido perispiritual que se pode encontrar a razão desse fenômeno. A transfiguração, explicada no cap. XIV, nº 30, é um fato bastante comum que, em consequência da irradiação fluí-

---

(1) O monte Thabor ou Tabor, a sudoeste do lago de Tiberíades, a 11 Km ao sudeste de Nazaré; com cerca de 1000 metros de altitude.

250   *Capítulo 15*

dica, pode modificar a aparência de um indivíduo; mas a pureza do perispírito de Jesus permitiu ao seu Espírito dar-lhe um brilho excepcional. Quanto à aparição de Moisés e de Elias, ela entra inteiramente no caso de todos os fenômenos do mesmo gênero. (Cap. XIV, nºs 35 e seguintes).

De todas as faculdades que se revelaram em Jesus, nenhuma há que esteja fora das condições da humanidade, e que não se encontre nos homens mais comuns, porque estão na Natureza; mas, pela superioridade de sua essência moral e de suas qualidades fluídicas, elas atingiram nele proporções acima das do vulgo. Elas nos representariam, à parte o seu envoltório carnal, o estado dos puros Espíritos.

Tempestade acalmada

45. – *Um dia, estando sobre um barco com os seus discípulos, disse-lhes: Passemos à outra margem do lago. Eles partiram, pois. E, enquanto passavam, ele adormeceu. – Então, um grande turbilhão de vento, de repente, veio abater-se sobre o lago, de sorte que seu barco, enchendo-se de água, estava em perigo. Aproximaram-se, pois, dele e o despertaram, dizendo-lhe: Mestre, nós perecemos. Jesus, tendo se levantado, falou com ameaça aos ventos e às ondas agitadas, e eles se apaziguaram, e se fez uma grande calma. – Então, disse-lhes: Onde, pois, está a vossa fé? Mas eles, cheios de medo e de admiração, diziam uns aos outros: Quem é, pois, este que ordena de tal modo aos ventos e às ondas e que eles lhe obedecem? (São Lucas, cap. VIII, v. 22 a 25).*

46. – Não conhecemos ainda bastante os segredos da Natureza para afirmar se há, sim ou não, inteligências ocultas que presidem à ação dos elementos. Na hipótese da afirmativa, o fenômeno em questão poderia ser o resultado de um ato de autoridade sobre essas mesmas inteligências, e provaria um poder que não foi dado a nenhum homem exercer.

Em todo o caso, Jesus, dormindo tranquilamente durante a tempestade, atesta uma segurança que pode se explicar por este fato de que seu Espírito *via* que não havia nenhum perigo, e que a tempestade iria se apaziguar.

Bodas de Caná

47. – O milagre, mencionado somente no Evangelho de São João,

Os milagres do Evangelho   251

indicado como sendo o primeiro que Jesus fez, e, a esse título, haveria de ser tanto mais notável; é necessário que tenha produzido bem pouca sensação, porque nenhum outro evangelista dele falou. Um fato tão extraordinário deveria admirar no mais alto ponto aos convivas, e sobretudo ao senhor da casa, que não parecem mesmo ter dele se apercebido.

Considerado em si mesmo, este fato tem pouca importância comparativamente com aqueles que testemunharam verdadeiramente as qualidades espirituais de Jesus. Admitindo-se que as coisas tenham se passado como estão narradas, é notável que seja o único fenômeno desse gênero que ele produziu; era de uma natureza muito elevada para se prender a efeitos puramente materiais, próprios somente para estimular a curiosidade da multidão, que o assimilara a um mágico; ele sabia que as coisas úteis lhe conquistariam mais simpatia e lhe trariam mais adeptos do que aquelas que poderiam passar por prestidigitação, não tocando o coração (n° 27).

Se bem que, a rigor, o fato possa se explicar, até um certo ponto, por uma ação fluídica que, assim como o magnetismo dele oferece exemplos, mudaria as propriedades da água, dando-lhe o gosto de vinho, esta hipótese é pouco provável, tendo em vista que, em semelhante caso, não tendo senão o gosto do vinho, teria conservado a sua cor, o que não deixaria de ser notável. É mais racional ver aí uma dessas parábolas, tão frequentes nos ensinamentos de Jesus, como a do filho pródigo, do festim de núpcias, do mau rico, da figueira seca, e tantas outras que, entretanto, têm o caráter de fatos realizados. Teria feito, durante o repasto, uma alusão ao vinho e à água, de onde se tirou uma instrução. O que justifica esta opinião são as palavras que lhe dirige, a esse respeito, o dono da hospedaria: "Todo homem serve primeiro o bom vinho, e, depois que se bebeu muito, serve o vinho inferior; mas por vós, reservastes o bom vinho até esta hora."

Entre duas hipóteses, é necessário escolher a mais racional, e os Espíritas não são pessoas bastante crédulas para não ver, por toda a parte, senão fatos de manifestações, nem bastante absolutas para pretenderem tudo explicar pelos fluidos.

Multiplicação dos pães

48. – A multiplicação dos pães é um dos milagres que mais tem intrigado os comentaristas, ao mesmo tempo que entreteve a verve dos incrédulos. Sem se darem ao trabalho de sondar seu sentido alegórico, estes

252 *Capítulo 15*

últimos nisso não viram senão um conto pueril; mas a maioria das pessoas sérias viu, nesse relato, embora sob uma forma diferente da forma comum, uma parábola comparando o alimento espiritual da alma ao alimento do corpo.

Pode-se aí ver, entretanto, mais do que uma figura, e admitir, sob um certo ponto de vista, a realidade de um fato material, sem para isso recorrer ao prodígio. Sabe-se que uma grande preocupação de espírito, a atenção firme dada a uma coisa, fazem esquecer a fome. Ora, aqueles que seguiam a Jesus eram pessoas ávidas de ouvi-lo; não há, pois, nada de espantoso que, fascinados pela sua palavra, e talvez também pela poderosa ação magnética que exercia sobre eles, não hajam sentido a necessidade material de comer.

Jesus, que previa esse resultado, pôde, pois, tranquilizar seus discípulos dizendo, na linguagem figurada que lhe era habitual, admitindo-se que, se haja realmente levado alguns pães, que esses pães bastariam para saciar a multidão. Ao mesmo tempo, dava a estes uma lição: "Dai-lhes vós mesmos de comer" dizia ele; ensinava-lhes, por aí, que poderiam também alimentar pela palavra.

Assim, ao lado do sentido alegórico-moral, pôde se produzir um efeito fisiológico natural muito comum. O prodígio, nesse caso, está no ascendente da palavra de Jesus, bastante poderosa para cativar a atenção de uma multidão imensa, a ponto de fazê-la esquecer de comer. Essa força moral testemunha a superioridade de Jesus, bem mais do que o fato puramente material da multiplicação dos pães, que deve ser considerado como uma alegoria.

Esta explicação, aliás, encontra-se confirmada pelo próprio Jesus nas duas passagens seguintes:

O levedo dos fariseus

49. – *Ora, os seus discípulos, tendo passado para além da água, esqueceram de levar consigo os pães. – Jesus lhes disse: Tende cuidado em vos guardar do levedo dos fariseus e dos saduceus. – Mas eles pensavam e diziam entre si: é porque não trouxemos pães.*

Pelo que Jesus, conhecendo-lhes, disse: Homens de pouca fé, por que conversais entre vós que não trouxestes pães? Não compreendeis ainda, e não lembrais que cinco pães bastaram para cinco mil homens, e quanto

Os milagres do Evangelho   253

deles levastes nos cestos? – Como não compreendeis que não era de pão que vos falava, quando vos disse para vos guardar do levedo dos fariseus e dos saduceus?

Então, eles compreenderam que não lhes dissera para se guardarem do levedo que se coloca no pão, mas da doutrina dos fariseus e dos saduceus. (São Mateus, cap. XVI, v. de 5 a 12).

O pão do céu

50. – No dia seguinte, o povo, que permanecera do outro lado do mar, notou que não houvera ali outro barco, e que Jesus nele não entrara com os seus discípulos, mas que só os discípulos se foram – e como depois chegaram outros barcos do Tiberíades, junto ao lugar onde o Senhor, depois de dar graças, nutrira-os com cinco pães – e que conheceram, enfim, que Jesus não estava lá, não mais do que os seus discípulos, eles entraram nos barcos e foram para Cafarnaum buscar a Jesus. – E, tendo-o encontrado além do mar, disseram-lhe: Senhor, quando viestes aqui?

Jesus lhes respondeu: Em verdade, em verdade vos digo, vós me procurais, não por causa dos milagres que vistes, mas porque vos dei o pão para comer, e ficastes saciados. – Trabalhai para ter, não o alimento que perece, mas aquele que permanece para a vida eterna, e que o Filho do homem vos dará, porque foi nele que Deus, o Pai, imprimiu o seu selo e o seu caráter.

Eles lhe disseram: Que faremos para fazer as obras de Deus? – Jesus lhes respondeu: A obra de Deus é que creiais naquele que ele enviou.

Eles lhe disseram: Que milagre, pois, nos fazeis, a fim de que, vendo, creiamos em vós? Que fazeis de extraordinário? – Os nossos pais comeram o maná no deserto; segundo o que está escrito: Ele lhe deu para comer o pão do céu.

Jesus lhes respondeu: Em verdade, em verdade vos digo, Moisés não vos deu o pão do céu; mas é meu Pai quem vos dá o verdadeiro pão do céu. – Porque o pão de Deus é aquele que desce do céu, e que dá vida ao mundo.

Eles lhe disseram, pois: Senhor, dai-nos sempre desse pão.

Jesus lhes respondeu: Eu sou o pão da vida: aquele que vem a mim não terá fome, e aquele que crê em mim jamais terá sede. – Mas eu já vos disse: Vós me vistes e não crestes.

Em verdade, em verdade vos digo, aquele que crê em mim tem a vida

254   *Capítulo 15*

eterna. – Eu sou o pão da vida. – Os vossos pais comeram o maná do deserto, e estão mortos. – Mas eis o pão que desceu do céu, a fim de que aquele que o come não morra. (São João, cap. VI, v. de 22 a 36, e de 47 a 50).

51. – Na primeira passagem, Jesus, lembrando o efeito produzido precedentemente, dá claramente a entender que não se tratava de pães materiais; de outro modo, a comparação que estabelecera com o levedo dos fariseus fora sem objeto. *"Não compreendeis ainda,* disse ele, e não lembrais que cinco pães bastaram para cinco mil homens, e que sete pães bastaram para quatro mil homens? Como não compreendeis que não era do pão que vos falava, quando vos disse para vos guardar do levedo dos fariseus?"* Essa comparação não tinha nenhuma razão de ser na hipótese de uma multiplicação material. O fato fora bastante extraordinário em si mesmo, para ferir a imaginação dos seus discípulos, que, entretanto, não pareciam dele se lembrar.

É o que ressalta, não menos claramente, do discurso de Jesus sobre o pão do céu, no qual procura fazer compreender o sentido verdadeiro do alimento espiritual. "Trabalhai, disse ele, não para ter o alimento que perece, mas aquele que permanece para a vida eterna, e que o Filho do homem vos dará." Esse alimento é a sua palavra, que é o pão descido do céu e que dá a vida ao mundo. "Eu sou, disse ele, o pão da vida; *aquele que vem a mim não terá fome,* e aquele que crê em mim jamais terá sede."

Mas essas distinções eram muito sutis para essas naturezas rudes, que não compreendiam senão as coisas tangíveis. O maná que alimentara o corpo de seus ancestrais era, para eles, o verdadeiro pão do céu; aí estava o milagre. Se, pois, o fato da multiplicação ocorresse materialmente, como esses mesmos homens, em proveito dos quais se produziu poucos dias antes, foram tão pouco tocados para dizerem a Jesus: "Que milagre, pois, fazeis, a fim de que, vendo-o, creiamos em vós? Que fazeis de extraordinário?" É que eles entendiam por milagres os prodígios que os fariseus pediam, quer dizer, sinais no céu operados sob ordem, como pela varinha de um feiticeiro. O que Jesus fazia era muito simples e não se afastava muito das leis da Natureza; mesmo as curas não tinham um caráter bastante estranho, bastante extraordinário; os milagres espirituais não tinham bastante corpo para eles.

A tentação de Jesus

52. – Jesus, transportado pelo diabo sobre o ápice do Templo, depoi sobre uma montanha, e tentado por ele, é uma dessas parábolas que lh

Os milagres do Evangelho   255

eram familiares, e que a credulidade pública transformou em fatos materiais (1).

53. – Jesus não foi arrebatado, mas queria fazer os homens compreenderem que a Humanidade está sujeita a falir, e que deve estar sempre em guarda contra as más inspirações, às quais a sua natureza fraca a leva a ceder. A tentação de Jesus, portanto, é uma figura, e seria preciso ser cego para tomá-la ao pé da letra. Como quereríeis que o Messias, o Verbo de Deus encarnado, estivesse submetido por um tempo, tão curto que fosse, às sugestões do demônio, e que, como o diz no Evangelho de Lucas, o demônio deixou-o, *por um tempo,* o que daria a pensar que ele estivesse ainda submetido ao seu poder? Não; compreendei melhor os ensinamentos que vos foram dados. O Espírito do mal nada pode sobre a essência do bem. Ninguém disse ter visto Jesus sobre a montanha nem sobre o ápice do Templo; certamente, seria um fato de natureza a se espalhar entre todos os povos. A tentação não foi, pois, um ato material e físico. Quanto ao ato moral, podeis admitir que o Espírito das trevas pôde dizer, àquele que conhecia a sua origem e o seu poder: "Adora-me, eu te darei todos os reinos da Terra?" O demônio teria, pois, ignorado quem era aquele a quem fazia tais ofertas, o que não é provável; se o conhecia, a sua proposição era um contrassenso, porque sabia bem que seria repelido por aquele que viera arruinar o seu império sobre os homens.

"Compreendei, pois, o sentido desta parábola, porque é uma, do mesmo modo que as do *Filho pródigo,* e a do *Bom samaritano.* Uma nos mostra os perigos que os homens correm, se não resistem a esta voz íntima que lhes exclama sem cessar: "Tu podes ser mais do que não o és; tu podes possuir mais do que não possuis; tu podes crescer, adquirir; cede à voz da ambição, e todos os teus desejos serão satisfeitos." Ela nos mostra o perigo e o meio de evitá-lo, dizendo às más inspirações: *Retira-te, Satanás!* De outro modo dito, *Para trás a tentação!*

"As duas outras parábolas que vos lembrei vos mostram o que pode ainda esperar aquele que, muito fraco para afastar o demônio, sucumbiu às suas tentações. Elas vos mostram a misericórdia do pai de família estendendo a sua mão sobre a fronte do filho arrependido e concedendo-lhe, com amor, o perdão implorado. Elas vos mostram o culpado, o cismático, o homem impelido pelos seus irmãos, valendo mais, aos olhos do Juiz supremo, do que aqueles que o desprezam, porque praticam as virtudes ensinadas pela lei de amor."

---

(1) A explicação seguinte é tirada, textualmente, de uma instrução dada a esse respeito por um Espírito.

"Pesai bem os ensinos dados no Evangelho; sabei distinguir o que está num sentido próprio ou num sentido figurado, e os erros que vos cegaram durante tantos séculos se apagarão pouco a pouco, para darem lugar à brilhante luz da verdade." (Bordéus, 1862, *João, Evang.*).

Prodígios na morte de Jesus

54. – *Ora, depois da sexta hora do dia, até a nona, toda a Terra foi coberta de trevas.*

Ao mesmo tempo, o véu do Templo se rasgou em dois, desde o alto até embaixo; a terra tremeu, as pedras se fenderam – os sepulcros se abriram, e vários corpos de santos, que estavam no sono da morte, ressuscitaram; – e, saindo de seus túmulos depois da sua ressurreição, vieram à cidade santa, e foram vistos por várias pessoas. (São Mateus, cap. XXVII, v. 45, 51, 52, 53).

55. – É estranho que tais prodígios, cumprindo-se no mesmo momento em que a atenção da cidade estava fixada sobre o suplício de Jesus, que era o acontecimento do dia, não fossem notados, uma vez que nenhum historiador lhes faz a menor referência. Parece impossível que um tremor de terra, e *toda a terra* coberta de trevas durante três horas, num país onde o céu era sempre de uma perfeita limpidez, pudesse passar despercebido.

A duração dessa obscuridade é quase a de um eclipse do Sol, mas essas espécies de eclipses não se produzem senão na lua nova, e a morte de Jesus ocorreu durante a lua cheia, no dia 14 do mês de nissan, dia da Páscoa dos Judeus.

O obscurecimento do Sol pôde também ser produzido pelas manchas que se notam em sua superfície. Em semelhante caso, o brilho da luz é sensivelmente enfraquecido, mas nunca a ponto de produzir a obscuridade e as trevas. Supondo que um fenômeno deste gênero houvesse ocorrido nessa época, tivera uma causa perfeitamente natural (1).

Quanto aos mortos ressuscitados, pode ser que *algumas pessoas* tenham tido visões ou aparições, o que não é excepcional; mas, como então não se conhecia a causa desse fenômeno, figurou-se que os indivíduos aparecidos saíam do sepulcro.

---

(1) Há constantemente, na superfície do Sol, manchas fixas, que seguem o seu movimento de rotação e serviram para determinar-lhes a duração. Mas, às vezes, essas manchas aumentam em número, em extensão e em intensidade, e é então que se produz uma diminuição na luz e no calor. Esse aumento do número de manchas parece coincidir com certos fenômenos astronômicos e a posição relativa de alguns planetas, o que o leva a retornos periódicos. A duração desse obscurecimento é muito variável; por vezes, ela não é senão de duas ou três horas, mas, em 535, houve um que durou quatorze meses.

Os milagres do Evangelho

Os discípulos de Jesus, emocionados com a morte do seu senhor, sem dúvida, a isso ligaram alguns fatos particulares aos quais não teriam prestado nenhuma atenção em outros tempos. Bastaria que um fragmento de rocha se destacasse nesse momento, para que pessoas, predispostas ao maravilhoso, nisso vissem um prodígio e que, ampliando o fato, dissessem que as pedras se fenderam.

Jesus é grande pelas suas obras, e não pelos quadros fantásticos dos quais um entusiasmo pouco esclarecido acreditou dever cercá-lo.

Aparição de Jesus depois de sua morte

56. – *Maria (Madalena), porém, manteve-se fora, junto do sepulcro, vertendo lágrimas. E como chorava, tendo se abaixado para olhar no sepulcro, viu dois anjos vestidos de branco, sentados no lugar onde estivera o corpo de Jesus, um à cabeceira e o outro aos pés. – Eles lhe disseram: Mulher, por que chorais? Ela lhes respondeu: É que arrebataram o meu Senhor, e não sei onde o colocaram.*

Tendo dito isto, ela se voltou e viu Jesus de pé, sem saber, contudo, que esse fosse Jesus. – Então, Jesus lhe disse: Mulher, por que chorais? A quem procurais? Ela, pensando que fosse o jardineiro, disse-lhe: Senhor, se fostes vós quem o arrebatou, dizei-me onde o colocastes, e eu o levarei.

Jesus lhe disse: Maria. Logo ela se voltou e lhe disse: Rabboni, *quer dizer: Meu Mestre. – Jesus lhe respondeu: Não me toqueis, porque ainda não subi para o meu Pai; mas ide encontrar os meus irmãos, e dizei-lhes, de minha parte: Eu subo para o meu Pai e o vosso Pai, para o meu Deus e o vosso Deus.*

Maria Madalena veio, pois, dizer aos discípulos que ela vira o Senhor, e que ele lhe dissera estas coisas. (São João, cap. XX, v. de 11 a 18).

57. – *Naquele dia mesmo, dois dentre eles, indo para uma aldeia chamada Emaús, longe sessenta estádios de Jerusalém – falavam juntos de tudo o que se passara. – E ocorreu que, quando conversavam e conferiam juntos sobre isso, o próprio Jesus veio encontrá-los, e se pôs a caminhar com eles; – mas os seus olhos estavam retidos, a fim de que não pudessem reconhecê-lo. – E ele lhes disse: De que conversais assim caminhando, e de onde vindes, que estais tão tristes?*

Um deles, chamado Cleofas, tomando a palavra, disse-lhe: Só vós sois tão estranho em Jerusalém, que não sabeis o que ali se passou nestes

258 Capítulo 15

dias? – O quê? Disse-lhes. Eles lhe responderam: Com respeito a Jesus de Nazaré, que foi um profeta poderoso diante de Deus, e diante de todo o povo; e de que maneira os príncipes dos sacerdotes e os nossos senadores entregaram-no para ser condenado à morte e o crucificaram. – Ora, esperávamos que fosse ele quem resgataria Israel e, entretanto, depois de tudo isso, eis o terceiro dia que essas coisas se passaram. – É verdade que algumas mulheres, das que estavam conosco, nos deixaram perplexos; porque, indo antes do dia ao seu sepulcro – e não tendo ali encontrado o seu corpo, vieram dizer que anjos mesmo lhes apareceram, que lhes disseram que ele estava vivo. – E alguns dos nossos, tendo estado também no sepulcro, encontraram todas as coisas como as mulheres lhes narraram; mas por ele, não o encontraram.

Então, ele lhes disse: Ó insensatos, cujo coração é tardio em crer em tudo o que os profetas disseram! Não era preciso que o Cristo sofresse todas essas coisas, e que entrasse assim na glória? – E começando por Moisés, e em seguida por todos os profetas, explicou-lhes, em todas as Escrituras, o que fora dito dele.

Quando estavam próximos da aldeia para onde iam, ele fez parecer ir mais longe. – Mas o forçaram a se deter, dizendo-lhe: Permanecei conosco, porque é tarde, e que o dia já está em seu declínio; e ele entrou com eles. – Estando com eles à mesa, tomou o pão, abençoou-o e, tendo-o partido, deu a eles. – Ao mesmo tempo, os seus olhos se abriram, e o reconheceram; mas ele desapareceu diante de seus olhos.

Então, disseram um ao outro: Não é verdade que o nosso coração estava todo ardente em nós, quando ele nos falava no caminho, e quando nos explicava as Escrituras? – E, levantando-se na mesma hora, retornaram para Jerusalém, e viram que os onze apóstolos, e aqueles que permaneciam com eles, estavam reunidos – e disseram: O Senhor está verdadeiramente ressuscitado, e ele apareceu a Simão. – Então contaram também, eles mesmos, o que lhes acontecera no caminho, e como o tinham reconhecido ao partir o pão.

Enquanto assim conversavam, Jesus se apresentou no meio deles e lhes disse: A paz seja convosco; sou eu, não tenhais medo. – Mas, na perturbação e no temor de que foram tomados, eles imaginaram ver um Espírito.

E Jesus lhes disse: Por que vos perturbais? E por que se elevam tanto pensamentos em vossos corações? – Olhai as minhas mãos e os meus pés, reconhecereis que sou eu mesmo; tocai-me, e considerai que um Espírito nã

Os milagres do Evangelho   259

tem nem carne nem ossos, como vedes que os tenho. – Depois de lhes ter dito isto, mostrou-lhes as suas mãos e os seus pés.

Mas como eles não acreditavam ainda, tanto estavam transportados de alegria e de admiração, ele lhes disse: Tendes aqui alguma coisa para comer? – Apresentaram-lhe um pedaço de peixe assado e um favo de mel. – Comeu-os diante deles e, pegando os restos, deu-lhos, e lhes disse: Eis o que vos dizia, estando ainda convosco: que era necessário que tudo o que estava escrito de mim, na lei de Moisés, nos profetas e nos Salmos, se cumprisse.

Ao mesmo tempo, abriu-lhes o espírito para que entendessem as Escrituras; – e lhes disse: Assim é que está escrito, e é assim que seria preciso que o Cristo sofresse, e que ressuscitasse dentre os mortos no terceiro dia; – e que se pregasse em seu nome a penitência e a remissão dos pecados em todas as nações, começando por Jerusalém. – Ora, sois testemunhas destas coisas. – E vou vos mandar o dom de meu Pai, que vos foi prometido; mas, por enquanto, permanecei na cidade até que eu vos haja revestido da força do Alto. (São Lucas, cap. XXIV, v. de 13 a 49).

58. *– Ora, Tomé, um dos doze apóstolos, chamado Dídimo, não estava com eles quando Jesus veio. – Os outros discípulos lhe disseram, pois: Vimos o Senhor. Mas ele lhes disse: Se eu não vir em suas mãos a marca dos cravos que as atravessaram, e se não colocar o meu dedo no buraco dos cravos, e a minha mão no buraco de seu lado, eu não acreditarei, absolutamente.*

Oito dias depois, estando os discípulos ainda no mesmo lugar, e Tomé com eles, Jesus veio, estando as portas fechadas, e se colocou no meio deles, e lhes disse: A paz seja convosco.

E disse em seguida a Tomé: Pousai aqui o vosso dedo, e considerai as minhas mãos; aproximai também a vossa mão, e metei-a em meu lado; e não sejais incrédulo, mas fiel. – Tomé lhe respondeu e lhe disse: Meu Senhor e meu Deus! – Jesus lhe disse: Crestes, Tomé, porque vistes; felizes aqueles que creram sem terem visto. (São João, cap. XX, v. de 24 a 29).

59. *– Jesus se fez ver ainda depois aos seus discípulos, à margem do mar de Tiberíades, e se fez ver deste modo:*

Simão Pedro e Tomé, chamado Dídimo, Natanael, que era de Caná na Galileia, os filhos de Zebedeu e dois outros de seus discípulos estavam juntos. – Simão Pedro lhes disse: Eu vou pescar. Eles lhe disseram: Nós vamos também convosco. Eles se foram, pois, e entraram no barco; mas, naquela noite, não pescaram nada.

260   *Capítulo 15*

Tendo chegado a manhã, Jesus apareceu sobre a margem, sem que os seus discípulos conhecessem que era Jesus. – Jesus lhes disse, pois: Filhos, não tendes nada para comer? Eles lhe responderam: Não. Ele lhes disse: Lançai a rede do lado direito do barco, e os encontrareis. Logo eles a lançaram, e não podiam mais retirá-la, tanto estava carregada de peixes.

Então, o discípulo que Jesus amava disse a Pedro: É o Senhor. E Simão Pedro, sabendo que era o Senhor, colocou a sua roupa (porque estava nu) e se lançou no mar. – Os outros discípulos vieram com o barco; e como não estava longe da margem senão em torno de duzentos côvados, tiraram a rede cheia de peixes. (São João, cap. XXI, v. de 1 a 8).

60. *– Depois disso, conduziu-os para fora, para Betânia, e tendo levantado as mãos, abençoou-os; – e em os abençoando, separou-se deles e foi levado ao céu.*

Quanto a eles, depois de o terem adorado, retornaram a Jerusalém, cheios de alegria; – e estavam sem cessar no templo, louvando e bendizendo a Deus. Amém. (São Lucas, cap. XXIV, v. de 50 a 53).

61. – As aparições de Jesus depois de sua morte são narradas por todos os evangelistas com os detalhes circunstanciais que não permitem duvidar da realidade do fato. Aliás, elas se explicam perfeitamente pelas leis fluídicas e pelas propriedades do perispírito e não apresentam nada de anormal com os fenômenos do mesmo gênero, cuja história, antiga e contemporânea, oferece numerosos exemplos, sem deles excetuar a tangibilidade. Observando-se as circunstâncias que acompanharam as suas diversas aparições, reconhece-se nele, nesses momentos, todos os caracteres de um ser fluídico. Ele aparecia inopinadamente e desaparecia do mesmo modo; foi visto por uns e não pelos outros sob aparências que não o fazem reconhecer, mesmo por seus discípulos; mostra-se em lugares fechados onde um corpo carnal não poderia penetrar; mesmo a sua linguagem não tem a verve de um ser corpóreo; tem o tom breve e sentencioso, particular aos Espíritos que se manifestam dessa maneira; todas as suas atitudes, numa palavra, têm alguma coisa que não é do mundo terrestre. A sua visão causa, ao mesmo tempo, surpresa e medo; seus discípulos, vendo-o, não falam com a mesma liberdade; eles sentem que não é mais o homem.

Jesus, portanto, mostrou-se com o seu corpo perispiritual, o que explica que não foi visto senão por aqueles aos quais quis se fazer ver; se tivesse o seu corpo carnal, seria visto pelo primeiro que chegasse, como quando vivo. Seus discípulos, ignorando a causa primeira do fenômeno das aparições, não se davam conta dessas particularidades, que provavelmente

Os milagres do Evangelho   261

não notavam; eles viam Jesus e o tocavam, para eles deveria ser um corpo ressuscitado. (Cap. XIV, nº 14, e de 35 a 38).

62. – Ao passo que a incredulidade rejeita todos os fatos realizados por Jesus, tendo uma aparência sobrenatural, e os considera, sem exceção, como lendários, o Espiritismo dá, à maioria desses fatos, uma explicação natural; prova-lhes a possibilidade, não só pela teoria das leis fluídicas, mas pela sua identidade com os fatos análogos produzidos por uma multidão de pessoas, nas condições mais vulgares. Uma vez que esses fatos estão, de alguma sorte, no domínio público, nada provam, em princípio, quanto à natureza excepcional de Jesus (1).

63. – O maior dos milagres que Jesus fez, aquele que atesta verdadeiramente a sua superioridade, é a revolução que os seus ensinos operaram no mundo, apesar da exiguidade dos seus meios de ação.

Com efeito, Jesus, obscuro, pobre, nascido na condição mais humilde, entre um pequeno povo quase ignorado e sem preponderância política, artística ou literária, não pregou senão por três anos; durante esse curto espaço de tempo, é desconhecido e perseguido pelos seus concidadãos, caluniado, tratado de impostor; é obrigado a fugir para não ser lapidado; é traído por um dos seus apóstolos, renegado por outro, abandonado por todos no momento em que caiu nas mãos de seus inimigos. Não fazia senão o bem, e isso não o colocava ao abrigo da malevolência, que voltava contra ele os próprios serviços que prestava. Condenado ao suplício reservado aos criminosos, morre ignorado pelo mundo, porque a história contemporânea se cala a seu respeito (2). Ele não escreveu nada, e, entretanto, ajudado por alguns homens obscuros como ele, a sua palavra bastou para regenerar o mundo; a sua doutrina matou o paganismo todo-poderoso e se tornou a chama da civilização. Tinha, pois, contra ele tudo o que pode fazer os homens fracassarem, por isso é que dizemos que o triunfo de sua doutrina é o maior dos seus milagres, ao mesmo tempo que ela prova a sua missão divina. Se, em lugar de princípios sociais e regeneradores, fundados sobre o futuro espiritual do homem, não tivesse a oferecer, à posteridade, senão alguns fatos maravilhosos, talvez mal fosse conhecido, de nome, hoje.

---

(1) Os numerosos fatos contemporâneos de curas, aparições, possessões, dupla vista e outros, que são relatados na *Revista Espírita* e lembrados nas notas acima, oferecem, até nas circunstâncias dos detalhes, uma analogia tão chocante com aqueles que o Evangelho narra, que a semelhança dos efeitos e das causas fica evidente. Pergunta-se, pois, por que o mesmo fato teria uma causa natural hoje, e sobrenatural outrora; diabólica em alguns e divina em outros. Se fora possível colocá-los aqui em frente uns dos outros, a comparação seria mais fácil; mas o seu número e os desenvolvimentos que a maioria necessita não o permitiram.

(2) O historiador judeu Josefo é o único que dele fala, e diz muito pouca coisa.

Desaparecimento do corpo de Jesus

64. – O desaparecimento do corpo de Jesus, depois da sua morte, foi objeto de numerosos comentários; ele é atestado pelos quatro evangelistas, sobre o relato das mulheres que se apresentaram ao sepulcro no terceiro dia e ali não o encontraram. Uns viram, nesse desaparecimento, um fato miraculoso, outros supuseram uma retirada clandestina.

Segundo outra opinião, Jesus não teria revestido um corpo carnal, mas somente um corpo fluídico; não fora, durante a sua vida, senão uma aparição tangível, em uma palavra, uma espécie de agênere. Seu nascimento, sua morte e todos os atos materiais de sua vida não seriam senão uma aparência. Foi assim, diz-se, que seu corpo, retornado ao estado fluídico, pôde desaparecer do sepulcro, e foi com esse mesmo corpo que ele se mostrou depois de sua morte.

Sem dúvida, semelhante fato não é radicalmente impossível, segundo o que se sabe hoje sobre as propriedades dos fluidos; mas seria ao menos inteiramente excepcional e em oposição formal ao caráter dos agêneres. (Cap. XIV, nº 36). A questão é, pois, saber se uma tal hipótese é admissível, se é confirmada ou contraditada pelos fatos.

65. – A permanência de Jesus sobre a Terra apresenta dois períodos: o que a precede e aquele que se segue à sua morte. No primeiro, desde o momento da concepção até o nascimento, tudo se passa, na mãe, como nas condições comuns da vida (1). Desde o seu nascimento até a morte, tudo, em seus atos, em sua linguagem e nas diversas circunstâncias de sua vida, apresenta os caracteres inequívocos da corporeidade. Os fenômenos de ordem física que se produzem nele são acidentais, e nada têm de anormal, uma vez que se explicam pelas propriedades do perispírito e se encontram em diferentes graus entre alguns indivíduos. Depois da sua morte, ao contrário, tudo nele revela o ser fluídico. A diferença entre os dois estados é de tal modo marcante que não é possível assimilá-los.

O corpo carnal tem as propriedades inerentes à matéria propriamente dita e que diferem essencialmente daquelas dos fluidos etéreos; a desorganização nela se opera pela ruptura da coesão molecular. Um instrumento cortante, penetrando no corpo material, divide-lhe os tecidos; se os órgãos essenciais à vida são atacados, seu funcionamento se detém, e a morte se segue, quer dizer, a morte do corpo. Essa coesão não existe no

---

(1) Não falamos do mistério da encarnação, do qual não temos que nos ocupar aqui, que será examinado ulteriormente.

Os milagres do Evangelho 263

corpos fluídicos, a vida não repousa mais sobre o funcionamento de órgãos especiais, e neles não podem se produzir desordens análogas; um instrumento cortante, ou qualquer outro, aí penetra como num vapor, sem lhe ocasionar nenhuma lesão. Eis por que essas espécies de corpos *não podem morrer*, e porque os seres fluídicos designados sob o nome de *agêneres* não podem ser mortos.

Depois do suplício de Jesus, seu corpo ali, inerte e sem vida, foi enterrado como os corpos comuns, e cada um podia vê-lo e tocá-lo. Depois de sua ressurreição, quando quer deixar a Terra, não morre mais; seu corpo se eleva, desvanece-se e desaparece, sem deixar nenhum traço, prova evidente de que o seu corpo era de uma outra natureza daquele que pereceu sobre a cruz; de onde é preciso concluir que, se Jesus pôde morrer, foi porque tinha um corpo carnal.

Em consequência de suas propriedades materiais, o corpo carnal é a sede das sensações e das dores físicas que repercutem no centro sensitivo ou Espírito. Não é o corpo que sofre, é o Espírito que recebe o contragolpe das lesões ou alterações dos tecidos orgânicos. Num corpo privado do Espírito, a sensação é absolutamente nula; pela mesma razão, o Espírito, que não tem o corpo material, não pode sentir os sofrimentos que são o resultado da alteração da matéria, de onde é igualmente necessário concluir que, se Jesus sofreu materialmente, como disso não se poderia duvidar, foi porque tinha um corpo material, de uma natureza semelhante àqueles de todo o mundo.

66. – Aos fatos materiais vêm se acrescentar considerações morais poderosíssimas.

Se Jesus estivesse, durante a sua vida, nas condições dos seres fluídicos, não teria sentido nem a dor, nem nenhuma das necessidades do corpo; supor que assim não haja sido é tirar-lhe todo o mérito da vida de privações e de sofrimentos que escolheu como exemplo de resignação. Se tudo nele não era senão aparência, todos os atos de sua vida, o anúncio reiterado de sua morte, a cena dolorosa do jardim das Oliveiras, sua prece a Deus para afastar o cálice de seus lábios, sua paixão, sua agonia, tudo, até a sua última exclamação no momento de entregar o Espírito, não teria sido senão um vão simulacro, para enganar sobre a sua natureza e fazer crer num sacrifício ilusório de sua vida, uma comédia indigna de um simples homem honesto, com mais forte razão de um ser tão superior; em uma palavra, ele teria abusado da boa-fé dos seus contemporâneos e da posteridade. Tais são as consequências lógicas desse sistema, consequências que não são admissíveis, porque o abaixam moralmente, em lugar de elevá-lo.

Jesus teve, pois, como todos, um corpo carnal e um corpo fluídico, o que atestam os fenômenos materiais e os fenômenos psíquicos que assinalaram a sua vida.

67. – Essa ideia sobre a natureza do corpo de Jesus não é nova. No quarto século, Apolinário, de Laodiceia, chefe da seita dos *Apolinaristas,* pretendia que Jesus não tomara um corpo como o nosso, mas um corpo *impassível,* que desceu do céu, no seio da santa Virgem, e não era nascido dela; que assim Jesus não nascera, não sofrera e não morrera senão em *aparência.* Os apolinaristas foram anatematizados no concílio de Alexandria, em 360; no de Roma em 374, e no de Constantinopla em 381.

Os *Docetas* (do grego *dokein,* parecer), seita numerosa dos *Gnósticos,* que subsistiu durante os três primeiros séculos, tinham a mesma crença.

AS PREDIÇÕES SEGUNDO O ESPIRITISMO

CAPÍTULO **16**

Teoria da presciência

1. – Como é possível o conhecimento do futuro? Compreende-se a previsão dos acontecimentos que são a consequência do estado presente, mas não daqueles que com ele não têm nenhuma relação, e ainda menos daqueles que se atribuem ao acaso. As coisas futuras, diz-se, não existem; elas ainda estão no nada; como, então, saber que ocorrerão? Os exemplos de predições realizadas são, entretanto, bastante numerosos, de onde é preciso concluir que se passa aí um fenômeno do qual não se tem a chave, porque não há efeito sem causa; será essa causa que tentaremos procurar, e é ainda o Espiritismo, ele mesmo chave de tantos mistérios, que no-la fornecerá e que, além disso, nos mostrará que mesmo o fato das predições não sai das leis naturais.

Tomemos, como comparação, um exemplo nas coisas usuais, e que ajudará a fazer compreender o princípio que iremos desenvolver.

2. – Suponhamos um homem colocado sobre uma alta montanha, e considerando a vasta extensão da planície. Nesta situação, o espaço de uma légua será pouca coisa, e ele poderá facilmente abarcar, de um só golpe de vista, todos os acidentes do terreno, desde o começo até o fim do caminho. O viajante que segue esse caminho pela primeira vez sabe que, caminhando, chegará ao fim: aí está uma simples previsão da consequência de uma caminhada, mas os acidentes do terreno, as subidas e as descidas, os rios a transpor, as matas a atravessar, os precipícios onde se pode cair, os ladrões postados para roubá-lo, as casas hospitaleiras onde poderá repousar, tudo isto é independente de sua pessoa: é para ele o desconhecido, o futuro, porque a sua visão não se estende além do pequeno círculo que o cerca. Quanto à duração, ele a mede pelo tempo que emprega para percorrer o caminho; tirai-lhe os pontos de referência e a duração se apaga. Para o homem que está sobre a montanha, e que segue com o olhar o viajante, tudo isto é presente. Suponhamos que esse homem desça até o viajante e lhe diga: "Em tal momento encontrareis tal coisa, sereis atacado e socorrido," lhe predirá o futuro. O futuro é para o viajante; para o homem da montanha é o presente.

3. – Se sairmos agora do círculo das coisas puramente materiais e se entrarmos, pelo pensamento, no domínio da vida espiritual, veremos esse fenômeno se produzir sobre uma maior escala. Os Espíritos desmaterializados são como o homem da montanha: o espaço e a duração se apagam para eles. Mas a extensão e a penetração de sua visão são proporcionais à sua depuração e à sua elevação na hierarquia espiritual; eles são, com relação aos Espíritos inferiores, como o homem armado de um poderoso telescópio, ao lado daquele que não tem senão os seus olhos. Entre estes últimos, a visão é circunscrita, não somente porque não podem, senão dificilmente, afastar-se do globo ao qual estão ligados, mas porque a grosseria de seu perispírito vela as coisas distantes, como o faz um nevoeiro para os olhos do corpo.

Compreende-se, pois, que, segundo o grau de perfeição, um Espírito possa abarcar um período de alguns anos, de alguns meses, de alguns séculos e mesmo de vários milhares de anos, porque o que é um século em presença do Infinito? Os acontecimentos não se desenrolam sucessivamente diante dele, como os incidentes da rota do viajante: ele vê, simultaneamente, o começo e o fim do período; todos os acontecimentos que, neste período, são o futuro para o homem da Terra são para ele o presente. Poderá, pois, vir nos dizer com certeza: Tal coisa ocorrerá em tal época, porque vê essa coisa como o homem da montanha vê o que espera o viajante em seu caminho; se não o faz é porque o conhecimento do futuro seria nocivo ao homem; entravaria o seu livre-arbítrio; o paralisaria no trabalho que deve cumprir para o seu progresso; o bem e o mal que o esperam, estando no desconhecido, são para ele a prova.

Se uma tal faculdade, mesmo restrita, pode estar nos atributos da criatura, em que grau de poder não deve se elevar no Criador, que abarca o Infinito? Para ele, o tempo não existe: o começo e o fim dos mundos são o presente. Nesse imenso panorama, o que é a duração da vida de um homem, de uma geração, de um povo?

4. – Entretanto, como o homem deve concorrer para o progresso geral, e que certos acontecimentos devem resultar da sua cooperação, pode ser útil, em casos especiais, que ele pressinta esses acontecimentos, a fim de que lhes prepare os caminhos e esteja pronto para agir quando chegar o momento; por isso Deus permite, por vezes, que um canto do véu seja levantado, mas é sempre com um objetivo útil e jamais para satisfazer uma vã curiosidade. Essa missão pode ser dada, pois, não a todos os Espíritos, uma vez que os há que não conhecem o futuro melhor do que os homens.

Teoria da presciência 267

mas a alguns Espíritos suficientemente avançados para isso; ora, é de notar-se que essas espécies de revelações são sempre feitas espontaneamente e jamais, ou bem raramente ao menos, em resposta a uma pergunta direta.

5. – Esta missão pode, igualmente, ser entregue a certos homens, e eis de que maneira:

Aquele a quem está confiado o cuidado de revelar uma coisa oculta pode dela receber, com o seu desconhecimento, a inspiração de Espíritos que a conhecem e, então, ele a transmite maquinalmente, sem disso se dar conta. Sabe-se, por outro lado, que, seja durante o sono, seja no estado de vigília, nos êxtases e na dupla vista, a alma se liberta e possui, em um grau mais ou menos grande, as faculdades do Espírito livre. Se for um Espírito avançado, se tiver, sobretudo como os profetas, recebido uma missão especial para esse efeito, ele goza, nos momentos de emancipação da alma, da faculdade de abarcar, por si mesmo, um período mais ou menos vasto e vê, como presentes, os acontecimentos desse período. Pode, então, revelá-los no mesmo instante ou conservar-lhes a memória em seu despertar. Se esses acontecimentos devem permanecer em segredo, deles perderá a lembrança, ou não lhe restará senão uma vaga intuição, suficiente para guiá-lo instintivamente.

6. – Assim é que se vê esta faculdade se desenvolver providencialmente, em certas ocasiões, nos perigos iminentes, nas grandes calamidades, nas revoluções, e que a maioria das seitas perseguidas tiveram numerosos *videntes*; é ainda assim que se veem grandes capitães marcharem resolutamente contra o inimigo, com a certeza da vitória; homens de gênio, como Cristóvão Colombo, por exemplo, perseguiram um objetivo predizendo, por assim dizer, o momento em que o alcançarão. É que eles viram esse objetivo, que não é desconhecido para o seu Espírito.

O dom da predição não é, pois, mais sobrenatural do que uma multidão de outros fenômenos; ele repousa sobre as propriedades da alma e sobre a lei das relações do mundo visível e do mundo invisível, que o Espiritismo vem fazer conhecer.

Esta teoria da presciência não resolve, talvez, de maneira absoluta todos os casos que a revelação do futuro pode apresentar, mas não se pode deixar de convir que ela lhe coloca o princípio fundamental.

7. – Frequentemente, as pessoas dotadas da faculdade de prever, no estado extático ou sonambúlico, veem os acontecimentos se desenharem como num quadro. Isto poderia também se explicar pela fotografia do pensamento. Estando um acontecimento no pensamento dos Espíritos que trabalham para que se cumpra, ou dos homens cujos atos devem provocá-lo,

268   *Capítulo 16*

esse pensamento, atravessando o espaço como os sons atravessam o ar, pode fazer imagem para o vidente; mas, como a realização pode ser apressada ou retardada, por um concurso de circunstâncias, ele vê a coisa sem poder precisar-lhe o momento. Por vezes mesmo, esse pensamento pode não ser senão um projeto, um desejo que pode não ter sequência; daí os erros frequentes de fato e de data nas previsões. (Cap. XIV, nº 13 e seguintes).

8. – Para compreender as coisas espirituais, quer dizer, para delas se dar uma ideia tão límpida quanto aquela que fazemos de uma paisagem que está sob os nossos olhos, falta-nos, verdadeiramente, um sentido, exatamente como ao cego falta o sentido necessário para compreender os efeitos da luz, das cores e da visão, sem o contato. Também não é senão por um esforço de imaginação que nós ali chegamos, e com a ajuda de comparações tiradas nas coisas que nos são familiares. Mas as coisas materiais não podem dar senão ideias muito imperfeitas das coisas espirituais; é por isso que não seria preciso tomar a comparação ao pé da letra e crer, por exemplo, que a extensão das faculdades perceptivas dos Espíritos prendem-se à sua elevação efetiva e que têm necessidade de estarem numa montanha, ou acima das nuvens, para abarcarem o tempo e o espaço.

Esta faculdade é inerente ao estado de espiritualização ou, querendo-se, de desmaterialização; quer dizer que a espiritualização produz um efeito que se pode comparar, embora muito imperfeitamente, ao da visão do conjunto do homem que está sobre a montanha. Esta comparação tinha simplesmente por objetivo mostrar que os acontecimentos que estão no futuro para uns, estão no presente para outros, e podem, assim, serem preditos, o que não implica que o efeito se produza do mesmo modo.

Para gozar desta percepção, o Espírito, pois, não tem necessidade de se transportar para um ponto qualquer do espaço; aquele que está na Terra, ao nosso lado, pode possuí-la em sua plenitude, bem como se estivesse a milhares de léguas, ao passo que não vemos nada fora do horizonte visual. A visão nos Espíritos, não se produzindo do mesmo modo nem com os mesmos elementos que entre os encarnados, seu horizonte visual é todo outro; ora, está precisamente aí o sentido que nos falta para concebê-lo; *o Espírito, ao lado do encarnado, é como o vidente ao lado de um cego*.

9. – É preciso que se compreenda bem, além do mais, que essa percepção não se limita à extensão, mas que ela compreende a penetração de todas as coisas; nós o repetimos, é uma faculdade inerente e proporcional ao estado de desmaterialização. Esta faculdade é *diminuída* pela encarnação, mas não é completamente anulada, porque a alma não está encerrada no corpo como numa caixa. O encarnado a possui, embora sempre em

Teoria da presciência 269

menor grau do que quando está inteiramente liberto; é isso que dá, a certos homens, um poder de penetração que falta totalmente a outros, uma maior justeza no golpe de vista moral, uma compreensão mais fácil das coisas extramateriais.

Não somente o Espírito encarnado percebe, mas ele se lembra do que viu no estado de Espírito, e essa lembrança é como um quadro que se desenha em seu pensamento. Na encarnação, ele vê, mas vagamente e como através de um véu; no estado de liberdade, vê e concebe claramente. *O princípio da visão não está fora dele, mas nele;* por isso, não tem necessidade da nossa luz exterior. Pelo desenvolvimento moral, o círculo das ideias e da concepção se alarga; pela desmaterialização gradual do perispírito, este se purifica dos elementos grosseiros que alteram a delicadeza das percepções; de onde é fácil compreender que a extensão de todas as faculdades segue o progresso dos Espíritos.

10. – É o grau da extensão das faculdades do Espírito que o tornam, na encarnação, mais ou menos apto para conceber as coisas espirituais. Todavia, essa aptidão não é a consequência necessária do desenvolvimento da inteligência; a ciência vulgar não a dá: é por isso que se veem homens de um grande saber tão cegos para as coisas espirituais quanto outros o são para as coisas materiais; são a elas refratários, porque não as compreendem; o que significa que seu progresso *ainda* não se cumpriu nesse sentido, ao passo que se veem pessoas, de uma instrução e de uma inteligência vulgares, apreendê-las com a maior facilidade, o que prova que elas disso tinham a intuição prévia. É, entre elas, uma lembrança retrospectiva do que viram e souberam, seja na erraticidade, seja em suas existências anteriores, como outros têm a intuição das línguas e das ciências que possuíram.

11. – Quanto ao futuro do Espiritismo, os Espíritos, como se sabe, são unânimes em afirmar o triunfo próximo, apesar dos entraves que se lhe opõem; esta previsão lhes é fácil, primeiro porque a sua propagação é a sua obra pessoal: concorrendo para o movimento ou dirigindo-o, eles sabem, por consequência, o que devem fazer; em segundo lugar, basta-lhes abarcar um período de curta duração, e, nesse período, veem em seu caminho os poderosos auxiliares que Deus lhes suscita, e que não tardarão a se manifestar.

Sem serem Espíritos desencarnados, que os Espíritas se transportem somente para trinta anos à frente, no meio da geração que se ergue; que, dali, considerem o que se passa hoje; que lhe sigam a marcha progressiva, e verão se consumir em vãos esforços aqueles que se creem chamados a derrubá-lo; vê-los-ão, pouco a pouco, desaparecer da cena, ao lado da árvore que se engrandece e cujas raízes se estendem cada dia mais.

270   *Capítulo 16*

12. – Os acontecimentos vulgares da vida privada são, o mais frequentemente, a consequência da maneira de agir de cada um: este vencerá segundo as suas capacidades, sua habilidade, sua perseverança, sua prudência e sua energia, onde um outro fracassará pela sua insuficiência; de sorte que se pode dizer que cada um é o artífice de seu próprio futuro, que nunca é submetido a uma cega fatalidade, independente de sua pessoa. Conhecendo-se o caráter de um indivíduo, pode-se facilmente predizer-lhe a sorte que o espera no caminho em que se empenha.

13. – Os acontecimentos que tocam os interesses gerais da Humanidade são regulados pela Providência. Quando uma coisa está nos desígnios de Deus, ela se cumpre, seja por um meio, seja por outro. Os homens concorrem para a sua execução, mas nenhum é indispensável, de outro modo o próprio Deus estaria à mercê de suas criaturas. Se aquele a quem incumbe a missão de executá-la falha, um outro dela é encarregado. Não há missão fatal; o homem está sempre livre para cumprir aquela que lhe é confiada e que aceitou voluntariamente; se não o faz, perde-lhe o benefício e assume a responsabilidade pelos atrasos que podem ser o fato de sua negligência, ou de sua má vontade; se se torna um obstáculo para o seu cumprimento, Deus pode quebrá-lo com um sopro.

14. – O resultado final de um acontecimento pode, pois, ser certo, porque está nos objetivos de Deus; mas como, o mais frequentemente, os detalhes e o modo de execução estão subordinados às circunstâncias e ao livre-arbítrio dos homens, os caminhos e meios podem ser eventuais. Os Espíritos podem nos pressentir sobre o conjunto, se for útil que disso sejamos prevenidos; mas, para precisar o lugar e a data, seria preciso que conhecessem previamente a determinação que tomará tal ou tal indivíduo; ora, se essa determinação não está ainda em seu pensamento, segundo o que ela será, pode acelerar ou retardar o desfecho, modificar os meios secundários de ação, tudo conduzindo ao mesmo resultado. É assim, por exemplo, que os Espíritos podem, pelo conjunto das circunstâncias, prever que uma guerra está mais ou menos próxima, que é inevitável, sem poderem prever o dia em que ela começará, nem os incidentes de detalhes que podem ser modificados pela vontade dos homens.

15. – Para a fixação da época dos acontecimentos futuros, é preciso, além disso, levar em conta uma circunstância inerente à própria natureza dos Espíritos.

O tempo, do mesmo modo que o espaço, não pode ser avaliado senão com a ajuda de pontos de comparação ou de referência que o dividem em períodos que se podem contar. Na Terra, a divisão natural do tempo em dias

Teoria da presciência 271

e em anos está marcada pela subida e a descida do Sol, e pela duração do movimento de translação da Terra. As unidades de medida do tempo devem variar segundo os mundos, uma vez que os períodos astronômicos são diferentes; assim é que, por exemplo, em Júpiter, os dias equivalem a dez das nossas horas e os anos a quase doze anos terrestres.

Há, pois, para cada mundo, um modo diferente de contar a duração, segundo a natureza das revoluções astrais que ali se cumprem; isto já seria uma dificuldade para a determinação de nossas datas para Espíritos que não conhecessem o nosso mundo. Mas, fora dos mundos, esses meios de apreciação não existem. Para um Espírito, no espaço, não há nem subida nem descida de sol marcando os dias, nem revoluções periódicas marcando os anos; não há, para ele senão a duração de espaço infinito. (Cap. VI, n° 1 e seguintes). Aquele, pois, que nunca tivesse vindo à Terra não teria nenhum conhecimento dos nossos cálculos, que, de resto, ser-lhe-iam completamente inúteis; há mais: aquele que nunca se tivesse encarnado em mundo algum não teria nenhuma noção das frações da duração. Quando um Espírito estranho à Terra vem nela se manifestar, ele não pode assinalar data aos acontecimentos senão se identificando com os nossos usos, o que, sem dúvida, está em seu poder, mas o que, o mais frequentemente, não julga útil fazer.

16. – Os Espíritos que compõem a população invisível do nosso globo, onde já viveram e continuam a viver em nosso meio, estão naturalmente identificados com os nossos hábitos, dos quais levam a lembrança na erraticidade. Eles poderiam, consequentemente, com mais facilidade, assinalar uma data aos acontecimentos futuros quando a conhecem; mas, além de que isso não lhes é sempre permitido, disso estão impedidos por esta razão de que todas as vezes que as circunstâncias dos detalhes estão subordinadas ao livre-arbítrio e à decisão eventual do homem, a data precisa não existe realmente senão quando o acontecimento se cumpre.

Eis por que as predições circunstanciadas não podem oferecer certeza e não devem ser aceitas senão como probabilidades, ainda mesmo que não levassem, com elas, uma marca de *legítima suspeição*. Também os Espíritos, verdadeiramente sábios, nada predizem para épocas fixas; limitam-se a nos pressentir sobre o resultado das coisas que nos é útil conhecer. Insistir para ter detalhes precisos é se expor às mistificações de Espíritos levianos, que predizem tudo o que se quer, sem se importarem com a verdade, e se divertindo com os pavores e com as decepções que causam.

17. – A forma geralmente muito empregada até aqui para as predições faz delas verdadeiros enigmas, frequentemente indecifráveis. Essa forma misteriosa e cabalística, da qual Nostradamus oferece o tipo mais completo, dá-lhes um certo prestígio aos olhos do vulgo, que lhes atribui tanto mais valor quanto sejam mais incompreensíveis. Pela sua ambiguidade, elas se prestam a interpretações muito diferentes; de tal sorte que, segundo o sentido atribuído a certas palavras alegóricas, ou de convenção, segundo a maneira de computar o cálculo bizarramente complicado das datas, e com um pouco de boa vontade, ali se encontra quase tudo o que se quer.

Qualquer que ela seja, não se pode deixar de convir que algumas têm um caráter sério e confundem pela sua veracidade. É provável que essa forma velada teve, num tempo, a sua razão de ser e mesmo a sua necessidade.

Hoje, as circunstâncias não são mais as mesmas; o positivismo do século se acomodaria pouco com a linguagem sibilina. Também, as predições de nossos dias não afetam mais essas formas estranhas; aquelas que os Espíritos fazem nada têm de místico; elas falam a linguagem de todo o mundo, como se o fizessem quando vivos, porque não deixaram de pertencer à Humanidade; pressentem-nos sobre as coisas futuras, pessoais ou gerais, quando isto pode ser útil, na medida da perspicácia da qual são dotados, como o fariam conselheiros ou amigos. As suas previsões são, pois, antes advertências, que nada tiram ao livre-arbítrio, do que predições propriamente ditas que implicariam uma fatalidade absoluta. A sua opinião, além disso, é quase sempre motivada, porque não querem que o homem iniba a sua razão sob uma fé cega, o que não lhe permitiria apreciar a sua justeza.

18. – A Humanidade contemporânea tem também os seus profetas; mais do que um escritor, poeta, literato, historiador ou filósofo pressentiu, em seus escritos, a marcha futura das coisas que se veem realizar hoje.

Esta aptidão prende-se, frequentemente, sem dúvida, à retidão do julgamento que deduziu as consequências lógicas do presente; mas, frequentemente também, ela é o resultado de uma clarividência especial inconsciente, ou de uma inspiração estranha. O que esses homens fizeram quando vivos podem com mais forte razão fazê-lo, e com mais exatidão, no estado de Espírito, quando a visão espiritual não está mais obscurecida pela matéria.

CAPÍTULO **17**

Predições do Evangelho

Ninguém é profeta em sua terra. – Morte e paixão de Jesus. – Perseguição aos apóstolos. – Cidades impenitentes. – Ruína do Templo e de Jerusalém. – Maldição aos fariseus. – Minhas palavras não passarão. – A pedra angular. – Parábola dos vinhateiros homicidas. – Um só rebanho e um só pastor. – Advento de Elias. – Anunciação do Consolador. – Segundo advento do Cristo. – Sinais precursores. – Vossos filhos e vossas filhas profetizarão. – Julgamento final.

Ninguém é profeta em sua terra

1. – *E, tendo vindo para a sua terra, os instruía em suas sinagogas, de sorte que, tomados de admiração, eles diziam: De onde vieram para este essa sabedoria e esses milagres? – Não é o filho do carpinteiro? Sua mãe não e chama Maria, e seus irmãos Tiago, José, Simão e Judas? E suas irmãs não stão todas entre nós? De onde vem, pois, a este todas essas coisas? – E assim aziam dele um objeto de escândalo. Mas Jesus lhes disse: Um profeta não é desonrado senão em sua terra e em sua casa. – E não fez ali muitos mila-res, por causa de sua incredulidade. (São Mateus, cap. XIII, v. de 54 a 58).*

2. – Jesus enunciou aí uma verdade que se fez provérbio, que é de odos os tempos, e à qual se poderia dar mais extensão dizendo que *nin-uém é profeta quando vivo.*

Na linguagem usual, esta máxima se entende como o crédito que m homem goza entre os seus e aqueles no meio dos quais vive, da con-ança que inspira pela superioridade do saber e da inteligência. Se ela sofre xceções, são raras e, em todos os casos, não são jamais absolutas; o prin-

274 Capítulo 17

cípio desta verdade é uma consequência natural da fraqueza humana, e se pode explicar assim:

O hábito de se ver, desde a infância, nas circunstâncias vulgares da vida, estabelece entre os homens uma espécie de igualdade material que faz com que, frequentemente, recuse-se a reconhecer uma superioridade moral naquele do qual se foi o companheiro ou o comensal, que saiu do mesmo meio e de quem se viram as primeiras fraquezas; o orgulho sofre pelo ascendente que é obrigado a suportar. Quem se eleva acima do nível comum é sempre o alvo do ciúme e da inveja; aqueles que se sentem incapazes de atingir a sua altura se esforçam por rebaixá-lo pela difamação, a maledicência e a calúnia; gritam tanto mais forte quanto se vejam mais pequenos, crendo crescer e eclipsá-lo pelo ruído que fazem. Tal foi e tal será a história da Humanidade, enquanto os homens não tiverem compreendido a sua natureza espiritual e não tiverem alargado o seu horizonte moral também esse preconceito é próprio dos espíritos estreitos e vulgares, que relacionam tudo à sua personalidade.

Por outro lado, geralmente, se faz do homem que não se conhece senão pelo seu espírito, um ideal que aumenta com a distância dos tempo e dos lugares. São despojados, quase sempre, da humanidade; parece qu não devem falar e nem sentir como todo o mundo; que a sua linguagem e os seus pensamentos devem estar constantemente no diapasão da sublimi dade, sem pensar que o espírito não poderia estar incessantemente tenso, num estado perpétuo de superexcitação. No contato diário da vida privada vê-se muito o homem material que nada distingue do vulgo. O homem co póreo, que fere os sentidos, apaga quase sempre o homem espiritual, qu não fere senão o espírito; *de longe, não se veem senão os brilhos do gênio de perto, vê-se o repouso do espírito.*

Depois da morte, a comparação não existe mais, só resta o homem espiritual, e parece tanto maior quanto a lembrança do homem corpóre está mais distante. Eis por que os homens, que marcaram a sua passagem sobre a Terra por obras de um valor real, são mais apreciados depois de su morte do que quando vivos. São julgados com mais imparcialidade, porqu os invejosos e os ciumentos desapareceram, os antagonismos pessoais na existem mais. A posteridade é um juiz desinteressado que aprecia a obra e espírito, aceita-a sem entusiasmo cego se ela é boa, rejeita-a sem ódio se e é má, abstração feita da individualidade que a produziu.

Jesus podia tanto menos escapar às consequências desse princípi inerente à natureza humana, porque vivia num meio pouco esclarecido, entre homens todos voltados para a vida material. Seus compatriotas n viam nele senão o filho do carpinteiro, o irmão de homens tão ignorant

Predições do Evangelho 275

quanto eles, e se perguntavam o que poderia torná-lo superior a eles e dar--lhe o direito de censurá-los; também, vendo que a sua palavra tinha menos crédito entre os seus, que o desprezavam, do que sobre os estranhos, ele foi pregar entre aqueles que o escutavam e no meio dos que encontrava a simpatia.

Pode-se fazer ideia dos sentimentos que para com Ele nutriam os que lhe eram aparentados, pelo fato de que seus próprios irmãos, acompanhados de sua mãe, foram a uma reunião onde Ele se encontrava, para dele se apoderarem, dizendo que perdera o juízo. (São Marcos. cap III, v 20, 21 e de 31 a 35 – *O Evangelho Segundo o Espiritismo*, cap. XIV.)

Assim, de um outro lado, os sacerdotes e os fariseus acusavam Jesus de agir pelo demônio; de outro, era tachado de louco pelos seus parentes mais próximos. Não é assim que se usa, em nossos dias, com respeito aos espíritas, e estes devem se lamentar por não serem melhor tratados pelos seus concidadãos do que não o foi Jesus? O que não tinha nada para se admirar há dois mil anos, entre um povo ignorante, é mais estranho no século dezenove entre as nações civilizadas.

Morte e paixão de Jesus

3. – *(Depois da cura do lunático). – Todos ficaram admirados com o grande poder de Deus. E, quando todo mundo estava na admiração do que Jesus fazia, ele disse aos seus discípulos: Colocai bem no vosso coração o que vou lhes dizer. O Filho do homem deve ser entregue nas mãos dos homens. – Mas eles não entendiam essa linguagem; ela lhes era de tal modo oculta, que dela nada compreendiam, e eles estudavam mesmo interrogá-lo a esse respeito. (São Lucas, cap. IX, v. 43, 45).*

4. – *Desde então, Jesus começou a revelar aos seus discípulos que seria preciso que ele fosse a Jerusalém; que ali sofreria muito da parte dos senadores, dos escribas e dos príncipes dos sacerdotes; que fosse posto para morrer, e que ressuscitasse no terceiro dia. (São Mateus, cap. XVI, v. 21).*

5. – *Quando estavam na Galileia, Jesus lhes disse: O Filho do homem deve ser entregue nas mãos dos homens; – e eles o farão morrer, e ele ressuscitará no terceiro dia: o que os afligia extremamente. (São Mateus, cap. VII, v. 22, 23).*

6. – *Ora, Jesus, indo para Jerusalém, tomou à parte os seus doze discípulos, e lhes disse: Vamos a Jerusalém, e o Filho do homem será entregue aos príncipes dos sacerdotes e aos escribas, que o condenarão à morte – e o entregarão aos gentios, a fim de que o tratem com escárnio, e que o açoitem*

276   Capítulo 17

e o crucifiquem; e ele ressuscitará no terceiro dia. (São Mateus, cap. XX, v. 17, 18, 19).

7. – Em seguida, Jesus, tomando à parte os seus doze apóstolos, lhes disse: Eis que vamos a Jerusalém, e tudo o que foi escrito pelos profetas com respeito ao Filho do homem, vai ser cumprido; – Porque ele será entregue aos gentios; escarnecê-lo-ão, será açoitado e o farão morrer, e ele ressuscitará no terceiro dia.

Mas eles não compreendiam nada de tudo isto: sua linguagem lhes era velada, e não entendiam o que lhes dizia. (São Lucas, cap. XVIII, v. 31 a 34).

8. – Tendo Jesus terminado todos os seus discursos, disse aos seus discípulos: Sabeis que a Páscoa se fará em dois dias, e que o Filho do homem será entregue para ser crucificado.

Ao mesmo tempo, os príncipes dos sacerdotes e os anciãos do povo se reuniram no palácio do grande sacerdote, chamado Caifás – e tiraram conselho juntos para encontrarem meio de se apoderarem habilmente de Jesus, e de fazê-lo morrer. – E diziam: Não é preciso que seja durante a festa, de modo que se excite algum tumulto entre o povo. (São Mateus, cap. XXVI, v. 1 a 5).

9. – No mesmo dia, alguns dos fariseus vieram lhe dizer: Ide daqui, saí deste lugar, porque Herodes quer vos fazer morrer. – Ele lhes respondeu: Ide dizer a essa raposa: Tenho ainda que expulsar os demônios, e dar saúde aos enfermos, hoje e amanhã, e no terceiro dia serei consumido pela minha morte. (São Lucas, cap. XIII, v. 31, 32).

Perseguição aos apóstolos

10. – Guardai-vos dos homens, porquanto eles vos farão comparecer em suas assembleias, e vos farão açoitar em suas sinagogas; e sereis apresentados, por minha causa, aos governantes e aos reis, para lhes servir de testemunho, bem como às nações. (São Mateus, cap. X, v. 17, 18).

11. – Eles vos expulsarão das sinagogas; e o tempo vem em que, quem vos fizer morrer, crerá fazer uma coisa agradável a Deus. – Tratar-vos--ão desse modo, porque não conhecem nem a meu Pai nem a mim. – Ora, eu vos digo estas coisas a fim de que, quando o tempo houver chegado, vos lembreis de que eu vo-las disse. (São João, cap. XVI, v. 1 a 4).

12. – Sereis traídos e entregues aos magistrados pelos vossos pais e vossas mães, pelos vossos irmãos, pelos vossos parentes, pelos vossos amigos, e farão morrer vários dentre vós; – e sereis odiados por todo o mundo

Predições do Evangelho 277

por causa de meu nome. – Entretanto, não se perderá um só cabelo da vossa cabeça. – Porque é pela vossa paciência que possuireis as vossas almas. (São Lucas, cap. XXI, v. 16 a 19).

13. *– (Martírio de São Pedro). – Em verdade, em verdade, vos digo, quando éreis mais jovens, vos cingíeis a vós mesmos e íeis onde queríeis; mas, quando fordes velhos, estendereis as vossas mãos, e um outro vos cingirá e vos conduzirá onde não quereríeis ir. – Ora, dizia isto para marcar por que morte ele deveria glorificar a Deus. (São João, cap. XXI, v. 18, 19).*

Cidades impenitentes

14. *– Começou então ele a fazer censura às cidades nas quais fizera muitos milagres, por elas não terem feito penitência.*

Ai de ti, Corazim, ai de ti, Betsaida, porque se os milagres que fiz em vosso meio houvessem sido feitos em Tiro e em Sidom, há muito tempo elas teriam feito penitência no saco e na cinza. – Por isso eu vos declaro que, no dia do juízo, Tiro e Sidom serão tratadas menos rigorosamente do que vós.

E tu, Cafarnaum, elevar-te-ás sempre até o céu? Serás abaixada até o fundo do inferno, porque, se os milagres que foram feitos no meio de ti houvessem sido feitos em Sodoma, ela talvez subsistisse ainda hoje. – Por isso eu te declaro que, no dia do julgamento, o país de Sodoma será tratado menos rigorosamente do que tu. (São Mateus, cap. XI, v. de 20 a 24).

Ruína do Templo e de Jerusalém

15. *– Quando Jesus saiu do Templo para ir-se embora, seus discípulos se aproximaram dele para lhe fazerem notar a estrutura e a grandeza desse edifício. – Mas ele lhes disse: Vedes vós todos estes edifícios? Eu vo-lo digo, em verdade, eles serão de tal modo destruídos, que não lhes restará pedra sobre pedra. (São Mateus, cap. XXIV, v. 1, 2).*

16. *– Tendo em seguida chegado próximo a Jerusalém, e olhado a cidade, ele chorou sobre ela dizendo: – Ah! Se tu reconhecesses, ao menos neste dia, que te é ainda dado, o que pode te proporcionar a paz! Mas agora tudo isso está oculto aos teus olhos. – Também virá um tempo, infeliz para ti, em que os teus inimigos te cercarão de trincheiras, te envolverão e e oprimirão de todas as partes; – derrubar-te-ão por terra, a ti e aos teus filhos que estiverem no meio de ti, e não te deixarão pedra sobre pedra, porque não conheceste o tempo em que Deus te visitou. (São Lucas, cap. XIX, v. de 41 a 44).*

278   *Capítulo 17*

17. – *Entretanto, é necessário que eu continue a caminhar, hoje e amanhã, e no dia seguinte, porque não é preciso que um profeta sofra a morte alhures senão em Jerusalém.*

Jerusalém, Jerusalém, que matas os profetas e que lapidas aqueles que são enviados para ti, quantas vezes quis reunir teus filhos, como uma galinha junta seus pintainhos sob as suas asas, e tu não quiseste. – *O tempo se aproxima em que a vossa casa ficará deserta. Ora, eu vos digo, em verdade, que não me vereis mais, doravante, até quando disserdes: Bendito seja aquele que vem em nome do Senhor. (São Lucas, cap. XIII, v.33, 34, 35).*

18. – *Quando virdes um exército cercar Jerusalém, sabei que a sua desolação está próxima.* – *Então, que aqueles que estiverem na Judeia fujam sobre as montanhas; que aqueles que se encontrarem no meio dela se retirem, e que aqueles que estiverem na região em torno, nela não entrem.* – *Porque esses serão, então, os dias da vingança; a fim de que tudo o que está nas Escrituras seja cumprido.* – *Infelizes daquelas que estiverem grávidas ou amamentando naqueles dias, porque este país será oprimido pelos males, e a cólera do céu cairá sobre este povo.* – *Passarão pelo fio da espada; serão levados cativos em todas as nações, e Jerusalém será calcada aos pés pelos gentios, até que o tempo das nações esteja cumprido. (São Lucas, cap. XXI, v. de 20 a 24).*

19. – (Jesus caminhando para o suplício). *Ora, ele era seguido por uma grande multidão de povo e de mulheres, que batiam no peito e que choravam.* – *Mas Jesus, virando-se, disse-lhes: Filhas de Jerusalém, não choreis sobre mim, mas chorai sobre vós mesmas e sobre os vossos filhos; – porquanto virá um tempo no qual se dirá: Felizes as estéreis e as entranhas que não deram filhos e os seios que não alimentaram.* – *Começarão, então, a dizer às montanhas: Tombai sobre nós! E às colinas: Cobri-nos!* – *Porque, se tratam dessa maneira a lenha verde, como a lenha seca será tratada? (São Lucas cap. XXIII, v. de 27 a 31).*

20. – A faculdade de pressentir as coisas futuras é um dos atributo da alma e se explica pela teoria da presciência. Jesus a possuía, como toda as outras, em um grau eminente. Pôde, pois, prever os acontecimentos qu se seguiriam à sua morte, sem que haja neste fato nada de sobrenatural, um vez que é visto reproduzir-se sob os nossos olhos nas condições mais vulgares Não é raro que indivíduos anunciem, com precisão, o instante de sua morte é que a sua alma, no estado de desligamento, é como o homem da montanh (cap. XVI, nº 1º); ela abarca o caminho a percorrer e lhe vê o fim.

21. Tanto melhor deveria ser assim com Jesus, que, tendo consciência da missão que vinha cumprir, sabia que a morte pelo suplício era-lhe consequência necessária. A visão espiritual, permanente nele, assim com

edições do Evangelho 279

penetração do pensamento, deviam mostrar-lhe as circunstâncias da hora
tal. Pela mesma razão, ele podia prever a ruína do Templo, a de Jerusalém,
infelicidades que atingiriam os seus habitantes e a dispersão dos Judeus.

Maldição aos fariseus

22. – *(João Batista). Vendo vários dos fariseus e dos saduceus que
nham ao seu batismo, ele lhes disse: Raça de víboras, quem vos ensinou
fugir da cólera que deve cair sobre vós? – Fazei, pois, dignos frutos de pe-
tência; e não penseis em vos dizer: Nós temos Abraão por pai; ora, eu vos
claro que Deus pode fazer nascer, mesmo destas pedras, filhos a Abraão;
porque o machado está posto à raiz das árvores; toda árvore, pois, que não
oduz bons frutos será cortada e lançada ao fogo. (São Mateus, cap. III, v.
7 a 10).*

23. – *Ai de vós, escribas e fariseus hipócritas, porque fechais aos ho-
ens o reino dos céus; porque vós mesmos nele não entrareis, e vos opondes
nda àquele que deseja nele entrar!*

*Ai de vós, escribas e fariseus hipócritas, porque, sob o pretexto de
ngas preces, devorais as casas das viúvas; por isso é que recebereis um
lgamento mais rigoroso!*

*Ai de vós, escribas e fariseus hipócritas, porque percorreis o mar e a
rra para fazer um prosélito, e depois que se tornou, o tornais duas vezes
ais digno do inferno do que vós!*

*Ai de vós, condutores cegos, que dizeis: Se um homem jura pelo tem-
o, isso não é nada; mas quem jura pelo ouro do templo está obrigado ao
u juramento! – Insensatos e cegos que sois! O que se deve estimar mais, ou
ouro ou o templo que santifica o ouro? – E se um homem, dizeis, jura pelo
tar, isso não é nada; mas quem jura pelo dom que está sobre o altar, está
rigado ao seu juramento. – Cegos que sois! O que se deve estimar mais, ou
dom, ou o altar que santifica o dom?*

*– Aquele, pois, que jura pelo altar, jura pelo altar e por tudo o que
tá acima – e quem jure pelo templo, jura pelo templo e por aquele que o
bita – e aquele que jura pelo céu, jura pelo trono de Deus e por aquele que
le está sentado.*

*Ai de vós, escribas e fariseus hipócritas, que pagais o dízimo da men-
, do funcho e do cominho, e que abandonastes o que há de mais importan-
na lei, a saber: a justiça, a misericórdia e a fé! Aí estão as coisas que era
eciso praticar, sem, entretanto, omitir as outras. – Condutores cegos, que*

280 Capítulo 17

tendes grande cuidado em absterser do que bebeis, de medo de engolir um mosquito, e que engolis um camelo!

Ai de vós, escribas e fariseus hipócritas, porque limpais o exterior do copo e do prato, e estais por dentro cheios de rapina e de impureza! – Fariseus cegos! Limpai primeiro o interior do copo e do prato, a fim de que também o exterior esteja limpo.

Ai de vós, escribas e fariseus hipócritas, porque sois semelhantes a sepulcros pintados de branco que, por fora, parecem belos aos olhos dos homens, mas que, por dentro, estão cheios de ossadas de mortos e de toda espécie de podridão! – Assim, por fora, pareceis justos, mas, por dentro, sois cheios de hipocrisia e de iniquidade.

Ai de vós, escribas e fariseus, que construís túmulos aos profetas e ornais os monumentos dos justos – e que dizeis: Se estivéssemos no tempo de nossos pais, não nos juntaríamos a eles para derramar o sangue dos profetas! – Acabais, pois, também de encher a medida de vossos pais. – Serpentes, raça de víboras, como podereis evitar serem condenados ao inferno? – Por isso vou vos enviar profetas, sábios e escribas, e matareis uns, crucificareis os outros, chicoteareis os outros em vossas sinagogas, e os perseguireis de cidade em cidade; – a fim de que todo o sangue inocente que foi derramado sobre a Terra recaia sobre vós, desde o sangue de Abel, o justo, até o sangue de Zacarias, filho de Baraquias, que matastes entre o templo e o altar! – Eu vos digo, em verdade, tudo isso virá fundir sobre esta raça que está hoje. (São Mateus, cap. XXIII, v. de 13 a 36).

Minhas palavras não passarão

24. *– Então, os seus discípulos, dele se aproximando, disseram-lhe: Sabeis bem que os fariseus, tendo ouvido o que acabais de dizer, com isso se escandalizaram? – Mas ele respondeu:* Toda planta que meu Pai celestial não plantou será arrancada. *– Deixai-os; são cegos que conduzem cegos; se um cego conduz a um outro, eles caem, ambos, na fossa. (São Mateus, cap. XV, v. 12, 13, 14).*

25. *– O céu e a Terra passarão, mas as minhas palavras não passarão. (São Mateus, cap. XXIV, v. 35).*

26. – As palavras de Jesus não passarão porque serão verdadeiras em todos os tempos; o seu código moral será eterno, porque encerra as condições do bem, que conduz o homem à sua destinação eterna. Mas as suas palavras chegaram até nós puras de toda mistura e de falsas interpretações? Todas as seitas cristãs compreenderam-lhe o espírito? Nenhuma

Predições do Evangelho 281

deturpou-lhe o verdadeiro sentido, em consequência dos preconceitos e da ignorância das leis da Natureza? Nenhuma fez delas um instrumento de dominação para servir à ambição e aos interesses materiais, um degrau, não para se elevar ao céu, mas para se elevar sobre a Terra? Todas se propuseram, por regra de conduta, a prática das virtudes das quais Jesus fez a condição expressa da salvação? Todas elas estão isentas das censuras que ele dirigia aos fariseus de seu tempo? Todas, enfim, na teoria como na prática, são a expressão pura de sua doutrina?

A verdade, sendo una, não pode se encontrar em afirmações contrárias, e Jesus não pôde querer dar um duplo sentido às suas palavras. Se, pois, as diferentes seitas se contradizem, se umas consideram como verdadeiro o que outras consideram como heresias, é impossível que estejam todas na verdade. Se todas houvessem tomado o verdadeiro sentido do ensinamento evangélico, teriam se reencontrado sobre o mesmo terreno, e não haveria seitas.

O que *não passará*, é o verdadeiro sentido das palavras de Jesus; o que *passará*, é o que os homens estabeleceram sobre o sentido falso que deram a essas mesmas palavras.

Tendo Jesus a missão de trazer aos homens o pensamento de Deus, só a sua doutrina *pura* pode ser a expressão desse pensamento; foi por isso que disse: *Toda planta que o meu Pai celestial não plantou será arrancada.*

A pedra angular

27. – *Jamais lestes esta palavra nas Escrituras: A pedra que foi rejeitada por aqueles que construíam, tornou-se a principal pedra do ângulo? É que o Senhor fez, e os nossos olhos veem com admiração.* – *É porque vos declaro que o reino de Deus vos será tirado, e será dado a um povo que nele produzirá frutos.* – *Aquele que se deixar cair sobre essa pedra, nela se quebrará, e ela esmagará aquele sobre quem tombar.*

Os príncipes dos sacerdotes e os fariseus, tendo ouvido essas palavras de Jesus, entenderam que era deles que falava; e, querendo se apoderar dele, temeram o povo, porque o olhavam como um profeta. (São Mateus, cap. XI, v. de 42 a 46).

28. – A palavra de Jesus tornou-se a pedra angular, quer dizer, a pedra de consolidação do novo edifício da fé, erguido sobre as ruínas do antigo; os Judeus, os príncipes dos sacerdotes e os fariseus, tendo rejeitado essa palavra, ela os derrotou, como derrotará aqueles que, depois, a desconheceram, ou que lhe desnaturaram o sentido em proveito de sua ambição.

Parábola dos vinhateiros homicidas

29. – *Houve um pai de família que, tendo plantado uma vinha, cercou-a com uma sebe; e cavando na terra, ali construiu uma torre; depois, arrendando-a a vinhateiros, dali se foi para uma região distante.*

Ora, estando próximo o tempo dos frutos, ele enviou os seus servidores aos vinhateiros, para recolher os frutos de sua vinha. – Mas os vinhateiros, tendo se apoderado de seus servidores, atacaram um, mataram o outro e lapidaram um outro. – Ele lhes enviou ainda outros servidores, em maior número do que os primeiros, e os trataram do mesmo modo. – Enfim, ele lhes enviou o seu próprio filho, dizendo consigo mesmo: Eles terão algum respeito com o meu filho. – Mas os vinhateiros, vendo o filho, disseram entre si: Eis o herdeiro; vinde, matemo-lo, e nós seremos os senhores de sua herança. – Assim, tendo se apoderado dele, lançaram-no fora da vinha e o mataram.

Quando, pois, o senhor da vinha vier, como tratará esses vinhateiros? – Responderam-lhe: Fará perecer miseravelmente esses maus e arrendará a sua vinha a outros vinhateiros, que lhe entregarão os frutos em sua época. (São Mateus, cap. XXI, v. de 33 a 41).

30. – O pai de família é Deus; a vinha que plantou é a lei que estabeleceu; os vinhateiros aos quais arrendou a sua vinha são os homens que devem ensinar e praticar a sua lei; os servidores que enviou para eles são os profetas que fizeram perecer; seu filho, que enviou, enfim, é Jesus, que fizeram perecer do mesmo modo. Como, pois, o Senhor tratará seus mandatários prevaricadores de sua lei? Tratá-los-á como trataram os enviados, e chamará outros que lhe darão melhor conta de seus bens e da condução de seu rebanho.

Assim foi com os escribas, com os príncipes dos sacerdotes e com os fariseus; assim será quando vier de novo pedir contas, a cada um, do que fez de sua doutrina; tirará a autoridade de quem dela tiver abusado, porque ele quer que o seu campo seja administrado segundo a sua vontade.

Depois de dezoito séculos, a Humanidade, chegada à idade viril, está madura para compreender o que o Cristo não fez senão aflorar, porque como ele mesmo o disse, não seria compreendido. Ora, a qual resultado chegaram aqueles que, durante esse longo período, ficaram encarregados de sua educação religiosa? A ver a indiferença suceder à fé, e a incredulidade se erigir em doutrina. Em nenhuma outra época, com efeito, o ceticismo e o espírito de negação estiveram mais difundidos em todas as classes da sociedade.

Mas, se algumas das palavras do Cristo estão veladas sob a alegoria

Predições do Evangelho   283

por tudo o que concerne à regra de conduta, as relações de homem para homem, os princípios de moral dos quais fez a condição expressa da salvação, estão claros, explícitos e sem ambiguidade. (*O Evangelho Segundo o Espiritismo,* cap. XV).

O que se fez de suas máximas de caridade, de amor e de tolerância; das recomendações que fez, aos seus apóstolos, de converter os homens pela *doçura e a persuasão;* da simplicidade, da humildade, do desinteresse de todas as virtudes das quais ele deu o exemplo? Em seu nome, os homens reciprocamente lançaram-se o anátema e a maldição; massacraram-se em nome daquele que disse: Todos os homens são irmãos. Fez-se um Deus ciumento, vingativo e parcial daquele que ele proclamou infinitamente justo, bom e misericordioso; foram sacrificadas, a esse Deus de paz e de verdade, mais de milhares de vítimas sobre as fogueiras, pelas torturas e as perseguições, o que jamais sacrificaram os pagãos pelos falsos deuses; venderam-se as preces e os favores do céu em nome daquele que expulsou os vendilhões do templo, e que disse aos seus discípulos: Dai gratuitamente o que recebestes gratuitamente.

Que diria o Cristo se vivesse hoje entre nós? Se visse os seus representantes ambicionarem as honras, as riquezas, o poder e o fausto dos príncipes do mundo, ao passo que ele, mais rei do que os reis da Terra, fez a sua entrada em Jerusalém montado em um asno? Não estaria no direito de dizer-lhes: Que fizestes de meus ensinamentos, vós que incensais o bezerro de ouro, que fazeis, em vossas preces, uma grande para os ricos e uma magra para os pobres, quando eu vos disse: Os primeiros serão os últimos e os últimos serão os primeiros no reino dos céus? Mas se aqui não está carnalmente, ele o está em Espírito e, como o senhor da parábola, virá pedir contas aos seus vinhateiros do produto de sua vinha, quando o tempo da colheita houver chegado.

Um só rebanho e um só pastor

31. – *Tenho ainda outras ovelhas que não são deste aprisco; é necessário também que eu as conduza; elas escutarão a minha voz, e não haverá senão um rebanho e um pastor. (São João, cap. X, v. 16).*

32. – Por estas palavras, Jesus anuncia claramente que, um dia, os homens se reunirão numa crença única; mas como essa unificação poderia se fazer? A coisa parece difícil, se se consideram as diferenças que existem entre as religiões, o antagonismo que elas mantêm entre os seus adeptos respectivos, a sua obstinação em se crerem na posse exclusiva da verdade.

284   Capítulo 17

Todas querem muito a unidade, mas todas se iludem de que ela se fará em seu proveito, e nenhuma entende fazer concessão em suas crenças.

Entretanto, a unidade se fará em religião como tende a se fazer socialmente, politicamente, comercialmente, pelo rebaixamento das barreiras que separam os povos, pela assimilação dos costumes, dos usos, da linguagem; os povos do mundo inteiro já se confraternizam, como os das províncias de um mesmo império; pressente-se esta unidade, ela é desejada. E se fará pela força das coisas, porque ela se tornará uma necessidade para estreitar os laços de fraternidade entre as nações; ela se fará pelo desenvolvimento da razão humana, que fará compreender a puerilidade dessas dissidências; pelos progressos das ciências que demonstram, cada dia, os erros materiais sobre os quais elas se apoiam, e destaca pouco a pouco as pedras carcomidas de seus assentamentos. Se a ciência demole, nas religiões, o que é a obra dos homens e o fruto de sua ignorância das leis da Natureza, ela não pode destruir, apesar da opinião de alguns, o que é a obra de Deus e a eterna verdade; desobstruindo os acessórios, ela prepara os caminhos da unidade.

Para chegarem à unidade, as religiões deverão se reencontrar sobre um terreno neutro, entretanto, comum a todas; por isso, todas terão que fazer concessões e sacrifícios mais ou menos grandes, segundo a multiplicidade de seus dogmas particulares. Mas, em virtude do princípio de imutabilidade que todas professam, a iniciativa das concessões não poderia vir do campo oficial; em lugar de tomar o seu ponto de partida de cima, c tomarão de baixo pela iniciativa individual. Desde algum tempo, opera-se um movimento de descentralização que tende a adquirir uma força irresistível. O princípio de imutabilidade, que as religiões consideraram, até aqui como uma égide conservadora, se tornará um elemento destruidor, tendo em vista que os cultos se imobilizando, ao passo que a sociedade caminha para a frente, eles serão ultrapassados, depois absorvidos na corrente da ideias progressistas.

A imobilidade, em lugar de ser uma força, torna-se uma causa de fraqueza e de ruína para quem não segue o movimento geral; ela rompe unidade, porque aqueles que querem ir adiante se separam daqueles que se obstinam em permanecer para trás.

No estado atual da opinião e dos conhecimentos, a religião que deverá unir um dia todos os homens, sob uma mesma bandeira, será a que satisfaça melhor a razão e as legítimas aspirações do coração e do espírito que não será, sobre nenhum ponto, desmentida pela ciência positiva; que em lugar de se imobilizar, seguirá a Humanidade em sua marcha progressiva, sem jamais se deixar ultrapassar; que não será nem exclusiva nem

Predições do Evangelho 285

intolerante; que será a emancipadora da inteligência, não admitindo senão a fé raciocinada; aquela cujo código de moral será o mais puro, o mais racional, o mais em harmonia com as necessidades sociais, o mais próprio, enfim, para fundar sobre a Terra o reino do bem, pela prática da caridade e da fraternidade universais.

O que mantém o antagonismo entre as religiões é a ideia que elas têm, cada uma, o seu deus particular, e a sua pretensão de ter o único verdadeiro, e o mais poderoso, que está em hostilidade constante com os deuses de outros cultos, e ocupado em combater a sua influência. Quando estiverem convencidas de que não há senão um Deus no Universo e que, em definitivo, é o mesmo que adoram sob o nome de *Jeová, Allá* ou *Deus;* que estiverem de acordo sobre os seus atributos essenciais, compreenderão que um Ser único não pode ter senão uma única vontade; elas se estenderão as mãos como os servidores de um mesmo Senhor e os filhos de um mesmo Pai, e terão dado um grande passo para a unidade.

Advento de Elias

33. – *Então, seus discípulos lhe perguntaram: Por que, pois, os escribas dizem que é necessário que Elias venha antes? – Mas Jesus lhes respondeu: É verdade que Elias deve vir e que restabelecerá todas as coisas.*

Mas eu vos declaro que Elias já veio, e não o conheceram, mas o trataram como quiseram. É assim que farão morrer o Filho do homem.

Então, seus discípulos compreenderam que era de João Batista que le lhes falara. (São Mateus, cap. XVII, v. 10 a 13).

34. – Elias já retornara na pessoa de João Batista. Seu novo advento anunciado de maneira explícita; ora, como não pode retornar senão num orpo novo, é a consagração formal do princípio da pluralidade das existências. (*O Evangelho segundo o Espiritismo*, cap. IV, v. 10).

Anunciação do Consolador

35. – *Se vós me amais, guardai os meus mandamentos – e pedirei meu Pai, e ele vos enviará um outro Consolador, a fim de que permaneça ernamente convosco: – O Espírito de Verdade, que este mundo não pode ceber, porque não o vê; mas por vós, o conhecereis, porque permanecerá nvosco, e estará em vós. – Mas o Consolador, que é o Espírito Santo que eu Pai enviará em meu nome, vos ensinará todas as coisas, e vos fará se* lembrar de tudo o que vos disse. *(São João, cap. XIV, v. 15, 16, 17, 26. – O Evangelho Segundo o Espiritismo, cap. VI).*

36. – *Entretanto, eu vos digo a verdade: Ser-vos-á útil que eu me vá; porque se eu não for, o Consolador não virá a vós; mas eu me vou e vo-lo enviarei – e ele, quando vier, convencerá o mundo quanto ao pecado, quanto à justiça e quanto ao julgamento: – quanto ao pecado porque não creram em mim; – quanto à justiça, porque vou para o meu Pai e não me vereis mais; quanto ao julgamento, porque o príncipe deste mundo já está julgado.*

Tenho ainda muitas coisas a vos dizer, mas não as podeis suportar presentemente.

Quando esse Espírito de Verdade vier, vos ensinará toda a verdade, *porque não falará de si mesmo, mas dirá tudo o que ouviu, e vos anunciará as coisas vindouras.*

Ele me glorificará, porque receberá do que é meu, e vo-lo anunciará. (São João, cap. XVI, v. 7 a 14).

37. – Esta predição, sem contradita, é uma das mais importantes do ponto de vista religioso, porque constata, da maneira menos equivocada, que *Jesus não disse tudo o que tinha a dizer,* porque não seria compreendido, mesmo pelos seus apóstolos, uma vez que era a eles que se dirigia. Se lhes tivesse dado instruções secretas, delas faria menção no Evangelho. Desde que não disse tudo aos seus apóstolos, os seus sucessores não poderiam saber mais do que eles; portanto, puderam se equivocar sobre o sentido de suas palavras, dar uma falsa interpretação aos seus pensamentos, frequentemente velados sob a forma de parábolas. As religiões fundadas sobre o Evangelho não podem, pois, se dizer na posse de toda a verdade, uma vez que ele reservou para si completar ulteriormente as suas instruções. Seu princípio de imutabilidade é um desmentido dado às próprias palavras de Jesus.

Anuncia ele, sob o nome de *Consolador* e de *Espírito de Verdade,* aquele que deve *ensinar todas as coisas* e fazer *lembrar* o que disse: portanto, o seu ensino não estava completo; além do mais, prevê que se esquecerá o que ele disse, e que se o será desnaturado, uma vez que o Espírito de Verdade deve fazer *lembrar* e, de acordo com Elias, *restabelecer todas as coisas,* quer dizer, segundo o verdadeiro pensamento de Jesus.

38. – Quando deverá vir esse novo revelador? É muito evidente que se na época em que Jesus falava, os homens não estavam no estado de com preender as coisas que lhe restavam a dizer, não seria em alguns anos que poderiam adquirir as luzes necessárias. Para a inteligência de certas parte

Predições do Evangelho 287

do Evangelho, com exceção dos preceitos de moral, eram necessários conhecimentos que só o progresso da ciência poderia dar, e que deveriam ser a obra do tempo e de várias gerações. Se, pois, o novo Messias tivesse vindo pouco tempo depois do Cristo, teria encontrado o terreno também pouco propício, e não faria mais do que ele. Ora, desde o Cristo até os nossos dias, não se produziu nenhuma grande revelação que haja completado o Evangelho e que haja elucidado as suas partes obscuras, indício certo de que o Enviado ainda não aparecera.

39. – Qual deve ser esse Enviado? Jesus dizendo: "Eu pedirei a meu Pai, e ele vos enviará um outro Consolador", indica claramente que não é ele mesmo, de outro modo teria dito: "Eu retornarei para completar o que vos ensinei." Depois, acrescentou: *A fim de que permaneça eternamente convosco, e esteja em vós.* Isto não se poderia entender de uma individualidade encarnada que não pode permanecer eternamente conosco, e ainda menos estar em nós, mas se compreende muito bem de uma doutrina, a qual, com efeito, quando assimilada, pode estar eternamente conosco. O *Consolador* é, pois, no pensamento de Jesus, a personificação de uma doutrina soberanamente consoladora, cujo inspirador deve ser o *Espírito de Verdade.*

40. – O *Espiritismo* realiza, como isso foi demonstrado (Cap. I, nº 30), todas as condições do *Consolador* prometido por Jesus. Não é uma doutrina individual, uma concepção humana; ninguém pode dizer-se seu criador. É o produto do ensino coletivo dos Espíritos, ao qual preside o Espírito de Verdade. Ele não suprime nada do Evangelho: completa-o e o elucida; com a ajuda das novas leis que revela, unidas às da ciência, faz compreender o que era ininteligível, admitir a possibilidade daquilo que a incredulidade olhava como inadmissível. Ele teve seus precursores e seus profetas, que pressentiram a sua vinda. Pelo seu poder moralizador, prepara o reino do bem sobre a Terra.

A doutrina de Moisés, incompleta, permaneceu circunscrita ao povo judeu; a de Jesus, mais completa, difundiu-se sobre toda a Terra pelo cristianismo, mas não converteu todo o mundo; o Espiritismo, mais completo ainda, tendo raízes em todas as crenças, converterá a Humanidade (1).

41. – Jesus, dizendo aos seus apóstolos: "Um outro virá mais tarde, que vos ensinará o que não posso vos dizer agora", proclamava, por isso

---

(1) Todas as doutrinas filosóficas e religiosas levam o nome da individualidade fundadora: diz-se: O Mosaísmo, o Cristianismo, o Maometismo, o Budismo, o Cartesianismo; o Fourierismo, o São-Simonismo, etc. A palavra *Espiritismo,* ao contrário, não lembra nenhuma personalidade; encerra uma ideia geral, que indica ao mesmo tempo o caráter e a fonte múltipla da Doutrina.

288　　　　　　　　　　　　　　　　　　　　　　　　　　*Capítulo 17*

mesmo, a necessidade da reencarnação. Como esses homens poderiam aproveitar o ensino mais completo que deveria ser dado ulteriormente; como estariam mais aptos para compreendê-lo, se não devessem reviver? Jesus teria dito uma inconsequência se os homens futuros devessem, segundo a doutrina vulgar, ser homens novos, almas saídas do nada no seu nascimento. Admiti, ao contrário, que os apóstolos e os homens de seu tempo viveram depois; *que reviverão ainda hoje,* a promessa de Jesus se acha justificada; a sua inteligência, que deve ter-se desenvolvido ao contato do progresso social, pode suportar agora o que não poderia suportar então. Sem a reencarnação, a promessa de Jesus teria sido ilusória.

42. – Se se dissesse que essa promessa realizou-se no dia do Pentecostes, pela descida do Santo-Espírito, responder-se-ia que o Espírito Santo os inspirou, que pôde abrir a sua inteligência, desenvolver neles as aptidões medianímicas que deveriam facilitar a sua missão, mas que nada lhes ensinou a mais do que Jesus havia ensinado, porque não se encontra nenhum traço de ensino especial. O Espírito Santo, pois, não realizou o que Jesus anunciara, do Consolador: de outro modo, os apóstolos teriam elucidado, desde quando vivos, tudo o que permaneceu obscuro no Evangelho até este dia, e cuja interpretação contraditória deu lugar às inumeráveis seitas que dividiram o Cristianismo desde os primeiros séculos.

Segundo advento do Cristo

43. – *Disse então Jesus aos seus discípulos: Se alguém quer vir após mim, que renuncie a si mesmo, se carregue com sua cruz, e que me siga; – porque aquele que quer salvar a sua vida a perderá e aquele que perder a sua vida por amor a mim a reencontrará.*

E que serviria a um homem ganhar todo o mundo, e perder a sua alma? Ou por qual troca o homem poderia resgatar a sua alma, depois que a tivesse perdido? – Porque o Filho do homem deve vir na glória de seu Pai com os seus anjos, e então dará a cada um segundo as suas obras.

Eu vos digo, em verdade, há alguns daqueles que estão aqui que não experimentarão a morte se não tiverem visto o Filho do homem vir em seu reino. (São Mateus, Cap. XVI, v. de 24 a 28).

44. – *Então, o grande sacerdote, levantando-se no meio da assembleia, interrogou Jesus e disse-lhe: Nada me respondeis quanto ao que estes depõem contra vós? – Mas Jesus permaneceu no silêncio e nada respondeu. O grande sacerdote interrogou-o ainda e lhe disse: Sois o Cristo, o Filho de Deus bendito para sempre? – Jesus lhe respondeu: Eu o sou, e vereis um dia*

Predições do Evangelho 289

o Filho do homem sentado à direita da majestade de Deus, e vindo sobre as nuvens do céu.

Logo o grande sacerdote, rasgando as suas vestes, disse-lhe: Para que temos mais necessidade de testemunhos? (São Marcos, cap. XIV, v. de 60 a 63).

45. – Jesus anuncia o seu segundo advento, mas não disse que retornará sobre a Terra com um corpo carnal, nem que o *Consolador* será personificado nele. Apresenta-se como devendo vir em Espírito, na glória de seu Pai, julgar o mérito e o demérito, e dar a cada um segundo as suas obras, quando os tempos forem cumpridos.

Esta promessa verbal: "Há alguns daqueles que estão aqui que não experimentarão a morte enquanto não virem o Filho do homem vir em seu reino," parece uma contradição, uma vez que é certo que não veio durante a vida de nenhum daqueles que estavam presentes. Jesus, entretanto, não poderia se enganar numa previsão dessa natureza, e sobretudo por uma coisa contemporânea que lhe concernia pessoalmente; seria necessário primeiro perguntar se essas palavras foram sempre bem fielmente expressadas. Pode-se disso duvidar, pensando-se que ele nada escreveu; que elas não foram reunidas senão depois de sua morte; e, quando se vê o mesmo discurso quase sempre reproduzido em termos diferentes em cada evangelista, é uma prova evidente de que não são as expressões textuais de Jesus. Além disso, é provável que o sentido, algumas vezes, deve ter sido alterado, passando por traduções sucessivas.

Por outro lado, é certo que, se Jesus houvesse dito tudo o que poderia dizer, teria se exprimido sobre todas as coisas de maneira límpida e precisa, que não daria lugar a nenhum equívoco, como o fez para os princípios de moral, ao passo que deve ter velado seu pensamento sobre os assuntos que não julgou oportuno aprofundar. Os apóstolos, persuadidos de que a geração presente deveria ser testemunha do que ele anunciava, devem ter interpretado o pensamento de Jesus segundo a sua ideia; puderam, por conseguinte, redigi-la no sentido do presente de maneira mais absoluta que talvez não o fizesse ele mesmo. Qualquer que ela seja, o fato está aí, provando que as coisas não ocorreram assim como acreditaram.

46. – Um ponto capital que Jesus não pôde desenvolver, porque os homens de seu tempo não estavam suficientemente preparados para essa ordem de ideias e para as suas consequências, mas do qual, entretanto, colocou o princípio, como o fez para todas as coisas, é a grande e importante lei da reencarnação. Esta lei, estudada e colocada à luz dos nossos dias pelo Espiritismo, é a chave de muitas passagens do Evangelho que, sem ela, parecem um contrassenso.

É nesta lei que se pode encontrar a explicação racional das palavras acima, admitindo-as como textuais. Uma vez que não pode aplicar à pessoa dos apóstolos, é evidente que elas se reportam ao reino futuro do Cristo, quer dizer, ao tempo em que a sua doutrina, melhor compreendida, será a lei universal. Em lhes dizendo que *alguns daqueles que estão presentes* verão o seu advento, isso não poderia se entender senão no sentido de que ele reviveria nesta época. Mas os Judeus pensavam que iriam ver tudo o que Jesus anunciava, e tomavam as suas alegorias pela letra.

De resto, algumas de suas predições se cumpriram em seu tempo, tais como a ruína de Jerusalém, as infelicidades que disso foram a consequência, e a dispersão dos Judeus; mas Jesus leva a sua visão mais longe e, falando do presente, faz constantemente alusão ao futuro.

Sinais precursores

47. – *Ouvireis falar também de guerras e de barulho de guerras; mas guardai-vos bem de vos perturbar, porque é necessário que as coisas ocorram; mas isso não será ainda o fim, – porque se verá levantar-se povo contra povo e reino contra reino; e haverá pestes, fome e tremores de terras em diversos lugares – e todas essas coisas não serão senão o começo das dores. (São Mateus, cap. XXIV, v. 6, 7, 8).*

48. – *Então o irmão entregará o irmão à morte, e o pai o filho; os filhos se levantarão contra os seus pais e as suas mães, e os farão morrer. – E sereis odiados por todo o mundo por causa do meu nome; mas aquele que perseverar até ao fim será salvo. (São Marcos, cap. XIII, v. 12, 13).*

49. – *Quando virdes que a abominação da desolação, que foi predita pelo profeta Daniel, estará no lugar santo (que aquele que lê entenda bem o que lê); – Então, que aqueles que estiverem na Judeia fujam para as montanhas (1); – Que aquele que estiver no alto do telhado dali não desça para carregar qualquer coisa de sua casa; – E aquele que estiver no campo não retorne para pegar suas vestes. – Mas infelizes das mulheres que estiverem grávidas ou amamentando naqueles dias. Orai, pois, a Deus para que a vossa fuga não ocorra durante o inverno e nem no dia de sábado – porquanto a aflição daqueles tempos será tão grande, que nunca houve*

---

(1) Esta expressão: *a abominação da desolação,* não só não tem sentido, mas se presta ao ridículo. A tradução de Ostervald diz: "A abominação *que Causa* a desolação", o que é muito diferente; o sentido, então, torna-se perfeitamente claro, porque se compreende que as *abominações* devem levar à *desolação* como castigo. "Quando, disse Jesus, a abominação virá no lugar santo, a desolação ali virá também, e isso será um sinal de que os tempos estão próximos."

Predições do Evangelho 291

igual desde o começo do mundo até o presente, e como nunca mais haverá. – E, se esses dias não fossem abreviados, nenhum homem seria salvo, mas esses dias serão abreviados em favor dos eleitos. (São Mateus, cap. XXIV, v. 15 a 22).

50. *– Logo depois desses dias de aflição, o Sol se obscurecerá, e a Lua não dará mais a sua luz; as estrelas cairão do céu, e as forças dos céus serão abaladas.*

Então, o sinal do Filho do homem aparecerá no céu, e todos os povos da Terra estarão em prantos e em gemidos; e verão o Filho do homem, que virá sobre as nuvens do céu com uma grande majestade.

E ele enviará seus anjos, que farão ouvir a voz estridente de suas trombetas, e reunirão os seus eleitos dos quatro cantos do mundo, desde uma extremidade do céu até a outra.

Aprendei uma comparação tirada da figueira. Quando os seus ramos já estão tenros, e que brotam as folhas, sabeis que o verão está próximo. – Do mesmo modo, quando virdes todas essas coisas, sabei que o Filho do homem está próximo, e que está como que à porta.

Eu vos digo, em verdade, que esta raça *não passará enquanto todas essas coisas não estiverem cumpridas. (São Mateus, cap. XXIV, v. de 29 a 34).*

E ocorrerá, no advento do Filho do homem, o que ocorreu no tempo de Moisés – porque, como nos últimos tempos antes do dilúvio, os homens comiam e bebiam, casavam-se e casavam seus filhos, até o dia que Noé entrou na arca; – e que não conheceram no momento do dilúvio senão quando ele sobreveio e carregou todo o mundo, e será o mesmo no advento do Filho do homem. (São Mateus, cap. XXIV, v. 37, 38).

51. *– Quanto àquele dia ou àquela hora, ninguém o sabe, nem os anjos que estão nos céus, nem o Filho, mas somente o Pai. (São Marcos, cap. XIII, v. 32).*

52. *– Em verdade, em verdade, vos digo, chorareis e gemereis, e o mundo se alegrará; estareis na tristeza, mas a vossa tristeza mudar-se-á em alegria. – Uma mulher, quando dá à luz, está na dor, porque a sua hora chegou; mas, depois que ela deu à luz a um filho, ela não se lembra mais de todos os seus males, mas a alegria que ela tem por ter colocado um homem no mundo. – Assim é que estais agora na tristeza; mas eu vos verei de novo, e o vosso coração se alegrará, e ninguém arrebatará a vossa alegria. (São João, cap. XVI, v. 20, 21, 22).*

53. *– E se levantarão falsos profetas que seduzirão a muitas pessoas; e porque multiplicará a iniquidade, a caridade de muitos esfriará; – mas*

292   *Capítulo 17*

aquele que perseverar até o fim será salvo. – E este Evangelho do reino será pregado em toda a Terra para servir de testemunho a todas as nações, e será então que o fim chegará. (São Mateus, cap. XXIV, v. de 11 a 14).

54. – Este quadro do fim dos tempos, evidentemente, é uma alegoria, como a maioria daqueles que Jesus apresentava. As imagens que contêm, pela sua energia, são de natureza a impressionar as inteligências ainda rudes. Para impressionar essas imaginações pouco sutis, eram necessárias pinturas vigorosas, de cores decididas. Jesus se dirigia sobretudo ao povo, aos homens menos esclarecidos, incapazes de compreender as abstrações metafísicas e de apreender a delicadeza das formas. Para chegar ao coração, era necessário falar aos olhos com a ajuda de sinais materiais, e aos ouvidos pelo vigor da linguagem.

Por uma consequência natural dessa disposição de espírito, o poder supremo não poderia, segundo a crença de então, manifestar-se senão por coisas extraordinárias, sobrenaturais; quanto mais elas eram impossíveis, melhor eram aceitas como prováveis.

O Filho do homem, vindo sobre as nuvens do céu, com uma grande majestade, cercado de seus anjos e ao som das trombetas, parecia-lhes bem mais imponente do que um ser investido somente de um poder moral. Também os Judeus, que esperavam no Messias um rei da Terra, poderoso entre todos os reis, para colocar a sua nação no primeiro plano, e reconstruir o trono de David e de Salomão, não gostariam de reconhecê-lo no humilde filho de carpinteiro, sem autoridade material.

Entretanto, esse pobre proletário da Judeia tornou-se o grande entre os grandes; conquistou para a sua soberania mais reinos do que os mais poderosos potentados; somente com a sua palavra e alguns miseráveis pescadores, revolucionou o mundo, e é a ele que os Judeus deverão a sua reabilitação. Ele estava, pois, na verdade quando, nesta pergunta de Pilatos: "Sois rei?" ele respondeu: "Vós o dizeis."

55. – Há que se notar, entre os Antigos, os tremores de terra e o obscurecimento do Sol eram os acessórios obrigatórios de todos os acontecimentos e de todos os presságios sinistros; são encontrados na morte de Jesus, na de César e numa multidão de circunstâncias da história do paganismo. Se esses fenômenos tivessem se produzido com tanta frequência quanto são contados, pareceria impossível que os homens deles não tivessem conservado a memória pela tradição. Aqui acrescentam-se as *estrelas que caem do céu,* como para testemunhar às gerações futuras mais esclarecidas que não se trata senão de uma ficção, uma vez que se sabe agora que as estrelas não podem cair.

Predições do Evangelho 293

56. – Entretanto, sob essas alegorias se escondem grandes verdades. Primeiro, é um anúncio das calamidades de todos os gêneros que atingirão a Humanidade e a dizimará; calamidades engendradas pela luta suprema entre o bem e o mal, a fé e a incredulidade, as ideias progressistas e as ideias retrógradas. Em segundo lugar, a da difusão, por toda a Terra, do Evangelho, *restabelecido em sua pureza primitiva;* depois, o reino do bem, que será o da paz e da fraternidade universal, sairá do código de moral evangélica, colocado em prática por todos os povos. Esse será verdadeiramente o reino de Jesus, uma vez que presidirá ao seu estabelecimento, e que os homens viverão sob a égide de sua lei; reino de bondade, porque, disse ele, "depois dos dias de aflição virão os dias de alegria."

57. – Quando se cumprirão essas coisas? "Ninguém o sabe, disse Jesus, *nem mesmo o Filho,"* mas, quando chegar o momento, os homens disso serão advertidos por indícios precursores. Esses indícios não estarão nem no Sol, nem nas estrelas, mas no estado social e nos fenômenos mais morais do que físicos, e que se pode, em parte, deduzir de suas alusões.

É bem certo que essa mudança não poderia se operar durante a vida dos apóstolos, de outro modo Jesus não poderia ignorá-lo, e, aliás, uma tal transformação não poderia se cumprir em alguns anos. Entretanto, ele lhes fala como se devessem disso ser testemunhas; é que, com efeito, eles poderão reviver nessa época e trabalhar eles mesmos para a transformação. Ele ora fala da sorte próxima de Jerusalém, ora ele toma esse fato como ponto de comparação para o futuro.

58. – Está aí o fim do mundo que Jesus anuncia com a sua nova vinda, e quando diz: Quando o Evangelho for pregado por toda a Terra, é então que o fim chegará?

Não é racional supor que Deus destruísse o mundo precisamente no momento em que ele entrasse no caminho do progresso moral pela prática dos ensinos evangélicos; nada, aliás, nas parábolas do Cristo, indica uma destruição universal, que, em tais condições, não estaria justificada.

Devendo a prática geral do Evangelho levar a uma melhora no estado moral dos homens, trará, por isso mesmo, o reino do bem e ocasionará a queda do reino do mal. É, pois, ao fim do *velho mundo,* do mundo governado pelos preconceitos, pelo orgulho, pelo egoísmo, pelo fanatismo, pela incredulidade, pela cupidez e todas as más paixões, que o Cristo faz alusão quando diz: "Quando o Evangelho for pregado por toda a Terra, será então que o fim chegará;" mas esse fim produzirá uma luta, e desta luta é que sairão os males que ele prevê.

Vossos filhos e vossas filhas profetizarão

59. – *Nos últimos tempos, disse o Senhor, eu derramarei de meu Espírito sobre toda a carne; vossos filhos e vossas filhas profetizarão; vossos jovens terão visões, e vossos velhos terão sonhos. – Naqueles dias, eu derramarei de meu Espírito sobre os meus servidores e sobre as minhas servidoras, e eles profetizarão.* (Atos, cap. II, v. 17, 18. – Joel, cap. II, v. 28, 29).

60. – Se se considerar o estado atual do mundo físico e do mundo moral, as tendências, as aspirações, os pressentimentos das massas, a decadência das velhas ideias que se debatem em vão, há um século, contra as ideias novas, não se pode duvidar que uma nova ordem de coisas se prepara, e que o velho mundo chega ao seu fim.

Se, agora, deixando de lado a parte alegórica de certos quadros e analisando o sentido íntimo das palavras de Jesus, compara-se a situação atual com os tempos preditos por ele, como devendo marcar a era da renovação, não se pode deixar de convir que várias de suas predições recebem hoje o seu cumprimento; de onde devemos concluir que atingimos os tempos anunciados, o que confirmam, sobre todos os pontos do globo, os Espíritos que se manifestam.

61. – Assim como se viu (cap. I, nº 32), o advento do Espiritismo, coincidente com outras circunstâncias, realiza uma das mais importantes predições de Jesus, pela influência que deve forçosamente exercer sobre as ideias. Além disso, está claramente anunciado, naquela que é reportada nos Atos dos apóstolos: "Nos últimos tempos, disse o Senhor, eu derramarei de meu Espírito sobre toda a carne; vossos filhos e vossas filhas profetizarão."

É o anúncio inequívoco da vulgarização da mediunidade, que se revela nos nossos dias nos indivíduos de todas as idades, de todos os sexos e de todas as condições, e, por consequência, da manifestação universal dos Espíritos, porque sem os Espíritos não haveria médiuns. Isso, está dito: acontecerá *nos últimos tempos;* ora, uma vez que não atingimos o fim do mundo, mas, ao contrário, a sua regeneração, é necessário entender por essas palavras: os últimos tempos do mundo moral que acaba. (*O Evangelho Segundo o Espiritismo,* cap. XXI).

Julgamento final

62. – *Ora, quando o Filho do homem vier em sua majestade, acompanhado de todos os anjos, sentar-se-á sobre o trono de sua glória; – e todas*

Predições do Evangelho 295

as nações estando reunidas diante dele, separará umas das outras como um pastor separa as ovelhas dos bodes, e colocará as ovelhas à sua direita e os bodes à sua esquerda. – Então, o Rei dirá àqueles que estão à sua direita: Vinde, vós, que fostes bendito por meu Pai, etc. (São Mateus, cap. XXV, v. de 31 a 46. – O Evangelho Segundo o Espiritismo, *cap. XV).*

63. – Devendo o bem reinar sobre a Terra, é necessário que os Espíritos endurecidos no mal, e que poderiam trazer-lhe perturbação, dela sejam excluídos. Deus deixou-lhes o tempo necessário para a sua melhoria; mas, tendo chegado o momento em que o globo deve se elevar na hierarquia dos mundos, pelo progresso moral de seus habitantes, a estada, como Espíritos e como Encarnados, nele será interditada àqueles que não aproveitaram as instruções que estiveram livres para aí receber. Serão exilados em mundos inferiores, como o foram outrora, sobre a Terra, os da raça adâmica, ao passo que serão substituídos por Espíritos melhores. É essa separação, à qual Jesus presidirá, que está figurada por esta palavras do julgamento final: "Os bons passarão à minha direita, e os maus à minha esquerda." (Cap. XI, nº 31 e seguintes).

64. – A doutrina de um julgamento final, único e universal, colocando para sempre fim à Humanidade, repugna à razão, no sentido que ela implicaria a inatividade de Deus durante a eternidade que precedeu à criação da Terra, e a eternidade que seguirá à sua destruição. Pergunta-se de qual utilidade seria, então, o Sol, a Lua e as estrelas, os quais, segundo a Gênese, foram feitos para clarear o nosso mundo. Admira-se que uma obra tão imensa haja sido feita para tão pouco tempo e para proveito de seres cuja maior parte estava devotada antecipadamente aos suplícios eternos.

65. – Materialmente, a ideia de um julgamento único era, até um certo ponto, admissível para aqueles que não procuravam a razão das coisas, então quando se acreditava toda a Humanidade concentrada sobre a Terra, e que tudo, no Universo, fora feito para seus habitantes: ela é inadmissível desde que se sabe que há bilhões de mundos semelhantes que perpetuam as Humanidades durante a eternidade, e entre os quais a Terra é um ponto imperceptível, dos menos considerados.

Só por este fato vê-se que Jesus tinha razão em dizer aos seus discípulos: "Há muitas coisas que não posso vos dizer, porque não as compreenderíeis," uma vez que o progresso das ciências era indispensável para uma sadia interpretação de algumas de suas palavras. Seguramente, os apóstolos, São Paulo e os primeiros discípulos, teriam estabelecido de outro modo certos dogmas se tivessem os conhecimentos astronômicos, geológicos, físicos, químicos, fisiológicos e psicológicos que se possuem hoje. Também

Jesus adiou o complemento de suas instruções e anunciou que todas as coisas deveriam ser restabelecidas.

66. – Moralmente, um julgamento definitivo e sem apelação é inconciliável com a bondade infinita do Criador, que Jesus nos apresenta, sem cessar, como um bom Pai, deixando sempre um caminho aberto ao arrependimento e pronto a estender os seus braços ao filho pródigo. Se Jesus houvesse entendido o julgamento neste sentido, teria desmentido as suas próprias palavras.

E depois, se o julgamento final deve surpreender os homens de improviso, no meio de seus trabalhos comuns e as mulheres grávidas, pergunta-se com qual objetivo Deus, que não faz nada de inútil nem de injusto, faria nascer crianças e *criaria almas novas* nesse momento supremo, no termo fatal da Humanidade, para passá-las por um julgamento ao saírem do seio materno, antes que tivessem consciência de si mesmas, enquanto que outros tiveram milhares de anos para se reconhecerem? De que lado, à direita ou à esquerda, passarão estas almas que não são ainda nem boas nem más e a quem todo caminho ulterior de progresso está doravante fechado, uma vez que a Humanidade não existirá mais? (Cap. II, nº 19).

Que aqueles cuja razão se contenta com semelhantes crenças as conservem, é seu direito, e ninguém nisso encontre o que censurar; mas que não levem a mal que nem todo o mundo seja de sua opinião.

67. – O julgamento, pela via da emigração, tal qual foi definida acima (63), é racional; está fundado sobre a mais rigorosa justiça, tendo em vista que deixa eternamente ao Espírito o seu livre-arbítrio; que não se constitui privilégio para ninguém; uma igual latitude é dada por Deus a todas as criaturas, sem exceção, para progredir; que o aniquilamento mesmo de um mundo, ocasionando a destruição do corpo, não ocasionaria nenhuma interrupção à marcha progressiva do Espírito. Tal é a consequência da pluralidade dos mundos e da pluralidade das existências.

Segundo esta interpretação, a qualificação de *julgamento final* não é exata, uma vez que os Espíritos passam por semelhantes julgamentos em cada renovação de mundos que habitam, até que tenham atingido um certo grau de perfeição. Não há, propriamente falando, *julgamento final,* mas há *julgamentos gerais* em todas as épocas de renovação parcial ou total da população dos mundos, em consequência das quais se operam as grandes emigrações e imigrações de Espíritos.

CAPÍTULO **18**

Os tempos são chegados

Sinais dos tempos. – A geração nova.

Sinais dos tempos

1. – Os tempos marcados por Deus são chegados, nos dizem de todas as partes, onde grandes acontecimentos vão se cumprir para a regeneração da Humanidade. Em que sentido é necessário entender essas palavras proféticas? Para os incrédulos, elas não têm nenhuma importância; a seus olhos isso não é senão a expressão de uma crença pueril sem fundamento; para a maioria dos crentes, elas têm alguma coisa de mística e sobrenatural que lhes parece ser o precursor do transtorno das leis da Natureza. Estas duas interpretações são igualmente errôneas: a primeira, naquilo que implica a negação da Providência; a segunda, naquilo que suas palavras não anunciam a perturbação das leis da Natureza, mas o seu cumprimento.

2. – Tudo é harmonia na criação; tudo revela uma previdência que não se desmente nem nas menores coisas nem nas maiores; devemos, pois, de início, descartar toda ideia de capricho inconciliável com a sabedoria divina; em segundo lugar, se a nossa época está marcada para o cumprimento de certas coisas, é que elas têm a sua razão de ser na marcha do conjunto.

Isto posto, diremos que o nosso globo, como tudo o que existe, está submetido à lei do progresso. Ele progride fisicamente pela transformação dos elementos que o compõem, e moralmente pela depuração dos Espíritos encarnados e desencarnados que o povoam. Esses dois progressos se seguem e caminham paralelamente, porque a perfeição da habitação está em relação com a do habitante. Fisicamente, o globo sofreu transformações, constatadas pela ciência, e que o tornaram sucessivamente habitável para seres mais e mais aperfeiçoados; moralmente, a Humanidade progride pelo desenvolvimento da inteligência, do senso moral e o abrandamento dos costumes. Ao mesmo tempo que a melhoria do globo se opera sob o império de forças materiais, os homens, para isso, concorrem pelos esforços de sua inteligência; eles saneiam as regiões insalubres, tornam as comunicações mais fáceis e a terra mais produtiva.

Esse duplo progresso se cumpre de duas maneiras: uma lenta, gradual e insensível; a outra, por mudanças mais bruscas, a cada uma das quais se opera um movimento ascensional mais rápido que marca, por caracteres nítidos, os períodos progressivos da Humanidade. Esses movimentos, subordinados *nos detalhes* ao livre-arbítrio dos homens, são de alguma sorte fatais em seu conjunto, porque estão submetidos a leis, como aquelas que se operam na germinação, no crescimento e na maturidade das plantas; é por isso que o movimento progressivo, algumas vezes, é parcial, quer dizer, limitado a uma raça ou a uma nação e de outras vezes, geral. O progresso da Humanidade se efetua, pois, em virtude de uma lei; ora, como todas as leis da Natureza são a obra eterna da sabedoria e da presciência divinas, tudo o que é efeito dessas leis é o resultado da vontade de Deus, não de uma vontade acidental e caprichosa, mas de uma vontade imutável. Quando, pois, a Humanidade está madura para vencer um degrau, pode-se dizer que os tempos marcados por Deus são chegados, como se pode dizer também que, em tal estação, eles são chegados para a maturidade dos frutos e a colheita.

3. – Do fato de que o movimento progressivo da Humanidade é inevitável, porque está na Natureza, não se segue que Deus esteja indiferente a isso e que, depois de ter estabelecido as leis, tenha entrado na inação, deixando as coisas andarem sozinhas. As suas leis são eternas e imutáveis, sem dúvida, mas porque a sua vontade, ela mesma, é eterna e constante, e que o seu pensamento anima todas as coisas sem interrupção; o seu pensamento, que tudo penetra, é a força inteligente e permanente que mantém tudo na harmonia; que esse pensamento cesse um só instante de agir, e o Universo seria como um relógio sem pêndulo regulador. Deus vela, pois, incessantemente, pela execução de suas leis, e os Espíritos que povoam c espaço são os seus ministros encarregados dos detalhes, segundo as atribuições correspondentes ao seu grau de adiantamento.

4. – O Universo é, ao mesmo tempo, um mecanismo incomensurá vel conduzido por um número não menos incomensurável de inteligências um imenso governo onde cada ser inteligente tem a sua parte de ação sol o olhar do soberano Senhor, cuja vontade *única* mantém, por toda a parte *a unidade*. Sob o império desse vasto poder regulador, tudo se move, tudo funciona numa ordem perfeita; o que nos parecem perturbações são o movimentos parciais ou isolados, que não nos parecem irregulares senã

Os tempos são chegados

299

porque a nossa visão é circunscrita. Se pudéssemos abarcar-lhe o conjunto, veríamos que essas irregularidades não são senão aparentes e que elas se harmonizam no todo.

5. – A Humanidade cumpriu, até este dia, incontáveis progressos; os homens, pela sua inteligência, chegaram a resultados que não atingiram jamais em relação às ciências, às artes e ao bem-estar material; resta-lhes ainda um imenso progresso a realizar: é o de *fazer reinar entre eles a caridade, a fraternidade e a solidariedade, para assegurar o bem-estar moral.* Eles não o poderiam nem com as suas crenças, nem com as suas instituições antiquadas, restos de uma outra época, boas para uma certa época, suficientes para um estado transitório, mas que, tendo dado o que elas comportavam, seriam um ponto de atraso hoje. Não é somente o desenvolvimento da inteligência que é preciso aos homens, é a elevação do sentimento, e para isso é necessário destruir tudo o que poderia superexcitar, neles, o egoísmo e o orgulho.

Tal é o período em que vão entrar doravante, e que marcará uma das fases principais da Humanidade. Essa fase que se elabora neste momento é o complemento necessário do estado precedente, como a idade viril é o complemento da juventude; ela podia, pois, ser prevista e predita antes, e é por isso que se diz que os tempos marcados por Deus são chegados.

6. – Nesse tempo, não se tratará mais de uma mudança parcial, de uma renovação limitada a uma região, a um povo, a uma raça; é um movimento universal que se opera no sentido do *progresso moral.* Uma nova ordem de coisas tende a se estabelecer, e os homens que lhe fazem a maior oposição nela trabalham com o seu desconhecimento; a geração futura, desembaraçada das escórias do velho mundo, e formada de elementos mais depurados, se encontrará animada de ideias e de sentimentos diferentes dos da geração presente, que se vai a passo de gigante. O velho mundo estará morto, e viverá na história, como hoje os tempos da Idade Média com os seus costumes bárbaros e as suas crenças supersticiosas.

De resto, cada um sabe o quanto a ordem de coisas atual deixa ainda a desejar; depois de ter, de alguma sorte, consumido o bem-estar material que é o produto da inteligência, chega-se a compreender que o complemento desse bem-estar não pode estar senão no desenvolvimento moral. Quanto mais se avança, mais se sente o que falta, sem poder ainda, entretanto, defini-lo claramente: é o efeito do trabalho íntimo que se opera para a regeneração; têm-se desejos, aspirações, que são como o pressentimento de um estado melhor.

7. – Mas uma mudança tão radical quanto a que se elabora, não pode se cumprir sem comoção; há luta inevitável entre as ideias. Desse

300   *Capítulo 18*

conflito nascerão forçosamente perturbações temporárias, até que o terreno seja diluído e o equilíbrio restabelecido. Será, pois, dessa luta das ideias que surgirão os graves acontecimentos anunciados, e não cataclismos, ou catástrofes puramente materiais. Os cataclismos gerais eram a consequência do estado de formação da Terra; *hoje, não são as entranhas do globo que se agitam, são as da Humanidade.*

8. – Se a Terra não tem mais a temer os cataclismos gerais, ela não está menos submetida a revoluções periódicas cujas causas são explicadas, do ponto de vista científico, nas instruções seguintes dadas por dois eminentes Espíritos (1):

"Cada corpo celeste, além das leis simples que presidem à divisão dos dias e das noites, das estações, etc, sofre revoluções que necessitam de milhares de séculos para o seu perfeito cumprimento, mas que, como as revoluções mais breves, passam por todos os períodos, desde o nascimento até um auge de efeito, depois do qual a de crescimento até o último limite, para recomeçar, em seguida, a percorrer as mesmas fases.

"O homem não abarca senão as fases de uma duração relativamente curta, e das quais pode constatar a periodicidade; mas há as que compreendem longas gerações de seres, e mesmo sucessões de raças, cujos efeitos, por conseguinte, têm para ele as aparências da novidade e da espontaneidade, ao passo que, se o seu olhar pudesse se elevar para alguns milhares de séculos atrás, ele veria, entre esses mesmos efeitos, e as suas causas, uma correlação que ele nem mesmo suspeita. Esses períodos, que confundem a imaginação dos humanos pela sua duração relativa, não são, entretanto, senão instantes na duração eterna. (*)

"Num mesmo sistema planetário, todos os corpos que dele dependem reagem uns sobre os outros; todas as influências físicas são solidárias e não um único dos efeitos que designais sob o nome de grandes perturbações, que não seja a consequência da componente das influências de todo esse sistema.

"Vou mais longe: digo que os sistemas planetários reagem uns sobre os outros, em razão da aproximação ou do afastamento que resulta de seu movimento de translação através de miríades de sistemas que compõem a nossa nebulosa. Vou mais longe ainda: digo que a nossa nebulosa, que como um arquipélago na imensidade, tendo também o seu movimento de

---

(1) Extrato de duas comunicações dadas à Sociedade de Paris, e publicadas na *Revista Espírita* de outubro de 1868, pág. 313. Elas são o corolário das de Galileu, narrada no capítulo VI, e um complemento ao capítulo IX, sobre as revoluções do globo.

(*) Vide Nota Explicativa da Editora no final do livro.

Os tempos são chegados 301

translação através de miríades de nebulosas, sofre a influência daquelas das quais se aproxima.

"Assim, as nebulosas reagem sobre as nebulosas, os sistemas reagem sobre os sistemas, como os planetas reagem sobre os planetas, como os elementos de cada planeta reagem uns sobre os outros, e assim sucessivamente até o átomo; daí, em cada mundo, revoluções locais ou gerais, que não parecem perturbações senão porque a brevidade da vida não permite delas ter senão os efeitos parciais.

"A matéria orgânica não poderia escapar a essas influências; as perturbações que ela sofre podem, pois, alterar o estado físico dos seres vivos e determinar algumas dessas doenças que maltratam de maneira geral as plantas, os animais e os homens; essas doenças, como todos os flagelos, são, para a inteligência humana, um estimulante que a impele, pela necessidade, à procura dos meios de combatê-las e à descoberta das leis da Natureza.

"Mas a matéria orgânica reage, por sua vez, sobre o Espírito; este, pelo seu contato e a sua ligação íntima com elementos materiais, sofre também influências que modificam as suas disposições, sem, entretanto, tirar-lhe o seu livre-arbítrio, superexcitam ou abrandam a sua atividade e, por isso mesmo, contribuem para o seu desenvolvimento. A efervescência, que se manifesta às vezes em toda uma população, entre os homens de uma mesma raça, não é uma coisa fortuita, nem o resultado de um capricho; ela tem a sua causa nas leis da Natureza. Essa efervescência, de início inconsciente, que não é senão um vago desejo, uma aspiração indefinida para alguma coisa melhor, uma necessidade de mudança, traduz-se por uma surda agitação, depois por atos que preparam as revoluções sociais, às quais, crede-o bem, têm também a sua periodicidade, como as revoluções físicas, porque tudo se encadeia. Se a visão espiritual não estivesse circunscrita pelo véu material, veríeis essas correntes fluídicas que, como milhares de fios condutores, ligam as coisas do mundo espiritual e do mundo material.

"Quando vos é dito que a Humanidade chegou a um período de transformação, e que a Terra deve se elevar na hierarquia dos mundos, não vejais nessas palavras nada de místico, mas, ao contrário, o cumprimento de uma das grandes leis fatais do Universo, contra as quais toda a má vontade humana se quebra."

ARAGO.

9. – "Sim, certamente, a Humanidade se transforma como já se transformou em outras épocas, e cada transformação é marcada por uma crise que é, para o gênero humano, o que são as crises de crescimento para os indivíduos; crises frequentemente penosas, dolorosas, que carregam com elas as gerações e as instituições, mas sempre seguidas de uma fase de progresso material e moral.

"A Humanidade terrestre, chegada a um desses períodos de crescimento, está no meio dele, há quase um século, no trabalho da transformação; por isso que ela se agita por todas as partes, presa por uma espécie de febre e como movida por uma força invisível, até que ela tenha retomado o seu assento sobre novas bases. Quem a vir então, encontra-la-á bem mudada em seus costumes, seu caráter, suas leis, suas crenças, em uma palavra, em todo o seu estado social.

"Uma coisa que vos parecerá estranha, mas que não é menos uma vigorosa verdade, é que o mundo dos Espíritos, que vos cerca, sofre o de todas as comoções que agitam o mundo dos encarnados: digo mesmo que nele toma uma parte ativa. Isto nada tem de surpreendente para quem sabe que os Espíritos fazem parte da Humanidade; que dela saem e devem nela reentrar; é, pois, natural que se interessem pelos movimentos que se operam entre os homens. Ficai, pois, certos de que, quando uma revolução social se cumpre sobre a Terra, ela mexe igualmente com o mundo invisível; todas as paixões boas e más ali são superexcitadas como entre vós; uma indizível efervescência reina entre os Espíritos que fazem ainda parte de vosso mundo e que esperam o momento de nele reentrar.

"À agitação dos encarnados e dos desencarnados se juntam, às vezes, o mais frequentemente mesmo, porque tudo se liga na Natureza, as perturbações dos elementos físicos; é então, por um tempo, uma verdadeira confusão geral, mas que passa como um furacão, depois do qual o céu se faz de novo sereno, e a Humanidade, reconstituída sobre novas bases, imbuída de novas ideias, percorre uma nova etapa de progresso.

"É no período que se abre que se verá florescer o Espiritismo, e que ele dará os seus frutos. Portanto, é para o futuro, mais do que para o presente, que trabalhais; mas era necessário que esses trabalhos fossem elaborados antes, porque eles preparam os caminhos da regeneração pela unificação e a racionalidade das crenças. Felizes daqueles que isto aproveitam desde hoje, será para eles tanto maior ganho e penas poupadas."

Doutor BARRY

10. – Resulta do que precede que, em consequência de seu movimento de translação através do espaço, os corpos celestes exercem, uns sobre os outros, uma influência mais ou menos grande, segundo a sua proximidade e a sua posição respectiva; que essa influência pode trazer uma perturbação momentânea em seus elementos constitutivos e modificar a

Os *tempos são chegados* 303

condições de vitalidade de seus habitantes; que a regularidade dos movimentos deverá trazer o retorno periódico das mesmas causas e dos mesmos efeitos; que a duração de certos períodos é bastante curta para ser apreciável pelos homens, outras veem passar as gerações e as raças que delas não se apercebem, e para as quais o estado de coisas é um estado normal; as gerações, ao contrário, contemporâneas da transição, sofrem-lhe o contragolpe, e tudo lhes parece sair das leis ordinárias. Elas veem uma causa sobrenatural, maravilhosa, miraculosa, naquilo que não é, em realidade, senão o cumprimento das leis da Natureza.

Se, pelo encadeamento e a solidariedade das causas e dos efeitos, os períodos de renovações morais da Humanidade coincidem como tudo o leva a crer, com as revoluções físicas do globo, elas podem ser acompanhadas ou precedidas de fenômenos naturais, insólitos para aqueles que com isso não estão habituados, de meteoros que parecem estranhos, de uma recrudescência e de uma intensidade inabituais de flagelos destruidores. Esses flagelos não são nem uma causa, nem presságios sobrenaturais, mas uma consequência do movimento geral que se opera no mundo físico e no mundo moral.

Predizendo a era de renovação que deveria se abrir para a Humanidade, e marcar o fim do velho mundo, Jesus, pois, pôde dizer que ela seria assinalada por movimentos extraordinários, por tremores de terra, por flagelos diversos, por sinais no céu que não são outros senão os meteoros, sem sair das leis naturais; mas o vulgo ignorante viu nessas palavras o anúncio de fatos miraculosos (1).

11. – A previsão dos movimentos progressivos da Humanidade nada tem de surpreendente entre os seres desmaterializados que veem o objetivo para o qual tendem todas as coisas, dos quais alguns possuem o pensamento direto de Deus, e que julgam, nos movimentos parciais, o tempo no qual se poderá cumprir um movimento geral, como se julga antecipadamente o tempo que é necessário a uma árvore para produzir frutos, como os astrônomos calculam a época de um fenômeno astronômico pelo tempo que é necessário a um astro para cumprir a sua revolução.

12. – A Humanidade é um ser coletivo no qual se operam as mesmas

---

(1) A terrível epidemia que, de 1866 a 1868, dizimou a população da Ilha Maurícia, foi precedida de uma chuva tão extraordinária e tão abundante de estrelas cadentes, em novembro de 1866, que os seus habitantes ficaram aterrorizados. Foi desde esse momento que a doença, que grassava, havia alguns meses, de maneira bastante benigna, tornou-se um verdadeiro flagelo desvastador. Estava bem aí um sinal no céu, e é talvez nesse sentido que é necessário entender as *estrelas cadentes do céu,* das quais fala o Evangelho, como um dos sinais do tempo. (Detalhes sobre a epidemia da Ilha Maurícia, *Revista Espírita,* julho de 1867, página 208; novembro de 1868, página 321).

304 Capítulo 18

revoluções morais que em cada ser individual, com esta diferença de que umas se cumprem de ano em ano, e as outras de século em século. Seguindo-a em suas evoluções através dos tempos, ver-se-á a vida de diversas raças marcada por períodos que dão, a cada época, uma fisionomia particular. (*)

13. – A marcha progressiva da Humanidade se opera de duas maneiras, como dissemos: uma gradual, lenta, insensível, considerando-se as épocas aproximadas, que se traduzem por melhorias sucessivas nos costumes, nas leis, nos usos, e não se percebe senão com o tempo, como as mudanças que as correntes de água trazem para a superfície do globo; a outra, por movimentos relativamente bruscos, rápidos, semelhantes aos de uma torrente rompendo os diques, que a fazem atravessar, em alguns anos, o espaço que ela levaria séculos para percorrer. É então um cataclismo moral que engole, em alguns instantes, as instituições do passado, e às quais sucede uma nova ordem de coisas que se assentam pouco a pouco, à medida que a calma se restabelece em definitivo.

Àquele que viver bastante tempo para abarcar as duas vertentes na nova fase, parecerá que um novo mundo haja saído das ruínas do antigo; o caráter, os costumes, os usos, tudo está mudado; é que, com efeito, homens novos, ou mais regenerados, surgiram; as ideias trazidas pela geração que se extingue deram lugar às ideias novas da geração que se levanta.

14. – A Humanidade tornou-se adulta, tem novas necessidades, aspirações maiores, mais elevadas; ela compreende o vazio das ideias com que foi embalada, a insuficiência de suas instituições para a sua felicidade; não encontra mais, no estado das coisas, as satisfações legítimas para as quais se sente chamada; por isso, ela sacode seus cueiros e se lança, impelida por uma força irresistível, para limites desconhecidos, à descoberta de novos horizontes menos limitados.

É a um desses períodos de transformação, ou, querendo-se, de *crescimento moral,* que a Humanidade chegou. Da adolescência ela passa à idade viril; o passado não pode mais bastar às suas novas aspirações, às suas novas necessidades; ela não pode mais ser conduzida pelos mesmos meios; ela não se contenta mais com ilusões e prestígios: é preciso, à sua razão madura, alimentos mais substanciosos. O presente é muito efêmero; ela sente que o seu destino é muito mais vasto e que a vida corpórea é muito restrita para encerrá-la por inteiro; por isso, ela mergulha seus olhares no passado e no futuro, a fim de descobrir o mistério de sua existência, e haurir uma consoladora segurança.

E é no momento em que ela se acha mais pobremente em sua esfera

---

(*) Vide Nota Explicativa da Editora no final do livro.

Os tempos são chegados

material, onde a vida intelectual transborda, onde o sentimento da espiritualidade desabrocha, que homens, dizendo-se filósofos, esperam encher o vazio com as doutrinas do nihilismo e do materialismo! Estranha aberração! Esses mesmos homens que pretendem empurrá-la para frente se esforçam em circunscrevê-la no círculo estreito da matéria, de onde ela aspira sair; fecham-lhe o aspecto da vida infinita, e lhe dizem, mostrando-lhe o túmulo: *Nec plus ultra!*

15. – Quem meditou sobre o Espiritismo e as suas consequências, e não o circunscreveu na esfera da produção de alguns fenômenos, compreende que ele abre, à Humanidade, um caminho novo e lhe desenrola os horizontes do infinito; iniciando-o nos mistérios do mundo invisível, mostra-lhe o seu verdadeiro papel na criação, papel *perpetuamente ativo,* tanto no estado espiritual quanto no estado corpóreo. O homem não caminha cegamente: ele sabe de onde vem, aonde vai e por que está sobre a Terra. O futuro se lhe mostra em sua realidade, livre dos preconceitos da ignorância e da superstição; não é uma vaga esperança: é uma verdade palpável, tão certa para ele quanto a sucessão do dia e da noite. Sabe que o seu ser não está mais limitado a alguns instantes de uma existência efêmera; que a vida espiritual não é interrompida pela morte; que já viveu, que viverá ainda, e que de tudo o que ele adquire em perfeição pelo trabalho, nada está perdido; encontra em suas existências anteriores a razão do que é hoje; e: *daquilo que o homem se faz hoje, pode concluir o que será um dia.*

16. – Com o pensamento de que a atividade e a cooperação individuais na obra geral da civilização estão limitadas à vida presente, que nada foi e que não será nada, que importa ao homem o progresso ulterior da Humanidade? Que lhe importa que no futuro os povos sejam melhor governados, mais felizes, mais esclarecidos, melhores uns para os outros? Uma vez que dele não deve retirar nenhum fruto, esse progresso não está perdido para ele? De que lhe serve trabalhar para aqueles que virão depois dele, se não deve jamais conhecê-los, se são seres novos que logo depois, eles mesmos, reentrarão no nada? Sob o império da negação do futuro individual, tudo se repetiria forçosamente nas mesquinhas proporções do momento e da personalidade, mas, ao contrário, que amplitude dá, ao pensamento do homem, a *certeza* da perpetuidade de seu ser espiritual! O que de mais racional, de mais grandioso, de mais digno do Criador do que esta lei segundo qual a vida espiritual e a vida corpórea não são dois modos de existência que se alternam para o cumprimento do progresso! O que de mais justo de mais consolador do que a ideia dos mesmos seres progredindo sem cessar, primeiro através das gerações do mesmo mundo e, em seguida, de mundo em mundo até a perfeição, *sem solução de continuidade!* Todas as ações têm então um objetivo, porque, trabalhando por todos, trabalha-se para si e reciprocamente; de sorte que nem o progresso individual, nem o progresso geral, são jamais estéreis; aproveita às gerações e às individualidades futuras, que não são outras senão as gerações e as individualidades passadas, chegadas a um mais alto grau de adiantamento.

17. – A fraternidade deve ser a pedra angular da nova ordem social; mas não há fraternidade real, sólida e efetiva, se ela não se apoia sobre uma base inabalável; esta base é *a fé;* não a fé em tais ou quais dogmas particulares, que mudam com os tempos e os povos, e se atiram pedra, porque, anatematizando-se, eles mantêm o antagonismo; mas a fé em princípios fundamentais que todo o mundo pode aceitar: *Deus, a alma, o futuro,* O PROGRESSO INDIVIDUAL INDEFINIDO, A PERPETUIDADE DAS RELAÇÕES ENTRE OS SERES. Quando todos os homens estiverem convencidos de que Deus é o mesmo para todos; que esse Deus, soberanamente justo e bom, nada pode querer de injusto; que o mal vem dos homens e não dele, eles se olharão como os filhos de um mesmo Pai e estender-se-ão as mãos.

É esta fé que o Espiritismo dá, e que será doravante o eixo sobre o qual moverá o gênero humano, quaisquer que sejam o modo de adoração e as crenças particulares.

18. – O progresso intelectual realizado até hoje nas mais vastas proporções é um grande passo, e marca a primeira fase da Humanidade, mas só, é impotente para regenerá-la; enquanto o homem estiver dominado pelo orgulho e pelo egoísmo, ele utilizará a sua inteligência e os seus conhecimentos em proveito de suas paixões e de seus interesses pessoais; é por isso que os aplicam no aperfeiçoamento dos meios para prejudicar os seus semelhantes, e destruí-los.

19. – Só o progresso moral pode assegurar a felicidade dos homens sobre a Terra, pondo um freio às más paixões; só ele pode fazer reinar, entre eles, a concórdia, a paz, a fraternidade. (*)

Será ele que abaixará as barreiras dos povos, que fará caírem os preconceitos de castas e calar os antagonismos de seitas, ensinando os homens a se olharem como irmãos, chamados a se entreajudarem, e não a viverem às expensas uns dos outros.

É ainda o progresso moral, secundado aqui pelo progresso da inteligência, que irmanará os homens numa mesma crença estabelecida sobre as verdades eternas, não sujeitas a discussões e, por isso mesmo, aceita por todos.

A unidade de crença será o laço mais poderoso, o mais sólido fun-

---

(*) Vide Nota Explicativa da Editora no final do livro.

Os tempos são chegados 307

damento da fraternidade universal, quebrada em todos os tempos pelos antagonismos religiosos que dividem os povos e as famílias, que fazem ver nos dissidentes inimigos dos quais é necessário fugir, combater, exterminar, em lugar de irmãos que é preciso amar.

20. – Um tal estado de coisas supõe uma mudança radical no sentimento das massas, um progresso geral que não poderia se cumprir senão saindo do círculo das ideias estreitas e terra-a-terra, que fomentam o egoísmo. Em diversas épocas, homens de elite procuraram impelir a Humanidade nesse caminho; mas a Humanidade, ainda muito jovem, manteve-se surda, e os seus ensinamentos foram como a boa semente caída sobre a pedra.

Hoje, a Humanidade está madura para dirigir seus olhares mais alto do que o fazia, para assimilar ideias mais amplas e compreender o que não havia compreendido.

A geração que desaparece levará consigo os seus preconceitos e os seus erros; a geração que se levanta, banhada numa fonte mais depurada, imbuída de ideias mais sadias, imprimirá ao mundo o movimento ascensional no sentido do progresso moral, que deve marcar a nova fase da Humanidade.

21. – Esta fase já se revela por sinais inequívocos, por tentativas de reformas úteis, por ideias grandes e generosas que nascem e que começam a encontrar ecos. Assim é que se vê fundar uma multidão de instituições protetoras, civilizadoras e emancipadoras, sob o impulso e por iniciativa de homens predestinados à obra da regeneração; que as leis penais se impregnam, a cada dia, de um sentimento mais humano. Os preconceitos de raça se enfraquecem, os povos começam a se olhar como membros de uma mesma família; pela uniformidade e a facilidade dos meios de transação, suprimem as barreiras que os dividem; de todas as partes do mundo, reúnem-se em comícios universais para os torneios pacíficos da inteligência.

Mas falta, a essas reformas, uma base para se desenvolver, completar-se, consolidar-se, uma predisposição moral mais geral para frutificar e se fazer aceita pelas massas. Isso não deixa de ser um sinal característico do tempo, o prelúdio daquilo que se cumprirá em mais larga escala, à medida que o terreno se torne mais propício.

22. – Um sinal não menos característico do período em que entramos é a reação evidente que se opera no sentido das ideias espiritualistas; uma repulsa instintiva se manifesta contra as ideias materialistas. O espírito de incredulidade que se apoderou das massas, ignorantes ou esclarecidas, e lhes fizera rejeitar, com a forma, o fundo mesmo de toda crença, parece ter sido um sono ao sair do qual se experimenta a necessidade de

308 *Capítulo 18*

respirar um ar mais vivificante. Involuntariamente, onde o vazio se faz, procura-se alguma coisa, um ponto de apoio, uma esperança.

23. – Supondo-se a maioria dos homens imbuída desses sentimentos, pode-se facilmente imaginar as modificações que trariam às relações sociais: caridade, fraternidade, benevolência para com todos, tolerância para com todas as crenças, tal será a sua divisa. É o objetivo para o qual, evidentemente, tende a Humanidade, o objeto de suas aspirações, de seus desejos, sem que se dê muita conta dos meios para realizá-los; ela ensaia, tateia, mas se detém pelas resistências ativas ou pela força de inércia dos preconceitos, das crenças estacionárias e refratárias ao progresso. São essas resistências que é preciso vencer, e isso será a obra da nova geração; seguindo-se o curso atual das coisas, reconhecer-se-á que tudo parece predestinado a lhe abrir o caminho; terá para ela o duplo poder do número e das ideias e, além disso, a experiência do passado.

24. – A nova geração marchará, pois, para a realização de todas as ideias humanitárias compatíveis com o grau de adiantamento ao qual terá chegado. Caminhando o Espiritismo para o mesmo objetivo e realizando suas finalidades, ambos se reencontrarão sobre o mesmo terreno. Os homens de progresso encontrarão, nas ideias espíritas, uma poderosa alavanca, e o Espiritismo encontrará nos homens novos, espíritos inteiramente dispostos a acolhê-lo. Neste estado de coisas, que poderão fazer aqueles que gostariam de se colocar em oposição?

25. – Não foi o Espiritismo que criou a renovação social, foi a maturidade da Humanidade que fez dessa renovação uma necessidade. Pelo seu poder moralizador, pelas suas tendências progressivas, pela amplitude de suas vistas, pela generalidade das questões que abarca, o Espiritismo está, mais que qualquer outra doutrina, apto a secundar o movimento regenerador; é por isso que dele é contemporâneo. Chegou no momento em que poderia ser útil, porque, para ele, também os tempos são chegados; mais cedo, teria encontrado obstáculos insuperáveis; inevitavelmente teria sucumbido, porque os homens, satisfeitos com o que tinham, não experimentavam ainda a necessidade daquilo que ele traz. Hoje, nascido com o movimento das ideias que fermentam, encontra o terreno preparado para recebê-los; os Espíritos, devido à dúvida e à incerteza, amedrontados com o abismo que se abre diante deles, o acolhem como uma âncora de salvação e uma suprema consolação.

26. – O número de retardatários, sem dúvida, é ainda muito grande, mas o que podem contra a onda que se levanta, senão lançar-lhe algumas pedras? Essa onda é a geração que se levanta, ao passo que eles desapare cem com a geração que se vai cada dia a largos passos. Até lá, defenderão o terreno passo a passo; haverá, pois, uma luta inevitável, mas uma luta desigual, porque é a do passado decrépito que cai em farrapos, contra o futuro juvenil; da estagnação contra o progresso; da criatura contra a vontade de Deus, porque os tempos marcados por ele estão chegados.

A geração nova

27. – Para que os homens sejam felizes sobre a Terra, é necessário que ela não seja povoada senão por bons Espíritos, encarnados e desencarnados, que não quererão senão o bem. Tendo chegado esse tempo, uma grande emigração se cumprirá entre aqueles que a habitam; aqueles que fazem o mal pelo mal, e que o sentimento do bem *não toca,* não sendo mais dignos da Terra transformada, dela serão excluídos, porque lhe trariam de novo a perturbação e a confusão, e seriam um obstáculo ao progresso. Eles irão expiar o seu endurecimento, uns nos mundos inferiores, os outros entre as raças terrestres atrasadas, que serão o equivalente de mundos inferiores, onde levarão os seus conhecimentos adquiridos e terão por missão fazê-las avançar. Serão substituídos por Espíritos melhores, que farão reinar, entre eles, a justiça, a paz, a fraternidade. (*)

A Terra, no dizer dos Espíritos, não deve ser transformada por um cataclismo que aniquilaria subitamente uma geração. A geração atual desaparecerá gradualmente, e a nova lhe sucederá do mesmo modo, sem que nada seja mudado na ordem natural das coisas.

Tudo se passará, pois, exteriormente, como de hábito, com esta única diferença, mas esta diferença é capital, que uma parte dos Espíritos que nela se encarnam não se encarnarão nela mais. Em uma criança que nasça, em lugar de um Espírito atrasado e levado ao mal, que se encarnaria, esse será um Espírito mais avançado e *levado ao bem.*

Trata-se, pois, bem menos de uma geração corpórea do que de uma nova geração de Espíritos, e é nesse sentido, sem dúvida, que o entendia Jesus quando dizia: "Eu vos digo, em verdade, que esta geração não passará em que esses fatos tenham se cumprido." Assim, aqueles que esperarem ver a transformação se operar por efeitos sobrenaturais e maravilhosos, serão decepcionados.

28. – A época atual é de transição; os elementos das duas gerações se confundem. Colocados no ponto intermediário, assistimos à partida de

---

(*) Vide Nota Explicativa da Editora no final do livro.

uma e à chegada da outra, e que cada uma se assinala já, no mundo, pelos caracteres que lhe são próprios.

As duas gerações que se sucedem têm ideias e vistas inteiramente opostas. Pela natureza das disposições morais, mas sobretudo das disposições *intuitivas e inatas,* é fácil distinguir a qual das duas pertence cada indivíduo.

A nova geração, devendo fundar a era do progresso moral, distingue-se por uma inteligência e uma razão geralmente precoces, unidas ao sentimento *inato* do bem e das crenças espiritualistas, o que é o sinal indubitável de um certo grau de adiantamento *anterior.* Ela não será composta, pois, exclusivamente, de Espíritos eminentemente superiores, mas daqueles que, tendo já progredido, estão predispostos a assimilar todas as ideias progressistas, e aptos a secundar o movimento regenerador.

O que distingue, ao contrário, os Espíritos atrasados é, primeiro, a revolta contra Deus pela recusa de reconhecer algum poder superior à Humanidade; a propensão *instintiva* às paixões degradantes, aos sentimentos antifraternos do egoísmo, do orgulho, da inveja, do ciúme; enfim, o agarramento por tudo o que é material: a sensualidade, a cupidez, a avareza.

São esses vícios, dos quais a Terra deve ser purgada pelo afastamento daqueles que se recusam se emendar, porque são incompatíveis com o reino da fraternidade, e que os homens de bem sofrerão sempre por seu contato. Quando a Terra deles estiver livre, os homens caminharão sem entraves para um futuro melhor, que lhes está reservado neste mundo, por preço de seus esforços e de sua perseverança, esperando que uma depuração, ainda mais completa, abra-lhes a entrada dos mundos superiores.

29. – Por essa emigração dos Espíritos, não é necessário entender que todos os Espíritos retardatários serão expulsos da Terra, e relegados a mundos inferiores. Muitos, ao contrário, aí retornarão, porque muitos cederam ao arrastamento de circunstâncias e do exemplo; a aparência neles era pior do que o fundo. Uma vez subtraídos à influência da matéria e dos preconceitos do mundo corpóreo, a maioria verá as coisas de um modo muito diferente do que quando vivos, assim como temos disso numerosos exemplos. Nisso, serão ajudados por Espíritos benevolentes que se interessam por eles, e que se apressam em esclarecê-los e mostrar-lhes o falso caminho que seguiram. Pelas nossas preces e nossas exortações, nós mesmos podemos contribuir para seu melhoramento, porque há solidariedade perpétua entre os mortos e os vivos.

A maneira pela qual se opera a transformação é muito simples, e como se vê, ela é toda moral e em nada se desvia das leis da Natureza.

Os tempos são chegados 311

30. – Que os Espíritos da nova geração sejam novos Espíritos melhores, ou os antigos Espíritos melhorados, o resultado é o mesmo; desde o instante que tragam melhores disposições, é sempre uma renovação. Os Espíritos encarnados formam, assim, duas categorias, segundo as disposições naturais: de uma parte, os Espíritos retardatários que partem, da outra os Espíritos progressistas que chegam. O estado dos costumes e da sociedade estará, pois, em um povo, em uma raça ou no mundo inteiro, em razão daquela das duas categorias que tiver a preponderância.

31. – Uma comparação vulgar fará compreender melhor ainda o que se passa nesta circunstância. Suponhamos um regimento composto, em grande maioria, de homens turbulentos e indisciplinados: estes ali levarão sem cessar uma desordem que a severidade da lei penal terá frequentemente dificuldade para reprimir. Esses homens são os mais fortes, porque serão os mais numerosos; eles se sustentam, encorajam-se e se estimulam pelo exemplo. Os que sejam bons são sem influência; seus conselhos são desprezados; são escarnecidos, maltratados pelos outros, e sofrem com esse contato. Não está aí a imagem da sociedade atual?

Suponhamos que são retirados esses homens do regimento um por um, dez por dez, cem por cem, e que sejam substituídos na mesma medida por um número igual de bons soldados, mesmo por aqueles que foram expulsos, mas que se emendaram seriamente: ao cabo de algum tempo, ter-se-á sempre o mesmo regimento, mas transformado; a boa ordem ali terá sucedido à desordem. Assim o será com a Humanidade regenerada.

32. – As grandes partidas coletivas não têm somente por objetivo ativar as saídas, mas transformar mais rapidamente o espírito da massa, desembaraçando-a das más influências e dando mais ascendência às ideias novas.

É porque muitos, apesar de suas imperfeições, estão maduros para essa transformação, que muitos partem a fim de irem se retemperar numa fonte mais pura. Ao passo que, se tivessem permanecido no mesmo meio e sob as mesmas influências, teriam persistido em suas opiniões e na sua maneira de ver as coisas. Uma permanência no mundo dos Espíritos basta para lhes abrir os olhos, porque ali veem o que não podiam ver sobre a Terra. O incrédulo, o fanático, o absolutista poderão, pois, retornar com ideias natas de fé, tolerância e de liberdade. Em seu retorno, encontrarão as coisas mudadas e suportarão o ascendente do novo meio onde terão nascido. Em lugar de fazer oposição às ideias novas, delas serão os auxiliares.

33. – A regeneração da Humanidade não tem, pois, absolutamente necessidade da renovação integral dos Espíritos: basta uma modificação nas suas disposições morais; esta modificação se opera em todos aqueles que a ela estão predispostos, quando são subtraídos à influência perniciosa do mundo. Aqueles que retornam, então, não são sempre outros Espíritos, mas, frequentemente, os mesmos Espíritos pensando e sentindo de outro modo.

Quando esse melhoramento é isolado e individual, passa despercebido, e sem influência ostensiva sobre o mundo.

O efeito é diferente quando se opera simultaneamente em grandes massas; porque, então, segundo as proporções, em uma geração, as ideias de um povo ou de uma raça podem ser profundamente modificadas.

É o que se nota quase sempre depois dos grandes abalos que dizimam as populações. Os fragelos destruidores não destroem senão o corpo, mas não atingem o Espírito; eles ativam o movimento de vai e vem entre o mundo corpóreo e o mundo espiritual, e por consequência um movimento progressivo dos Espíritos encarnados e desencarnados. É de notar-se que, em todas as épocas da história, as grandes crises sociais foram seguidas de uma era de progresso.

34. – É um desses movimentos gerais que se opera neste momento e que deve trazer o remanejamento da Humanidade. A multiplicidade das causas de destruição é um sinal característico dos tempos, porque elas devem apressar a eclosão de novo germes. São folhas de outono que caem, e às quais sucederão novas folhas cheias de vida, porque a Humanidade tem suas estações, como os indivíduos têm suas idades. As folhas mortas da Humanidade caem levadas pelas rajadas e golpes de vento, mas para renascerem mais vivazes sob o mesmo sopro de vida, que não se extingue, mas se purifica.

35. – Para um materialista, os flagelos destruidores são calamidades sem compensações, sem resultados úteis, uma vez que, segundo ele, *aniquilam os seres sem retorno*. Mas para aquele que sabe que a morte não destrói senão o envoltório, eles não têm as mesmas consequências, e não lhe causam o menor medo; compreende-lhe o objetivo e sabe também que os homens não perdem mais morrendo em conjunto do que morrendo isoladamente uma vez que, de uma forma ou de outra, é necessário sempre lá chegar.

Os incrédulos rirão dessas coisas e as tratarão por quimeras; mas digam o que disserem, eles não escaparão à lei comum; cairão a seu turno como os outros, e, então, o que será deles? Eles dizem: *Nada!* Mas viverão a despeito de si mesmos e serão, um dia, forçados a abrir os olhos.

FIM.

ÍNDICE ANALÍTICO

(Capítulos em algarismos romanos e itens, de cada capítulo, em algarismos arábicos)

A

ADÃO, XII, 13 e 14
AGÊNERES, XIV, 36
ALMA
  emancipação da, XIV, 23
  preexistência da, I, 5
ALQUIMIA, I, 19
AMOR, XIV, 17
ANJOS, I, 30; XI, 43
ANTROPOLOGIA, IV, 3
APARIÇÕES, XIV, 35; XV, 227
  de pessoas vivas, XIV, 36
APOLINARISTAS, XV, 67
APÓSTOLOS, PERSEGUIÇÃO DOS, XVII, 10
ARAGO
  mensagem de, XVIII, 8
ARQUEOLOGIA, IV, 3; VII, 9
ASTROLOGIA, I, 19; IX, 7
ASTRONOMIA, I, 2; I, 17; IV, 3; V, 13
ASTROS, DESTRUIÇÃO DOS, VI, 49
ATEÍSMO, XI, 3
ATMOSFERA ESPIRITUAL TERRESTRE, XIV, 5
ATOS DOS APÓSTOLOS
  cap. 2, v. 17 e 18, I, 45; XVII, 59

B

BARRY, DOUTOR
  mensagem do, XVIII, 9
BEM, ORIGEM DO, III
BÍBLIA
  alegorias e verdades da, IV, 6
  e ciência, XII, 2, 3 e 4
BOTÂNICA, IV, 3
BUDA, I, 29
BUFFON, VIII, 1

C

CARIDADE, XIV, 17; XVIII, 23
CATACLISMO (S)
  futuros, IX, 11
  moral e social, IX, 14
CATALEPSIA, XIV, 23
  e ressurreição, XIV, 29
CATÁSTROFES, XI, 36
"CÉU E O INFERNO, O", III, XII, 17
CHARLATANISMO, XIII, 10
CIDADES IMPENITENTES, II, 14

CIÊNCIA
  e Espiritismo, I, 16
  e Gênese bíblica, XII, 5
  material e espiritual, IV, 17
  seu papel na gênese, IV
CODIFICAÇÃO ESPÍRITA, I, 52
COMETAS, VI, 28; IX, 12
COMUNICAÇÕES COM ESPÍRITOS
  e suas consequências, I, 20
CONFÚCIO, I, 29
CONSOLADOR, O, I, 26; I, 42; XVII, 35
CONSTELAÇÕES, V, 12
  zodiacais, IX, 7
COPÉRNICO, I, 2; V, 12 e 13
CORPO ESPIRITUAL, I, 39
CORPO HUMANO, XI, 12
  hipóteses sobre a origem do, XI, 15
CRENÇA
  espiritualista, XVIII, 28
  unidade de, XVIII, 19
CRIAÇÃO
  primeira, VI, 12
  universal, VI, 17
CRISTAIS E VIDA, VI, 18; X, 11
CRISTÓVÃO COLOMBO, X, 30; XVI, 6
CUPERTINO, SÃO, XIV, 43
CURAS
  das obsessões, XV, 33
  fluídicas (magnéticas), XIV, 31

D

DECÁLOGO DIVINO, I, 10
DEMÔNIOS, I, 30
DESTRUIÇÃO
  recíproca dos seres vivos, III, 20
DEUS
  a existência de, II
  a Providência de, II, 20
  atributos de, II, 8; VI, 12; XVIII, 17
  e o princípio espiritual, XI
  visão de, II, 31
DILÚVIO
  bíblico, IX, 4; XI, 42
  lenda indiana sobre o, IX, 5
  universal, VII, 46
DOCETAS, XV, 67
DOENÇAS
  diagnóstico pela visão espiritual das, XIV, 25

e maus fluidos espirituais, XIV, 21
  e possessão, XIV, 48
DOR
  e progresso, III, 5
DOUTRINA (S)
  dos Anjos Decaídos e do Paraíso Perdido, XI, 43
  Espírita (Ver Espiritismo)
  materialistas, III, 24
DUPLA VISTA, XIV, 22; XV, 4

E

EGOÍSMO, XIV, 17; XVIII, 18
ELEMENTO
  material e espiritual, I, 18
ELETRICIDADE, VI, 11
  ativa, VI, 10
  animal, X, 19
ELIAS, PROFETA, I, 59; XV, 44; XVII, 33
ENCARNAÇÃO (Ver REENCARNAÇÃO)
ENVIADOS, I, 7
ESPAÇO
  definição de, VI, 1
ESPIRITISMO
  a Terceira Revelação, I, 13, 20, 30, 45 e 50; XV, 28; XVII, 35
  aniquilamento do, I, 47
  e a religião cristã, I, 41; XIII, 18
  e acréscimos ao Cristianismo, I, 56
  e as leis do princípio espiritual, I, 16
  e Ciência, I, 16; I, 55; X, 30
  e fé, XVIII, 17
  e Jesus, I, 41; XV, 25
  e magia e feitiçaria, I, 19
  e materialismo, X, 30;
  e o sobrenatural, I, 40
  e suas publicações, I, 48
  futuro do, XVI, 11; XVIII, 21
ESPÍRITO (S)
  atuação dos, XI, 28; XIV, 21
  conceito de, XI, 4
  de Verdade, I, 26; I, 42
  e corpo humano, XI, 10
  e progresso individual, XI, 7 e 25
  emigração e imigração dos,
  – entre os mundos físico e espiritual, XI, 35
  – entre os planetas, XI, 37 e 43; XVII, 63; XVIII, 27

– para raças terrestres atrasadas, XVIII, 27
encarnação dos, XI, 17
inferiores, XIV, 9
pensamento e vontade dos, XIV, 14
puros ou anjos, XI, 9
sua ação sobre os fluidos, XIV, 14
superiores, XIV, 9

ESTRELA DOS MAGOS, XV, 4

ESTRELAS
concepção antiga, V, 4
errantes, V, 10
fixas, VI, 37

"ESTUDOS E LEITURAS SOBRE A ASTRONOMIA", V, 6; VIII, 2

ÉTER, VI, 10

EVA, XII, 19

EVANGELHO, PREDIÇÕES DO, XVII

"EVANGELHO SEGUNDO O ESPIRITISMO, O", I, 8, 54; III, 6; XVII, 30, 34 e 61

EVOLUÇÃO DAS ESPÉCIES, VI, 19; X, 25; XI, 23

ÊXTASE, XIV, 23

F

FATALIDADE, XVI, 12 e 17

FÉ, XV, 10 e 11; XVIII, 17

FELICIDADE
dos Espíritos Superiores, XI, 28
na vida espiritual, I, 32

FENÔMENOS
espíritas, XIII, 6
espirituais ou psíquicos, XIV, 2
materiais, XIV, 2

FÍDIAS, II, 4

FILÓSOFOS ANTIGOS, I, 6

FÍSICA, IV, 3

FISIOLOGIA, I, 2 e 17

FISIONOMIA, XI, 11

FLAMMARION, V, 2; VI, 51; VIII, 2

FLUIDOS ESPIRITUAIS, I, 40; XIV, 5 e 10
ação dos Espíritos sobre os, XIV, 13
doenças e maus, XIV, 18 e curas, XV, 11 e 25
qualidades dos, XIV, 16

FLUIDOS PERISPIRITUAIS, II, 23 e 27; XI, 17; XIV, 2
e fenômenos psíquicos, XV, 1 e 44

FLUIDO UNIVERSAL (CÓSMICO OU DIVINO), II, 24 e 34; VI, 10 e 17; XIV, 2

FORÇAS (S)
atrativa (fé), XV, 11
diretrizes da Natureza, VI, 6 e 10

FÓSSEIS, VII, 7

FRATERNIDADE, XVIII, 17 e 23

G

GALILEU, I, 2, 19; V, 12 e 13

GALILEU, ESPÍRITO, VI, 1; IX, 15

GÊNESE
dos Persas, XII, 8
duas partes da, IV, 11
espiritual, XI
mosaica, IV, 7; XII
orgânica, X
papel da Ciência na, IV

GÊNIOS, I, 5

GEOLOGIA, I, 2, 17; IV, 3; VII, 1; XII, 4

GEORGES CUVIER, VII, 9 e 49

GERAÇÃO ESPONTÂNEA, X, 20

GRAVIDADE, VI, 10 e 11

H

HOME, SR., XIV, 43

HOMEM
aparecimento do, VII, 48 e 49
corpóreo, X, 26
de gênio, I, 5

HORÓSCOPO, V, 12

I

INFINITO
das perfeições de Deus, II, 14
do espaço, VI, 1

INSTINTO, III, 11

INTELIGÊNCIA, III, 11

J

JESUS CRISTO
a tentação de, XV, 52
aparições de, XV, 56
apazigua uma tempestade, XV, 45
caminha sobre a água, XV, 41
curas de, XV, 10
desaparição do corpo de, XV, 64
dupla vista de, XV, 2
e a multiplicação dos pães, XV, 48
e as bodas de Caná, XV, 47

e o conceito de Deus, I, 23
e o Consolador Prometido, I, 26
e o Espiritismo, I, 41 e 56; XV, 25
médium de Deus, XV, 2
natureza de, XV, 2
natureza do corpo de, XV, 65
predições de, XVII
prodígios na morte de, XV, 54
revelação de, I, 10, 22 e 49
segundo advento de, XVII, 43
transfiguração de, XV, 43

JOÃO, EVANGELHO DE SÃO,
cap. 5, v. 1 a 17, XV, 21
6, v. 22 a 36, XV, 50
–, v. 47 a 50, XV, 50
9, v. 1 a 34, XV, 24
10, v. 16, XVII, 31
14, v. 15 a 17 e 26, XVII, 35
– e 16, I, 26
16, v. 1 a 4, XVII, 11
–, v. 7 a 14, XVII, 36
–, v. 20 a 22, XVII, 52
20, v. 11 a 18, XV, 56
–, v. 24 a 29, XV, 58
21, v. 1 a 8, XV, 59
–, v. 18 e 19, XVII, 13

JOÃO, EVANGELISTA
mensagem de, XV, 53

JOÃO, PRIMEIRA EPÍSTOLA DE SÃO,
cap. 4. v. 4, I, 10

JULGAMENTO FINAL, XVII, 62

JÚPITER
deus, XII, 15
planeta, VI, 26; XIV, 8

K

KARDEC, ALLAN
seu papel na Codificação, I, 4 e 55

KEPLER, I, 19; V, 14

L

LAPLACE, I, 2; V, 14

LAVOISIER, I, 2

LEI (S)
Divina, III, 6
do princípio espiritual, IV, 13
mosaica, I, 10
penais, XVIII, 21
universal, VI, 9 e 48

LETARGIA, XIV, 23; XV, 39

LIVRE-ARBÍTRIO, I, 32; XV, 14 e 17

"LIVRO DOS ESPÍRITOS, O", I, 52; XIV, 23 e 28; e na Introdução

"LIVRO DOS MÉDIUNS, O", XIII, 7, 12; XIV, 35, 43 e 46; XV, 35

LOUCURA, XIV, 48

LUA

formação da, VI, 23

LUCAS, EVANGELHO DE SÃO,

cap. 4, v. 1 a 13, XV, 53
5, v. 1 a 7, XV, 7
7, v. 11 a 17, XV, 38
8, v. 22 a 25, XV, 45
9, v. 43 a 45, XVII, 3
13, v. 10 a 17, XV, 19
–, v. 31 e 32, XVII, 9
–, v. 33 a 35, XVII, 17
17, v. 11 a 19, XV, 16
18, v. 31 a 34, XVII, 7
19, v. 41 a 44, XVII, 16
21, v. 16 a 19, XVII, 12
–, v. 20 a 24, XVII, 18
23, v. 27 a 31, XVII, 19
24, v. 13 a 49, XV, 57
–, v. 50 a 53, XV, 60

LUZ, VI, 10

material e espiritual, XIV, 24
velocidade da, VI, 1

M

MAGNETISMO, VI, 10; XIII, 3 e 17

e curas, XIV, 32; XV, 25
espiritual, XIV, 33
humano, XIV, 33
misto, XIV, 33

MAL

origem do, III

MARCOS, EVANGELHO DE SÃO,

cap. 1, v. 21 a 27, XV, 29
3, v. 1 a 8, XV, 18
–, v. 20 e 21, XVII, 2
–, v. 31 a 35, XVII, 2
5, v. 21 a 43, XV, 37
–, v. 25 a 34, XV, 10
8, v. 22 a 26, XV, 12
9, v. 1 a 9, XV, 43
–, v. 14 a 28, XV, 31
13, v. 12 e 13, XVII, 48
–, v. 32, XVII, 51
14, v. 60 a 63, XVII, 44

ARTE, VI, 26

MATÉRIA, I, 18; XIV, 6

cósmica primitiva, VI, 5, 10, 15 e 17
e união com Princípio espiritual, XI, 10

MATERIALISMO, III, 24; X, 30; XI, 3

MATEUS, EVANGELHO DE SÃO,

cap. 2, v. 1 a 12, XV, 4
–, v. 19 a 23, XV, 3
3, v. 7 a 10, XVII, 22
4, v. 9, XV, 8
–, v. 18 a 22, XV, 8
–, v. 23 a 25, XV, 26
9, v. 1 a 8, XV, 14
–, v. 32 a 34, XV, 30
10, v. 17 e 18, XVII, 10
11, v. 20 a 24, XVII, 14
12, v. 22 a 28, XV, 32
13, v. 54 a 58, XVII, 1
14, v. 22 a 33, XV, 41
15, v. 12 a 14, XVII, 24
16, v. 5 a 12, XV, 49
–, v. 21, XVII, 4
–, v. 24 a 28, XVII, 43
17, v. 22 e 23, XVII, 5
–, v. 10 a 13, XVII, 33
20, v. 17 a 19, XVII, 6
21, v. 1 a 7, XV, 5
–, v. 33 a 41, XVII, 29
–, v. 42 a 46, XVII, 27
23, v. 13 a 36, XVII, 23
24, v. 1 e 2, XVII, 15
–, v. 6 a 8, XVII, 47
–, v. 11 a 14, XVII, 53
–, v. 15 a 22, XVII, 49
–, v. 29 a 34, XVII, 50
–, v. 35, XVII, 25
–, v. 37 e 38, XVII, 50
25, v. 31 a 46, XVII, 62
26, v. 1 a 5, XVII, 8
–, 46 a 50, XV, 6
27, v. 45, 51 a 53, XV, 54

MEDIUNIDADE, XIV, 40

consciente e inconsciente, XIII, 12
curadora, XV, 11
e as revelações, I, 9
e os últimos tempos, XVII, 59
manifestações físicas, XIV, 40

MERCÚRIO, PLANETA, VI, 26

MESSIAS, I, 6; III, 6

METAFÍSICA, IV, 16

MIGRAÇÃO DE ESPÍRITOS, XI, 35 e 43

da Terra para outros menos evoluídos, XVII, 63; XVIII, 27
para raças terrestres atrasadas, XVIII, 27

MILAGRES (OS)

Deus faz?, XIII, 15
do Evangelho, XV, 1
no sentido teológico, XIII, 1
o Espiritismo não faz, XIII, 4

MINERALOGIA, I, 17; IV, 3

MISSIONÁRIOS, I, 6

MITOLOGIA PAGÃ, XII, 15

MOISÉS, I, 10, 21, 30, 49 e 59; IV, 5; IX, 5; XV, 44

MORTE (S), I, 31

e o desprendimento do Espírito, XI, 18
prematuras, I, 42

MULHER, NATUREZA DA, XII, 11

MUNDO (S)

corpóreo, XI, 35; XI, 28
diferentes graus de adiantamento dos,
diversidade de, VI, 58; XI, 32
Espiritual, IV, 17; VI, 19; XI, 35; XVIII, 8;
– progresso no, XI, 24 a 27
forças de outros, VI, 10
habitados, VI, 16, 32, 44, 47 e 58
início do, VI, 15

N

NEBULOSA GERATRIZ, VI, 22

NEWTON, I, 2 e 19; V, 14

NOÉ, XI, 42; XVII, 50

NOSTRADAMUS, XVI, 17

O

OBSESSÕES, XIV, 45; XV, 29

ÓDIO, XIV, 17

ORGULHO, XIV, 17; XVIII, 18

P

PALEONTOLOGIA, IV, 3

PARAÍSO PERDIDO, O, XII, 13

PAULO, SÃO, V, 11

PECADO ORIGINAL, I, 38; XI, 46

PENAS ETERNAS, I, 33

PENSAMENTO (S)

bons e maus, XIV, 16 e 19
dos Espíritos, XIV, 14
fotografia do, XIV, 15
ondas e raios de, XIV, 15

PERÍODO (S)

de transição, VII, 22
diluviano, VII, 42
geológicos, VII, 13
pós-diluviano ou atual, VII, 48
primário, VII, 19
terciário, VII, 33

PERISPÍRITO

e corpo espiritual de S. Paulo, I, 39

e encarnação dos Espíritos, XI, 17

fluidos do, II, 23 e 27; XI, 17; XIV, 2

formação e propriedades do, XIV, 7

PITÁGORAS, V, 10

PLANETAS

formação de, VI, 20

habitados, VI, 16

PLATÃO, I, 56 e 59

POSSESSÕES, XIV, 45; XV, 29

PRECE

e obsessões, XIV, 46

PREDIÇÕES DO EVANGELHO, XVII

PRESCIÊNCIA, TEORIA DA, XVI

PRINCÍPIO ESPIRITUAL, I, 18; XI

e princípio vital, VI, 18; XI, 5 e 18

e sua união com a matéria, XI, 10

PRINCÍPIO VITAL, VI, 18; X, 16

e princípio espiritual, X, 29; XI, 5 e 18

universal, VI, 18

PROFETAS, I, 7; III, 6; XVI, 18; XVII, 1

PROGRESSO

dos Espíritos, XI, 9

moral da Terra, XVII, 63; X VIII, 2 e 16

PTOLOMEU, V, 11 e 12

Q

QUÍMICA, I, 2, 17 e 19; IV, 3; VI, 4; X, 4

QUINEMANT

mensagem de, II, 27

R

RAÇA (S)

adâmica e imigração de outro planeta, XI, 38

e migração de outros mundos, XI, 35

origem das raças, XI, 30

preconceitos de, XVIII, 19

"RAZÃO DO ESPIRITISMO, A", III, 9

REENCARNAÇÃO (ÕES), I, 5, 30 e 34; II, 35 e 36; XI, 33; XVII, 46

desde a concepção, XI, 18

do Profeta Elias, XVII, 34

intervalos das, XI, 25

necessidade da, XI, 24

perda e recuperação das lembranças do passado na, XI, 21

perturbação do Espírito durante a, XI, 20

RELIGIÃO (ÕES)

como instrumento de dominação, I, 8

Deus e a verdadeira, II, 19

e leis da Natureza, IV, 9 e 10

e o sobrenatural, XIII, 18

RESSURREIÇÕES, XIV, 29; XV, 39

REVELAÇÃO (ÕES)

de Deus, I, 9

definição de, I, 2 e 7

e mediunidade, I, 9

espírita

– autoridade da, I, 57

– caráter da, I, 1 e 13

– e o método experimental, I, 14

"REVISTA ESPÍRITA", I, 22, 47, 53, 54; III, 22; VI, 51; VIII, 7; X, 23; XI, 30 e 43; XII, 17; XIII, 12; XIV, 9, 14, 22, 27, 28, 30, 36, 37, 43, 44 e 48; XV, 62; XVIII, 8 e 10

S

SABER ORIGINAL, I, 38

SATÃ, III, 2; XIII, 16 e 19

SATÉLITES, VI, 24

SATURNO

deus, XII, 15

planeta, VI, 27

SER ESPIRITUAL, XI, 4 e 7

SERES VIVOS

primeiros, X, 1

SIGNOS DO ZODÍACO, V, 12; IX, 7

SÍRIUS, VI, 38

SISTEMA (S)

de Copérnico, V, 12

de Ptolomeu, V, 11

do mundo antigo e moderno, V, 1

planetários, XVIII, 8

SOBRENATURAL, O, I, 40; XIII, 2 e 18

SOCIEDADE ESPÍRITA DE PA-RIS, VI, 1

SÓCRATES, I, 56 e 59

SÓIS

formação de, VI, 20

SONAMBULISMO, XIII, 12 e 17; XIV, 22

SONHOS, XIV, 28; XV, 3

SONO

recordação do passado durante o, XVI, 22

SWEDENBORG, XIV, 27

T

TEMPO (S)

definição de, VI, 2 e 13

preditos, XVII, 60

TERRA

Alma da, VIII, 7

alterações do volume da, IX, 15

esboço geológico da, VII, 1

estado primitivo da, VII, 15

formação da, VI, 23

pequenez da, VI, 59

progresso moral da, XVII, 63; XVIII, 2

revoluções da, IX, 2

– periódicas, IX, 6

teorias sobre a formação da, VIII, 1

TERRENOS

de sedimento, VII, 23

estratificados, VII, 2

TESTAMENTO, VELHO

Gênese, cap. 1, XII, 1

2, XII, 1 e 13

3, XII, 14

4, XII, 24

44, v. 5 a 15, XII 17

Joel, cap. 2 v. 28 e 29, XVII, 5

Números, cap. 23, v. 23, XII, 17

Zacarias, cap. 9, v. 9 e 10, XV,

THALES, DE MILETO, V, 10

TIPTOLOGIA, XIV, 42

TRANSFIGURAÇÕES, XIV, 39 XV, 41

TRANSPORTE, FENÔMENO DO, XIV, 43

U

UNIVERSO

brasão do, VI, 11

harmonia geral do, VI, 60

URANOGRAFIA GERAL, VI,

V

VÊNUS, VI, 26

VIA LÁCTEA, VI, 32

VÍCIO ORIGINAL, I, 38

VIDA

em outros mundos, XI, 9

futura, I, 22 e 31

normal (espiritual), XI, 25

universal, VI, 53

VIRTUDE ORIGINAL, I, 38

VISÃO ESPIRITUAL, XIV, XV, 9

NOTA EXPLICATIVA

"Hoje, creem, e sua fé é inabalável, porque assentada na evidência e na demonstração, e porque satisfaz à razão. [...]. Tal é a fé dos espíritas, e a prova de sua força é que se esforçam por se tornarem melhores, domarem suas inclinações más e porem em prática as máximas do Cristo, olhando todos os homens como irmãos, sem acepção de raças, de castas, nem de seitas, perdoando aos seus inimigos, retribuindo o mal com o bem, a exemplo do divino modelo." (KARDEC, Allan. Revista Espírita de 1868.1ª.ed. Rio de Janeiro: FEB, 2005. p. 28, janeiro de 1868.)"

A investigação rigorosamente racional e científica de fatos que revelavam a comunicação dos homens com os Espíritos, realizada por Allan Kardec, resultou na estruturação da Doutrina Espírita, sistematizada sob os aspectos científico, filosófico e religioso.

A partir de 1854 até seu falecimento, em 1869, seu trabalho foi constituído de cinco obras básicas: "O Livro dos Espíritos" (1857), "O Livro dos Médiuns" (1861), "O Evangelho segundo o Espiritismo" (1864), "O Céu e o Inferno" (1865), "A Gênese" (1868), além da obra "O Que é o Espiritismo" (1859), de uma série de opúsculos e 136 edições da "Revista Espírita" (de janeiro de 1858 a abril de 1869). Após sua morte, foi editado o livro "Obras Póstumas" (1890).

O estudo meticuloso e isento dessas obras nos permite extrair conclusões básicas: a) todos os seres humanos são Espíritos imortais criados por Deus em igualdade de condições, sujeitos às mesmas leis naturais de progresso que levam todos, gradativamente, à perfeição; b) o progresso ocorre através de sucessivas experiências em inúmeras reencarnações, vivenciando necessariamente todos os segmentos sociais, única forma de o Espírito acumular o aprendizado necessário ao seu desenvolvimento; c) no período entre as reencarnações, o Espírito permanece no Mundo Espiritual, podendo comunicar-se com os homens; d) o progresso obedece às leis morais ensinadas e vivenciadas por Jesus, nosso guia e modelo, referência para todos os homens que desejam se desenvolver de forma consciente e voluntária.

Em diversos pontos de sua obra, o Codificador se refere aos Espíritos encarnados em tribos incultas e selvagens, então existentes em algumas regiões do Planeta, e que, em contato com outros polos de civilização, vinham sofrendo inúmeras transformações, muitas com evidente benefício para os seus membros, decorrentes do progresso geral ao qual estão sujeitas todas as raças, independentemente da coloração de sua pele.

Na época de Allan Kardec, as ideias frenológicas de Gall e as da fisiognomonia de Lavater eram aceitas por eminentes homens de Ciência, assim como provocou enorme agitação nos meios de comunicação e junto à intelectualidade e à população em geral, a publicação, em 1859 – dois anos depois do lançamento de O Livro dos Espíritos – do livro sobre a Evolução das Espécies, de Charles Darwin, com as naturais incorreções e incompreensões que toda ciência nova apresenta. Ademais, a crença de que os traços da fisionomia revelam o caráter da pessoa é muito antiga, pretendendo-se haver aparentes relações entre o físico e o aspecto moral.

O Codificador não concordava com diversos aspectos apresentados por essas, assim chamadas, ciências. Desse modo, procurou avaliar as conclusões desses eminentes pesquisadores à luz da revelação dos Espíritos, trazendo ao debate o elemento espiritual como fator decisivo no equacionamento das questões da diversidade e desigualdade humanas.

Allan Kardec encontrou, nos princípios da Doutrina Espírita, explicações que apontam para leis sábias e supremas, razão pela qual afirmou que o Espiritismo permite "resolver os milhares de problemas históricos, arqueológicos, antropológicos, teológicos, psicológicos, morais, sociais, etc." (Revista Espírita, 1862, p. 401). De fato, as leis universais do amor, da caridade, da imortalidade da alma, da reencarnação, da evolução, constituem novos parâmetros para a compreensão do desenvolvimento dos grupos humanos nas diversas regiões do Orbe.

Essa compreensão das Leis Divinas permite a Allan Kardec afirmar que:

"O corpo deriva do corpo, mas o Espírito não procede do Espírito. Entre os descendentes das raças apenas há consanguinidade." (O Livro dos Espíritos, item 207, p. 176).

"[...] o Espiritismo, restituindo ao Espírito o seu verdadeiro papel na Criação, constatando a superioridade da inteligência sobre a matéria, faz com que desapareçam, naturalmente, todas as distinções estabelecidas entre os homens, conforme as vantagens corporais e mundanas, sobre as quais só o orgulho fundou as castas e os estúpidos preconceitos de cor."(Revista Espírita, 1861, p. 432.)

"Os privilégios de raças têm sua origem na abstração que os homens geralmente fazem do princípio espiritual, para considerar apenas o ser material exterior. Da força ou da fraqueza constitucional de uns, de uma diferença de cor em outros, do nascimento na opulência ou na miséria, da filiação consanguínea nobre ou plebeia, concluíram por uma superioridade ou uma inferioridade natural. Foi sobre este dado que estabeleceram suas leis sociais e os privilégios de raças. Deste ponto de vista circunscrito, são consequentes consigo mesmos, porquanto, não considerando senão a vida material, certas classes parecem pertencer, e realmente pertencem, a raças diferentes. Mas se se tomar seu ponto de vista do ser espiritual, do ser essencial e progressivo, numa palavra, do Espírito preexistente e sobrevivente a tudo, cujo corpo não passa de um invólucro temporário, variando, como a roupa, de forma e de cor; se, além disso, do estudo dos seres espirituais, ressalta a prova de que esses seres são de natureza e de origem idênticas, que seu destino é o mesmo, que todos partem do mesmo ponto e tendem para o mesmo objetivo; que a vida corporal não passa de um incidente, uma das fases da vida do Espírito, necessária ao seu adiantamento intelectual e moral; que em vista desse avanço o Espírito pode sucessivamente revestir envoltórios diversos, nascer em posições diferentes, chega-se à consequência capital da igualdade de natureza e, a partir daí, à igualdade dos direitos sociais de todas as criaturas humanas e à abolição dos privilégios de raças. Eis o que ensina o Espiritismo. Vós que negais a existência do Espírito para considerar apenas o homem corporal, a perpetuidade do ser inteligente para só encarar a vida presente, repudiais o único princípio sobre o qual é fundada, com razão, a igualdade de direitos que reclamais para vós mesmos e para os vossos semelhantes.' (Revista Espírita, 1867, p. 231.)

"Com a reencarnação, desaparecem os preconceitos de raças e de castas, pois o mesmo Espírito pode tornar a nascer rico ou pobre, capitalista ou proletário, chefe ou subordinado livre ou escravo, homem ou mulher. De todos os argumentos invocados contra a injustiça de servidão e da escravidão, contra a sujeição da mulher à lei do mais forte, nenhum há que prime, em lógica, ao fato material da reencarnação. Se, pois, a reencarnação funda, numa lei da Natureza o princípio da fraternidade universal, também funda na mesma lei o de igualdade dos direitos sociais e, por conseguinte, o da liberdade. (A Gênese, cap. I, item 36 p. 42-43. Vide também Revista Espírita, 1867, p.373).

Na época, Allan Kardec sabia apenas o que vários autores contavam a respeito dos selvagens africanos, sempre reduzidos ao embrutecimento quase total, quando não escravizados impiedosamente.

É baseado nesses informes "científicos" da época que o Codificador repete, com outras palavras, o que os pesquisadores europeus descreviam quando de volta das viagens que faziam à África negra. Todavia, é peremptório ao abordar a questão do preconceito racial:

"Nós trabalhamos para dar a fé aos que em nada creem; para espalhar uma crença que torna melhores uns para os outros, que lhes ensina a perdoar aos inimigos, a se olharem como irmãos, sem distinção de raça, casta, seita, cor, opinião política ou religiosa; numa palavra, uma crença que faz nascer o verdadeiro sentimento de caridade, de fraternidade e deveres sociais." (KARDEC, Allan. Revista Espírita de 1863 - 1ª.ed. Rio de Janeiro: FE 2005. - janeiro de 1863.)

"O homem de bem é bom, humano e benevolente para com todos, sem distinção de raça nem de crenças, porque, em todos os homens, vê irmãos seus." (O Evangelho segundo Espiritismo, Cap. XVII, item 3, p. 348)

É importante compreender também, que os textos publicados por Allan Kardec na *Revis*

Espírita tinham por finalidade submeter à avaliação geral as comunicações receb[...], bem como aferir a correspondência desses ensinos com teorias e sistemas de[...] vigentes à época. Em Nota ao Capítulo XI, item 43, do livro *A Gênese*, o Codificador [...] metodologia:

> *"Quando, na Revista Espírita de janeiro de 1862, publicamos um artigo [...]*
> *"interpretação da doutrina dos anjos decaídos", apresentamos essa teoria como s[...]*
> *hipótese, sem outra autoridade afora a de uma opinião pessoal controversível, porqu[...]*
> *faltavam, então, elementos bastantes para uma afirmação peremptória. Expusemo-[...]*
> *título de ensaio, tendo em vista provocar o exame da questão, decidido, porém, a abando[...]*
> *la ou modificá-la, se fosse preciso. Presentemente, essa teoria já passou pela prova d[...]*
> *controle universal. Não só foi bem aceita pela maioria dos espíritas, como a mais racional*
> *e a mais concorde com a soberana justiça de Deus, mas também foi confirmada pela*
> *generalidade das instruções que os Espíritos deram sobre o assunto. O mesmo se verificou*
> *com a que concerne à origem da raça adâmica." (A Gênese, Cap. XI, item 43, Nota, p. 292.)*

Por fim, urge reconhecer que o escopo principal da Doutrina Espírita reside no aperfeiçoamento moral do ser humano, motivo pelo qual as indagações e perquirições científicas e/ou filosóficas ocupam posição secundária, conquanto importantes, haja vista o seu caráter provisório decorrente do progresso e do aperfeiçoamento geral. Nesse sentido, é justa a advertência do Codificador:

> *"É verdade que esta e outras questões se afastam do ponto de vista moral, que é a meta*
> *essencial do Espiritismo. Eis por que seria um equívoco fazê-las objeto de preocupações*
> *constantes. Sabemos, aliás, no que respeita ao princípio das coisas, que os Espíritos, por*
> *não saberem tudo, só dizem o que sabem ou o que pensam saber. Mas como há pessoas*
> *que poderiam tirar da divergência desses sistemas uma indução contra a unidade do*
> *Espiritismo, precisamente porque são formulados pelos Espíritos, é útil poder comparar as*
> *razões pró e contra, no interesse da própria doutrina, e apoiar no assentimento da maioria*
> *o julgamento que se pode fazer do valor de certas comunicações." (Revista Espírita, 1862,*
> *p. 38.)*

Feitas essas considerações, é lícito concluir que na Doutrina Espírita vigora o mais absoluto respeito à diversidade humana, cabendo ao Espírita o dever de cooperar para o progresso da Humanidade, exercendo a caridade no seu sentido mais abrangente *("benevolência para com todos, indulgência para as imperfeições dos outros e perdão das ofensas")*, tal como a entendia Jesus, nosso Guia e Modelo, sem preconceitos de nenhuma espécie: de cor, etnia, sexo, crença ou condição econômica, social ou moral.

A Editora

nhecimento e Educação Espírita

Pratique o "Evangelho no Lar"

Aponte a câmera do celular e
faça download do roteiro do
Evangelho no lar

idelivraria.com.br

Ide é o nome fantasia do Instituto de Difusão Espírita, entidade sem fins lucrativos.

---

ideeditora   ide.editora   ideeditora